中央民族大学"211 工程""十五"建设基金资助项目

自治县政府管理

李俊清 等著

人民出版社

责任编辑:陈寒节

责任校对:湖 隹

图书在版编目(CIP)数据

自治县政府管理/李俊清 等著. - 北京:人民出版社,2009.4
(中国民族自治地方政府管理研究)

ISBN 978 - 7 - 01 - 007768 - 0

Ⅰ.自… Ⅱ.李… Ⅲ.自治县 – 地方政府 – 行政管理 – 研究 –
中国 Ⅳ.D625

中国版本图书馆 CIP 数据核(2009)第 029382 号

自治县政府管理
ZIZHIXIAN ZHENGFU GUANLI

李俊清 等著

人 民 出 版 社 出版发行

(100706 北京朝阳门内大街 166 号)

北京新丰印刷厂印刷 新华书店经销

2009 年 4 月第 1 版 2009 年 4 月北京第 1 次印刷
开本:710 毫米×1000 毫米 1/16 印张:22.5
字数:332 千字 印数:1 – 2500 册

ISBN 978 – 7 – 01 – 007768 – 0 定价:44.00 元

邮购地址:100706 北京朝阳门内大街 166 号
人民东方图书销售中心 电话:(010)65250042 65289539

丛书总序

中国是一个统一的多民族国家,各民族一律平等,为了充分尊重和保障各少数民族自主管理本民族内部事务的权利,实现民族平等和民族团结,在少数民族聚居地区实行民族区域自治制度,设立自治机关,行使自治权。

目前,我国共有155个民族区域自治地方,其中有自治区5个,自治州30个,自治县(旗)120个。此外,作为民族区域自治的补充,还有1159个民族乡(镇)。民族区域自治地方的总面积占到国土面积的64%,自治地方人口约占全国总人口的14%。民族自治区域土地辽阔,资源丰富,战略地位十分重要。民族区域自治地方政府不仅在国家的统一领导下承担着发展本地区经济、文化和各项社会事务的职责,还担负着依法推行民族区域自治制度、加强民族团结、维护国家安全与稳定的重要责任。在中国政府体系中,民族区域自治地方政府既有一般地方政府的共性,又有其自身独具的特点。

首先,从权力来源和法律地位来看,民族区域自治地方政府作为中华人民共和国的地方政府,根据"议行合一"的原则和单一制国家结构形式,它既是同级人民代表大会的执行机关,又是中央人民政府统一领导下的地方行政机关,同时也是民族区域自治机关,依法拥有执行权、行政权和自治权。宪法、地方人民政府组织法和民族区域自治法等法规,设定了其独特的法律地位和权力来源。

其次,从权力结构和行政职能来看,民族区域自治地方政府除了拥有地方政府的一般权力以外,作为自治机关,还享有特殊的行政管理自治权。如可以通过法定程序变通或停止执行上级国家机关不适合民族自治地方实际情况的决议、决定、命令和指示;可以在国家计划的指导下自主地安排和管理地方性经济建设事业,如确定草场、森林的所有权和使用权,优先合理开发自然资源,自主安排地方基本建设项目,开辟边境口岸、进行对外贸易;其预备费在预算中所占比例可高于一般地区,可根据实际需要决定减税或免税项目,通过国家财政转移支付制度享受上级财政的照顾;可以在执行职务时使用民族语言文字,自主地发展民族科技、教育和文化事业,保护民族文化遗产;还可以依照国家军事制度和当地的需要,经法定程序,组织本地方维护社会治安的公安部队等等。

第三,从干部选拔任用和人力资源开发与管理的角度来看,实现自治机关的民族化,是民族区域自治制度的一项重要内容。因此,民族区域自治机关要大力培养选拔民族干部担任领导职务,在同等条件下优先录用少数民族成员担任国家公务员,企、事业单位也要优先招收少数民族成员。

第四,从行政环境和对象来看,民族区域自治地方大多分布在山地、高原、边疆地区,地域广袤、资源丰富,但基础设施薄弱,生态环境脆弱,经济、文化及各项社会事业发展相对滞后,民族、宗教构成情况复杂。

特殊的政治、法律地位以及自然、历史、文化、经济、社会条件,决定了民族区域自治地方政府在建构行政组织、行使行政权力、确立行政目标、履行行政职能、实现科学决策和管理等方面都具有自身的特点。因此,对民族区域自治地方政府管理进行系统深入的研究,对于丰富和发展马克思主义民族理论,进一步完善民族区域自治制度,拓展政治学、行政学和民族学的研究领域,科学合理的设置民族区域自治地方政府机构、转变政府职能、提高行政效率,实现政府管理的科学性和有效性,进而推动民族地区的经济与社会发展,均有十分重要的理论价值和现实指导意义。

"中国民族自治地方政府管理研究丛书"是中央民族大学"985"工程"中国少数民族地区公共管理与公共政策研究中心"的系列成果之一,丛书由《自治区政府管理》、《自治州政府管理》、《自治县政府管理》和《民族乡政府管理》一套四册构成,力图通过对民族自治地方不同层级政府管理的特点分析,进而探寻民族自治地方政府管理的普遍规律。限于时间和水平,书中失当乃至错误之处,诚望批评指正。

李俊清

2008 年 10 月

目　录

第一章 导论

第一节 问题的提出

一、社会变迁对民族地区县域治理的冲击

在进入新世纪之后不久,中国政府提出了全面建设和谐社会的战略目标,由此中国社会进入了一个重要的转型期。这对中国而言,是一次具有重要历史意义的社会变迁。这次社会变迁的特点主要有:(1)变迁的阶段性目标是要全面建设小康社会,最终目标是要实现中国各民族共同富裕、实现人类的全面进步;(2)由于这是一场史无前例的社会变迁,尤其是在政治领域的变迁,没有可资借鉴经验教训,各项制度供给都是政府在摸索中前进;(3)由统治型政府到公共服务型政府的转型过程中,单一化的治理主体已不能适应社会变迁的需要,难以有效协调市场和社会第三方的利益诉求,要求多元治理主体共存,以维持社会秩序和谐稳定;(4)市场经济体制的运行改变了过去实行多年的权力和制度架构,众多社会领域在变迁中出现制度的真空和错位,需要寻求全新的社会治理模式;(5)地方政府的政治、经济、文化和生态资源禀赋千差万别,即使有国家的统一政策指导,各级政府还是在政策与制度的协调配合方面存在较多问题和困扰。

此轮社会变迁的上述特征,对县级政府提出了三个方面的挑战:第一,县级政府如何在制度环境充满不确定性的条件下,重新界定并有效行使自身的职能,从而推动社会的全面发展。第二,县级政府如何借助制度的创

新,重新优化有限的资源供给,实现经济的增长和区域社会事业的发展。这些资源不仅是人、财、物、场地空间等有形资源,还包括技术、知识、社会关系等无形资源,资源网络覆盖于整个行政区域,政府要优化调配各种稀缺资源,使这一扩散的、不规则的、经常隐于无形状态的社会资源配置过程趋于有序化、合理化,使资源的效用发挥最大化。第三,县级政府作为社会治理力量的重要组成部分,在市场经济发育尚不成熟的情况下,该如何更好地在各个方面行使好自己的职权,同时又不妨碍市场体制的成长,不侵害市场主体和社会主体的自主权利。这三个方面的挑战,在民族地区显得尤为迫切,少数民族自治县(下文简称自治县)政府应对当前社会变迁的能力和意愿相对其他地方都存在较大的不足。

中国为了更好地治理民族地区,推动民族地区经济社会发展,引导民族地区社会变迁,推行了一套以民族区域自治制度为核心的民族政策体系。民族区域自治制度实行 50 多年以来,在促进民族自治地方经济社会发展,培养少数民族干部,增强少数民族和民族地区自我发展能力方面都取得了巨大的成就。这其中,自治县扮演了非常重要的角色。自治县政府直接面对基层少数民族群众,是国家民族政策和各项经济社会发展政策的重要执行者,是连接上级政府和民族地区社会基层的纽带,在促进民族地区特别是少数民族乡村的发展中,起着龙头作用。在新中国成立后,特别是改革开放以来,少数民族自治县政府也因应社会的变迁,在县域政策的调整,民族特色资源的开发,民族、地方自主发展意识的培养等方面做了许多探索,并取得了丰富的经验,在推动民族地区主要是少数民族乡村的进步方面成就非凡。

然而,与此同时,在自治县政府行政管理活动中,一些传统的落后的习俗仍然发挥着重要作用,政府管理难以突破传统的“习惯”思维窠臼,整个社会发展严重依赖外部力量的牵引。政府的职能结构、运行机制、决策制度、组织形式等都还存在着非常多的问题。党政不分、机构错位、效率低下、监督缺位等问题没有得到根本改善,少数民族干部的素质还需要大力提升,政府作为本地方治理的主导力量,分析、解决本地县域经济发展的能力还极为有限。这些问题的存在,使得自治县政府服务地方发展的能力受到了极大的制约,而这又极有可能导致自治县政府的合法性受到质疑。因此,如何适应当前社会变迁的潮流,提高政府能力,已经成为摆在自治县政府面前的一项重大课题。

二、研究自治县政府的意义

自治县政府是保持完整规模的基层民族自治地方政府,它向上承接着自治州、自治区或省政府,向下面对基层地方——乡镇政府,既与宏观政策主导层保持有效沟通,又与微观社会组织直接、紧密的联系,在中国行政管理体系中发挥着承上启下的作用,是民族区域自治制度重要实施主体,其行政管理水平的高低不仅较全面反映出我国政府底层政府的运作和变迁,而且也能够较为全面地反映出当前我国民族政策和民族区域自治制度的实施状况。

目前,我国从政府角色认知、运行机制、权力本质、法制建设、发展模式等角度对县级政府进行研究的理论成果已经十分丰硕,但系统性的专门研究民族自治县政府运行的论著却并不多。作为民族区域自治政权体系的重要组成部分和政府体制结构中的重要一环,民族自治县政府的治理过程是一个重要的现实性课题。

在当前社会的大视角下,对自治县政府运行进行全面研究,将有助于国家民族政策和其他公共政策的改善与深化,同时也能引导研究者,将其目光从单纯关注少数民族居民的生存状态引向对民族地区政府创新发展的战略性思考。在政府实践过程中,大多数民族自治地方政府把执行上级政策作为唯一的日常工作,很少谈到县域发展和创新问题,习惯性地依赖国家民族政策和其他优惠政策的支持,那种"存在即是对国家作出的贡献"思维深深植根于许多民族自治地方政府官员之心,而这种被动进行管理、严重依赖外界力量的思维方式,以及建立在此基础上的行政组织、行政文化及行政管理过程,无疑会对民族自治地方,特别是自治县发展具有根本性伤害。这也就意味着,国家制定宏观政策,学者进行理论研究,都需要着力破解民族自治地方政府存在的这一系列问题。

第二节　研究思路

本书的研究思路主要是以还原的方式,展示民族自治县政府的运行方式和权力分配体系,并分析其在操作过程中所具有的独特风格和方式,进而揭示其存在的问题。

一、研究路径

在具体研究路径上,本书主要从两个层面展开:首先,立足于民族自治县政府自身结构和运行机制,从自治县政府整体的运作模式入手,化整为零地逐步剖析、探讨自治县政府的历史渊源、运行机理、结构形式、权力划分、职能配置、执行程序、决策机制、行政制约机制、财政制度等问题。在此基础上可寻找出自治县政府运行过程中所涉及的各方面关系,了解自治县政府如何处理这些关系。其次,本书将关注自治县政府在中国整个政府结构中发挥的功能和发生作用的方式。自治县政府是直接与少数民族群众打交道的基层国家政权,用一种居高临下的视角,纵向观察县政府在整个国家政权体系中的地位和作用,能使我们更清晰的了解民族自治县政府的运行过程,并更理性的认识民族自治县目前存在的诸多问题。

二、研究方法

本书以行政管理学的学科体系作为理论基础框架,主要采用理论规范分析与实证研究相结合的方法。本书立足于县级政府的权力结构及运行模式,并将其放置于具有独特政治、经济、文化和生态资源禀赋的民族自治地方,归纳综合出民族自治县级政府在公共产品和公共服务供给普遍缺位的现状下,如何调配有限的资源,如何协调层级政权主体之间的利益,如消解基层社会的各种矛盾,以推进本县域经济社会发展,实现县级政府与县域社会的互动。本书努力践行理论和实践紧密结合的原则,对实证案例细化分析,还原理论在现实中的依据,以更感观、更直接的方式展现少数民族地方政权的运行和变化,并通过实证案例提取目前自治县政府所面临的挑战和所遇到的现实问题,科学地、客观地看待基层政府所面临的困难、存在的问题和应把握的机会,进而提出具有实际意义的改良方法。

另外,本书还采用比较分析法、价值分析法和经济分析法等作为辅助性研究方法。通过借鉴国外地方政府改革的经验教训,对比研究国内一般县级政府运行,比较处于不同发展程度的自治县之间的差别,以发现自治县政府体制中某些独特之处。另外,本书还运用价值分析和经济分析的方法研究自治县政府的权力分配架构和组织结构特点,从比较宏观的层面分析自治县政府的管理机制。

第三节 研究对象基本情况的介绍

本书的实证材料,大多取自于贵州省 S 自治县和广西壮族自治区 F 自治县,因此首先有必要先介绍这两个地方的一些基本情况。

一、S 自治县

S 自治县,位于贵州省,是国家级贫困县,上属 Q 自治州,下辖 10 镇 11 乡、270 个行政村、2144 个村民小组和 4 个居民委员会。2003 年末总人口 31.47 万人,密度为每平方公里 119 人,其中,非农业人口 17551 人,少数民族人口 304741 人,占全县总人口的 96.85%,自治主体民族 S 族人口占该民族在全国总人口的 57%。全县土地总面积 2380 平方公里,主要是山地,占全县总面积的 93.22%,全县有耕地面积 18.1 万亩,人均耕地 0.6 亩。农业是 S 县各族人民赖以生存的经济基础。森林覆盖率达 55% 左右,林木蓄积量达 760 万立方米,是贵州省 10 个林业基地县之一。境内有大小河流 42 条,总水量 16.5 亿立方米,水能资源理论储量 25 万千瓦以上,但目前仅开发不到 10%。

S 自治县具有典型的"农业社会"性质,居民生活主要来源依然是农业种植。由于历史原因和所处云贵高原地理位置的限制,S自治县的农业基础设施比较薄弱,产业化程度低,农业生产受自然灾害影响较大,抗灾能力弱。S县工业规模非常小,工业生产效率低下,企业数量少且发展缓慢,工业产业不能形成规模效应。工农业的这些情况导致该县经济总量的提高仍缺乏突破性的大项目支撑,后劲不足,处于一产落后、二产不强、三产滞后的发展状态。城乡居民总体收入水平偏低,消费能力不强。据S县2002年的统计年鉴,2002年人均消费农村居民为964元,城镇居民为3424元,城乡收入和消费水平较低且城乡收入和消费水平差距较大。

另外,S自治县在教育、文化、卫生等方面的状况也不容乐观。教育方面,主要表现为办学条件差,教学硬件跟不上,部分学校甚至还缺乏课桌和教学基本用具,教师数量不足,教师学历合格率偏低,教师队伍不稳,同时县财政拨发的教育事业经费不足。文化、卫生和社会保障事业的发展水平都非常低下,前景也不甚明朗。

概括起来,制约S自治县社会经济发展的不利因素主要有以下几点:

1. 与其他地区经济发展差距较大。首先是S自治县经济总量太小,人均水平过低。2004年全县的人均GDP为2049元,分别相当于全国、全省、全州平均水平的19.5%、50.2%、55%,经济总量与人均水平相较其他地方的差距都较大。其次,产业结构上也不合理。2004年该县三次产业比例51.8:16.4:31.7,而同年全国三次产业比例为15.2:52.9:31.9。再次,财政收入少,自我积累与发展的能力低。2004年全县财政总收入仅完成3326万元,人均财政总收入为105元,仅为全州人均财政总收入的20.5%。

2. 城镇化水平低。我国的城镇化率(按照2500人聚居和从事非农业工作的国际标准)目前已达到41.8%,S自治县所属的贵州省也已达到24.8%,而S县当前还不到15%,同时该县已有的城镇也没有产业支撑,缺乏自我发展的能力,因此整个县域经济发展受到城镇化滞后的严峻考验。

3. 工业基础薄弱。全县工业化水平低,第二产业占经济总量的比重分别比全省、全国平均水平低28.5、36.6个百分点,而且既有工业领域尚未形成具有明显特色和优势的支柱产业,难以起到对农业的带动和反哺作用。

4.农业产业化水平低。小农业生产仍然是 S 自治县农业当前的主要现状,还没有形成具有特色优势的农业产业带,也缺乏龙头性企业,传统的小农业生产使 S 县农业抵御市场风险和参与市场竞争的能力十分脆弱。

5.第三产业滞后。第三产业在国民生产总值中的比例低,旅游产业的发展尚未取得突破性进展,旅游收入、接待人数、旅游资源的开发都还处于起步的阶段。

6.基础设施落后。受地理位置的制约,S 自治县没有铁路、高速公路,区位优势较差。到 2004 年全县公路通车里程也仅为 880 公里,等级公里占公路通车里程的比例很低,每平方公里公路密度为 36 公里,为全州平均水平的 64%,每万人拥有公路里程 28 公里,现有的几条出口公路等级低,路况和通行能力也相对较差,县内乡乡通油路还没有实现。农田水利设施也较为落后,抗洪抗旱能力弱,工程性缺水面较大,农业抵御自然灾害的能力非常弱,一定程度上制约工业的进一步快速发展。

7.人才资源十分匮乏。由于长期的历史原因,人力资源没有能得到很好的开发,尤其是能够带领发展的经营管理类人才十分缺乏,这也使得产业发展规划难以实现。

8.扶贫开发任务艰巨。2004 年底全县仍有绝对贫困人口 7.94 万人,贫困的面还很大。由于剩下的贫困人口基本都是生活在深山区、石山区,自然条件恶劣,贫困程度也相对较深,这就使得下一步的扶贫难度加大。①

特殊的地理位置、落后的文化教育水平、封闭的意识等诸多因素限制了 S 自治县的经济发展。不过,从发展的角度看,S 自治县发展经济也有较多的有利因素:

1.境内物产丰富,地下储藏着丰富的矿产资源。S 县地下矿藏主要有汞、锑、金、铅、锌、铜、铁、硫磺、煤、金刚石等 18 种,具有较高的开发价值。其中硫铁矿是贵州省储量较多,含硫量最高的地方,"S 式锑金矿"是全国少有的中型矿床。已经建成投产的有精锑冶炼厂 3 个,年生产能力达 3700

---

① 参考 S 民族自治县国民经济和社会发展第十一个五年规划纲要。

吨;锑氧粉厂9个,年生产能力达3000吨;焦锑酸钠厂1个,年生产能力达2000吨;硫铁矿厂1个,年采选硫精矿5万吨。

2.林业、水利资源十分丰富。S县水利资源极为丰富,全县年径流量达33.18亿立方米。S县盛产杉、松,被列为贵州省10个重点林区县之一,林地面积140万亩,森林覆盖率44.61%,活立木蓄积量为500万立方米,年可提供商品材5万立方米,主要树种以杉、松为大宗,其次有柏、樟、楠、栎等。珍稀树种有福建柏、南方红豆杉、紫楠、钟萼木、马尾树等国家一、二类保护品种。

3.历史、旅游资源别具特色。S自治县民族风情旅游资源得天独厚,民族文化源远流长,有奇特神秘的S族"嘎哝"、隆重热烈的丰收铜鼓舞、庄严的S族祭祖仪式,有风景秀丽的国家级天然森林公园、原生态旅游生态村落,高大雄伟、浑然天成的"仙人桥",十步一景的"观音洞",一泻三迭的"幽谷飞瀑",通天彻地、预报阴晴的"晴雨石"以及"月光洞"等都是大自然鬼斧神工的杰作。S县"端节"和"卯节"是一年一度最隆重的民族节日,每逢农历8月的第一个"亥日"开始过端节,农历5、6月之间的"卯"日过卯节。民歌形式多样,有双歌、单歌、调歌、诘歌等等,尤以兜歌堪称民歌奇葩,说唱结合,内容丰富,独具一格。"S书"是S族独特的文字体系,它详细地记录了S族的原始宗教礼仪,现在已经很少有人能读懂,是极珍贵的少数民族濒危语言。2005年S县接待游客57466人次,同比增长51%,其中国内旅游人数53006人次,同比增长53%,国内旅游收入为1543.48万元,同比增长56%;旅游总收入为1600余万元,同比增长53%。S县如今正在大力实施精品旅游战略,着力打造以S族文化和自然风光相结合的特色旅游,继续加强旅游基础设施建设,加大旅游宣传和促销力度,积极打造S自治县特色旅游品牌。当然,这些规划和蓝图的构建尚处于萌芽阶段,仍需要时间的考验。

二、F自治县

F自治县位于中国广西壮族自治区,是广西区定扶贫县,上属H市,下辖 13 个乡镇 145 个村（街、居）委会，全县总面积 1572.36 平方公里，土地面积 188.85 万亩，已开发利用 163.87 万亩。境内总人口 29.3 万，少数民族人口 14.11 万，其中自治主体民族 Y 族人口 13.99 万人，占总人口的 47.75%。在全县 145 个行政村中，少数民族人口占 20% 以上的行政村有 91 个，是典型的少数民族聚居地。

F 自治县与 S 自治县的产业基础基本相同，人民的生活来源主要是靠农业生产。经济作物和传统林业是 F 自治县的优势项目，但基础条件还比较薄弱，经济作物依旧是以水稻、红薯、玉米等传统种植为主，没有形成优势和主导产业；山区林业有经济林和果木林，是自治区油茶基地和蜜枣加工生产集散地。农作物以水稻、烤烟、玉米、花生、黄豆为主，是自治区商品粮基地和春烤烟生产基地，烤烟生产占广西的 40% 左右。

F 县农业生产抗御自然的能力较弱，生产方式比较原始，农业综合效益差，农民增收缓慢。据统计，在 F 县的 91 个少数民族行政村中，属自治区级贫困村的有 33 个，比例达 36.3%，其余 58 个少数民族行政村也都基本上属于县级贫困村。据统计，2002 年全县贫困人口为 5.9 万人，占少数民族行政村总人口的 36.6%，未解决温饱的贫困人口 1.07 万人，占 6.7%，初步解决温饱但不稳定的人口 1.47 万人，占 9.2%，其中人均口粮 300 斤以下的农户 929 户，人口 4140 人，人均收入 624 元以下的农户 1023 户，人口 4544 人。① 在工业发展方面，由于 F 县优美的自然环境基本无任何工业污染，因此出于环境保护的考虑，全县没有大中型工业产业，工业发展比较落后，与此同时，第三产业的发展势头也不足，旅游业及配套设施落后仍没有形成规模经济，人民主要靠种植的水果、粮食，养殖的畜禽、淡水鱼等副业获得生活资料。

当前，F 县经济社会发展面临的主要问题包括：

1. 贫困问题相当严重。全县贫困人口极贫状态如前面数据所反映，

① F 自治县政府《关于 F 自治县少数民族地区经济社会发展状况的调查》（2003 年 9 月上旬）。

贫困面非常广,贫困程度非常深。更为严重的问题是,这部分人口生存环境及生产条件相当简陋,脱贫难度大。

2. 基础建设仍比较落后。交通方面,全县仍有40335人生活在没有公路的高山地区,在91个行政村中,未通公路的有15个行政村,包括70个自然屯,9319户40335人。由于交通不便,严重制约着少数民族地区的发展和群众生活水平的提高,部分地区甚至人畜饮水难的问题仍未得到彻底解决。据调查,2002年全县没有安全饮用水的人数达74943人。用电没有得到根本解决,501个自然村中,有11个自然村、70户人家目前还点煤油灯、松光油灯照明。有些地区虽然通电,但电力供应还很不正常。

3. 农民收入来源单一。F县91个行政民族行政村中大多数群众收入的主要来源以经济作物收入为主,如水稻、红薯、玉米等传统种植,没有形成具有主导地位的优势产业。一些行政村群众的收入以传统林业为主,如FY镇的LX、YX2个村委,有林业面积达40592亩,而耕地面积只有304亩,仅占3.1%,这样,山区林农的主要收入仅靠砍伐树木为生。由于生活条件恶劣,一些少数民族生活水平很低,如LS镇LD村委的十三分地村,全村共有9户人家,48口人,每户每年生产的粮食只够三个月生活,年人均收入320元。FY镇6个少数民族行政村共有38个自然村,在2800户农户、12820人口中,目前尚未解决温饱问题和初步解决温饱但不稳定的贫困人口还有相当数量,其中年人均产量不足600斤的还有675户共3134人,占该镇人口的24.5%,其中尤以LX、YX两村较为突出。

4. 生态环境恶劣,水土流失比较严重。F县的少数民族一般都居住在边远地区、石山地区、高寒地区,由于历史的原因以及上世纪七八十年代大量毁林开荒种植,境内原生植被已经消失,自然植被骤减,境内石漠化、水土流失比较严重。

5. 文化教育卫生等事业发展仍比较落后。少数民族地区由于其生活习惯和居住地的原因,贫困人口较多,文化教育卫生成本也相对较大,各项公共基础设施的发展都非常落后。在教育方面,F县存在的问题有:第一,中小学学生因家庭困难辍学的情况比较严重。据县教育与科技局的统计,

2002 年辍学学生达 123 名,由于少数民族行政村地处高寒山区,居住分散,学生离教学点路程较远,有的要步行十多公里,因此很多学生往往只读两三年就辍学不读。如在 LX、YX2 个民族行政村小学生的辍学率为 23.3%,初中则更高,为 50% 以上。第二,校舍面积严重不足,校舍危房率较高。全县有校舍面积 95792 平方米,其中危房面积 27505 平方米,占校舍总面积 28.71%,其中 D 级危房 16091 平方米。教学所需校舍的不足,使得一些学校班级严重超员。第三,村屯教学点师资严重不足。由于少数民族山村教学点十分分散,生活条件恶劣,致使中师以上学历的公办教师难以进村屯任教,教育部门只好聘请当地低学历素质的农民充当"代课"教师。全县 91 个少数民族行政村共有代课教师 195 名。第四,绝大部分少数民族学生生活在边远和高寒山区,基础教育设施十分落后,影响了他们接受教育的质量,拉大了与城镇学生起点教育的差距。同时,初高中民族教育发展也较为滞后,全县目前初中民族班招生每年只有 150 人,高中每年也只有 50 人的指标,无法满足全县广大少数民族学生的要求。①

从发展的角度上看,F 自治县也存在一些非常有利的条件:

1. 土地、矿产资源丰富。全县拥有耕地 28 万亩,其中水田 18 万亩,旱地 10 万亩。境内地下矿产品种多,储量大,已探明的矿产资源有锡、金、铅、锑、锰、磷、稀土、铁、花岗岩等 30 多种,其中藏量丰富的有铁、锡、铜、锰、花岗岩等十多种。F 县宜种经济林荒山 200 平方公里,宜种水果和其他农作物荒坡地 30 万亩,宜养淡水鱼水面 19 万亩。

2. 水资源、农副业资源丰富。F 自治县是珠江与长江两大水系的分水岭地之一,境内有三条水系,水资源相当丰富。拥有独特的自然环境,无任何工业污染,是桂湘粤边界污染极小的宝地,是生产无公害绿色食品的"桃花源"区,该县种植的水果、粮食,养殖的畜禽、淡水鱼等都有比较优势。

3. 旅游资源得天独厚。F 县山水秀丽,风情浓郁,有闻名遐迩的 F 县八景旅游名胜,被誉为"小桂林"的秀水风光,FX 民族风情晚会,等等。这些

---

① 《F 自治县民族教育情况汇报》,县教育科技局,2006 年 6 月 15 日。

原生态的风土人情具有很大的开发潜力。

4. 交通便捷,具有一定的区位优势。F县距桂林市、梧州市均200公里左右,距广州市300多公里。县内有207国道、20161省道,95%是二级公路,洛阳—湛江铁路东线经过F县。

5. 政府因地制宜的县域发展政策。近年来,县委、县政府围绕农民增收目标,大力调整农业生产结构,按照"粮食调稳,结构调优,布局调活,效益调高"的思路走产业布局区域化、主导产业规模化的路子,确立了"以知识为本,走高科技兴县"的战略,已经形成了粮食、烤烟、反季节蔬菜、脐橙、油菜、茶子等十大生产基地。

第二章 民族自治县概述

中国是一个历史悠久、地域广阔的多民族国家,新中国成立以前的二千多年中,因民族问题引起的社会分裂不计其数,在总结了历史的教训之后,新中国选择了民族区域自治制度作为解决民族问题的基本政治制度,这是根据我国的历史发展、文化特点、民族关系和民族分布等具体情况做出的制度安排,是符合民族地区人民的共同利益和发展要求的政策选择。中国的民族自治地方分为自治区、自治州、自治县三级,自治县作为政治体制中的一级重要建制,其存在和运行不仅影响地域经济成长和社会稳定,而且对我国构建和谐社会,建立和谐的民族关系都有着重要的影响。当然,要了解民族自治县政府的政治体制运行,首先要对我国的县级行政体制有一个清晰的认识。

第一节 县级政权的特征

一、县级政权设置沿革

1. 清朝以前县级行政体制

在我国,县级行政单元的建立非常早,中国的县制肇始于春秋,当时,周室东迁,王纲解纽,秦、晋、楚、魏等诸侯大国纷纷向外扩张,吞灭弱小国家,开拓疆土,为了政治的需要,出于国防目的,在新略之边地置县,国君任命贵族直接担任县尹、县公、县大夫等统辖县政,在相当长时间中曾经是世袭之职。但是,县官只有守土之责,而无专土之权,有别于世卿世禄的私人采邑,县的管理者必须直接听命于国君,接受国君的调遣。

公元前 221 年秦统一六国,彻底废除了分封制,天下"一统皆为郡县",从此,开始在全国广泛推行郡县制,全国分为 36 郡近千个县。在地方设郡、县、乡、里四级政权,县分为大、小两等,大县的行政长官为令,小县为长,县令和县长都由国君直接任免,他们不是本县的"食税",而是领取定额的俸禄行政官员,负责向中央交纳赋税、输送兵源,处理包括行政、诉讼等事务。

汉代基本沿袭秦制,县分为"剧"和"平"两等,万户以上为"剧"县,不足万户为"平"县。公元 2 年共 103 郡(国),县、侯国、邑、道等相当于县级的政区 1587 个。到了东汉全盛时期约有县 1180 个,根据《汉书·百官公卿表》,县置令长,"万户以上为令,秩千石至六百石;减万户为长,秩五百石至三百石"。如果以万户为县的平均规模,那么人口约为五万,相当于现在较大的乡的人口。县级政府政权的主要权力有:教化、户籍、赋税、徭役、保卫、刑诉、赈恤、供用八项。① 县令有了较大的自主权,职责主要是"治民、显善、劝义、禁奸、惩恶、理讼、平贼、恤民财务,秋冬集课,上计于所属郡国"。②

魏晋南北朝实行州郡县制,北魏时期将县分为大中小三等,北齐则将县分为上中下三等,且每等又有上中下,形成了九等之制。这个时期国家处于封建割据状态,县级行政制度纷杂多变,数量也在变化,西晋全盛时期县有 1229 个,南朝宋有 1299 个,北朝魏有 1353 个,南北朝共有县 1562 个。州和郡的数量不断增加,有的时候一州只辖一二郡,一郡只辖二三县。在战乱时期,县的人口大幅度减少,西晋时四等县不满 500 户,五等县不满 300 户。

隋代取消了郡制,实行州县制。在沿袭以人口多寡为主要划分标准的基础上,又参用了县的地理位置、事务繁简来划分县的等级,为改变"民少官多,十羊九牧"的混乱状况,提出"存要去闲,并小为大"的整顿原则,并九等县制为上、中、中下、下四等县制。③ 隋朝全盛时期县约有 1573 个。唐代又在州上设道,以后在道的基础上形成了藩镇割据,县制随政治、经济、文化

---

① 瞿兑之、苏晋仁:《两汉县政考》,中国联合出版公司 1994 年版,第 17~36 页。
② 《后汉书·百官志》。
③ 叶维钧、潘小娟:《中国县级政府机构改革》,社会科学文献出版社 1996 年版,第 6 页。

的高度发展更趋完备和系统化,分为京、畿、望、紧、上、中、中下、下八等。唐朝全盛时期共有县1573个,《唐六典》中记载了当时县级政权的主要职能:"掌导扬风化,抚字黎民,审察冤屈,躬亲狱讼,养鳏寡恤孤穷,务知百姓之疾苦。"

宋朝出于防止地方势力扩张、加强中央集权的考虑,地方政权的行政、司法、财政权力都集中于中央,县官的权力分配由皇帝直接决定,县级政府机构也日趋简单,不设道而设路,路下为府、州、军、监,再下面是县,县官的权力也大为削弱,北宋初规定只设主薄的县400户以下,相当于现在行政村的人口。宋代全盛时期有1234个。县级政权的主要权力有:举官、劝课农桑、增垦田畴、户口增损、兴利除害、事失案察、矫正刑狱、惩治盗贼。①

元朝作为少数民族第一次统一全国的朝代,地方行政建制基本延续前朝体系,既有周—路—府—州—县五级制,又有省—府—州—县四级制,还有省—府(州)—县三级制,行政建制最为混乱,改县令为县尹,长官有二:一为达鲁花赤(长官之意),是县政务的最高负责人,由蒙古人担任;一为汉人担任的县尹,为行政次官。

明代划分县等级的标准有了新的突破,以赋粮多寡划分县的等级,即以拥有的经济实力决定县的等级,明代规定粮十万石以下为上县,粮六万石以下为中县,三万石以下为下县。省—府—县制为主,个别情况也有省—府—州—县制、省—州—县制和省—州制。② 在《明太祖实录》中记载了明代县级政府的权力和县官的职责:"州县之官,宜宣扬风化,抚安其民,均赋役,恤穷困,审冤抑,禁盗贼,时命里长告诫其里人,敦行孝悌,尽力南亩,勿作非为,以罹刑罚。行乡饮酒礼,使知尊卑贵贱之礼,岁终察其所行善恶而旌别之。"

中国封建历史上的最后一个王朝清朝,行政体制层级进一步细化,中央政府下设省、道、府、县、里五层,县的数量也保持在1500个左右,县的划分

---

① 《宋史》卷160。
② 陈奇:《我国历代县制约论》,载张炳楠等:《地方自治论文集》,台北华冈出版社,第186～188页。

标准与明代相同，只是改称为一、二、三等县，县官一律改称"知县"，统为七品。嘉靖末年，又以"冲繁疲难"四字作为县缺等级标准，冲是地方冲要，繁是事务繁重，疲是民情疲顽，难是民风强悍难治，四字俱占为最要缺，只占一字或一字未占一般为简缺。县缺不同，县官的俸禄也不同。这种划分县等级的做法，实际上已把县域的政治、经济、风俗民情等因素加以综合考虑，与以往各朝代划分等级的标准相比更为科学合理。县政权的职能，凡赋役、岁会实征，户口簿册，以丁产为差。凡养老、祭祀、贡土、宣读法令、表彰良差、听诉讼、主治安，皆须掌治。[①]　县级（知县）长官由省长官委任，知县总揽县里的各种行政大权。

2.民国时期县级行政体制

辛亥革命推翻了封建的清王朝统治，封建县制宣告终结。在民国初期全国没有统一的政治制度，县行政制度由各省自订，极为混乱，北方各省基本上沿袭清末县制，南方独立各省则相继自定县制章程，县以下组织，北方各省多划分为城、镇、乡，南方各省多划分为市、乡。1913年1月8日，北洋政府《划一现行各县地方行政官厅组织令》颁布后，才趋于统一，对县级体制做了相应调整，规定凡有直辖地方的府、直隶厅、直隶州和与县同级的厅、州等地方，一律改称县，仍分为一、二、三等，行政长官一律改称县知事，行政机关一律改称县知事公署，从而简化了地方行政层级。1914年5月23日，北洋政府公布《县官制》，规定县知事的主要职权是依法发布县令或县单行章程、任命县所辖各级行政官员、为维持治安调用本县警备队等地方武力，未设法院的县由县知事兼理司法。

县行政机关改称为县知事公署，县知事公署依县的大小和事务繁简分置二至四科，每科设科长一人，科员二至四人，同为佐治员，并设技士等襄办县政，另设公款局、劝学所（后改称教育局）、劝业所（后改称实业局）、警察所等署外行政机关。县知事公署官员共80余人。县行政长官改称为县知事，县知事由民政长官内务总长提请国务院总理荐请大总统任命，权力较

---

① 叶维钧、潘小娟：《中国县级政府机构改革》，社会科学文献出版社1996年版，第8页。

大,具有依法执行县行政事务、调县警备队、任命下级、兼理司法等职权。

民国初年,曾实行所谓的地方自治。县的自治机构沿用清末立宪时代的制度称县议事会,县议事会的议员人数各县不等,议长、副议长由议员选举产生,任期 3 年。县议事会每年 8 月或 9 月举行 1 次,会期 1 个月,必要时可延长 10 天。县议事会的职权为议决本县自治经费、岁出岁入预算决算以及自治经费筹集及处理方法,对公益事项可建议于行政机关核办,对于下级地方之争执予以公断。但当时县知事职权超过县议事会,县知事如对议事会的决议不同意,不但可交议事会复议,还可予以撤销。袁世凯在镇压"二次革命",解散国会后,又于 1914 年 2 月 3 日下令停办各级自治。各县议事会全被解散。以后袁世凯又于 1914 年 12 月公布了《地方自治施行条例》,确定了县以下的区作为地方自治单位,但徒有其名,并无真正的自治。袁死后,北洋政府曾于 1917 年提出恢复地方自治,并于 1919 年 9 月由"安福国会"通过了《县自治法》,由于连年战乱,各省并未实行。

南京国民政府成立后,县级行政制度发生了变化。1926 年 10 月 20 日,国民党中央委员会及各省、特别市、海外总支部代表联席会议,通过省政府与县市政府及省民会议、县民会议议决案,规定县政府采用委员制,由省政府任命委员若干人,分掌教育、公路、公安、财政各局,必要时可以增设土地、实业、农工各局,由省政府指定 1 人为委员长。1927 年 6 月 9 日,国民政府开始全面改革县制,依据国民党中央执行委员会第一百次会议议决案,规定各县一律改行县长制。1928 年 5 月 8 日,国民政府公布《战地各县县政府组织条例》,规定战地各县县政府设县长 1 人,受战地政务委员会的指挥监督,处理全县的行政事务。同年 9 月 15 日,国民政府公布《县组织法》,规定县政府在省政府监督下,处理全县行政事务,监督地方自治事务,县政府设县长 1 人,下设 2 至 4 科,设科数目的多少,根据该县所属的等级为准。另外,县下可设公安、财务、建设、教育 4 局,必要时可增设卫生局及土地局,局为县政府的外部行政组织。此外,还设有县政会议及县参议会。县的下级自治机关为区公所、村里公所及闾长、邻长。1929 年 6 月 5 日,国民政府重订《县组织法》,此法与上法大致相同,只是县政府增设秘书 1 人,科数减为 1 至 2 科,下级自治机关的村里公所改为乡镇公所,县政府内各局,皆直接受省政府主管各厅的指挥与监督。表面上这些机构是直属于县长,实际上县长并不能直接指挥、监督。县级的事权,已成县长与各局分治之势,故行政权并不能集中。后来虽然一度裁局改科,县长的职权有所提高,但矛盾亦未解决。县行政机关为县政府。设县长 1 人,由省民政厅提出合格人员 1 至 3 人,经省政府议决后任用。县长综理县政,监督所属机关职员,任期 3 年,成绩优良者可以连任。县政府设秘书 1 人。①《县组织法》的修订从法律条文上确定了国民政府县制的基本内容。国民党"三大"通过的《政治决议案》又规定 1930 年内完成县组织的时期,以 1934 年底为完成县自治时期。实际上知道 1949 年国民党政权倒台时,县自治仍未完成。

1939 年 9 月 19 日,国民政府行政院公布《县各级组织纲要》(通称"新县制"),首次在正式法规中明确规定:"县为地方自治单位","县为法人",分三至六等。1939 后,又根据面积、人口、经济、文化、交通等因素由各省将县划分为三至六等。县政府设县长一人,受省政府的指挥和监督,办理全县自治事项,执行中央及省委交办的事项。县政府改设民政、财政、教育、建设、军事、地政、社会各科,并置秘书、科长、指导员、督学、警佐、科员、技士、技佐等。县政府设县政会议,每两星期开会一次。县设参议会,由各乡(镇)民代表会各选举一参议员组成。县参议会暂不选举县长。区署为县政府辅助机关,代表县政府督导各乡(镇)办理行政及自治事务。区署设区长 1 人,指导员 2 至 5 人,分掌民政、财政、建设、教育、军事等事项。县下为乡(镇),乡(镇)内废闾、邻,改按保、甲编制。

县行政制度的实行到 1940 年出现了一个阶段性的标志,国民政府在这一年 9 月公布了《县各级组织纲要》,共 60 条,规定在 3 年内各省须按此纲要完成县政建设,国民党当局称纲要的实施为实行"新县制",其实这份纲要的内容,大部分并不是新东西,只是将南京国民政府十多年来推行县政的诸多法律做了一次大综合,总结了历来经验,抛弃了一些过去实行而实践证

---

① 韦庆远:《中国政治制度史》,中国人民大学出版社 2005 年版,第 324 页。

明不利于巩固国民党统治的东西,将一些行之有效的统治手段法律化。但是客观分析,《县各级组织纲要》的颁布提高了县长的地位,并对机构设置作了较有弹性的规定。

3.新中国县级行政体制

1949年10月1日,中华人民共和国成立。新中国的成立,为我国县制的进一步发展奠定了深厚的制度基础。建国近60年来,我国在继承历史县级行政管理体制的同时,根据各个时期社会变迁的特点也做了相应变化,主要经历了四个时期[①]:

(1)1949~1954年的人民政府委员会时期。建国初期,为了加强中央的统一领导和集中管理,我国实行大区、省、县、乡四级建制或大区、省、县、区、乡五级建制。在全国设立了六大行政区,包括华北、东北、中南、华东、西北和西南,大区分辖30个省、14个直辖市、1个自治区(内蒙古)、1个地方(西藏)和一个地区(昌都)。1954年,在取消大区之后,省成为最高一级的地方政权,先后成立的3个直辖市和5个自治区与省平级。为了使县级政府能够适应建国初工业化原始积累的繁重任务,国家对县的设置进行了调整,大幅度增加了县及县以下的政府机构和公职人员,根据人口分布、面积大小、城镇乡村建设规模的原则,到1952年,中央政府在全国共设2149个县[②],分为特等县、甲等县、乙等县、丙等县和丁等县等五个等级,直接受省政府领导。这一时期,县设置的主要变化是:旗县合并、撤并各根据地临时设置的小县、撤设治局改设县、设置一些经济建设需要的县,先后撤销12个县合并于旗,将34个设治局改为县或并入邻县。1953年3月12日,中央政务院撤销大行政区辖市和专署辖市,县级政权归地级市管理,在地方政府层级结构中处于省、市、县、乡的第三级。

在这一时期,国家出台了一系列的相关法律来保证县级政权的稳定。1949年12月2日,中央人民政府委员会第四次会议通过了《县各界人民代

---

① 此分期参照叶维钧、潘小娟《中国县级政府机构改革》中的观点。
② 王圣诵:《县级政府管理模式创新探讨》,人民出版社2006年版,第44页。

表会议组织通则》,规定了县各界人民代表会议是人民代表大会召开之前的人民政府协议机关,由人民政府负责召开;县人民政府的各项决策和一切市政设施,均由县人民政府向各界人民代表会议报告,并经各界人民代表会讨论,提出建议,再由县人民政府作出最后决定付诸实施;县各界人民代表会议每3个月召开一次,但经县人民政府或县各界人民代表会议1/3代表之提议,得提前或延期召集……1950年1月6日,中央政务院发布了《县人民政府组织通则》,对县级地方政权的隶属关系、组成、职权、机构等作了明确规定,县政府设有秘书室(或办公室)、民政科、建设科、公安局、财政科、粮食科、人事科、教育科、卫生科、工商科、税务科、邮电局、人民银行、人民监察委员会、人民法院和人民检察署,各部门设科长、主任、局长、院长、署长,工作需要时可以设立副职。

(2)1954～1966年的人民委员会时期。根据1954年《宪法》规定,省、县、区、乡人民政府一律改称人民委员会。同时,《宪法》明确规定县级人民代表大会是地方国家权力机关,县政府是县人大执行机关和县级国家行政机关。县级集中统一的经济管理体制也逐步建立起来。1954～1957年我国撤销大区,在全国实行省、县、乡三级建制或省、县、区、乡四级建制。1958～1965年实行省、县、人民公社三级建制或省、市、县、人民公社四级建制。1959年,国务院指出1950年政务院关于县的等级划分已经过时,以后县不再划分等级。1958年开始的大跃进对县制进行了一次大规模改组,即所谓的"并大县"。由于受到"左"的思想影响,按照"大跃进"和"人民公社化"的要求,违背行政区划设计的原则,大量撤并县级行政单位,全国县的数量由1952年的2079个减少到1959年的1837个,减少了1/4,此后陆续得到恢复,1966年重新达到2066个,随着大跃进的破产,"并大县"也完全以失败告终。但是在"大跃进"期间,县级政府机构和人员再次膨胀,县党委机构由1950年代初的"二部一室"(组织部、宣传部、办公室)到文革前扩展为"七部一室"(组织部、宣传部、统战部、农工部、城工部、科教部、财贸政治部、办公室),县人委机构由1950年代初的"四科二局二室"发展到1960年代初的30多个。1962年调整时县级机构和人员编制有所减少,但文革前又陆续恢复。对于大多数县来说,党政机关干部的人数从 1950 年代初的 40 ~ 60 人增加到 1960 年代中的 500 ~ 600 人。①

(3)1966 ~ 1979 年的国民革命委员会时期。"文化大革命"把中国带入了一个特殊的历史时期,在这 10 年中,我国的宪法和法律遭到了严重践踏,党政机关的正常秩序完全被打乱。县级人民代表大会名存实亡,各级人民委员会(即政府)或改组,或靠边,或被造反派占据,党政机关在最初一段时间内几乎全部瘫痪,1967 年以后被革命委员会取代,全国各级政权出现了前所未有的混乱局面:以革命委员会代替政府,革命委员会是无产阶级革命派、革命领导干部代表和军队代表三者的结合,中国开始实行党政军合一体制。革命委员会统管党务、政务和军务,社会主义行政原则遭到严重的损坏,全国上下处于无政府状态,县级政府如同其他各级政府一样几乎处于崩溃的边缘。1975 年 1 月 17 日,在江青反革命集团的操纵下,第四届全国人民代表大会第一次会议修正通过了《中华人民共和国宪法》,规定地方各级革委会是地方各级人民代表大会的常设机关,同时又是各级地方人民政府,革命委员会内部用各种形式的大组或小组代替原来的政府工作部门,改变专员公署派出机构的性质。"文革"结束之后,中国的政治、经济才开始慢慢恢复正常。②

(4)1980 年至今的人民政府时期。中共十一届三中全会以后,中国进入了改革开放的新时期。为了适应新时期社会主义现代化建设的需要,也为了社会主义商品经济和市场经济发展的新态势,1979 年各级革命委员会被重新改为人民政府,7 月,五届人大二次会议决定实行县人民代表大会代表的直接选举,县人民代表大会设立常务委员会,作为人大常设机关,处理县级国家权力机关的日常事务,从而形成县行政机关与权力机关的新型关系。1982 年第四部《宪法》的颁布,进一步确认和完善了这一制度。同年,中共中央以 51 号文件发出了改革地区体制、实行市领导县体制的通知。

---

① 刘厚德:《当代中国县政发展》,武汉大学出版社 1988 年版,第 94 ~ 95 页。
② 沈荣华、金海龙:《地方政府治理》,社会科学文献出版社 2006 年版,第 94 页。

1983年2月15日,中共中央、国务院发出《关于地市州党政机关机构改革若干问题的通知》,要求"积极试行地、市合并",各地的人民公社逐步被取消,"政社合一"的人民公社体制从此不再实行,恢复了乡镇建制。1986年4月19日,国务院于以46号文件批转各地试行《关于调整设市标准和市领导县条件的报告》,提出为了适应新型的城乡状况,应该把符合条件的县撤县设市,即"整县改市",此后一段时间,县级市建制数目增加很快,到1992年底增至323个。1993年国务院又提高了整县改市的标准。目前,我国县的数量变化:1983年2071个,1987年2201个,2000年1671个,2006年1635个县。

县级建制变迁的历史过程表明,中国的县级建制是社会发展的产物,它完全适应了自然状态和社会形态,经过两千多年的历史演变和新中国社会发展的实践,县级建制已经相当巩固和完善。随着时代的不断进步,历史对于现有的政治体制又会提出新的任务和挑战,我国县级建制数量的减少似乎又将成为一个新的发展趋势。

二、县级政府的基本特征

1. 县级政府的分类

中国是单一制的中央集权制国家,按照中央政府统一领导全国、地方政府分级管理的原则,设置了金字塔式逐级向下的地方各级政府。《宪法》第30条第二款规定,中华人民共和国行政区域的省、自治区分为自治州、县、自治县、市。市是指"地级市"和"县级市"。"地级市"一般为中等城市,城区人口在30万人以上,我国现有283个地级市,它们与各省市的地区、自治州和盟同级别。县、旗、自治县、自治旗和县级市属于同一序列,直接受省、自治区、较大市、地级市的领导。

中华人民共和国县级行政单位是地方二级行政区域,是地方政权的基础,分类依据和种类形态多样,可遵循行政地域的差别划分,可遵循经济发展的程度划分,还可遵循行政级别进行划分,本书采用最普遍的方法,包括县、县级市、市辖区、自治县、旗、自治旗、特区、林区。其中,自治县是少数民族聚居地方实行民族区域自治的县级行政区域;旗是中国相当于县一级的少数民族(主要是蒙古族)聚居的行政区域,旗原是蒙古族等少数民族的民族组织,中华人民共和国成立后沿用;自治旗是内蒙古自治区内另一些少数民族聚居区实行区域自治的相当于自治县的行政区域;特区是工矿企业特别集中的县一级行政区划;林区是县一级行政区划。截至 2007 年底,全国共有 2860 个县级行政区划单位,其中:856 个市辖区、369 个县级市、1463 个县、117 自治县、49 个旗、3 个自治旗、2 个特区、1 个林区。按照《宪法》的规定,我国县、旗、自治县、自治旗和县级市人民政府各工作部门受人民政府的统一领导,并且依照法律或行政法规的规定,受上一级人民政府主管部门的业务指导,而市辖区的人民政府各工作部门一般则受上级人民政府主管部门的业务领导。

2. 县级政府的权限

根据 1995 年 2 月 28 日第三次修正《中华人民共和国地方各级人民代表大会和地方各级人民政府组织法》第四章 59 条规定,县级地方政府的法定权限共 10 项,归结为:(1)执行本级人民代表大会及其常务委员会的决议,以及上级国家行政机关的决定和命令,规定行政措施,发布决定和命令;(2)领导所属各工作部门和下级人民政府的工作;(3)改变或者撤销所属各工作部门的不适当的命令、指示和下级人民政府的不适当的决定、命令;(4)依照法律的规定任免、培训、考核和奖惩国家行政机关工作人员;(5)执行国民经济和社会发展计划、预算,管理本行政区域内的经济、教育、科学、文化、卫生、体育事业、环境和资源保护、城乡建设事业和财政、民政、公安、民族事务、司法行政、监察、计划生育等行政工作;(6)保护社会主义的全民所有的财产和劳动群众集体所有的财产,保护公民私人所有的合法财产,维护社会秩序,保障公民的人身权利、民主权利和其他权利;(7)保护各种经济组织的合法权益;(8)保障少数民族的权利和尊重少数民族的风俗习惯,帮助本行政区域内各少数民族聚居的地方依照宪法和法律实行区域自治,帮助各少数民族发展政治、经济和文化的建设事业;(9)保障宪法和法律赋予妇女的男女平等、同工同酬和婚姻自由等各项权利;(10)办理上级国家行政机关交办的其他事项。

近几年,随着县域民营经济的迅速发展,我国一些县级政府管理权限有所扩大,突出表现在经济管理权限和部分社会管理权限,各省、自治区、直辖市都相继出台了《关于扩大部分县(市)管理权限的意见》,对扩权的主要管理项目进行逐条列举和规范,主要包括:税收管理、项目申报、用地报批、资质认证、价格管理、财政结算、政策享有、信息获得、计划修改、外引内联等。

3.县级政府的特性

从古到今,县这一级行政建制被赋予最多的是中央政府"执行"功能。从技术价值上看,现代国家中除了一些袖珍式的小型国家,绝大多数国家的中央政府无法全面管理国家的每一个层面,需要"县衙门"和"县官"来维持基层政府的秩序,维护国家的安定统一。随着县域社会的不断变迁,基层政府的政治职能和文化职能日益凸显,其存在意义不再仅仅停留在管理的便利性和有效性层面,作为国家行政管理体系的基层延伸,它既有中央政府与其他地方政府的一般特点,又有优于其他行政层级的显著特征:

从政治层面看,县级政府是充分发挥社会主义民主、增强基层公民政治参与有序扩大的主导者。扩大基层群众自治范围,完善民主管理制度,把城乡社区建设成为管理有序、服务完善、文明祥和的社会生活共同体是我国建设民主政治体系的重要内容,同时,农村社会的民主化程度是整个国家民主体系发展的重要指标之一。农民对民主体系的参与,是我国民主制度得以运转的基石。我国9亿人在农村,农村的稳定与否直接关系着国家的兴衰存亡,而作为农村治理的最主要政治组织,县级政府的行政行为大大影响着农村基层组织的民主化进程。

从经济层面看,县级政府是深化农村改革、促进城乡一体化发展、建设社会主义新农村的领路人。新农村的建设是我党根据我国现时期农村发展状况做出的一次重要改革,建设目标是要把发展现代农业、繁荣农村经济作为首要任务,加强农村基础设施建设,健全农村市场和农业服务体系,加大支农惠农政策力度,增加农业投入,促进农业科技进步,增强农业综合生产能力,以促进农民增收为核心,发展乡镇企业,壮大县域经济,多渠道转移农民就业,坚持农村基本经营制度,稳定和完善土地承包关系,按照依法自愿有偿原则,健全土地承包经营权流转市场,有条件的地方可以发展多种形式的适度规模经营。县级政府处于承上启下沟通城市与乡村、工业与农业、宏观经济与微观经济的中介环节,既是县域经济的决策指挥机关,又是落实党和国家方针、政策的执行机关,其所要担负的职责更为直接,要在国家正确方针政策的指导下,担负起提高县域经济综合竞争力的重任,深入挖掘县域经济的潜能和优势资源,从符合本地开发原则的基础出发,带动农民走中国特色农业现代化道路,建立以工促农、以城带乡长效机制,形成城乡经济社会发展一体化新格局。

从文化层面看,县级政府是加强农村文化建设,提升农民文化水平的重要社会动力。在新农村的建设过程中,文化具有其他社会要素无法取代的作用,具有凝聚、整合、同化、规范农村社区群体行为和心理的强大功能,实施文化发展战略是新农村建设的强本固基之举。尤其在满足基本生活需要后,农民的精神诉求逐步凸现,这就对基层政府农村文化建设提出了严峻的考验,如何使农村摆脱文化贫困的现状,如何创办适合农村发展的新型文化,如何强化农村文化的软实力,是各级政府深思的问题。虽然中央政府采取一系列政策措施,组织开展形式多样的农村文化活动,广泛开展文化科技卫生"三下乡"、加快农村文化基础设施建设,但多数农村现今仍然存在公共文化机构运转困难、文化扶贫攻击严重不足、文化投入明显短缺的现象,一方面是中央政府和地方政府资金和人力投入上的不足,更重要的原因是政府引导型文化要想真正被农民接受,必须从意识形态调动起"农民文化"的共鸣,否则推动的实际价值难以发挥。作为基层重要治理主体的县级政府要积极培育和动员农民自办文化的理念和机制,必须采取一系列的制度措施打造农村文化品牌,以此推动农村文化意识形态的固化。

第二节　民族自治县概况

一、民族自治县（旗）的基本状况

1. 中国的民族及民族自治地方

中国是一个统一的多民族国家，迄今为止，通过识别并由中央政府确认的民族有 56 个。中国各个民族之间人口数量相差很大，其中汉族人口最多，其他 55 个民族人口相对较少，习惯上被称为"少数民族"。据 2000 年第五次全国人口普查统计，55 个少数民族人口为 10449 万人，占全国总人口的 8.41%。[①] 中国的少数民族分布呈现出"大杂居、小聚居"的分布形态，每个县级以上行政区域都有少数民族居住，而西北、西南为少数民族主要聚居区，其中，少数民族人口占全国少数民族人口比重在 10% 以上的省（自治区、直辖市）有广西、云南、贵州和新疆；其比重在 10% 以下、5% 以上的有辽宁和湖南；其比重在 5% 以下、1% 以上的有河北、内蒙古、吉林、黑龙江、河南、湖北、广东、海南、重庆、四川、西藏、甘肃、青海和宁夏；其比重在 1% 以下的有北京、天津、山西、上海、江苏、浙江、安徽、福建、江西、山东和陕西。[②]

遵照少数民族的民族成分、历史情况和聚居区域，我国《宪法》规定在民族平等和自愿的基础上，经过协商确定，在少数民族聚居区建立民族自治地方，实行区域自治。各民族自治地方都是中华人民共和国不可分割的一部分，其行政单位分自治区、自治州、自治县（旗）三级。已经建立的民族自治地方，按照民族组成大体有三种类型：以一个少数民族聚居区为基础建立，如吉林省延边朝鲜族自治州；以一个人口较多的少数民族聚居区为基础，并包括一个或两个以上人口较少的少数民族聚居区建立，如新疆维吾尔自治区；以两个或多个少数民族的聚居区为基础联合建立的，如湘西土家族

---

① 《中国的民族区域自治》白皮书，2005 年 2 月。
② 国家民委经济发展司编：《中国民族工作年鉴 2004》。

苗族自治州。一个民族自治地方内其他少数民族聚居的区域,建立相应的自治地方或者民族乡,如在新疆维吾尔自治区内建有伊犁哈萨克自治州、焉耆回族自治县等。民族自治地方依据本地方的实际情况,可以包括一部分汉族或者其他民族的居民区和城镇。有些少数民族,不仅可以在一个大的聚居区实行自治,建立自治区,还可以依据聚居地的不同,分别建立自治州、自治县等多个自治地方,如藏族,除西藏自治区外,还在四川、甘肃、青海、云南分别建立了 10 个自治州和 2 个自治县。由于中国少数民族分布特点是大分散、小聚居,所以每个民族自治地方,都包含了一些汉族和其他少数居民。民族自治地方的名称,除特殊情况外,一般按照地方名称、民族名称、行政地位的顺序组成。

民族自治地方是我国重要行政建制形式,到 2005 年底,我国民族自治地方的总面积为 611.96 万平方公里,占全国国土总面积的 64% 左右。1947 年 5 月 1 日,在中国共产党领导下,已经解放的蒙古族地区就建立了中国第一个省级民族自治地方——内蒙古自治区。新中国成立后,中国政府开始在少数民族聚居的地方全面推行民族区域自治制度。1955 年 10 月 1 日,新疆维吾尔自治区成立;1958 年 3 月 5 日,广西壮族自治区成立;1958 年 10 月 25 日,宁夏回族自治区成立;1965 年 9 月 9 日,西藏自治区成立。截止到目前,中国共建立了 155 个民族自治地方,其中包括 5 个自治区、30 个自治州、120 个自治县(旗)。根据 2000 年第五次全国人口普查,在 55 个少数民族中,有 44 个建立了自治地方,实行区域自治的少数民族人口占少数民族总人口的 71%。同时,中国还在少数民族聚居地域较小、人口较少并且分散,不宜建立自治地方但相当于乡的少数民族聚居区建立了 1173 个民族乡,作为民族自治地方的补充形式。11 个因人口较少且聚居区域较小而没有实行区域自治的少数民族中,有 9 个建有民族乡①。

我国现有的 120 个县(旗)基本覆盖了我国 55 个少数民族,分布在 18 个省市地区,其中甘肃省天祝藏族自治县成立于 1950 年 5 月 6 日,是我国

———

① 《中国的民族区域自治》白皮书,2005 年 2 月。

最早成立的民族自治县。在这之后,先后在云南省成立了新中国第一个彝族自治县——峨山自治县(1951 年 5 月 12 日)、广西省成立了第一个瑶族自治县——金秀瑶族自治县(1952 年 5 月 28 日),直到 2003 年 10 月 25 日成立的第 120 个自治县——四川省北川羌族自治县,从新中国成立之初到改革开放的今天,各个民族自治县共同为社会主义现代化的建设贡献自己的力量。

2. 民族自治县的地理分布

根据 2005 年《少数民族年鉴》统计,全国共有 117 个自治县,3 个自治旗。从归属省级行政区域意义上分布,河北省有 6 个自治县,分别是大厂回族自治县、孟村回族自治县、青龙满族自治县、丰宁满族自治县、围场满族蒙古族自治县、宽城满族自治县;3 个自治旗全部在内蒙古自治区,分别是鄂伦春自治旗、莫力达瓦达斡尔自治旗、鄂温克族自治旗;辽宁省有 8 个自治县,分别是阜新蒙古族自治县、喀喇沁左翼蒙古族自治县、岫岩满族自治县、新宾满族自治县、清原满族自治县、本溪满族自治县、桓仁满族自治县、宽甸满族自治县;吉林省有 3 个自治县,分别是长白朝鲜族自治县、前郭尔罗斯蒙古族自治县、伊通满族自治县;黑龙江省有 1 个自治县,是杜尔伯特蒙古族自治县;浙江省有 1 个自治县,是景宁畲族自治县;湖北省有 2 个自治县,分别是长阳土家族自治县、五峰土家族自治县;湖南省有 7 个自治县,分别是江华瑶族自治县、城步满族自治县、通道侗族自治县、新晃侗族自治县、芷江侗族自治县、靖州苗族侗族自治县、麻阳苗族自治县;广东省有 3 个自治县,分别是连南瑶族自治县、连山壮族自治县、乳源瑶族自治县;广西壮族自治区有 12 个自治县,分别是都安瑶族自治县、融水苗族自治县、三江侗族自治县、隆林各族自治县、巴马瑶族自治县、罗城仫佬族自治县、富川瑶族自治县、大化瑶族自治县、环江毛南族自治县、恭城瑶族自治县、金秀瑶族自治县、龙胜各族自治县;海南省有 6 个自治县,分别是白沙黎族自治县、昌江黎族自治县、乐东黎族自治县、陵水黎族自治县、保亭黎族自治县、琼中黎族自治县;重庆市有 4 个自治县,分别是石柱土家族自治县、秀山土家族苗族自治县、酉阳土家族苗族自治县、彭水苗族土家族自治县;四川省有 4 个自治县,分别是木里藏族自治县、马边彝族自治县、峨边彝族自治县、北川羌族自治县;贵州省有 11 个自治县,分别是松桃苗族自治县、镇宁布依族苗族自治县、紫云苗族布依族自治县、威宁彝族回族苗族自治县、关岭布依族苗族自治县、三都水族自治县、玉屏侗族自治县、道真仡佬族苗族自治县、印江土家族苗族自治县、务川仡佬族苗族自治县、沿河土家族自治县;云南省有 29 个自治县,是中国自治县最多的一个省份,分别是峨山彝族自治县、石林彝族自治县、耿马傣族佤族自治县、沧源佤族自治县、玉龙纳西族自治县、宁蒗彝族自治县、江城哈尼族彝族自治县、澜沧拉祜族自治县、孟连傣族拉祜族佤族自治县、西盟佤族自治县、屏边苗族自治县、河口瑶族自治县、贡山独龙族怒族自治县、巍山彝族回族自治县、南涧彝族自治县、寻甸回族彝族自治县、元江哈尼族彝族傣族自治县、新平彝族傣族自治县、墨江哈尼族自治县、双江拉祜族佤族布朗族傣族自治县、兰坪白族普米族自治县、维西傈僳族自治县、景东彝族自治县、景谷傣族彝族自治县、宁洱哈尼族彝族自治县、金平苗族瑶族傣族自治县、禄劝彝族苗族自治县、漾濞彝族自治县、镇沅彝族哈尼族拉祜族自治县;甘肃省有 7 个自治县,分别是张家川回族自治县、天祝藏族自治县、肃南裕固族自治县、肃北蒙古族自治县、阿克塞哈萨克族自治县、东乡族自治县、积石山保安族东乡族撒拉族自治县;青海省有 7 个自治县,分别是互助土族自治县、化隆回族自治县、循化撒拉族自治县、河南蒙古族自治县、门源回族自治县、大通回族土族自治县、民和回族土族自治县;新疆维吾尔自治区有 6 个自治县,分别是巴里坤哈萨克自治县、塔什库尔干塔吉克自治县、木垒哈萨克自治县、焉耆回族自治县、察布查尔锡伯自治县、布克赛尔蒙古自治县。

从地理分布来看,民族自治县主要分布在我国的西部地区,包括陕西、甘肃、青海、宁夏、新疆、四川、重庆、云南、贵州、西藏、广西和内蒙古西部等 12 个省、市、自治区。西部地区地域面积为 619 万平方公里,占全国国土面积的 64.48%,人口为 3.39 亿,占全国总人口的 27.2%。其中,120 个自治县的总人口是 3385.50 万人,其中少数民族人口 1782.84 万人,占总人口的

52.66%。[①] 西部地区的地质构造复杂多变,地势起伏高差悬殊,区域差异明显。区域内有黄土高原、青藏高原、云贵高原、内蒙古高原、四川盆地和塔里木盆地等不同地理单元。正是由于西部地区特殊的地理环境,散居于这些地区的少数民族相对于中国其他地方要多得多,这些少数民族聚居在一起,形成了自己特有的生活方式和民族风情,许多生活在偏远地区的少数民族是在解放后才为人所知的,为了加强少数民族的建设,新中国成立以后在许多少数民族地区推行了民族区域自治制度。

3. 民族自治县的民族构成

我国自治县的民族分布状况比较复杂,有些自治县是以一个民族为主,有些则是几个民族共同居住在一起,从自治县境内主体民族情况分析,1 个主体自治民族的自治县 81 个,2 个主体自治民族的自治县 25 个,3 个主体民族的自治县 6 个,4 个主体民族的自治县 1 个(云南省双江拉祜族佤族布朗族傣族自治县),没有主体自治民族的自治县 2 个(广西壮族自治区龙胜各族自治县和隆林各族自治县)。[②] 自治县各个民族的生活习惯、宗教信仰、民族性格千差万别,所以在考察自治县政府的过程中必须要充分考虑到各地区的民族构成状况,并了解当地的民风民情才能有助于我们更深入研究。

4. 民族自治县的经济发展状况

由于我国各民族所处的地理位置、历史发展进程及其他原因影响,我国各民族自治县经济发展差异比较明显。

从自治县的地理分布可以看到,除了辽宁省的 8 个自治县、吉林省的 3 个自治县、黑龙江省的 1 个自治县、浙江省的 1 个自治县、湖北省的 2 个自治县、湖南省的 7 个自治县以及广东省的 3 个自治县共 25 个自治县不处于西部地区,其他 95 个自治县都处于西部地区[③]。全国 55 个少数民族 8000

---

① 《少数民族统计年鉴(2005)》。

② 周平、方盛举、夏维勇:《中国民族自治地方政府》,人民出版社 2007 年 8 月版,第 36 页。

③ 本书所指的西部,包括云、贵、川、渝、陕、甘、宁、青、新疆、内蒙、西藏、广西12省、自治区、直辖市。

多万人口,其中80%以上分布在西部。同时,西部地区又是我国主要的贫困地区,《国家八七扶贫攻坚计划》中的592个国定贫困县,有258个是少数民族县,这258个少数民族县中有224个分布在西部地区,占民族贫困县的86.8%。到2000年底,按照我国农村人均纯收入625元的国家贫困标准,我国剩余的贫困人口绝大多数分布在西部。到2004年,农村绝对贫困人口的标准为668元,低收入人口的标准是924元。后者即相对贫困的标准,指初步解决温饱,但收入还不稳定的状况。《国家八七扶贫攻坚计划》实施结束后,国务院将西藏73个县整体纳入扶贫计划进行区域整体扶持,不再列入国家扶贫重点县名单。民族贫困县集中分布的西部省区是云南44个,贵州36个,内蒙31个,广西28个,新疆27个,四川20个,甘肃14个,青海12个,宁夏8个。这些民族贫困县中包括了大部分民族自治县。以广西壮族自治区为例,广西壮族自治区在国家扶贫开发工作中有28个县被划为国家重点扶植贫困县,这28个贫困县中包括了融水苗族自治县、三江侗族自治县、龙胜各族自治县、金秀瑶族自治县、隆林各族自治县、巴马瑶族自治县、罗成仡佬族自治县、大化瑶族自治县、环江毛南族自治县和恭城瑶族自治县10个自治县,富川瑶族自治县虽不是国家级贫困单位,却是当地的市级贫困县。

根据国家统计局农村社会经济调查总队编的2003《中国西部农村统计资料》显示,西部和国家扶贫重点县在1995年以后,财政收入、粮食产量等均增长缓慢,甚至停止增长或倒退;财政开支却迅速扩大,县级政府财政赤字问题严重。西部地区的贫困县和全国贫困县相比,除了人均粮食和肉类产量外,与全国贫困县的差距在逐步拉大,贫困深度更高。以四川为例,四川是西部一个典型的内陆地区,有53个民族成分,50个民族县。四川省的国家重点扶贫工作县共有36个。其中,民族贫困县有20个,包括2个贫困民族自治县,占四川省国家重点县的55.6%,占四川省50个民族县的40%。这些民族贫困县又集中分布在四川的三个自治州(阿坝州、甘孜州、凉山州),共19个,占民族贫困县的95%。"三州"是四川省最不发达的地区,据不完全统计,2002年"三州"农村居民人均纯收入为1170.7元,占四川省平均水平的 58.9%，只有成都市的 37.8%，只有全国平均水平的 49.5%；"三州"农村的恩格尔系数为 66.4%，为典型的绝对贫困地区，比四川省平均水平的 54.7% 高出 11.7 个百分点，高出成都市 17.3 个百分点。①四川省的这种情况，是西部所有民族贫困县现实状况的缩影。

西部民族自治地方特别是自治县经济落后的现状主要由以下几个原因决定：

（1）自然条件恶劣的客观原因。西部民族自治地方恶劣的自然条件限制了当地经济社会发展能力。西部少数民族所处地区大多是高原、高寒、沙漠、草原等，这些地区旱、水、雪、风、雹、沙尘暴等自然灾害频繁，生态环境十分脆弱。加之人口增长、不合理的耕作方式、毁林毁草开荒等不合理开发，原本脆弱的生态进一步遭受破坏，水土流失日益严重，有的地方已无地可耕、无牧可放，连最基本的生存条件都难以保障，形成人口、资源、环境的尖锐矛盾，陷入资源破坏、环境退化、贫困加深的恶性循环中。这些自然环境以及人为原因，使得以农业为主的西部民族地区陷入经济落后的漩涡。

（2）基础教育和社会保障的严重不足，社会发育程度较低。少数民族人口长期生活在相对封闭的偏僻地方，生活方式落后，沿袭旧的观念和习惯，生产经营能力弱，生产力水平低下，社会发育严重滞后，直接造成了社会的贫困以及扶贫工作的艰难。一方面，基础教育落后，劳动者素质低，自身综合能力差，人力资本存量不足，限制了生产效率的提高和收入的增加。尽管通过教育扶贫有所改善，但民族地区的办学条件差，师资缺乏，适龄儿童辍学、流失严重等状况短期内很难有较大的改进。据统计，少数民族地区的劳动力人口中，文盲、半文盲占 30% 以上，四川、西藏、甘肃甚至高达 50% 以上。四川凉山州的国家重点民族贫困县的学龄儿童入学率仅为 60% 左右，劳动力人口的文盲率高达 41% 左右。没有一定的科技人才和受过教育的劳动者，经济发展就成了一句空话。

（3）基础设施落后等长期积累的问题制约了民族地区的经济发展和生

---

① 《中国区域经济统计年鉴》（2002）的数据计算，中国财政经济出版社 2004 年版。

活条件的改善。尽管经过国家长期的扶贫投入,民族地区的基础设施条件得到了很大改善。但是由于民族地区特殊的地理环境,加上长期投入有限,欠账太多,人口迅速增长的压力以及各民族县财力不足等因素,造成水利灌溉程度低,公路覆盖面窄、路况差,电力供给不足,住房条件差,部分地区群众依然是靠天吃饭、靠天养畜,生活水平难以稳定提高。据统计,四川省民族贫困地区还有 38.8% 的村不通公路,24.9% 的村不通电,44.6% 的村没有广播电视覆盖,约 84 万人没有解决饮用水问题,19 万人住房困难。①

（4）产业结构单一且落后,影响了民族地区收入水平的提高。由于自然条件恶劣、基础教育落后以及基础设施的欠账等综合因素的影响,民族地区产业构成以农牧业为支柱产业,其他产业比重极低,经济发展水平低,经济总量小,绝大多数地方财政不能自给,长期靠国家补贴,很难彻底脱困解贫。西部地区的牧区县占全国的 86% 以上,而牧区是少数民族贫困人口相对集中的地区,牧民的生活来源几乎完全依靠畜牧业,其贫困状况综合了民族地区贫困形成的各种因素。牧区大多地处高海拔、高纬度,各种灾害频繁,加上长期粗放式的放牧方式以及人为破坏,草原退化、沙化、碱化(三化)日益严重,生态环境恶化。牧区的基础设施落后,产业结构单一,牧民逐草而居的游牧和半游牧生活方式,使牧民生活更为艰难。

（5）退耕还林还草等生态环境建设,造成了西部民族地区部分群众减收。我国实施天然林保护和退耕还林还草工程,本来目的是解决西部乃至全国生态环境恶化状况,但结果却切断了保护区内部分农牧民的传统收入来源。然而,这些地区短期内很难形成新的收入来源,居民生活只能依靠国家的补贴,这直接造成群众的收入减少,出现了新的贫困人口和返贫人口。据调查,甘南州林区实施"天保工程"以后,人均减收 300 元左右,占人均收入的 1/3,造成新的贫困人口。甘肃迭部县由于这一工程使财政收入减少 95% 以上,农民人均减收 311 元,60% 左右的农村人口返贫。四川阿坝州贫

---

① 赵显人:《中国少数民族地区经济发展报告》,民族出版社 2000 年版,第 40 页。

困县的农牧民人均减收 150 元,勉强越过温饱的农牧民又变成贫困户。①
如何处理好国家生态利益与地区百姓的个人经济利益之间的矛盾,成为西
部少数民族地区经济发展的又一课题。

随着国民经济的发展和财政收入的增长,各级政府逐步加大对民族自
治地方财政转移支付力度。国家通过一般性财政转移支付、专项财政转移
支付、民族优惠政策财政转移支付以及其他方式,增加了对民族自治地方的
资金投入,以促进民族自治地方经济发展和社会进步,逐步缩小与发达地区
的差距。从 1995 年起,中国政府就设立"民族地区补助费"等专项资金,并
采取提高少数民族地区财政预备费的设置比例等优惠政策,帮助民族自治
地方发展经济和提高人民生活水平。1980－1988 年,中央财政对内蒙古、
新疆、广西、宁夏、西藏 5 个自治区以及云南、贵州、青海 3 个少数民族比较
集中的省实行财政递增 10% 的定额补助制度。1994 年,国家实施以分税制
为主的财政管理体制改革,原有对少数民族地区的补助和专项拨款政策全
都保留下来。国家在 1995 年开始实行的过渡期转移支付办法中,对 5 大自
治区和云南、贵州、青海 3 个少数民族比较集中的省以及其他省的少数民族
自治州,专门增设了针对少数民族地区的政策性转移支付内容,实行政策性
倾斜。②

当然,我国的民族自治县也有处于东部发达地区和东北地区的,如在上
文中提到的广东省的 3 个自治县,浙江省的 1 个自治县以及辽宁省的部分
自治县,由于所在地区的优势,它们早已脱贫致富成为民族自治县中的佼佼
者,在这里就毋庸赘言了。

二、自治县政府的基本特征

1. 自治县政府的自治权

依据《宪法》和《中华人民共和国民族区域自治法》的规定,民族自治地

---

① 赵显人:《中国少数民族地区经济发展报告》,民族出版社 2000 年版,第 42 页。
② 《[2005 年]中国民族区域自治》白皮书(四)。

方的自治机关是自治区、自治州、自治县的人民代表大会和人民政府,它们在行使同级地方国家机关一般职权的同时拥有自治权。也就是说,自治县政府不仅行使《宪法》第三章第五节规定的一般县级政府机关的职权,同时依照宪法、民族区域自治法和其他法律规定的权限行使自治权,根据本县实际情况贯彻执行国家的法律、政策。自治权主要包括三类:

政治综合类自治权。包括立法、人事、治安、流动人口管理、计划生育等自治权。(1)立法权。首先,民族自治县享有制定自治条例和单行条例的权力。民族自治县人民代表大会及其常务委员会有权依照当地民族的政治、经济和文化特点,制定自治条例和单行条例,自治县的自治条例和单行条例,报省或自治区的人民代表大会常务委员会批准后生效,并报全国人民代表大会常务委员会和国务院备案;其次,自治县政府机关对上级国家机关的决议、决定、命令和指示,如有不适合民族自治地方设计情况的,可以报请该上级机关批准、变通执行或停止执行。(2)人事管理自治权。自治县政府有权采取各种措施从民族中大量培养各级干部,各种科学技术人才,采取措施引进人才以及优先招收少数民族人才的权力。现有的120个民族自治县(旗)的人民代表大会常务委员会中都由实行区域自治的民族的公民担任主任或副主任,自治县县长则全部由实行区域自治的民族的公民担任。民族自治县的自治机关所属工作部门的其他组成人员中,依法合理配备实行区域自治的民族干部和其他少数民族干部。(3)自治县政府享有组织公安部队的自治权,自治机关依照国家的军事制度和当地的实际需要,经国务院批准,可以组织本地方维护治安的公安部队。同时自治县政府还相应的享有管理流动人口和实行计划生育的自治权。

经济综合类自治权。经济综合类自治权的种类很多,主要有以下几方面:(1)根据法律规定和本地方经济发展的特点,合理调整生产关系和经济结构。(2)在国家计划的指导下,根据本地方的财力、物力和其他具体条件,自主地安排地方基本建设项目。(3)在国家计划的指导下,自主地管理隶属于本地方的企业、事业。(4)依照国家规定,可以开展对外经济贸易活动,经国务院批准,可以开辟对外贸易口岸,在对外经济贸易活动中,享受国家的优惠政策。(5)根据国家的国民经济和社会发展的总体规划,结合实际制定经济社会发展的规划、目标和措施。(6)依法保护和改善生活环境和生态环境,防治污染和其他公害,根据法律规定和国家的统一规划,对可以由本地方开发的自然资源,优先合理开发利用。(7)凡是依照国家财政体制属于自治县的财政收入,都由自治县的自治机关自主地安排使用。按照国家规定,设机动资金,预备费在预算中所占比例高于一般地区。自治机关在执行财政预算的过程中,自行安排使用收入的超收和支出的节余资金。(8)自治县的自治机关在执行国家税法的时候,除应由国家统一审批的减免税收项目以外,对属于地方财政收入某些需要从税收上加以照顾和鼓励的,可以实行减税或者免税。

文化综合类自治权。文化综合类自治权包括民族教育、民族语言、民族文化、民族宗教、科学技术、卫生体育等方面的自治权。(1)根据国家的教育方针,依照法律规定,决定本地方的教育规划,各级各类学校的设置、学制、办学形式、教学内容、教学用语和招生办法。在少数民族牧区和经济困难、居住分散的少数民族山区,设立以寄宿为主和助学金为主的公办民族小学和民族中学,保障就读学生完成义务教育阶段的学业。招收少数民族学生为主的学校(班级)和其他教育机构,有条件的应当采用少数民族文字的课本,并用少数民族语言讲课;根据不同情况从小学低年级或者高年级起开设汉语文课程,推广全国通用的普通话和规范汉字。(2)自主地发展具有民族形式和民族特点的文学、艺术、新闻、出版、广播、电影、电视等民族文化事业,组织、支持有关单位和部门收集、整理、翻译和出版民族历史文化书籍,保护民族地区的名胜古迹、珍贵文物和其他重要历史文化遗产,继承和发展优秀的民族传统文化。(3)民族自治地方的自治机关在执行公务的时候,依照本民族自治地方自治条例的规定,使用当地通用的一种或者几种语言文字;同时使用几种通用的语言文字执行职务的,可以以实行区域自治的民族语言文字为主。(4)保障各少数民族都有按照传统风俗习惯生活、进行社会活动的权利和自由,包括尊重少数民族生活习惯,尊重和照顾少数民族的节庆习俗,保障少数民族特殊食品的经营,扶持和保证少数民族特需用品的生产和供应以及尊重少数民族的婚姻、丧葬习俗等。同时,提倡少数民族在衣食住行、婚丧嫁娶各方面奉行科学、文明、健康的新习俗。(5)尊重和保护少数民族宗教信仰自由方面,保障少数民族公民一切合法的正常宗教活动。(6)自主地决定本地方的科学技术发展规划,普及科学技术知识。(7)自主地决定本地方的医疗卫生事业的发展规划,发展现代医药和民族传统医药。

2. 自治县政府的特性

第一,民族性。民族性是自治县政府最为突出的属性。首先,自治县政府的重要任务就是建立和发展平等、团结、互助的社会主义民族关系。在各自治县,实行自治的民族同本地方内汉族和其他少数民族的关系,汉族同少数民族的关系,以及各个少数民族之间的关系,种种复杂的关系形态在民族地区政治格局中具有根本性的地位,也是民族自治地方社会进程中最为重要且最具特殊性的社会关系。民族关系的发展状况直接影响着区域经济、政治、文化和社会的全面进步,这就决定了自治县政府的重要职责就是建立良好和谐的现代化民族关系。其次,自治县机关民族化是自治县民族性的重要体现,通过自治机关民族化,自治县推选出本民族的干部,主要使用本民族的语言文字,运用本民族喜闻乐见的民族形式,实现自主管理本民族、本地区内部事务。根据《宪法》和《民族区域自治法》的有关规定,"自治县县长由实行区域自治的民族的公民担任,自治县的人民政府的其他组成人员,应当合理配备实行区域自治的民族和其他少数民族的人员",还规定"自治县的人民政府实行县长负责制",这就在自治机关民族化上给予了法律的保障。① 再次,自治县政府享有法定的民族自治权。民族区域自治制度是民族自治和区域自治的共同治理模式,"因为经过民族化,民族自治权利才会被尊重②"。最后,自治县政府行政过程中具有民族性的特色。自治县政府直接面对的是基层少数民族群众,在民族团结的基本国策中,自治县

① 张劲松:《民族自治地方政府的属性分析》,《云南社会科学》2004 年第 1 期,第 79 页。
② 《周恩来选集》(下卷),人民出版社 1984 年版,第 268 页。

政府扮演着至关重要的角色。它既是国家管理少数民族地区的基层单位，又是少数民族区域自治的中间环节，它不仅受到国家法律法规的制约，也受到地方民族传统的影响。政府在公共政策的制定过程中要考虑本地区的民族诉求，要充分尊重民族文化和民族宗教习俗，其政策导向具有相应的民族性。在政策运行过程中，自治县可以依据本地区的情况对上级决策进行变通执行或者停止执行，重大决策须经各个民族共同协商。因此，作为县一级建制的民族自治县相比其他县级政府具有明显的民族性，这一民族性渗透于自治县政府的政治、社会、历史、文化和群体人格之中，它是根深蒂固难以改变的。

第二，区域自治性。自治县政府在国家的统一领导下行使其行政权力的同时，也享有行使自治权的权利，但这种自治的权力具有自身的特殊性，是一种集权体制下的有限的地方自治。自治县政府行使自治权的特性表现在：第一，在中央统一领导下进行的，其他县级政府也享有相应的自主权，自治县政府相对于其他县级政来说享有更广泛的自治权力，但其前提是在中央政府的统一领导下行使；第二，根据本地区实际情况贯彻国家法律和政策的一级行政机构。在其自治权的行使过程中，受到本地区民族经济和文化、习俗、生活习惯、人口分布、地理环境和语言文字等方面的综合影响；第三，由自治县人民代表大会和自治县政府行使的，既有广泛性又有有限性，广泛性是指根据法律规定民族自治县享有各项自治权，有限性是指这些权限是在本民族和本区域内行使，并受中央政府统一领导。此外，这些权利还具有从属性和自主性、区域性和全局性的特点。

第三，职能双重性。民族自治县政府担负着两重性的职能，这是它与一般县级政府的主要区别。一方面，它要行使宪法和法律赋予县级国家行政机关的职权，另一方面，它又享有《宪法》和《民族区域自治法》赋予它的自治权。在中国民族自治的基本架构中，"自治权"是必不可少的、重要的组成部分。"自治权"既不是由少数民族个人，也不是由他们组成的团体或组织行使的，而是通过自治机关——自治县人民政府来行使的。根据宪法和法律，自治县政府兼具双重法律地位，既是一般地方国家机关，又是少数民族行使自治权力的自治机关。也就是说,少数民族自治县政府既担负与一般县级政府所共有的职能,又担负着作为自治机关所特有的自治权的职能,两者是统一的,民族自治县政府在行使其职权的过程中,必须要从这一点出发,把两方面的职能有机地结合起来。既不能简单地按照一般县级政府的做法和经验,忽视了特殊职能的发挥;也不能片面地强调特殊职能,忽略了与县级政府相同的职能,把与一般县级政府相同的职能和特殊职能分裂开来,甚至对立起来。否则,会损害民族地区各族人民的利益和国家利益。因而我们说民族自治县政府在法律上和行政上都具有双重职能性的特点。

第三章 自治县政府的法律地位及行政权限

　　县级政府是我国行政体系中的地方性政府,依法享有一定的权力,与中央政府权力相比,县级政府由于获得法律和中央政府授权的种类和层级的不同而有所不同。民族自治县政府既是我国地方性县级政府,具有一般县级政府的基本功能,又是民族自治地方的自治机关,享有《宪法》和《民族区域自治法》赋予它的自治权。自治县政府的权力是自治县政府的政治资源和权威的法定来源。自治县政府的权力及权能限制是地方政府公共权力体制的一个重要组成部分。

第一节 自治县在国家行政组织体系中的地位

一、自治县设置的政治背景

　　中国历代中央政权大都对少数民族地区采取了"因俗而治"的政策,即在实现政治统一的前提下,保持民族地区原有的社会制度和文化形态。例如,汉代在今天新疆地区设立了西域都护府,唐朝在这一地区设立了安西和北庭两大都护府,朝廷只管理军政要务。而清朝中央政权则针对不同民族地区的特点采取了不同的治理措施:蒙古族地区实行盟旗制度;西藏则派驻藏大臣,通过册封达赖和班禅两大活佛实行政教合一制度;在新疆维吾尔族最集中的地区实行伯克制度;对南方一些少数民族地区则实行土司制度。这些制度在形式上虽不尽相同,但其初衷和想要达到的目的是相同的,在一个多民族国家维系民族团结是国家稳定的基石。尽管在旧的社会制度下各民族之间不可能形成现代意义上的平等关系,民族间也不可避免地发生矛盾、冲突甚至战争,但是,中国历史上统一多民族国家的长期存在,极大地促进了各民族之间的政治、经济和文化交流,不断增进各民族对中央政权的向心力和认同感。

中国共产党自 1921 年成立后,就积极探索解决中国民族问题的正确道路,把马克思主义关于民族问题的理论创造性地运用于解决中国民族问题的实践中,成功地制定和执行了民族政策,团结并带领全国各族人民取得了新民主主义革命的胜利。1930 年的《中华苏维埃共和国宪法大纲》及其后有关决议案中,规定了各民族在苏维埃法律面前一律平等,提出少数民族可以建立自己的自治区域。这是中国共产党将马克思主义理论与中国具体国情相结合做出的正确判断。1941 年的《陕甘宁边区施政纲领》明确规定了民族区域自治的原则,"依据民族平等原则,实行蒙、回民族与汉族在政治经济文化的平等权利,建立蒙、回民族的自治区,尊重蒙、回民族的宗教信仰与风俗习惯。"[①]1949 年 9 月,在新中国成立前夕召开的中国人民政治协商会议上,根据中国共产党的建议,各民族、各党派代表共同协商决定,建立统一的多民族中华人民共和国,并通过了在当时具有临时宪法性质的《中国人民政治协商会议共同纲领》。这个纲领专章阐述了新中国的民族政策,并明确把民族区域自治确定为我国的基本国策之一。新中国作出这一重大历史抉择,是基于对中国国情的准确把握。

新中国成立之初,毛泽东在民族区域自治制度和政策的制定过程中,做出了开拓性的贡献。建国初期,他在有关报告和指示中多次论及民族区域自治问题,概括而言,主要涵盖三个方面内容:一是强调要认真贯彻执行《共同纲领》的有关规定,把推行民族区域自治作为民族工作的中心任务之一。他说,要"认真在各少数民族中进行工作,推行区域自治和训练少数民

---

① 《民族问题文献汇编》,第 595 页。

族自己的干部是两项中心工作"①。二是强调要进一步巩固和加强民族区域自治,不断取得新的成就。1956 年 1 月,在给达赖喇嘛的电报中说,希望达赖在"领导西藏人民实现民族区域自治和进行各种建设的工作上,取得重大的成就";在给班禅额尔德尼的电报中又希望班禅"为进一步加强民族团结,实现民族区域自治,做出重大的贡献"②。三是民族区域自治问题牵涉面广,情况复杂,必须统筹安排。1950 年 9 月,毛泽东在关于民族区域自治的批语中说,这个问题牵涉很广,有的须成立省一级的自治政府,有的须成立县一级或区一级的自治政府,"疆域划分,人员配备,政策指导,问题甚多,须加统筹"③。

毛泽东对民族区域自治的另一个重要贡献是把它纳入《共同纲领》和《宪法》之中,使之法律化和制度化。毛泽东曾把《共同纲领》称之为"伟大而正确的《共同纲领》"。《共同纲领》明确规定:"各少数民族聚居的地区,应实行民族的区域自治,按照民族聚居的人口多少和区域大小,分别建立各种民族自治机关"④。这样,民族区域自治作为新中国的一项基本国策,在法律上确立了其重要地位。1954 年 9 月,新中国的第一部宪法问世,它系统总结了实行民族区域自治的成功经验,对民族区域自治制度作了比较完备的规定,明确了民族区域自治的基本内容,规定了民族区域自治的性质和地位,以及实行民族区域自治的基本原则。这样,民族区域自治就作为国家的政治制度,在新中国的根本大法中得到确认,由中国的纲领政策转变为国家制度。

新中国成立后,中国政府开始在少数民族聚居的地方全面推行民族区域自治,各级民族自治地方此后相继成立。目前,我国在 18 个省市地区共成立了 120 个自治县(旗)。民族自治县在促进民族团结、国家稳定、发展少数民族区域经济、提高少数民族生活水平、完善少数民族科技文化等方面

---

① 《毛泽东文集》第六卷,人民出版社 1999 年版。
② 《建国以来毛泽东文稿》第六册,中央文献出版社 1992 年版。
③ 《建国以来毛泽东文稿》第一册,中央文献出版社 1987 年版。
④ 《民族问题文献汇编》,中共中央党校出版社 1991 年版。

发挥着不可替代的作用。中国成立近60年来的实践雄辩地证明,只有实行民族区域自治,才能充分保障各民族的平等权利,才能不断增强民族团结与祖国统一,才能促进各民族的共同发展与繁荣。

二、自治县在国家行政组织体系中的位置

2004年3月14日,第十届全国人民代表大会第二次会议通过的《中华人民共和国宪法修正案》,总纲中的第30条规定,中华人民共和国的行政区域划分为:全国分为省、自治区、直辖市;省、自治区分为自治州、县、自治县、市;县、自治县分为乡、民族乡、镇。直辖市和较大的市分为区、县。自治州分为县、自治县、市。自治区、自治州、自治县都是民族自治地方。

我国少数民族区域的自治县、旗政府在国家行政组织体系中是与一般县级政府平级,但基于国家民族政策享有部分特殊权力的一级政府。因此,我们考察自治县政府在国家行政组织体系中的地位时,将与其他县级政府综合讨论。

我国县级政府大体分为三类:一是以农业区域为主要辖区的县政府,这是县级政府传统的、主要的部分;二是以城市为主要辖区的县级市政府和大中城市的市管区政府;三是少数民族自治区域的自治县、旗政府。县政府是设立于农村地区的地方政府,自治县政府是设立于少数民族基层地区的地方政府。自治县政府下级单位是其所辖的乡、民族乡、镇政府,以及一些地方设立的街道办事处。自治县政府在必要的时候,经自治区、直辖市政府批准,可以设立若干区公所,作为自治县政府的派出机构。

民族自治地方的自治机关是自治区、自治州、自治县的人民代表大会和人民政府。自治县政府分别由县长、副县长,科长等组成。县长、副县长均由自治县人民代表大会选举产生。在自治县人民代表大闭会期间,自治县的人大常委会可以决定副县长个别任免。自治县政府局(科)长的任免,由自治县县长提名,自治县大常委会决定,并报上一级政府备案。

自治县政府是少数民族区域自治体系中最基层的一级政府形式,每届任期为5年。在中央与地方关系上,我国实行单一制形式,地方政府的权限

由中央政府授予。从中央政府到自治县政府所有政府部门的设立都是相对应,自治县政府首先要对中央政府负责,还要对自治区、自治州负责,与此同时自治县政府必须对县人民代表大会及其常务委员会负责。自治县政府内设机构在各县大体相同,以 F 自治县为例,其政府机构由政府办公室、发展和改革局、经济贸易局、教育和科学技术局、民族事务局、公安局、监察局、民政局、司法局、财政局、人事劳动和社会保障局、国土资源局、建设局、水利电力局、农业局、文化和体育局、卫生局、人口和计划生育局、统计局、林农业局、安全生产监督管理局、粮食局、审计局、环境保护局和扶贫开发领导小组办公室等 21 个工作部门组成。县政府组成部门中,大多数部门都在乡镇设立了派出机构,再加上邮电所、派出所、工商所、税务所、信用社、农行营业所、供销社、电视插转台等等。这些驻乡、镇的机构使自治县政府的辐射范围几乎遍布所有乡镇、农村,自治县对于其自治区域内的少数民族群众的各项工作,都是通过这些机构完成的。

　　依据《宪法》和《民族区域自治法》的规定,民族自治地方的自治机关,是自治区、自治州、自治县的人民代表大会和人民政府,它们在行使同级地方国家机关职权的同时,拥有自治权。(1)由本民族成员代表本民族自主管理本地方事务,中国的 155 个民族自治地方的人民代表大会常务委员会,都由实行区域自治的民族的公民担任主任或副主任,自治区主席、自治州州长、自治县县长则全部由实行区域自治的民族的公民担任。民族自治地方的自治机关所属工作部门的其他组成人员中,依法合理配备实行区域自治的民族干部和其他少数民族干部。(2)制定并实施自治条例和单行条例的权力。截至 2004 年底,民族自治地方共制定现行有效的自治条例 133 个,单行条例 418 个。民族自治地方根据本地的实际,对婚姻法、继承法、选举法、土地法、草原法等法律的变通和补充规定有 68 件。(3)使用和发展本民族语言文字。目前,中国有 22 个少数民族使用 28 种本民族文字。2004年,用少数民族文字出版的图书有 5457 种,印数 6355 万册;杂志 193 种,印数 584 万册;报刊 89 种,印数 14404 万份。(4)尊重和保护少数民族宗教信仰自由。截至 2004 年底,西藏自治区共有 1700 多处藏传佛教活动场所,住寺僧尼约 4.6 万人;新疆维吾尔自治区共有清真寺约 2.39 万座,教职人员约 2.7 万人。(4)保持或者改革本民族风俗习惯,自主安排、管理和发展本地方经济建设事业,自主管理地方财政,自主发展教育、科技、文化、卫生、体育等社会事业。①

由于面对特殊的管辖区域,自治县政府管理在长期的实践中摸索出若干独具特点的组织运行方式,这些方式的产生和运用是在全国行政体系之内进行的,必然受到自治县所处行政体系位置的影响。因此,自治县政府运行过程中要处理各种结构关系。这些结构关系中最重要的就是:自治县与中央政府的关系,自治县与自治区、自治州政府的关系,自治县政府与县党委、县人民代表大会及其常务委员会的关系以及自治县政府与其下设行政组织的关系。这些关系直接影响着当地各项事业的发展。

三、自治县政府与县人大、县党委的关系

在自治县政府所面对的各种关系中,我们首先必须考察自治县政府与自治县人大、自治县党委的关系。

1. 自治县政府与自治县人民代表大会及其常务委员会的关系

(1)人民代表大会的性质和地位。

人民代表大会制度是中国人民民主专政的政权组织形式,是中国的根本政治制度。中华人民共和国的一切权力属于人民。人民行使国家权力的机关是全国人民代表大会和地方各级人民代表大会。全国人民代表大会和地方各级人民代表大会由民主选举产生,对人民负责,受人民监督。国家行政机关、审判机关、检察机关都由人民代表大会产生,对它负责,受它监督。全国人民代表大会是最高国家权力机关;地方各级人民代表大会是地方国家权力机关。地方各级人民代表大会在本行政区域内,保证宪法、法律、行政法规的遵守和执行;依照法律规定的权限,通过和发布决议,审查和决定地方的经济建设、文化建设和公共事业建设的计划。

---

① 引自:国务院新闻办《中国的民族区域自治》(白皮书),载《人民日报》2005 年 3 月 1 日,第十版。

县级以上的地方各级人民代表大会审查和批准本行政区域内的国民经济和社会发展计划、预算以及它们的执行情况的报告;有权改变或者撤销本级人民代表大会常务委员会不适当的决定。省、自治区、直辖市,省、自治区所在地的市和经国务院批准的较大的市的人民代表大会,有权根据本行政区域政治、经济、文化等特点,制定地方性法规。地方各级人民代表大会分别选举并且有权罢免本级人民政府的省长和副省长、市长和副市长、县长和副县长、区长和副区长、乡长和副乡长、镇长和副镇长。县级以上的地方各级人民代表大会选举并且有权罢免本级人民法院院长和本级人民检察院检察长。选出或者罢免人民检察院检察长,须报上级人民检察院检察长提请该级人民代表大会常务委员会批准。

《民族区域自治法》第19条规定:"民族自治地方的人民代表大会有权依照当地民族的政治、经济和文化的特点,制定自治条例和单行条例。"《中华人民共和国立法法》第66条规定:"自治条例和单行条例可以依照当地民族的特点,对法律和行政法规的规定作出变通规定","自治条例和单行条例依法对法律、行政法规、地方性法规作变通规定的,在本自治地方适用自治条例和单行条例的规定"。《民族区域自治法》第20条还规定:"上级国家机关的决议、决定、命令和指示,如有不适合民族自治地方实际情况的,自治机关可以报经该上级国家机关批准,变通执行或者停止执行。"截至2003年底,民族自治地方共制定自治条例133个、单行条例384个,民族自治地方根据本地的实际,对婚姻法、继承法、选举法、土地法、草原法等法律的变通和补充规定有68件。

(2)地方各级人民代表大会常务委员会的组成和职权。

县级以上的地方各级人民代表大会常务委员会由主任、副主任若干人和委员若干人组成,对本级人民代表大会负责并报告工作。县级以上的地方各级人民代表大会选举并有权罢免本级人民代表大会常务委员会的组成人员。县级以上的地方各级人民代表大会常务委员会的组成人员不得担任国家行政机关、审判机关和检察机关的职务。县级以上的地方各级人民代表大会常务委员会讨论、决定本行政区域内各方面工作的重大事项;监督本级人民政府、人民法院和人民检察院的工作;撤销本级人民政府的不适当的决定和命令;撤销下一级人民代表大会的不适当的决议;依照法律规定的权限决定国家机关工作人员的任免;在本级人民代表大会闭会期间,罢免和补选上一级人民代表大会的个别代表。

省、自治区、直辖市,省、自治区所在地的市和经国务院批准的较大的市的人民代表大会常务委员会,在本级人民代表大会闭会期间,有权根据本行政区域政治、经济、文化等特点,制定地方性法规。

(3)自治县人民代表大会行使的职权。

根据《中华人民共和国地方组织法》的规定,自治县人民代表大会有权行使以下一些职权:

(一)在本自治县行政区域内,保证宪法、法律、行政法规和上级人民代表大会及其常务委员会决议的遵守和执行,保证国家计划和国家预算的执行;

(二)审查和批准本自治县行政区域内的国民经济和社会发展计划、预算以及它们执行情况的报告;

(三)讨论、决定本自治县行政区域内的政治、经济、教育、科学、文化、卫生、环境和资源保护、民政、民族等工作的重大事项;

(四)选举自治县本级人民代表大会常务委员会的组成人员;

(五)选举自治县县长、副县长;

(六)选举自治县人民法院院长和人民检察院检察长;选出的人民检察院检察长,须报经所属市或州人民检察院检察长提请该级人民代表大会常务委员会批准;

(七)选举市级人民代表大会代表;

(八)听取和审查自治县人民代表大会常务委员会的工作报告;

(九)听取和审查自治县人民政府和人民法院、人民检察院的工作报告;

(十)改变或者撤销自治县人民代表大会常务委员会的不适当的决议;

(十一)撤销自治县人民政府的不适当的决定和命令;

(十二)保护社会主义的全民所有的财产和劳动群众集体所有的财产,

保护公民私人所有的合法财产,维护社会秩序,保障公民的人身权利、民主权利和其他权利;

(十三)保护各种经济组织的合法权益;

(十四)保障少数民族的权利;

(十五)保障宪法和法律赋予妇女的男女平等、同工同酬和婚姻自由等各项权利。

(4)自治县人民代表大会常务委员会的组成和职权。

根据《宪法》的规定,县级以上地方各级人民代表大会设立常务委员会。自治县常务委员会由主任、副主任若干人和委员若干人组成,对本级人民代表大会负责并报告工作。常务委员会的组成人员不得担任国家行政机关、审判机关和检察机关的职务。自治县人民代表大会常务委员会讨论、决定本行政区域内各方面工作的重大事项;监督本级人民政府、人民法院和人民检察院的工作;撤销自治县人民政府的不适当的决定和命令;依照法律规定的权限决定国家机关工作人员的任免;在自治县人民代表大会闭会期间,罢免和补选市一级人民代表大会的个别代表。

(5)自治县政府与人大的关系。

从法理上讲,政府的行政权力是一种执行权力,它来自于人民及其代议机关,也就是说自治县政府所执行的是自治县人民代表大会赋予的权力,而这一权力来自于该地区的少数民族群众,对于自治县政府来说,人大及其代议机关选举出行政长官,行政长官执行其被授予的权力,自治县人民代表大会及其常委会在授权完成后行使监督权。

自治县人民代表大会会议每年至少举行一次,日常的工作自治县人民代表大会常务委员会起着主导的作用。从人民代表大会的性质、地位及其行使的职权中,可以看出自治县人民代表大会常务委员会行使的职权,主要是对"一府两院"的监督权。贵州省人大文件《关于全省民族自治地方工作座谈会情况报告》中 S 自治县的人大工作汇报中明确指出"近几年来,县人大常委会把对'一府两院'的法律监督作为工作的重中之重"。在 S 自治县的政府工作条例中也明确指出,自治县政府必须定期向自治县人民代表大会常务委员会做工作汇报。S县人大常务委员会在行使监督权方面强调把监督权和任免权结合起来,加强对由县人民代表大会及其常委会选举出来的人员的监督力度。

自治县县长和副县长分别由上级党委和自治县委提名,经自治县人大任命产生的。在这里,党委的提名具有实质性意义。这可以从这样一种政治权力关系上来理解,即人大的核心组织是党组,党组接受党委领导,那么,党委提出候选人而人大不予通过或任命,这种情况几乎是不可能发生的。[①]相应的,由于这授权方式的现实性,就决定自治县政府在对人大负责的时候缺乏足够的权力制衡,自治县政府在执行权力的过程中极有可能发生只对上负责而不对下负责的情况,自治县人大对于政府的监督权也必然会相应减弱,达不到制衡的效果。因此就不难理解,S自治县人大为什么强调把监督权和任免权结合起来了。下面就具体考察一下自治县政府与自治县党委的关系。

2. 自治县政府与自治县党委的关系

在我国各级地方,党的组织与政权机构对应存在,各类政权机构在党委的领导下处理各项国家事务,主要承担行政事务管理的政府也不例外。这种党政的关系辐射到自治县就变成了自治县政府与自治县党委的关系。自治县县委是以自治县政府的领导者身份出现,指导并监督自治县政府工作的执政党组织。党委对政府的领导权力,来源于《宪法》和中国革命的实践,是被全体中国人民认可的权力。当然,中国共产党对政权机关的领导,并不是对他们具体工作的代替,而是在政治上、组织上和思想上的领导,以确保各政权机构工作协调一致。在具体工作上,各政权机关则依据宪法和法律行使自己的职权。

然而,由于中国的政治体制传统,中国共产党基于其执政地位,对于各级国家事务拥有绝对的决策权。因此,中国共产党自治县级委员会事实上

---

① 周庆智:《中国县级结构及其运行——对W县的社会学考察》,贵州人民出版社2004年版,第69页。

是县级政权的主要决策机关,中国共产党作为执政党,其在自治县政府的决策权主要体现在,对关于自治县区域内的政治、经济和社会发展等方面的方针、政策和重大事项作出决议或决定。当然,党的这种决策权并不全部会直接成为政府执行的政策,很大一部分要经过人大的法律程序成为公共政策,进而由政府执行。但是,在政治实践中,出于效率的需要或者一些其他原因,也有党政不分,以党代政的现象发生。

中国共产党自治县委员会,作为自治县级政权的决策机关是中国历史发展的必然,也是中国现代化建设客观规律的体现。中国共产党自治县级委员会具有决策权是我国宪法明确规定的,中国共产党是执政党,我国宪法整整用了一个序言来证明中国共产党的正确领导。党委是代表整个中国共产党进行决策的机关。从自治县政权层面上看,中国共产党的决策是由自治县党委做出的。

在政府运行过程中,自治县党委组织在行政、人事等方面掌握着很大的权力,自治县政府与自治县委的职能有时划分并不清楚。在人员配置方面也经常是相互渗透的。自治县政府的主要组成人员一般也会在县委有兼任职务,县长往往兼任县委副书记。而在自治县政府行政等级制度中,为《宪法》所规定的政府组成人员——正副处科公务员均由自治县党委及其组织部门遴选任命,即便是科级副职亦是由组织部门现行确定其任职条件。相应的自治县党委的组织机构是完整而健全的,与自治县政府的机构既有区分也有交叉。

下面是 F 自治县党委机构的基本构成情况:

表 3 - 1　F 自治县县党委机构设置表

纪律检查委员会	办公室	组织部	宣传部	统一战线工作部	政法委员会	直属机关工作委员会	机构编制委员会办公室

　　F自治县党委设6个工作部门和纪律检查委员会机关。其中,县委办公室加挂保密委员会办公室(县国家保密局)、机要局、督察室牌子;县委宣传部加挂精神文明建设委员会办公室牌子;县委统一战线工作部加挂台湾工作办公室(现政府台湾事务办公室)、侨务办公室牌子;县社会治安综合治理委员会办公室与县政法委员会合署办公;县机构编制委员会办公室是县机构委员会的常设办事机构,在县委序列单设。保留县老干部局,由县委组织部领导;县委、县政府信访办公室,由县委办公室领导。县纪律检查委员会机关与县监察局合署办公,一个机构两套牌子。

　　可以看到F自治县县委和县政府在组织形式上有着较强的交叉性。比如作为重要的监督机关的县委下设机构自治县纪律检查委员会机关,与自治县政府下设机构县监察局合署办公,一个机构两套牌子,自治县社会治安综合治理委员会办公室与自治县政法委员会合署办公等。从理论上讲,党同政府机关的性质不同、职能不同、组织形式和工作方式也不同。地方党委担负着对上级负责和对地方政治、经济、文化、社会发展实行全面领导的责任。责任是立足于抓住全局性、战略性、前瞻性的重大问题,把好政治方向,决策重大问题,安排重要人事,开展宣传教育,维护社会稳定,形成工作合力,领导群众组织,从政治上、思想上、组织上加强对全地区工作的领导,保证党的理论路线、方针政策在本地区内正确地贯彻落实。应从整体和全局要求出发,统筹协调好人大、政府、政协几套班子之间的关系,统筹安排好基建和组织、宣传、统战、政法班子等几个方面的工作。在明确职责定位上,主要是确定党委和人大、政府、政协各自的职责。在实际的工作过程中,自治县级党委、政府、人大的责权划分在有些方面相当模糊,就拿人事权来说,自治县政府的一个科员的任命都要通过自治县县委的考察通过,可见,自治县党委在人事组织方面的职责已经远远超出了它本身的责任。

　　下面我们具体考察S自治县人民政府的工作职责,从中可以更清楚的了解党委、政府和人大的关系。

　　S自治县人民政府工作职责:

　　(1)在上级党委、政府和县委的领导以及县人民代表大会及其常务委员会的法律监督和工作监督下依法履行职责。

（2）认真贯彻执行党和国家的路线、方针、政策及上级党委、政府和县委的工作部署。

（3）综合县情制定国民经济和社会发展计划、规划以及具体的实施方案，报本级人民代表大会批准后实施。

（4）根据《S自治县自治条例》，依法制定和发布涉及全局的方针、政策性文件以及法规和文告，并对县人民政府各工作部门、各直属机构和自治州驻县各部门以及各乡镇人民政府的工作进行督促检查，确保依法行政和政令畅通。

（5）自觉接受县人民代表大会常务委员会及其人民代表的法律监督和工作监督，每年向县人民代表大会作政府工作报告一次，定期向人民代表大会常务委员会报告政府有关方面的工作，认真组织和实施人民代表大会及其常务委员会作出的决议、决定和人民代表提出的建议、批评和意见。

（6）定期向县政协通报政府阶段性工作和重大决策，自觉接受县政协及其委员的民主监督。

（7）依法对人民政府或各部门的不当决策及时进行纠正和建议其复议、暂缓执行或调整，必要时可采取终止执行措施。

（8）研究确定政府的工作重点、计划和措施，及时对重大问题作出决策。

（9）密切联系群众，深入调查研究，集思广益，确保政府工作科学化、民主化。

（10）按照干部管理权限，任免或提请县人民代表大会常务委员会任免国家行政机关、事业单位领导干部。

自治县政府是在自治县委的领导以及自治县人大的监督下开展其各项工作的。必须认真贯彻执行党和国家的路线、方针、政策及上级党委、政府和自治县委的工作部署，自治县政府所制定国民经济和社会发展计划、规划以及具体的实施方案，必须报本级人民代表大会批准后实施。其中，值得我们注意的是，最近一段时间以来，围绕党委与人大的关系已经开始了一场悄悄的改革,即大规模的出现由省、市、县、自治县的党委书记兼任人大主任的现象。这一党委与人大关系的新模式,先自基层市、县一级开始,在党的十六次全国人大召开前,已经形成气候。据统计,目前中国34个省、自治区和直辖市,已经有22个由当地书记一把手兼任人大主任,8个暂未实行此政策的包括北京、上海、天津、西藏、新疆等地。且不论这一趋向的价值如何,通过这一政策,很明显的使自治县政府、县人大更加依附于自治县委,从某种意义上说三者的关系变为类似于县委——→县人大——→县政府的模式。

第二节 自治县政府的管理权限

行政管理的基础是国家公共行政权力,公共行政权力就是政府作为行政主体在实施行政行为过程中对人、财、物等资源的调配资格和能力。民族自治地方政府享有一般政府的所有权力,同时又作为自治机关,依《民族区域自治法》行使自治权。

一、自治县政府的法定权限

1. 作为一般县级政府的权力

规范县级人民政府权力与权力运作的主要有《宪法》《地方各级人民代表大会和地方各级人民政府组织法》《中华人民共和国民族区域自治法》《国家公务员暂行条例》《中华人民共和国土地管理法》《中华人民共和国农业法》《中华人民共和国农村土地承包法》《中华人民共和国治安管理处罚条例》《中华人民共和国行政处罚条例》《中华人民共和国行政复议法》《中华人民共和国行政诉讼法》以及其他行政管理的部门法。这些法律、法规基本规范了自治县政府的基本权限和自治权利。

早在1952年,中国政府就发布《中华人民共和国民族区域自治实施纲要》,对民族自治地方的建立、自治机关的组成、自治机关的自治权利等重要问题作出明确规定。1984年5月31日,在总结实施民族区域自治经验的基础上,第六届全国人民代表大会第二次会议通过了《民族区域自治法》，并决定自同年10月1日起正式实施。2001年，根据社会主义市场经济条件下进一步加快民族自治地方经济社会事业发展的需要，在充分尊重和体现民族自治地方各族人民意愿的基础上，全国人大常委会对《民族区域自治法》进行了修改，使这一法律更加完善。

根据我国《地方各级人民代表大会和地方各级人民政府组织法》第56条第二款规定，自治县人民政府是由自治县长、副县长、局长、科长等组成；《地方各级人民代表大会和地方各级人民政府组织法》第27条第一款规定，自治县人民政府的领导是自治县县长和副县长；《地方各级人民代表大会和地方各级人民政府组织法》第64条规定，自治县级人民政府根据工作需要和精干原则，可以设立财政、公安、教育、民政等局、科工作部门。审计机关依法设立。第56条规定，在必要的时候，各工作部门可以设立副职；第64条规定，自治县级人民政府的工作部门设立、增加、减少或合并，由本级人民政府报上一级人民政府批准，并报本级人民代表大会常务委员会备案；第66条规定，自治县级人民政府工作部门接受本级人民政府统一领导，并且依法受上级人民政府主管部门的业务指导或领导。由于我国的政府管理体制制度属于单一制的管理形式，因此自治县政府的机构设置与中央一级政府基本相同，并受中央政府的对口管理，其享有的基本权限与其他县级政府所享有的权限没有区别。

根据县级政府的职能，现行的《中华人民共和国地方各级人民代表大会和地方各级人民政府组织法》第59条对包括县政府在内的县级以上政府的职权作出了明确的规定，如下：

（一）执行本级人民代表大会及其常务委员会的决议，以及上级国家行政机关的决定和命令，规定行政措施，发布决定和命令；

（二）领导所属各工作部门和下级人民政府的工作；

（三）改变或者撤销所属各工作部门的不适当的命令、指示和下级人民政府的不适当的决定、命令；

（四）依照法律的规定任免、培训、考核和奖惩国家行政机关工作人员；

（五）执行国民经济和社会发展计划、预算，管理本行政区域内的经济、教育、科学、文化、卫生、体育事业、环境和资源保护、城乡建设事业和财政、民政、公安、民族事务、司法行政、监察、计划生育等行政工作;

(六)保护社会主义的全民所有的财产和劳动群众集体所有的财产,保护公民私人所有的合法财产,维护社会秩序,保障公民的人身权利、民主权利和其他权利;

(七)保护各种经济组织的合法权益;

(八)保障少数民族的权利和尊重少数民族的风俗习惯,帮助本行政区域内各少数民族聚居的地方依照宪法和法律实行区域自治,帮助各少数民族发展政治、经济和文化事业;

(九)保障宪法和法律赋予妇女的男女平等、同工同酬和婚姻自由等各项权利;

(十)办理上级国家行政机关交的其他事项。

2. 自治权力的配置

2001年,经过修改后的《中华人民共和国民族区域自治法》规定了民族自治县政府在各个方面的自治权力。

关于政治与行政方面权力有以下几个方面的规定。《中华人民共和国民族区域自治法》第18条规定,民族自治地方的自治机关所属工作部门的干部中,应当合理配备实行区域自治的民族和其他少数民族的人员。第20条规定,上级国家机关的决议、决定、命令和指示,如有不适合民族自治地方实际情况的,自治县政府可以报经该上级国家机关批准,变通执行或者停止执行;该上级国家机关应当在收到报告之日起六十日内给予答复。第21条规定,民族自治县政府在执行职务的时候,依照本民族自治地方自治条例的规定,使用当地通用的一种或者几种语言文字;同时使用几种通用的语言文字执行职务的,可以以实行区域自治的民族的语言文字为主。第22条规定,自治县政府可以根据社会主义建设的需要,采取各种措施从当地民族中大量培养各级干部、各种科学技术、经营管理等专业人才和技术工人,充分发挥他们的作用,并且注意在少数民族妇女中培养各级干部和各种专业技术人才。民族自治地方的自治机关录用工作人员的时候,对实行区域自治的民族和其他少数民族的人员应当给予适当的照顾。民族自治地方的自治机关可以采取特殊措施,优待、鼓励各种专业人员参加自治地方各项建设工作。第23条规定,民族自治县区域内的企业、事业单位依照国家规定招收人员时,可以优先招收少数民族人员,并且可以从农村和牧区少数民族人口中招收。第24条规定,自治区政府依照国家的军事制度和当地的实际需要,经国务院批准,可以组织本地方维护社会治安的公安部队。

《中华人民共和国民族区域自治法》规定自治县政府享有以下经济建设权力。第25条规定,自治县政府在国家计划的指导下,根据本地方的特点和需要,制定经济建设的方针、政策和计划,自主地安排和管理地方性的经济建设事业。第26条规定,民族自治地方的自治机关在坚持社会主义原则的前提下,根据法律规定和本地方经济发展的特点,合理调整生产关系和经济结构,努力发展社会主义市场经济。民族自治地方的自治机关坚持公有制为主体、多种所有制经济共同发展的基本经济制度,鼓励发展非公有制经济。第27条规定,民族自治地方的自治机关根据法律规定,确定本地方内草场和森林的所有权和使用权。民族自治地方的自治机关保护、建设草原和森林,组织和鼓励植树种草。禁止任何组织或者个人利用任何手段破坏草原和森林。严禁在草原和森林毁草毁林开垦耕地。第28条规定,民族自治县政府依照法律规定,管理和保护本地方的自然资源。民族自治地方的自治机关根据法律规定和国家的统一规划,对可以由本地方开发的自然资源,优先合理开发利用。第29条规定,民族自治县政府在国家计划的指导下,根据本地方的财力、物力和其他具体条件,自主地安排地方基本建设项目。第30条规定,民族自治县政府自主地管理隶属于本地方的企业、事业。第31条规定,民族自治县政府依照国家规定,可以开展对外经济贸易活动,经国务院批准,可以开辟对外贸易口岸。与外国接壤的民族自治地方经国务院批准,开展边境贸易。民族自治县政府在对外经济贸易活动中,享受国家的优惠政策。

财政和税收是自治县政府重要的行政权力。《中华人民共和国民族区域自治法》第32条规定,民族自治县政府的财政是一级财政,是国家财政的组成部分。民族自治县政府有管理地方财政的自治权。凡是依照国家财政体制属于民族自治地方的财政收入,都应当由民族自治县政府自主地安排使用。民族自治地方在全国统一的财政体制下,通过国家实行规范的财政转移支付制度,享受上级财政的照顾。民族自治地方的财政预算支出,按照国家规定,设机动资金,预备费在预算中所占比例高于一般地区。民族自治地方的自治机关在执行财政预算过程中,自行安排使用收入的超收和支出的节余资金。第 33 条规定,民族自治地方的自治机关对本地方的各项开支标准、定员、定额,根据国家规定的原则,结合本地方的实际情况,可以制定补充规定和具体办法。自治县政府制定的补充规定和具体办法,须报省、自治区、直辖市人民政府批准。第 34 条规定,民族自治地方的自治机关在执行国家税法的时候,除应由国家统一审批的减免税收项目以外,对属于地方财政收入的某些需要从税收上加以照顾和鼓励的,可以实行减税或者免税。自治县政府决定减税或者免税,须报省、自治区、直辖市人民政府批准。第 35 条规定,民族自治县政府根据本地方经济和社会发展的需要,可以依照法律规定设立地方商业银行和城乡信用合作组织。关于财政和税务我们在以后的论述中会详细考察,这里就不赘言了。

教育、文化和科技事业是民族自治县政府基本的权力和责任,在增强民族地区少数民族群众的人口素质方面,自治县级政府起着十分重要的作用。《中华人民共和国民族区域自治法》第 36 条规定,民族自治县政府根据国家的教育方针,依照法律规定,决定本地方的教育规划,各级各类学校的设置、学制、办学形式、教学内容、教学用语和招生办法。第 37 条规定,民族自治县政府自主地发展民族教育,扫除文盲,举办各类学校,普及九年义务教育,采取多种形式发展普通高级中等教育和中等职业技术教育,根据条件和需要发展高等教育,培养各少数民族专业人才。民族自治地方的自治机关为少数民族牧区和经济困难、居住分散的少数民族山区,设立以寄宿和助学金为主的公办民族小学和民族中学,保障就读学生完成义务教育阶段的学业。办学经费和助学金由地方财政解决,当地财政困难的,上级财政应当给予补助。招收少数民族学生为主的学校(班级)和其他教育机构,有条件的应当采用少数民族文字的课本,并用少数民族语言讲课;根据情况从小学低年级或者高年级起开设汉语文课程,推广全国通用的普通话和规范汉字。第38条规定,民族自治县政府自主地发展具有民族形式和民族特点的文学、艺术、新闻、出版、广播、电影、电视等民族文化事业,加大对文化事业的投入,加强文化设施建设,加快各项文化事业的发展。民族自治县政府组织、支持有关单位和部门收集、整理、翻译和出版民族历史文化书籍,保护民族的名胜古迹、珍贵文物和其他重要历史文化遗产,继承和发展优秀的民族传统文化。第39条规定,民族自治县政府自主地决定本地方的科学技术发展规划,普及科学技术知识。

在医疗、体育、计划生育和社会保障等方面,依据《中华人民共和国民族区域自治法》自治县政府享有以下一些权限。《中华人民共和国民族区域自治法》第40条规定,民族自治县政府,自主地决定本地方的医疗卫生事业的发展规划,发展现代医药和民族传统医药。民族自治县政府加强对传染病、地方病的预防控制工作和妇幼卫生保健,改善医疗卫生条件。第41条规定,民族自治地方的自治机关自主地发展体育事业,开展民族传统体育活动,增强各族人民的体质。第43条规定,民族自治县政府根据法律规定,制定管理流动人口的办法。第四十四条规定,民族自治县政府实行计划生育和优生优育,提高各民族人口素质。民族自治县政府根据法律规定,结合本地方的实际情况,制定实行计划生育的办法。第45条规定,民族自治县政府保护和改善生活环境和生态环境,防治污染和其他公害,实现人口、资源和环境的协调发展。

以上由《宪法》、《民族区域自治法》以及其他法律规定的自治县的所有自治权力,表明自治县政府在行使其政府权力时,应该享有更大范围的自主决定权,相对于其他县级政府来说,自治县政府的行政权力有相对较大的自由度。

综合上述,可以这样说,自治县级政府的职能权限大体上包括了三种类型的权力:一是自治县政府的行政权与普通县级政府完全一样,如行政审计权、行政监察权等;二是有些行政权力只有民族县政府才具备,如组建维护治安的公安部队,使用和发展本民族语言文字的权力等;三是大部分行政权,具有双重属性,既具有一般县级政府行政权的属性,又有自治县级特殊管理权的属性。在实际的政治过程中,民族自治县政府的地位和受中央政府的重视程度要比同级的普通县级政府高。

当然,在市场经济体制下,现阶段自治县级政府的行政职权与义务也发生了一定的转变,这主要表现在:第一,作用的方式改变了。主要通过政策、规划导向、预测分析、信息发布等间接手段影响本地区社会经济发展与产业结构的调整,民族区域自治地方政府的发展计划和投资计划等直接调控手段只能起辅助作用。第二,作用的范围缩小了,部分行业的发展正逐步由市场来直接导向。第三,作用的力度降低了。调控只能发挥有限的作用,实施计划经济条件下的政府居主导地位的社会经济发展的调整方法已有所减少。第四,调控的灵敏度小了,市场调节的灵敏度在逐渐增大。第五,作用的方法改变了,由直接居多转变为间接居多。第六,作用的时间改变了,由统一要求、统一行动逐步过渡到多元化。市场经济条件下,政府的管理职能发生转变也是一种客观趋势,它符合事物发展的客观必然。①

为了适应这一变化,在新时期,民族自治县政府在进一步强化公共管理与社会服务的理念中,其职能的准确定位主要从四个方面来把握:一是在坚持完善经济调节、市场监管、社会管理和公共服务的基础上,自治县政府根据本区域的实际情况,强化一些特殊职能。要突出化解民族间的各种社会、经济和文化中的矛盾,积极引导各民族团结,加强对突发事件和自然灾害的管理能力。二是有利于提升均衡的、整体的自治县级政府能力。作为民族地区的县级政府所面临的发展任务要比发达地区的县级政府在内容上要繁重的多,这就迫使自治县政府在从传统社会政府职能向现代社会政府职能的转变过程中扮演积极主动的"硬政府"形象,这在客观上对自治县级政府能力提出了更高的要求。三是有利于本地的现代化发展战略的实现。民族

① 顾华详:《论民族区域自治地方政府的主要行政权利与义务》,《中央民族大学学报》1996年第6期。

地区现代化发展战略应首先把加快社会发展作为现代化战略的突破点,这是因为民族地区有着丰富的自然资源优势,其经济发展的基础是立足于本地资源的开发与利用,从而形成资源依赖型的经济发展模式。自治县级政府的现代化发展战略选择是将消除社会发展差距为主,加大社会基础设施的建设和人才的专业技术培训,为最终加快经济的发展、消除经济发展差距奠定坚实的基础。四是有利于界定政府与市场的关系,促进区域市场经济体制的建设。① 同时,自治县政府也需要考虑自治县县情与经济发展的主要矛盾。对大多数自治县来说,这主要表现在:正处在经济发展的"赶超阶段",不可能只靠市场自发作用完成资本积累;特色资源的开发和基础设施的建设滞后;农业的基础地位不稳,"三农"问题严重;产业结构的调整困难,优化经济结构,促进资源的合理配置能力不够;各种市场主体和各种要素市场建设落后,市场发育程度低,市场经济秩序规范和监管能力不足;国有经济成分少,非公经济的发展不平衡;政府对经济宏观调控和调节社会分配及协调各种经济关系能力不强;经济开放程度低,区域经济的竞争力弱;社会公共服务的投入不足,社会管理权责不明;制度创新能力低等等。

目前,我国民族自治地方已逐步形成了以《宪法》为基础,以《民族区域自治法》为核心,由其他法律及《自治条例》、《单行条例》等行政规章构成的法制体制。正是这一系列政策和法律的存在为自治县政府行政管理活动的有序运行提供了坚实的制度基础。

二、自治县政府行政权力的运行特点

行政权力作为一种主体行为,必须作用于客体;作为一种政治权力,来源于特定地域中全体公民的共同意志,是一种公共权力,是以达成社会公共职能为存在的前提。它的配置,从自治县的具体实际考虑,因而具备了不同于一般县政府的特点和特殊性。

① 纳麒、张劲松:《论我国民族地区县级政府职能配置》,《思想战线》2004 年第 6 期。

1.非主权属性的权力自治性

主权是行使某种权力的最权威的逻辑起点。现代民主意义上的国家主权是属于这个国家的全体人民,法国的让·布丹将主权定义为"在一个国家中进行指挥的……绝对的和永久的权力"[①],认为主权是一个国家最明显的标志,没有主权,国将不国。中国是高度集权的单一制国家,国家主权由中央政府行使,地方政府的权力不具有主权性,只是中央政府行政事务管辖权的一种授予,由于这种授予,地方政府才有权以自己的名义、按照自己的意图来管理本辖区事务,这种自治权并非是地方政府固有产生的权力,因而不具有主权属性。自治县政府作为一级地方政府,其权力也具有非主权属性,区别于中央政府和联邦制国家的地方政府权力,而自治县政府的行政权力又区别于一般县,即具有民族自治性特点。自治县政府权力的本质来源具备两个基本因素:"民族"和"地方",而有别于一般行政区,只具有"区域"的单一因素,其建置必须有一个或多个实行自治的主体少数民族,并享有比一般行政区域更广泛的自治权。自治县政府除了行使一般的地方国家机关职权外,还根据宪法和相关法律的规定行使自治权,包括立法权、人事管理权、经济管理权,文化教育卫生体育管理权、组织地方治安公安部队的权力、使用当地的通用语言文字的权力等,而这些权力都是一般行政区的地方政府所没有的。

自治县政府对这些自治权力的行使,突出了自治县政府行政权力运行中的自治性特征。相对于其他县级政府,自治县政府的行政权力具有更大的自由度和更广泛的灵活性。根据1982年《中华人民共和国地方组织法》,县政府的法定权限被归结为10项,包括执行上级政府政策的权力、管理本级行政区域各项事务的权力、领导所属部门和下级政府的权力、保护财产和公民权利的权力。相比之下,自治县政府还拥有根据本民族、本地区实际情况,变通执行或停止执行上级国家机关的决议、决定、命令和指示的权力;具有培养本民族干部和本民族人才的自治权;此外,自治县政府的财政

---

① 俞可平:《西方政治学名著提要》,江西人民出版社2000年版,第69页。

属于国家的一级财政,凡是依照国家财政体制属于自治县政府的财政收入,都由自治县政府资助的安排;而在经济管理方面,自治县政府可以在国家计划指导下,自主地安排和管理地方性的经济建设事业。这一点在 S 和 F 自治县都充分的表现出来,S 和 F 自治县基本上每五年制定一个全县五年规划纲要,其中包括对自治县国民经济和社会发展的主要指标预测,包括三个产业的未来基本状态的预测、财政收入和支出的预测、农民、城镇人口收入的预测等重要的经济问题,另外还有规划建设项目的计划,这其中包括农业、工业、企业、基础设施等方面的未来开发项目计划等。

2.权力职能的双重性

自治县政府的权力具有执行性特征和领导性特征。所谓自治县政府的执行性职能,是指自治县政府作为国家政权体系中的基层政府,要贯彻落实党的方针政策,执行中央政府和自治区、自治州政府的决议、决定、命令和指示,这是自治县政府权力运行的核心。我国《宪法》第 105 条规定:"各级人民政府是地方各级国家权力机关的执行机关。"这就清楚的从法律意义上界定了地方政府是地方权力机关的执行机关;所谓自治县政府的领导性职能,是指自治县政府对其所管辖行政区域内的行政事务进行管理、领导与指导,协调地方事务,管理地方区域经济的发展秩序,以保证和促进地方经济和社会的和谐发展,这是自治县政府权力存在的本质原因。《中华人民共和国民族区域自治法》总则中就规定了我国民族自治地方的自治机关行使《宪法》第三章第五节规定的地方国家机关的职权,同时依照宪法和本法以及其他法律规定的权限行使自治权,根据本地方的实际情况贯彻执行国家的法律、政策。民族自治机关必须维护国家的统一,保证宪法和法律在本地方的遵守和执行;领导各族人民进行现代化建设;把国家的整体利益放在首位,积极完成上级国家机关交给的各项任务;维护和发展各民族的平等、团结、互助的社会主义民族关系,执行国家的宗教政策。

3.职权运行的有限性

尽管自治县政府比一般县级政府拥有更多的自主权,但其权限也不具有全局性与整体性,受到两方面的限制:一是管辖的权限范围,即权限所属的地域范围是有限的。从空间地域划分来看,自治县只能在其管辖的行政区划范围内行使权力,不能超越划定的界限;从内容上讲,自治权规定了自治县具有制定适合本地区经济发展的自治条例和单行条例的权力,但是该法律文件不能对全国或其他行政区域产生法律效力,而且,在司法中只作为参照使用;从职能上看,自治县政府不但具有提供与所辖区地方居民利益相关的地方性公共物品,如公共安全、医疗卫生、教育、社会保障、基础设施的建设等,还具有依照国家的军事制度和当地的实际需要,经国务院批准,组织本地方维护社会治安的公安部队的权力,总体分析,尽管这些权力范围广泛,还不能提供全国性的公共物品,比如国防、外交等。二是受宪法和上级政府的限制,自治权并非完全独立自主的治理,要受到宪法和相关法律的制约,任何行政行为必须在国家根本大法的法律框架内构建,也就是说,宪法和民族区域自治法规定县级政府多大的管辖权,县级政府管辖的事务范围和权限就有多大。同时,自治县政府的权力设置必须受到中央政府、自治区政府、自治州政府的领导和监督。

尽管自治县政府比其他县级政府拥有更多的自主权力,但是在单一集权型的行政管理体制下,自治县政府行使行政权力过程中不可避免的存在结构性困境。从事权、人权、财权三方面来看,自治县级政府仍是通过以下的方式行使行政权力的。首先,自治县政府在公共事务管理权力的划分中处于明显的弱势地位。中央政府与省、自治州级政府对自治县政府职能部门进行双重垂直领导,大量本来只与自治县政府相关的公共事务的处理权限都不在自治县政府;其次,自治县人事安排处于中央和省政府的控制之下,自治县政府的行政首脑自治县长、副县长的任命是由上级政府组织部提名任命,自治县科级以上人员的录用必须报上级政府批准;最后,自治县政府总体处于职能扩展压力下的财政困境中。作为与少数民族社会联系最紧密、最直接、最全面的一级政府,自治县政府的职能在不断地扩大,但在现行财政制度的背景下,经常面临财政入不敷出的困境。尤其是多层、多头领导使得政策制定、领导、监督等造成自治县政府在实施、管理、执行等方面的所受到的局限,是目前自治县政府行政权力运行中面临的主要问题。

三、市管县抑或省管县的现实考量

1.市管县管理体制的制度背景

市管县又称市领导县,是指"以经济比较发达的中心城市作为一级政权来管辖周边的一部分县、县级市的体制"①。它以经济较为发达的城市为核心,依据行政权力关系带动周围农村地区的共同发展,形成城乡区域一体化的整体发展战略。我国市管县体制的形成发展,经历了一个从局部性的临时政策到全局性体制建构的过程。最早可以追溯到20世纪40年代初。从上世纪20年代中国市制萌芽开始,市一直是人口密集点上的一级行政建制,市与县、城与乡之间被严格封锁、隔离。建国后,随着城市行政区的发展,市领导县体制开始出现,建制市逐渐演变为一种广域型行政建制。1949年兰州市领导皋兰县,1950年旅大市(今大连市)领导金山、长山二县。当时的市领导县体制主要是为了解决大城市蔬菜、副食产品基地建设问题而设置的,并无"带"县之意。"大跃进"、"人民公社化"时期,市领导县体制的范围有所扩大。20世纪50年代,我国实行了第一次大规模的市管县体制。1958年,由江苏省首先开始,国务院先后批准北京、天津、上海三市和辽宁省全部实行市领导县体制,并逐步在一些经济较发达地区试点并推广。1959年9月,全国人大常委会发布了《关于直辖市和较大的城市可以领导县、自治县的决定》,这一体制以法律形式被正式确立,直接推动了市管县体制的发展。20世纪60年代,市管县体制的发展步入了低潮期。到1981年,全国有57个市共领导147个县,分别占全国地级市以上的51.4%和县的6.9%,平均每市领导两县。可以说80年代以前,市管县体制的实行带有临时性、区域性的特点,并未作为一种普遍的地方行政管理制度进行推广。

1982年,中共中央51号文件作出《改革地区体制,试行市领导县体制的通知》,肯定了辽宁等省在经济发达地区实行市领导县体制的经验,确定

① 朱光磊:《当代中国政府过程》,天津人民出版社2002年版,第370页。

了年末即开始在江苏省试点。1983 年 2 月 15 日，中共中央、国务院发布《关于地市州党政机关机构改革若干问题的通知》，指出改革的主要办法是"实行地市合并，由市领导县，一个市领导县的多少，应根据每个市的经济发展程度，城乡自然联系和交通是否便利等条件确定，不受一地一市限制"，作为 1983 年地方政府改革的一项重要内容。从此，市管县体制在全国再次得到了迅猛的发展。此时实施市管县体制目的在于充分发挥城乡带动作用，走城乡一体化的发展道路。从 1983 年开始，江苏、四川、山东、广东、吉林等省纷纷尝试"市管县"的新体制。1983 年，全国就撤销了 35 个行政公署，将 368 个县划归城市领导，另有 22 个县与市合并，40 个县改为县级市或地级市。江苏、辽宁和广东分别于 1983、1984 和 1988 年撤销了地区，1988 年海南建省时就没有设置地区建制。1993 年，国务院在《政府工作报告》中提到："地区机构改革要同调整行政区划相结合，各级派出机构要大力精简，地和地级市并存一地的，原则上要合并。"在这一方针的指导下，全国大多数地区都实行了地市合并，于是市管县体制成为了我国主导性的地区行政区划体制。仅 1993～2001 年 9 年间，全国全国撤地设市和地市合并的达 51 个。"市管县"体制的演变过程主要有三种形式：一是将地级市与地区合并，实行市领导县体制；二是将地区所在的县级市升格为地级市，管辖原地区所属的县；三是将新设的县级市升格为地级市。截止 2000 年底，全国共有地级市（含副省级市）259 个，占地级政区单位的 77.78%，管理着 2019 个县政单位，占全国县政单位的 71.95%。① 我国市管县体制的实施使省与县之间出现了一级实体政府，形成了一种前所未有的地方行政体制，即省—市—县—乡四级政府格局。

市管县体制作为一种主导性的地方行政管理体制模式的推行，有着特殊的社会时空环境。从制度预期角度分析，市管县体制的预期目标是城乡合治，以城带乡，实现城乡经济社会共同发展，符合了当时的客观条件：农村经济体制改革取得初步成效，乡镇企业开始兴起，但市场化改革还未真正启

---

① 《中华人民共和国 2001 行政区划简册》，中国地图出版社 2001 年版。

动,以计划体制为核心的整个社会制度结构并未发生实质改变,经济的发展使得城乡矛盾进一步凸显。这一现实情况反映了推行市管县体制的初衷。各地在实施市管县时也明确了这一指导思想,如浙江在下达市管县改革的有关公文中,明确提出:"实行市领导县的目的,就是要更好地按客观经济规律办事,……,合理组织社会生产和流通,打破条块分割、城乡分割的局面,以城市为中心,建立起城乡一体的生产网络、流通网络、交通运输网络、科技文化和信息网络,为城乡经济的发展开拓更广阔的道路。"[1]F 自治县所属的 H 市就是在这一背景下设立的。1997 年 2 月 27 日,国务院批复(国函[1997]12 号):(1)撤销 H 县,设立 H 市,以原 H 县的行政区域为 H 州市的行政区域。(2)将 W 州地区行署驻地由 W 州市市区迁至 H 州市 B 镇,W 地区更名为 H 地区。H 州地区辖原 W 州地区的 F、Z、S3 个县(自治县)和 H 州市。2002 年 6 月 18 日,国务院批准(国函[2002]51 号)(1)撤销 H 地区和县级 H 州市,设立地级 H 州市。市人民政府驻新设立的 B 区。(2)H 市设立 B 区。B 区辖县级 H 州市的行政区域和 Z 县的 X 镇。(3)H 州市辖原 H 州地区的 Z 县、S 县、F 自治县和新设立的 B 区。与 F 自治县不同,S 自治县依然是自治州直接管辖下的自治县,这与其特殊的自然、民族、生活习惯有着直接关系,这类行政区划方式在少数民族地区普遍存在。

2. 市管县体制的利弊

截至 2008 年 2 月,中国的市管县体制已经走过了整整 25 年的历程。作为具有历史合理性的时代产物,市管县体制在我国地方行政区划功能实现上起到了非常重要的积极作用。主要表现在:

第一,打破了市县体制间的行政壁垒和城乡分割,促进了区域经济的协调发展。我国历史上长期市县分治的区域行政管理模式,在体制上人为的割裂了城市和周边农村的关系,农村长期处于自产自销、自给自足的经济状态,造成了城乡条块分割的严重现象,制约了我国城乡经济的一体化进程。市管县体制的实行,城市带动农村,农村服务于城市,在资源上能够合理配

---

① 浙江省人民政府办公厅文件,浙政办[1983]82 号。

置城乡生产资源,提高资源的利用率,能够达到城市和农村之间协调发展、优势互补,有利于发挥中心城市对农村发展的带动作用,有助于城乡经济日益融合为相互依托的区域性经济,提高区域竞争力。在政府实际治理过程中,也能够实现统一领导、统一执行、统一改革,改变先前领导层级过多现象,能够打破传统政府壁垒,造就网络式、直线式的行政治理模式。

第二,精简了县级政府机构,提高了行政效率。在原有体制和交通不便、信息交流困难的情况下,省如果直接管理县,其管理幅度过大,负担繁重。而市直管县体制的实施改变了这一困境,能够在省和县之间起到直接管理,适应了国家当时强化管理的需要,增加了层级政府之间的行政效率,能够在短时间内统一县域经济发展的政策,有助于推进当时经济体制改革,促进国家基层政权的能力,推进行政体制的制度改革。

第三,解决了省县之间层次长期虚实不定和缺乏法律主体地位的尴尬局面。新中国诞生以来,地区的行政地位一直在虚实之间徘徊。我国《宪法》第 29 条规定,省、自治区分为自治州、县、自治县、市以及直辖市和较大的市分为区、县。由于缺少宪法确认,地区行署虽然在很大程度上承担了一级政府的工作任务,但其不具有相应的法律地位,成为中国政权组织形式的不和谐音符。实行市管县体制后,省县之间层次由虚变实,市的重大决策、人事安排等都有人大的批准和监督;同时,其税收、财政也在一定的制度规定下实现了与省、中央的合理分割,形成了真正意义上的地方财政。[①]

但是随着市场经济的发展以及交通、通讯等信息化程度的提高,市管县体制在效率上的优势大大削弱,逐渐显露出一些弊端和局限。首先,作为计划经济的产物,市管县体制带有明显倾向性,主要服务于市,使县明显成为了市的附属行政单位,市依靠自身行政权力,侵占县及农村地区利益的情况时有发生,部分市将财政收支的压力转移给县级政府,而县级政府进而转移给农村,这就加剧了县市之间利益的竞争。其次,市管县实施面过大、速度

---

① 孙学玉、伍开昌:《构建省直接管理县市的公共行政体制——一项关于市管县体制改革的实证研究》,载《政治学研究》2004 年第 1 期,第 37 页。

过快,超出了"试点"的本意。同时,背离了以发达的中心城市带动农村的最初设计,盲目推进,市集聚辐射能力较弱,帮助县域经济发展的能力不够,难以承载中国的城镇化任务,"小马拉大车"现象普遍存在。市管县的主要目的是通过城市的优势经济地位来拉动乡村的经济发展,但是从这几年的体制改革过程中发现,有相当一部分地级规格的城市凭其自身的经济实力根本不可能拉动所管辖县的经济的发展,使得许多中小城市不仅没能完成拉动农村经济的目标,反而被落后的农村经济拖了后腿。最后,一些地方的行政层级增多,在增加管理成本的同时也降低了行政效率,有的县收到上级文件中70%都是来自市,市政府为了传达省政府的精神,经常重复开会,造成资源的重叠浪费。而且市对县的领导是全方位的具体领导,市与省两级政府都对县具有管理权,对行政资源和公共财政造成了极大的浪费。针对这些现实问题,我国一些地区开始进行新的尝试,省管县体制开始在一些地方试行,并引起了多方关注。

3. 省管县体制的现实思考

在市管县体制局限性日益明显的今天,探寻省市县之间关系的新出路已再一次成为改革者关注的焦点问题,"十一五"规划建议指出,"理顺省级以下财政管理体制,有条件的地方可实行省级直接对县的管理体制"。实际上,近几年来一些地方政府也在积极尝试,从2002年起至今,浙江、山东、福建、湖北、广东、河北、吉林等众多省份先后根据本省的具体情况,将一部分归属于地级市的经济管理权和社会管理权赋予辖下的经济强县。事实上,这些"强县"由于具有突出的经济实力,在日常的行政行为中早已享有相当的管理权限。近几年,许多省份进行"强县扩权"改革或建立省直接对县的财政体制,这是我国地方行政区划辩证发展的又一过程,是对政府利益的重新调整。省管县改革的思路是给予县级政府以更大的发展自主权,主要内容包括两个方面,一是把一些行政审批权力(主要是地级市的权力)直接下放给县级政府;二是在财政关系上建立省县对接的体制。改革是为了减少中间环节,降低行政成本和提高行政管理的时效性,缓解县乡财政困难,促进县域经济更快更好地发展。其目的也十分明确,就是减少中国政府体制的管理层级,使其向扁平化结构发展,减少中间环节,尽量降低行政成本,减少政策信息的丢失,使县级政府在管理上享有更大的自主权力。

对于省管县体制在中国尝试,有两种代表性的观点。一种观点认为,实行省直接管理市县,是国际上实行地方行政管理的有效模式,城市和县的基本功能是有很大差别的,市县提供服务的性质不同,市不应该在有县级建制①。并且省管县可以比较积极的解决目前我国市管县体制下的一些弊端,能够从行政管理体制上进一步激发县域经济发展活力,进一步加快县域经济的发展步伐,为解决"三农"问题和新农村建设创造条件。例如可以促使政府组织形式从集权走向分权,在一定程度上突破行政区对经济区的束缚,减少层级过多的行政机构等。也有学者认为省直管县符合了资源优化配置理论,认为在市场经济体制逐渐建立的情况下,打破市管县体制,在更大经济区域上优化资源配置,以避免市政府这只看得见的手运用行政资源干预社会资源配置。另一种观点认为,省管县体制的推行不一定能够达到预想的效果。省管县制度会使县级政府少了一层管理主体,权力行使空间可能会增大,但市、县级政府的更大独立性也有可能会导致"小而全"的县,这样不仅会导致资源的重复浪费,而且会使县级政府的公共服务能力不足等②。而且,省级政府管理幅度的扩大会增加省级财政的负担,扩大的管理幅度有可能使省级政府不能及时回应县的利益诉求,等等。

中国正在进行的政府体制革新是一个循序渐进的过程,在这一过程中,每一环节的变化都会引起一系列的社会变革。因此,不论是市管县体制的健全还是省管县体制的尝试,都应该遵循本地区社会、经济、文化、习惯的规律,否则即使是再完美的体制也不可能发挥其应有的作用。尤其是民族自治地区,特殊的行政生态环境决定了自治县在行政体制改革的过程中,必须立足于本地区、本民族才能取得效果,盲目跟风必然导致失败,在中国这样的教训已经不少了。

---

①　彭国甫:《县级政府管理模式创新研究》,湖南人民出版社 2005 年版,第 210 页。
②　彭国甫:《县级政府管理模式创新研究》,湖南人民出版社 2005 年版,第 210 页。

第四章 自治县的行政
机构与人事制度

第一节 自治县的行政机构

行政机构是行政管理活动的主体,一切行政管理行为都要依托一定的政府组织来完成。可以说,没有行政机构,行政管理将举步维艰、难以进行。自治县的行政机构是自治县政府管理活动的重要载体,承担着行使政府职能的重要任务。从我国政府的历史进程看,各级政府机构设置都不同程度经历了精简、膨胀、再精简、再膨胀的几个轮回改革,但机构设置与配套职能长期不能相互契合的现状一直困扰着政府改革者。历史证明,社会的不断变迁迫切要求政府机构和配套职能的持续变革,唯有与时俱进的适应历史车轮的发展政府才能持续生存。本章将对在历次变革中相对稳定的自治县级政府机构设置进行事实呈现,并分析其相关职能配置和人事制度的变化。

一、自治县的行政机构设置

机构,原指各组成部分之间具有一定相对运动装置,即机械的内部构造或机械内部的单元,现为在社会生活中人们为了某种职能所建立的,由人、财、物、信息、时间等若干要素有序组织起来的相对稳定的社会实体单位,泛指工作机关或工作单位,也指机关、单位的内部组织。行政机构就是政府的工作机关及其内部组织。行政机构设置,即政府在执行行政权力的过程中,所必需的国家机关、单位和内部组织的构建。

1. 改革开放前自治县行政机构的沿革

我国政体属于单一制的政府管理形式,它决定了我国各级政府的行政机构设置基本与中央政府机构设置相对应,以便中央政府的垂直领导。作为基层政府的自治县级政府的机构设置大体上与中央政府的机构设置相统一,但由于基层政府在进行机构设置时要相应的考虑到本地区的社会经济情况,因此其行政机构设置带有较强的地域和历史特色。我国 120 个民族自治县政府在机构设置上的特殊性也反映在行政组织结构中存在着许多一般县政府所不具备或功能不突出的组织机构,如在政府组织中有管理民族事务、语言文字事务、宗教事务、国家安全事务、边境贸易事务等几种组织机构,这些机构在民族自治县政府组织中的地位十分突出,但在一般县级政府中这些机构或者不存在,或者其作用和地位重要性低,这主要源自于自治县政府承担着大量民族事务、语言文字事务、宗教事务、国家安全事务、边境贸易事务等的原因。下面我们以 F 自治县政府机构设置的历史沿革及现状为例,透视自治县政府行政机构的基本设置。

F 自治县在 1984 年成立自治县以前就拥有比较悠久的历史。民国 16 年即 1928 年,F 自治县正式被称为县政府。到民国 31 年,F 自治县就形成了一套比较完整的政府机构体系。

图 4-1 清晰地展现了 F 县当时的政府机构配置情况。F 县政府的最高领导是县长,其他所有县政府机构和人员都在县长的领导之下。F 县政府机构在民国 26 年时设有民政科、财政科、建设科、团务科、司法部。到民国 32 年增设秘书室、军事科、会计科、财粮科等。民国 34 年财粮科改为财政科。民国 37 年夏政府机构进行裁并,仅设民政科、田粮科、教育科、会计室,原军事科人员调到自卫队。各科室分设秘书、科长、科员、办事员、雇员等公务员。民国时期 F 县政府机构在短短十几年间进行了三次比较大的机构变化,不管当时的国民政府是出于怎样的考虑,我们可以断定,这些变化同样也是围绕机构数量和机构人员数量进行的,即 F 自治县的机构配置中存在的问题具有历史性,并不是那个特定时代或社会形态所特有的。

建国后,1950 年 1 月 1 日,F 县成立人民政府,设县长,副县长。1952

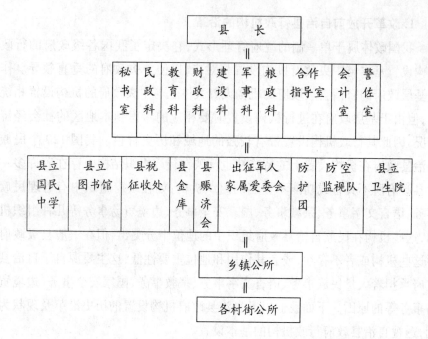

图4-1 民国31年F县政府及其所属机关组织系统示意图

年9月1日,F县和Z县两县合并,成立FZ县人民政府。1955年7月4日,改为FZ县人民委员会。1962年3月7日,恢复F县,复名为F县人民委员会。1966～1976年文化大革命期间,县人民委员会处于瘫痪状态,县政府的职权由县人民武装部抓革命促生产指挥部所代替。1981年1月1日,复名现任人民政府。1983年8月30日,国务院批准建立F瑶族自治县,1984年1月1日,成立F瑶族自治县人民政府。1950年至1954年,县人民政府的县长、副县长由上级任命。1955年7月至1965年的县长、副县长由人民代表大会全体代表民主选举产生。1968年至1980年的县革命委员会主任、副主任,或由上级任命,或由"工农兵代表大会"选举产生。1981年至今,县长、副县长均由自治县人民代表大会选举产生。

2. 改革开放以来历次行政机构改革

在改革开放之后,中国进行了多次政府机构改革,这是研究当前自治县政府机构设置的政治背景。

文革后从 1977 年开始,国务院很快恢复了部门管理体制。至 1978 年底,国务院的行政单位达 76 个。此后,国务院继续增设机构,到 1981 年,国务院设部委机构 52 个,直属机构 43 个,办公机构 5 个,机构总数高达 100 个工作部门,达到了建国以来的最高峰,机构大量膨胀使得职责不清、人浮于事、运转不灵、严重的官僚主义等问题随之产生。对此,邓小平同志尖锐的指出,这个问题不解决,不仅"四化"建设没有希望,而且可能会亡党亡国。党和政府做出重大决策,进行领导体制和管理制度的改革,这次改革的突出表现在精简机构上。改革后,国务院的部委机构减为 43 个,直属机构减为 16 个,办事机构减为 2 个和 1 个办公厅,机构总数 61 个。从 1981 年到 2003 年,中国共进行了 5 次大规模的政府机构改革,分别发生在 1982 年、1988 年、1993 年、1998、2003 年四个年份中,政府机构也在历次改革的过程中经历着精简—膨胀—再精简—再膨胀的循环。

这 5 次机构改革的情况如下:

1982 年机构改革:党的十一届三中全会以后,中国进入了一个新的发展时期,开始了经济体制改革的尝试。与此相适应,从 1981 年开始,国家首先从国务院做起,自上而下地展开各级政府的机构改革,这次改革历时 3 年之久,范围包括各级党政机关,是建国以来规模较大、目的性较强的一次建设和完善各级机关的改革。这次改革以精兵简政为原则,注意到了经济体制改革的进一步发展可能对政府机构设置提出的新要求,力求使机构调整为经济体制改革的深化提供有利条件,较大幅度地撤并了经济管理部门,并将其中一些条件成熟的单位改革成为经济组织。在 1981 年 12 月五届全国人大四次会议的政府工作报告中,国务院决定,从国务院各部门首先进行机构改革,限期完成。1982 年 3 月 8 日,五届全国人大常委会第 22 次会议通过了全国人大常委会关于国务院机构改革问题的决议。根据国务院部署,第一批有 12 个单位:电力工业部、水利部、商业部、全国供销合作总社、粮食部、国家进出口管理委员会、对外贸易部、对外经济联络部、国家外国投资管理委员会、化学工业部、煤炭工业部和纺织工业部。以后,其他部门陆续确定了方案,付诸实施。

这次改革中,国务院各部委、直属机构、办事机构从 100 个减为 61 个;省、自治区政府工作部门从 50~60 个减为 30~40 个;直辖市政府机构稍多于省政府工作部门;城市政府机构从 50~60 个减为 45 个左右;行署办事机构从 40 个左右减为 30 个左右,县政府部门从 40 多个减为 25 个左右。在人员编制方面,国务院各部门从原来的 5.1 万人减为 3 万人;省、自治区、直辖市党政机关人员从 18 万人减为 12 万余人;市县机关工作人员约减20%;地区机关精简幅度更大一些。领导班子平均年龄也有所下降,部委平均年龄由 64 岁降到 60 岁,局级平均年龄由 58 岁降到 54 岁。应该说,这次机构改革通过精简各级领导班子和废除领导职务终身制,加快了干部队伍的年轻化,是一个很大的突破。但是由于当时经济体制改革的重点在农村,对于行政管理没有提出全面变革的要求,所以政府机构和人员都没有真正减下来,没有触动高度集中的计划经济管理体制,没有实现政府职能的转变。

1988 年机构改革:自 1982 年机构改革后,由于没有触动高度集中的计划经济管理体制,没有实现政府职能的转变等原因,政府机构不久又呈膨胀趋势。在这一形势下,国务院决定再次进行机构改革,1988 年 4 月 9 日,七届全国人大一次会议通过了国务院机构改革方案,这是一次弱化专业经济部门分钱、分物、直接干预企业经营活动的职能,以达到增强政府宏观调控能力和转向行业管理目的的改革。这次改革首次提出了转变政府职能的要求,着重于大力推进政府职能的转变。政府的经济管理部门要从直接管理为主转变为间接管理为主,强化宏观管理职能,淡化微观管理职能。其内容主要是合理配置职能,科学划分职责分工,调整机构设置,转变职能,改变工作方式,提高行政效率,完善运行机制,加速行政立法。改革的重点是那些与经济体制改革关系密切的经济管理部门。改革采取了自上而下,先中央政府后地方政府,分步实施的方式进行。但是,由于治理、整顿工作的需要,原定从 1989 年展开的地方机构改革暂缓进行。通过改革,国务院部委由原有的 45 个减为 41 个,直属机构从 22 个减为 19 个,非常设机构从 75 个减到 44 个,部委内司局机构减少 20%。在国务院 66 个部、委、局中,有 32 个部门共减少 1.5 万多人,有 30 个部门共增加 5300 人,增减相抵,机构改革后的国务院人员编制比原来减少了 9700 多人。但是由于经济过热等原因,这次精简的机构很快又膨胀起来。

1993 年机构改革:1993 年机构改革是在确立社会主义市场经济体制的背景下进行的,它的核心任务是在推进经济体制改革、建立市场经济的同时,建立起有中国特色的、适应社会主义市场经济发展的行政管理体制。这次改革的指导思想是,适应建立社会主义市场经济体制的要求,按照政企职责分开和精简、统一、效能的原则,转变职能,理顺关系,精兵简政,提高效率。改革的重点仍是转变政府职能。1993 年 3 月 22 日,第八届全国人大一次会议审议通过了《关于国务院机构改革方案的决定》。根据这一方案改革后,国务院组成部门设置 41 个(包括:国务院办公厅、外交部、国防部、国家计划委员会、国家经济贸易委员会、国家经济体制改革委员会、国家教育委员会、国家科学技术委员会、国防科学技术工业委员会、国家民族事务委员会、公安部、国家安全部、监察部、民政部、司法部、财政部、人事部、劳动部、地质矿产部、建设部、电力工业部、煤炭工业部、机械工业部、电子工业部、冶金工业部、化学工业部、铁道部、交通部、邮电部、水利部、农业部、林业部、国内贸易部、对外贸易经济合作部、文化部、广播电影电视部、卫生部、国家体育运动委员会、国家计划生育委员会、中国人民银行、审计署),加上直属机构、办事机构 18 个,共 59 个,比原有的 86 个减少 27 个,人员减少20%。并撤销了能源部、机械电子工业部、航空航天工业部、轻工业部、纺织工业部、商业部、物资部等 7 个部,新组建国家经济贸易委员会、电力工业部、煤炭工业部、机械工业部、电子工业部、国内贸易部,更名 1 个(对外经济贸易部),保留 34 个部、委、行、署。改革后的综合经济部门中保留国家计委、财政部、中国人民银行等部门。专业经济部门的改革分为三类:改为经济实体的有航空航天工业部,撤销后分别组建航空工业总公司、航天工业总公司。改为行业总会的有轻工业部、纺织工业部,分别组建中国轻工总会、中国纺织总会。保留或新设置的行政部门包括:对外经济贸易部更名为对外贸易经济合作部;撤销能源部,分别组建电力工业部、煤炭工业部;同时撤销中国统配煤矿总公司;撤销机械电子工业部,分别组建机械工业部、电子工业部,同时撤销中国电子工业总公司;撤销商业部、物资部,组建国内贸易部。1993年4月19日,国务院决定,将国务院的直属机构由19个调整为13个[包括:国家统计局、国家税务总局、国家工商行政管理局、国家环境保护局、国家土地管理局、新闻出版署(国家版权局)、海关总署、国家旅游局、民用航空总局、国务院法制局、国务院宗教事务局、国务院参事室、国务院机关事务管理局]。办事机构由9个调整为5个(包括:国务院外事办公室、国务院侨务办公室、国务院港澳事务办公室、国务院特区办公室、国务院研究室)。国务院不再设置部委归口管理的国家局,国务院直属事业单位调整为8个(包括:中国轻工总会、中国纺织总会、新华通讯社、中国科学院、中国社会科学院、国务院发展研究中心、中国气象局、中国专利局和国家行政学院)。此外,国务院还设置了国务院台湾事务办公室与国务院新闻办公室。

1998年机构改革:1998年3月10日,第九届全国人大一次会议审议通过了《关于国务院机构改革方案的决定》。此次改革的目标是:建立办事高效、运转协调、行为规范的政府行政管理体系,完善国家公务员制度,建设高素质的专业化行政管理队伍,逐步建立适应社会主义市场经济体制的有中国特色的政府行政管理体制。改革的原则是:按照社会主义市场经济的要求,转变政府职能,实现政企分开;按照精简、统一、效能的原则,调整政府组织结构,实行精兵简政;按照权责一致的原则,调整政府部门的职责权限,明确划分部门之间职责分工,完善行政运行机制;按照依法治国、依法行政的要求,加强行政体系的法制建设。根据改革方案,国务院不再保留的有15个部、委。包括:电力工业部、煤炭工业部、冶金工业部、机械工业部、电子工业部、化学工业部、国内贸易部、邮电部、劳动部、广播电影电视部、地质矿产部、林业部、国家体育运动委员会、国防科学技术工业委员会(组建新的国防科学技术工业委员会,将原国防科工委管理国防工业的职能、国家计委国防司的职能以及各军工总公司承担的政府职能,统归新组建的国防科学技术工业委员会管理)、国家经济体制改革委员会(为了加强国务院对经济体制改革工作的领导,国家经济体制改革委员会改为国务院高层次的议事机构,总理兼主任,有关部长任成员,不再列入国务院组成部门序列)。新组建的有4个部、委:国防科学技术工业委员会、信息产业部、劳动和社会保障部、国土资源部。更名的有3个部、委:国家计划委员会更名为国家发展计划委员会;科学技术委员会更名为科学技术部;国家教育委员会更名为教育部。保留的有22个部、委、行、署:外交部、国防部、国家经济贸易委员会、民族事务委员会、公安部、国家安全部、监察部、民政部、司法部、财政部、人事部、建设部、铁道部、交通部、水利部、农业部、对外贸易经济合作部、文化部、卫生部、国家计划生育委员会、中国人民银行、审计署。改革后,除国务院办公厅外,国务院组成部门由原有的40个减少到29个。包括国家政务部门12个:外交部、国防部、文化部、卫生部、国家计划生育委员会、国家民族事务委员会、民政部、司法部、公安部、国家安全部、监察部、审计署;宏观调控部门4个:国家发展计划委员会、国家经济贸易委员会、财政部、中国人民银行;专业经济管理部门8个:建设部、铁道部、交通部、信息产业部、水利部、农业部、对外贸易经济合作部、国防科学技术工业委员会;教育科技文化、社会保障和资源管理部门5个:教育部、科学技术部、人事部、劳动和社会保障部、国土资源部。

2003年机构改革:2003年3月10日上午举行的十届全国人大一次会议第三次全体会议通过了关于国务院机构改革方案的决定。根据党的十六大提出的深化行政管理体制改革的任务和十六届二中全会审议通过的《关于深化行政管理体制和机构改革的意见》,这次国务院机构改革的主要任务是:第一,深化国有资产管理体制改革,设立国务院国有资产监督管理委员会。第二,完善宏观调控体系,将国家发展计划委员会改组为国家发展和改革委员会。第三,健全金融监管体制,设立中国银行业监督管理委员会。第四,继续推进流通管理体制改革,组建商务部。第五,加强食品安全和安全生产监管体制建设,在国家药品监督管理局基础上组建国家食品药品监督管理局,将国家经济贸易委员会管理的国家安全生产监督管理局改为国务院直属机构。第六,将国家计划生育委员会更名为国家人口和计划生育委员会。第七,不再保留国家经济贸易委员会、对外贸易经济合作部。改革后除国务院办公厅外,国务院组成部门如下:外交部、国防部、发展和改革委员会、教育部、科学技术部、国防科学技术工业委员会、国家民族事务委员会、公安部、国家安全部、监察部、民政部、司法部、财政部、人事部、劳动和社会保障部、国土资源部、建设部、铁道部、交通部、信息产业部、水利部、农业部、商务部、文化部、卫生部、国家人口和计划生育委员会、中国人民银行、审计署。根据《国务院组织法》规定,国务院组成部门的调整和设置,由全国人民代表大会审议批准。设立国务院国有资产监督管理委员会、中国银行业监督管理委员会,组建国家食品药品监督管理局,调整国家安全生产监督管理局的体制,将由新组成的国务院审查批准。

以上五次自上而下的政府机构改革直接影响着基层政府机构的设置状况,基层政府的机构设置也随着中央政府机构的改变不断进行相应的调整,自治县政府的机构设置自然也不例外。

3. 自治县政府的机构设置

自治县政府不同时期的机构改革,都是在国家五次机构改革的背景下进行的。自治县政府机构改革虽然取得一定的成绩,但也存在一些问题。有时这些机构改革不仅没有达到精简机构、缩减冗员的目的,反而变本加厉。当然,为了中国行政体制的完善以及外在经济发展态势要求,1998年和2003年的机构改革在自治县这一基层政府的身上还是有比较明显的体现,尽管这些变化依然还是表现为机构的改革、撤销、合并上,并未触及到影响政府行政效率的根本性问题。我们先来分析1981年F瑶族自治县人民政府成立之初的政府机构设置情况。

表4-1 1981年F瑶族自治县人民政府机构设置

人民政府					
办公室	民政局	人事局	档案局	民族事务委员会	气象局
科学技术委员会	城乡建设委员会	农机局	二轻局	教育局	文化局
卫生局	体育运动委员会	爱国卫生运动委员会	计划生育委员会	县志办公室	地名办公室
邮电局	工商局	公安局	司法局	计划委员会	外贸局
统计局	物资局	信访局	环保局	农业委员会	农业局
林业局	水电局	畜牧水产局	乡镇企业局	财贸办公室	财政局
粮食局	税务局	商业局	中国建设银行F支行	中国人民银行F县支行	中国农业银行F支行
供销合作联合社					

从表4-1中我们可以看到,1981年F瑶族自治县成立之初的政府机构设置总共有43个,这些机构的设置仍然建立在20世纪50年代计划经济基础上。1981年以后F瑶族自治县有些政府机构的设置发生了一些变化。具体情况是:人事局在1987年底分设为劳动局和人事局;县志办公室于1984年5月设为县志、党史办公室;城乡建设委员会于1989年分设为城乡建设委员会、环境保护局;编制局、工业局都于1968年5月被撤销,编制局于1984年恢复编委,1989年重设编制局;审计局、爱国卫生运动委员会、老龄办公室、广播电视剧、调处办公室、对外经贸委员会、经济体制改革委员会、技术监督局、中国工商银行F支行、烟草专卖局、土地管理局、矿产局、医药局、监察局分别于1983年至1987年间设置。从中我们可以粗浅判断出,国家于1981年进行的全国性的政府机构改革,在自治县一级政府的效果是微乎其微的。不仅没有缩减反而发生了较大幅度的反弹,F瑶族自治县的干部人数也在大幅增加。1964年,全县干部(包括中小学教师)909人,1972年全县干部2174人,1978年全县干部2767人,1981年增加到3188人,1983年后由于"以工代干"转干、大中专毕业生分配增多,以及一批被平反干部的安置等情况的出现,使干部数量大幅增多,到了1985年全县干部

增加到4224人,1989年全县干部已达4648人。不到十年间干部人数增加了近千人,人数的增多意味着现有的岗位不能安置所有人员,增加编制数和增设政府机构就成为解决人员分配问题的捷径。

1989年F自治县政府的机构设置从1981年的45个增加到60个,这是在中央推行第二次政府机构改革的第二年。从表4-2我们可明显看到有些机构的设置职能重叠性较强,分工也不甚明确,不仅造成人员臃肿,而且使各职能部门行政活动经常处在对行政资源的争夺与冲突之中。比如,外经委、外贸局和经济委员会三个机构的职能基本雷同,它们之间的冲突经常以争夺项目审批权、资源分配权、利益控制权的形式表现出来;农业委员会、农业局的职能也是大同小异,县志办公室、地名办公室两个机构从事的是同一性质的工作,这些机构的重复设置完全没有必要。

表4-2　1989年F瑶族自治县人民政府机构设置

人民政府

办公室	民政局	人事局	档案局	信访局	编制局
科学技术委员会	民族事务委员会	体育运动委员会	爱国卫生运动委员会	计划生育委员会	地名办公室
卫生局	审计局	扶贫办公室	教育局	县志办公室	文化局
老龄工作办公室	广播电视局	城乡建设委员会	供销合作联合社	技术监督局	计划委员会
统计局	物资局	公安局	调处办公室	农业委员会	农业局
林业局	水电局	畜牧水产局	乡镇企业局	财贸办公室	财政局
粮食局	税务局	商业局	环保局	工商局	外经委
农机局	外贸局	经济委员	交通局	二轻局	司法局
烟草专卖局	中国人民银行F县支行	中国工商银行F支行	中国农业银行F支行	中国建设银行F支行	气象局
邮电局	监察局	土地管理局	矿产局	医药局	外贸局

1989年F瑶族自治县政府的机构设置成为F瑶族自治县机构膨胀的最高峰,机构设置的数量大幅度超出了规定标准,如果再加上各类临时机

构,几乎是正常机构数量的两倍之多。20 世纪末 21 世纪初,县级政府机构设置数量膨胀的状况并不只发生在 F 瑶族自治县,在我国现有的相关县级政府的研究中,我们可以发现这是一个比较普遍的现象。我国较早对县级政府进行研究的谢庆奎教授,在其《县政府管理——万宁县调查》中,对于万宁县的政府机构设置作了比较详细的考察,其中提到万宁县的政府机构设置从 1966 年的 34 个增加到 1990 年的 64 个,整整增加了 30 个。在周庆智的《中国县级行政结构及其运行——对 W 县的社会学考察》一书中,针对 W 县的政府机构设置问题,他很清楚的提到 W 县的行政机构从 1984 年的 35 个扩至 1992 年的 47 个,其中还排除了条管性的单位。这些数据从某种程度上证明了这一时期基层政府机构膨胀具有普遍性。对于这一现象,谢庆奎教授有段精辟的论述:“这种状况对于县政府来说,也有它的难言之苦。机构设置要求上下对口,不对口则事难办,争取不到钱、物资和项目,那就只得照办,上面有个机构,下面也设一个,尽可能做到上下对口。还有些临时的、突击任务,要求成立机构,配备人员否则就不算达标,没有达标也就是没有完成任务,这对于下级来说也是很苦恼的问题。还有就是事业的发展,新领域的地开拓,需要设立新的机构来领导和指导。……机关编制、事业编制、企业贬值可以互相挤占,甚至张冠李戴,外人是搞不清楚的。这些情况既是县级政府机构不断增加的苦衷,也是各级政府机构反复膨胀的动力。”①

　　1989 年机构改革之后,F 自治县又经历了 1998 年和 2003 年两次大的机构改革,F 自治县政府机构设置 2003 年发生较大的变化,政府机构从 60 个减少到 26 个,政府人员也相应发生了变化。

---

① 谢庆奎:《县政府管理——万宁县调查》,中国广播电视出版社 1994 年版,第 102 页。

表4-3　2003年F瑶族自治县人民政府机构设置

人民政府					
办公室	民政局	人事劳动和社会保障局	统计局	人口和计划生育局	教育和科学技术局
司法局	审计局	民族事务局	公安局	发展和改革局	文化和体育局
卫生局	林业局	水利电力局	农业局	经济贸易局	环境保护局
粮食局	财政局	安全生产监督管理局	统计局	扶贫开发领导办公室	国土资源局
交通局	监察局				

　　要说明的是,F自治县政府的这26个机构实际设为21个部门。其中,监察局与县纪律检查委员会机关合署办公,一个机构两块牌子;县粮食局列为政府工作机构,不计机构个数;自治县政府办公室挂法制办公室牌子;自治县发展和改革委员会加挂县物价局牌子;自治县经济贸易局加挂自治县中小企业局牌子;扶贫开发领导小组办公室,为自治县县扶贫开发领导小组的常设办事机构;自治县审计局、环境保护局作为市审计局、环境保护局的派出机构设置,不计机构个数,以自治县管为主。

　　综合分析,F自治县政府几次机构设置的变化,在很大程度上仍然是以"精兵简政"为目的。从结果上看,也没有突破"精简—膨胀—再精简—再膨胀"的中国机构改革的怪圈。就是在1998年和2003年全国机构改革取得比较明显成效的大背景下,自治县政府的机构改革也没发生本质上的改变。虽然政府机构的数量减了下来,但自治县政府的机构改革通常采用的是"分、合、并、转"几种办法,其功能或多或少保留了下来,往往在改革的过场走过之后又会恢复到原有的水平和规模上去,甚至有的还会扩张。值得我们注意的是,一些撤并的政府机构经常以事业单位的面目出现,政府的一部分分流人员也转入事业单位,特别是那些按照"行政单位对待事业单位管理"的事业单位,这些机构包括称为"中心"的农、牧、林、水、农机、技术监督部门以及档案馆等。"按行政单位对待事业单位管理"的事业单位,即行政支持与行政执行类事业单位。行政支持与行政执行类事业单位,是指法律

法规授权或依照法律法规和规章的规定接受行政机关委托,具有管理公共
事物职能,在法定授权或委托范围内实行行政处罚、行政强制、行政检查等
具体行政行为的事业单位。其中,又可进一步细分为行政支持类、行政执行
类两类。行政支持类事业单位是为政府行政行为执行提供必要支持和保障
的单位。主要包括政策研究机构、数据统计机构等。此类事业单位只允许
政府举办,经费来源完全靠政府财政拨款,其管理体制和运行机制可适当参
照国家机关。领导班子和国有资产均由政府严格管理与监督,其社会保障
由政府承担;行政执行类事业单位是依据国家法律、法规,受政府委托承担
具体行政行为的单位。主要包括各类监督、稽查机构等。此类事业单位只
允许政府主办,经费来源完全靠财政拨款,有执法收费的单位要严格执行
"收支两条线"的经费管理形式,严禁收支挂钩,行政性收费和罚没收入要
全额上缴财政,人员经费和事业经费列入财政预算。这类单位一般实行的
是行政事业混编制,或给编不给钱或差额补贴,把那些超编人员供养起来,
自治县财政仍然要承担主要的经济责任。这种事业单位在自治县级政府机
构设置的存在是比较普遍的,并且它们所承担的职责与相关的行政单位划
分又没有中央一级政府划分的明确,因此不仅造成自治县政府的机构臃肿,
而且形成了政府各部门权力划分不清、职权重复设置的状况。

对于此现象,我们可以从 S 自治县人民政府及其职能部门 1988 年之后
的配置演变中得到一些验证。

1988 年 1 月,S 自治县人民政府工作机构共有 53 个(包括州、县共管单
位)。之后,随着改革开放的不断深入,为了适应工作需要和上下对口,陆
续增设了一些工作机构。1988 年,增设外事办公室、侨务办公室,石油公司
升格为正科级企业。1989 年,撤销职教办,其业务划归县教育局统一管理,
县人民医院、卫生防疫站、妇幼保健所 3 个单位明确为正科级单位。1990
年,增设社会治安综合治理办公室、残疾人联合会。1991 年,增设扶贫经济
开发办公室、旅游局、退休干部局、盐务管理支局。1992 年,增设经济体制
改革委员会,农田建设领导小组办公室由临时机构转为常设机构,撤销农机
局,恢复建立农业局和畜牧局。1992 年 12 月以后,县人民政府工作机构通

过逐步调整合并或撤销部分工作机构后,县人民政府工作部门有:人民政府办公室、发展和改革局、民族宗教事务局、编制委员会办公室、人事劳动和社会保障局、老干部局、外事办公室、侨务办公室、旅游局、档案局、公安局、司法局、民政局、残疾人联合会、监察局、审计局、社会治安综合治理办公室、科技局、统计局、物价局、建设局、环保局、交通局、林业局、畜牧局、水利局、乡镇企业局、农业区划办、扶贫办、财政局、国税局、地税局、工商行政管理局、文体广播电视局、卫生局、人口和计划生育局、药监局、技术质量管理局、招商引资局、供电局、物资公司、运管所、公路管理段、征稽所、县乡公路管理所、银监办、地方海事处等53个工作部门。①

到了2004年,在县委、县人民政府统一领导下,由县机构编制委员会及其办公室具体组织实施进行机构调整,要求在州委、州人民政府规定的机构限额内、人员编制不突破现有核定总数、领导职数严格按照有关规定执行。具体机构调整和职能整合的情况为:(1)保留县经济贸易局,仍为政府工作部门。经济贸易局划入的职责:县人事劳动和社会保障局承担的负责企业工资总额、经营者年薪和其他主要负责人工资标准审核工作。经济贸易局划出的职责:将县安全生产委员会办公室及其职责划入县安全生产监督管理局。(2)县人民政府不单独设立国有资产监督管理机构。国有资产监督管理的相应职责仍由县财政局承担。(3)将县发展计划局改组为县发展和改革局。县发展和改革局为综合研究拟定经济和社会发展政策、指导宏观经济体制改革的政府工作部门。发展和改革局划入的职责:县政府办公室承担的经济体制改革的职责,盐业管理职责。(4)在县安全生产委员会办公室的基础上,组建县安全生产监督管理局。为县人民政府委托行使安全生产监督管理职能的直属事业单位,正科级规格,其人员列入参照试行国家公务员制度范围。安全生产监督管理局划入的职责:危险化学品经营资格审查、登记发证的职责。(5)将县计划生育局更名为县人口和计划生育局,仍为政府工作部门。(6)县人民政府法制办公室设在县政府办公室,为正

---

①　《S自治县概况》,民族出版社2007年版,第68页。

科级机构。(7)县人民政府的其他机构维持不变。

经过调整,S自治县政府工作部门设25个,议事协调机构的常设办事机构2个,受政府委托行使部分行政管理职能的直属事业单位5个。(1)人民政府设工作部门25个,包括:政府办公室、发展和改革局、经济贸易局、教育局、科学技术局、民族宗教事务局、公安局、监察局、民政局、司法局、财政局、人事劳动和社会保障局、国土资源局、建设局、交通局、水利局、农业局、林业局、环境保护局、卫生局、人口和计划生育局、审计局、统计局、粮食局、乡镇企业局、文体广播电视局、物价局。(2)议事协调机构的常设办事机构为农业办公室和县扶贫开发办公室。(3)受政府委托行使部分行政管理职能的事业单位是档案局、旅游事业管理局、畜牧事业管理局、供销合作社联合社和安全生产监督管理局。

表4-4　S自治县2004年党政机构一览表

	S自治县机构设置方案
党的机构	1.纪律检查委员会机关(监察局与其合署办公,实行一套工作机构、两个机关名称的体制)
	2.办公室(含政策研究工作、机要局、保密局设在县委办公室、为副科级机构。撤销县委督察室其职能划入县委办公室)
	3.组织部
	4.宣传部(精神文明建设指导委员会办公室设在宣传部)
	5.统一战线工作部(含对台工作)
	6.政法委员会(社会治安综合治理委员会办公室与其合署办公,一个机构两块牌子;维护社会稳定领导小组办公室设在政法委,为正科级机构)
	7.机构编制委员会办公室
	8.直属机关党委
	9.离退休干部工作局,由组织部管理

政府工作部门	1. 政府办公室（外事、侨务、旅游、人防、信访、经济体制改革调研等工作；法制办公室设在政府办公室） 2. 发展计划局（含外协工作，挂招商引资局牌子） 3. 经济贸易局（含非国有经济管理工作安全生产委员会办公室设经济贸易局） 4. 教育局 5. 科学技术局 6. 民族宗教事务局 7. 公安局（含国家安全工作） 8. 监察局（与纪委机关合署办公，不占政府机构限额） 9. 民政局（老龄工作委员会办公室设在民政局） 10. 司法局 11. 财政局（含国有资产管理工作） 12. 人事劳动和社会保障局 13. 国土资源局 14. 建设局（住房制度改革办公室归口建设局管理，为副科级单位） 15. 交通局（含战备支前运输工作） 16. 水利局（含小水电建设和防汛涝旱工作） 17. 农业局（农业机械技术服务中心的行政职能并入农业局，改为服务实体；农业区划办公室为副科级单位，归口农业局管理） 18. 林业局 19. 环境保护局 20. 卫生局（含爱卫工作） 21. 计划生育局 22. 审计局 23. 统计局 24. 粮食局 25. 乡镇企业局（含煤炭待业管理工作，挂煤炭管理局牌子） 26. 文体广播电视局 27. 物价局（物价所与其合署办公，一个机构两块牌子，不占政府机构限额）
议事协调机构的常设办事机构	农业办公室（农业综合开发办公室、扶贫开发办公室）
受政府委托行使部分行政管理职能的事业机构	1. 旅游事业局 2. 档案局与档案馆 3. 供销合作社联合社 4. 畜牧事业局

资料来源:S自治县政府办公室文件。

从表4-4中可以看到,各机构及其职能的设置有很明显的交叉性,有些只能有两个甚至两个以上的部门共同分担,有些机构则是一套班子挂两个牌子。在其机构改革方案书中还明确指出,"人员编制不突破现有额定总数",其隐含的意思相当明确,人员只要不再增加就已经是改革的成功了。

进而,我们来看S自治县政府机构2005年的配置,具体机构如下:

材料4-1

S县人民政府办公室发文涉及部门及乡(镇)一览表

文件号:_____年____月____日　　　　　制文人:

一、政府工作部门(27个)

政府办公室 发展计划局 经济贸易局 财政局 人事劳动和社会保障局 公安局 教育局 农业局 林业局 卫生局 计划生育局 国土资源局 民族宗教事务局 监察局 民政局 司法局 建设局 交通局 水利局 审计局 统计局 粮食局 乡镇企业局 文体广播电视局 科学技术局 物价局 环境保护局

二、政府直属机构(23个)

农办 扶贫办 信访办 畜牧局 档案局 旅游局 供销社 区划办 农机中心 房改办 综治办 安委办 拆迁办 国教办 支边办 疾控中心 鹏城民族医院 妇保所 S县民中 鹏城希望学校 二中 职教中心

……

资料来源:S自治县政府编制办公室。

材料4-1统计到的数据是2005年S县政府部门机构的机构设置数。根据国务院所属国家编制委员会1983年机构改革的规定,县级政府可设25个委、局、办,小县还要少设。但实际上,绝大多数县级政府机构都超过了国家的编制要求。在政府机构的设置中,我们可以看到,S县政府工作部门有 27 个,此外,政府直属的大小办、所等有 23 个之多,政府机构一共有 50 个单位。同样的情况在 F 县政府也存在着,根据 F 自治县政府编制办、县委办提供的材料,到 2002 年 4 月,F 自治县政府工作部门大小计有 56 个机构,其中有 28 个局、15 个办、4 个委及 9 个附属的中心或公司。其中,县监察局与县纪律检查委员会机关合署办公,一个机构两块牌子;县政府办公室加挂县法制办公室牌子;县发展和改革局加挂县物价局牌子;县经济贸易局加挂县中小企业局牌子。制度上讲,S 自治县人民政府系列工作机构的总体设置是按照一定的法律制度,遵循一定的程序建立起来的,并根据所担负的行政职能,规范了各部门的机构名称,从而体现出各机构的根本属性。但是,我们调查中所发现的情况表明,在自治县级政府机构的设置上,绝大多数都超过了国家编制的要求,县委、县政府批准设立的临时机构数量较多,且种类、功能众多,常常在委、局、办内再设机构,称为"股",有的为"科"。

造成自治县政府职能部门增加的原因主要有三方面。首先,源于行政命令及其惯性。机构的设置是以中央政府的结构框架作为参照的,体现了集中体制下行政命令从上到下贯彻到底的效力。而对自治县政府来说,遵循上级和中央的框架,即使增加了一些不符合配置要求的部门,但是由于做到了与上级结构相对应,所以也有利于沟通与上级有关部门的关系,可以争取获得更多的项目与资金。其次,社会经济发展的需要。政府作为上层建筑要适应经济基础的变革。自治县县域人口的增长、经济发展方式和速度的改变都产生了新的问题,需要政府相应增加或者转变职能。上世纪 90 年代以来,建立社会主义市场经济体制被明确下来,"转变职能"便成为我国各级政府改革的基本方向。对 S 县政府来说,政府职能的转变不仅意味着取消不必要的部门,而且更意味着增加新的部门,总的来说,新增的数量大于取消的数量。最后,渐进式制度转型形成的"叠加"效应。这体现在自治县政府的经济职能上,虽然不断深化市场,但是依然保留着计划经济,造成了两类职能的并存,不仅增加了行政部门的数量,而且旧体制的残留还干扰了新部门有效发挥作用。

通过以上分析,我们能够得到两点结论:第一,自治县级政府作为统一国家中的一级地方政府机关,具有二重性特点:它既是统一的中华人民共和国的地方政权机关,行使同级一般地方国家机关的职权的机关,又是在国家统一领导下,少数民族自主管理、当家作主、行使自治权的机关;既是行使管理国家权力的机关,又是管理地方行政事务的行政机关;既主要是保障自治民族享受和行使自治权利的机构,又同时是保障自治地方内其他民族享受民族民主平等权利、共同繁荣的机构。[①] 也就是说,它既是行政机关,又是执行机关,同时还是民族自治机关。第二,尽管我国各民族自治县经济发展水平不平衡,县域面积、人口、工农业生产在国民产生总值中的比重都有较大差别,但反映在自治县级政府的行政组织架构及其职能的配置上,并没有太大的差异,其基本构架大同小异。

二、自治县政府行政职能的配置

政府职能是指政府在一定时期内根据政治发展和经济发展的需要,在执行行政权力的过程中所承担的责任和功能。政府机构和政府职能是相辅相成、不可分割的。政府机构是政府职能的载体,没有政府机构政府职能就失去其依托;政府职能是政府机构的存在依据,没有职能的机构相当于空设。与政府机构和政府职能相对应,政府机构的设置和政府职能的配置也是紧密相关的。所谓政府职能配置,就是指政府根据形势和任务的变化,按照政府机关的层次、部门及临时性机构配备其职责和功能。

如前所述,在中央与地方政府的关系上,中国是单一制形式,地方政府的权限由中央政府授权,从我国中央政府到基层政府的基本机构与职能中可清楚地看到中国政府体制的条块结构。

条块结构就是层级制和职能制结合的一种典型。纵向按照层级制分为中央、省、地、县、乡等不同的层级,每一层级又按不同的业务内容从横向分设工业、农业、商贸、文教等不同的职能部门系统,即"条条",由不同职能部

[①]　金炳镐:《民族理论政策概论》,中央民族大学出版社1994年版,第237页。

门组合而成的省、地、县、乡等各个层级政府,即"块块"。"条"是指从中央政府到自治县政府所有的政府部门设置都是对应的,即下级政府都是按照上级政府的结构而设置政府部门,实行分口管理。从中央到地方,政府一般都有八大口,即综合口、计划口、公交口、财贸口、农林水利口、文教卫口、科技口和政法口。这些口的设置和领导体制的特征是:第一,一级政府部门和机构与上下相互对口部门和机构组成专业性条条,这种"条条"中的部门和机构以本级政府领导为主,以上级对口部门和机构工作指导为辅。第二,一级政府部门或机构是上级部门或机构的派出机关,人事、财务和业务归本系统的上级部门和机构主管,所在地的地方政府协管,例如税务和金融机构。第三,事业单位和国有大中型企业的管理权直接归上级政府甚至中央有关部门。"块",指的是由不同职能部门组合而成的各个层级政府,各级政府设置数十个机构和部门,分门别类配置其职能,实行对口管理。

同样,我国自治县级政府的行政结构就是按照国家的相关规定,实行分层分口管理。具体来说,由县长、副县长、委、办主任,局长(或科长)组成自治县政府;其县政府主要领导归口管理不同的部门,主要分口如下:第一,综合口,包括政府办、计划委员会、统计局、物资局、审计局、劳动人事局、科技局和县编制办等部门;第二,政法口,主要由公安局、民政局、司法局等组成;第三是农业水利口,有农业局、林业局、畜牧局、水利水产局、乡镇企业局、气象局等部门;第四,交通口,包括工业局、交通局、计量局等;第五,基本建设口,包括城乡建设局、环境保护局、土地管理局等部门;第六,财贸口,财政局、粮食局、税务局、工商行政管理局等部门;第七是文卫口,有教育局、文化局、卫生局、计划生育办公室、广播电视局、体育运动委员会等;第八其他部门,有档案局、民族宗教事务局、残联、外事任务办公室等等。在县政府分口管理上还包括由副县长分口管理一个口或几个口的工作。

上级职能部门(条条)与下级地方政府(块块)之间的关系,是我国条块关系的主要形式。所谓"条块",主要是就上级职能部门和下级政府的关系而言的。在我国,从中央到地方的各个层级政府,都是由许多不同的职能部门组合而成的,这些职能部门是一级政府的具体工作机构,上级政府对下级政府工作的领导,有相当部分是通过上级政府的职能部门来实现的。从行政级别来说,上级政府的职能部门与下级地方政府属于同一级别,因此,两者不存在命令与服从的领导与被领导关系。但是,由于上级政府的职能部门往往是以代表上级政府的身份出现的,这就使得他们与下级地方政府之间也形成了一种管理关系,即业务上的指导关系。

上级政府与下级政府之间的关系是"条块"关系的核心。各级职能部门尽管在国家行政管理中发挥着重要的作用,但是他们毕竟是作为各级政府的组成部分而存在的。在行政管理的过程中,"条条"虽然也有自己的一些特殊利益,然而从理论上说,它们更多追求的是它们所代表的这一层级政府的利益。因此,当"条条"在行政管理中影响增大时,实质上是他们所代表的这一层级政府对下级政府作用的加强。我国历史上凡是突出"条条"作用的时期,实质上就是中央政府加强集中管理的时期。所以,上级政府与下级政府之间的关系,就成了"条块"关系的核心。

1. 纵向行政职能分配

从政府不同层级的角度来分析,"条块"关系可以分为三大类型,这也就涉及到在自治县政府行政权力分配中扮演重要角色的纵向行政权力分配的问题。第一,中央与省的"条块"关系。这是我国"条块"关系的主旋律,是其他层级"条块"关系产生的基础。在我国,中央政府的机构设置和政府功能是最完整的,省、直辖市也是功能完整的一级地方政府,在此基础上形成的"条块"关系的各种表现形式(如中央各部委与省级政府之间的关系)也是最完整、最典型的。中央与省的"条块"关系对其他层级的关系发挥着很大的影响,无论是各级职能部门的设置,"条条"与"块块"的权力和利益的分配及其运作规则,还是其他不同层级的"条块"关系,都受到中央与省的"条块"关系的影响和制约。至于自治区、特别行政区与中央的"条块"关系更为复杂。第二,省与市县的"条块"关系。这是中观层次的"条块"关系。同中央与省的"条块"关系以及县与乡镇的"条块"关系相比,省与市县的"条块"关系显得更为纷繁复杂。在省与市县的"条块"关系中,既有省与地级市的关系,又有省与县或县级市的关系;在实行市管县的地区,还有地级市与县的关系,而我们所讨论的自治县政府机构的职能配置,就其与上级政府之间的权力关系而言,所涉及到最多的就是地级市、县层面上的,在设专署的地区,情况又不一样。从我国大多数地区来说,省与市县的关系实际上包含了省—地级市—县二级政府之间的关系。各种矛盾交织在一起,使省与市县的"条块"关系变得更为复杂和难以协调。第三,县与乡镇的"条块"关系。这是我国地方基层政府之间的"条块"关系。县级政府在我国行政体系中处于基础地位,一方面,它有功能比较完备的职能部门,与上级"条条"保持着特定的业务往来渠道;另一方而,它又直接面对广大农村,是我国行政管理体系的城乡结合部。而乡镇政府作为我国农村的行政管理机构,与其他层级政府不同,它没有过细的职能部门划分,更多地发挥着"块块"的整体功能。在我国行政管理的历史中,县区域内的行政体制发生过较大的变化,在不同的时期,县与乡镇的"条块"关系有着不同的特点。

从以上对我国政府管理体制特点的分析,我们可以看到,作为自治县级政府各机构职能与这种"条块"结构是一脉相承的。在自治县各机构纵向职能分配中,以自治县为中心向两个方向延伸,一是受上级行政机关节制的机构,一是自治县各有关部门在乡镇的"延伸"机构。F自治县的政府机构中,国土资源局、劳动局、审计局、环境保护局、建设局、交通局、水利电力局、安全生产监督管理局等都属于"条管"单位,也就是说这些机构除了以县管为主以外,上级政府都有对口单位对其进行管理。就拿交通局来说,有权对自治县交通局进行管理的至少有四个部门,既省交通局、市交通局、自治县委、自治县政府。作为自治县政府职能部门的交通局,不但要服从自治县政府、还要服从上级政府的对口部门。与此同时,自治县政府还要对县委和省、市政府负责,自治县组织部决定着自治县交通局局长的任命和升迁。这种业务和领导关系,使得很多机构和个人可以从不同的渠道就某个问题施加影响。自治县级政府的一个职能部门,要开展或解决某个问题,往往要牵扯到很多部门,也要面临多头领导的问题,其自身的职能必然要受到多方面压力的限制。在多方博弈的过程中,解决问题的最佳时机和最佳方法往往被错过,大大的影响了行政效率。

自治县各有关部门在民族乡、镇的延伸机构大致可以分为三类：一类是具有行政执法监督检查职能的机构，如公安派出所、工商所、税务所、土地所等单位；一类是具有技术性与服务性的机构，如农业站、农机站、畜牧站、林业站、水管战、广播站、文化站等单位；一类属于企业型单位，如邮电局、信用社、粮食站供销社等机构。这些派出机构的设置，从法律上来说有的没有明确的法律依据，机构的设置相对混乱，往往出现因人设事、滥设机构的现象，给民族乡政府增加了不必要的负担；另外，派出机构的职责权限往往不明确，管理相对混乱，监督也不得力。派出机构的直接领导和监督者是自治县政府，但由于在设置时就没有理顺关系，往往形成多头领导、政出多门的现象，不仅给乡政府而且也给自治县政府造成了负担。

2. 本级行政权力分割

按照《宪法》和《民族区域自治法》的规定，自治县县长是自治县级政府的最高领导者，自治县政府实行的是县长负责制，自治县人民政府由县长、副县长、主任、局长组成。县长由本民族公民担任。从组织法上讲，所谓"县长负责制"是指县政府的行政决策权力和责任按法律规定完全集中于行政首脑，即集中于县长一人身上，本级政府的一切重大问题皆有自治县长全权处理。周庆智对于县长负责制曾进行了如下论述："县长负责制的基本要求，就在于县长是行政决策的主要承担者，负有重任、重责和全责。从法律和行政上讲，县长是全县的代表，对全县工作实行统一领导，全面具体负责；从组织关系上讲，县长对县政的兴衰向有关方面负责。县长负责制赋予县长依法决定人、财、物的支配与实用大权。县长可以根据环境与任务的变化，随机决策处理各种问题。县长所属各部门实行部门首长负责制。各办、委、局主任或局长，仿效县长负责的基本原则与方法领导本部门的工作。"具体说，自治县县长的职责包括以下内容：第一，向自治区政府负责并报告工作，并向县人大报告工作。内容包括上一年国民经济和社会发展执行情况；财政预决算情况；新的国民经济和社会发展计划草案；本县政治、经济、文化、社会建设中要抓的大事等。第二，向上级机关报告工作。主要内容包括本县的经济、社会发展规划，预算计划及决策情况；经济、社会发展中的重大成就,重要工作经验和发生的重大问题;需要上级政府协助解决的重大困难。第三,承担县内的重大行政决策。其中包括领导本县经济和社会发展规划,决定国民经济生产中的各项重要指标、重点项目,经济建设中涉及全局性的重要工作;决定本县政权建设、政府及干部建设,加强法制的有关重要工作;决定发布有关行政命令;决定本县科学、教育文化、卫生、体育等精神文明建设规划及有关的重要工作;决定全县的消费资料分配总体原则。第四,对政府部门和人民的组织管理。第五,对乡镇的直接领导。[①] 第六,根据《民族区域自治法》及当地的实际情况行使民族区域自治权。自治县人民政府的组成人员中,本民族人员所占比例应与其在全县总人口中所占的比例相适应。

我们来分析 S 自治县的政府组成人员及其工作职能。(1)S 自治县人民政府由县长、副县长、助理调研员、办公室主任、局长等组成。(2)自治县人民政府实行县长负责制,副县长、助理调研员协助县长工作,县长召集和主持县人民政府组成人员全体会议、县人民政府常务会议、县人民政府专题会议和乡(镇)长会议。县人民政府工作中的重大问题须经县人民政府常务委员会研究决定。县长外出学习、考察期间,由县长委托常务副县长主持工作;县长和常务副县长外出学习、考察期间,由县长委托其他副县长主持政府工作。(3)副县长按照分工权限负责处理分管工作,或受县长委托负责其他方面工作或专项任务,可代表县人民政府进行外事活动。副县长要定期不定期的向县长汇报工作情况,紧急重大事件应及时报告县长。(4)县人民政府调研员受县长的委托,协助县长处理县人民政府有关方面的工作。(5)县人民政府办公室主任、局长在县长领导下,负责本部门的全面工作,并定期不定期向县人民政府汇报工作。[②]

从 S 自治县政府工作人员的职能分配上,我们可以看到县长是自治县政府决策的主要领导,他有权决定自治县政府的一切事务,不论是副县长还

①　周庆智:《中国县级行政结构及其运行—对 W 县的社会学考察》,贵州人民出版社 2004 年版,第 22 页。

②　S 自治县人民政府文件,2003 年(09)号。

是助理调研员、办公室主任、局长等从其职能配置上看都应当对县长负责。自治县县长应该掌握决定职能、参与决策职能、领导职能、执行职能和监督协调等职能。然而,在上文我们也曾论述过中国政治体制的特殊性,因此就不能排除自治县党委对于自治县政府的领导地位。因此,自治县县长的这些职能的行使是在党委的领导下进行的,尽管自治县县长一般都是兼任自治县县委副书记,他在某种程度上可以参加决策,但扮演更多的却是执行者角色。

下面是 S 自治县县长、副县长工作分工的通知,我们可以具体了解一下县长、副县长的日常工作内容。

材料4-2

S 自治县人民政府关于县长、副县长工作分工的通知

各乡(镇)人民政府、县政府各工作部门:

新一届县人民政府已经县十三届人民代表大会第一次会议选举产生,根据《宪法》和《中华人民共和国地方各级人民代表大会和地方各级人民政府组织法》的有关规定,县人民政府实行县长负责制,副县长协助县长工作。经二00三年三月七日第一次县人民政府常务会议研究决定,县长、副县长工作分工如下:

县　　长　韦××　　领导县人民政府的全面工作

兼任县编制委员会主任、县扶贫开发工作领导小组组长、县社会治安综合治理委员会主任。直管县人事劳动和社会保障局、县发展计划局、县审计局、县监察局。

副县长　王××　　负责财政、税务、金融、粮食、供销、公交、安全生产等方面的工作。

分管县财政局、县交通局、县经济贸易局、县粮食局、县供销社、县乡镇企业管理局、县煤炭管理局、县招商局、县安全生产委员会办公室、县住房制度改革领导小组办公室。

联系县国家税务局、县地方税务局、县工商行政管理局、县供电局、县邮政局、县电信局、贵州省移动通信公司S县公司、中国联合通信公司S县营业厅、人行S县支行、建行S县支行、农行S县支行、农发行S县支行、县农村信用合作联社、中国人民保险公司S县营业部、中国人寿保险公司S县支公司、县烟草专卖局、县质量技术监督局、县工商联(商会)、县物价局、县公路管理段等方面的有关工作。

副县长　李××　　负责旅游、民族宗教、民政、文化、体育、广播电视、卫生、档案、外事、侨务等方面的工作。

分管县旅游事业管理局、县民族宗教事务局、县民政局、县文体广播电视局、县卫生局、县档案局、县人民政府侨务办公室、县人民政府驻深圳办事处。

联系县委统战部、县政协智力支边办公室、县史志办公室、县总工会、县妇联、县团委、县残联、县药品监督管理局、县人武部等方面的有关工作。

副县长　潘××　　负责农业、农村、水利、林业、畜牧、科技、农机、统计、扶贫、国土资源等方面的工作。

分管县农业办公室、县农业局、县水利局、县林业局、县畜牧事业管理局、县科学技术局、县农业区划办公室、县农业机械管理中心、县统计局、县扶贫开发领导小组办公室、县国土资源局。

联系县气象局、县科学技术协会等方面的有关工作。

副县长　陆××　　负责教育、计划生育等方面的有关工作。

分管县人民政府办公室、县教育局、县计划生育局。

副县长　韦××　　负责城建、环保、法制、公安、司法、社会治安综合治理、调处、信访等方面的工作。

分管县人民政府法制办公室、县建设局、县环境保护局、县公安局、县司法局、县社会治安综合治理办公室、县山地山林水事纠纷调处办公室、县信访公室副。

联系县武警中队、县消防大队等方面的有关工作。

资料来源:S自治县人民政府文件,2003年(09)号。

材料 4 - 2 中表明 S 自治县由县长负责全面工作,县长下设四位副县长,这四位副县长的工作和职能是有主次之分的,很明显,常务副县长 W1 所掌握的权力和其所负的责任是四位副县长中最为重要的。但不管怎样,自治县政府的财政、人事和审计大权都是在县长的控制之下的,在财政上,他的控制力量主要体现在对财政预算的控制上;在人事上,除科级正职的任命权受县委的直接过问外,他对副职以下公务员的任用起着决定性的作用;在审计上,他有权使对政府现金业务进行检查的设计工作围绕着有利于本级政府利益的要求展开。当然,在政府的重大变更和人事任免问题上,县长仍然要受制于县委的决定,其职权在很大程度上受到限制和约束。

第二节 自治县的公务员制度

一、自治县公务员制度的体制背景

随着我国社会主义市场经济体制的深入发展,企业、社会组织和公众对政府的利益诉求与日俱增,作为上层建筑重要组成部分之一的政府,在经济与社会发展中的服务地位越来越突出。世界各国政府的经验表明,一个有效能的政府,必定具备高服务力,政府决策高度民主,政务信息高度透明,最重要的是拥有一支精明强干、士气高昂的公务员队伍。而这一切,都有赖于高度发达、现代化的公务员制度的发展和完善。当今社会政府发展模式和政府职能在时刻变化,但是无论是我们追求的服务型政府,效能型政府,还是法治型政府、节约型政府,其政府成功的先决条件就是争取一流的人才、培养高素养的人才队伍。要发挥政府的能力,首先在于建立现代化的公务员制度,培养积极主动和精明强干的公务员队伍。人力资源是组织成功的关键制约因素。因为,无论是制定政策、提供服务还是管理合同,有效政府的生命力都在于公务员的精明强干和积极主动。

现代化的公务员制度最早起源于英国。19 世纪中叶开始的文官制度改革,确立了以考任制为核心的任用制度和以工作实绩为基础的考核制度,奠定了英国公务员制度的制度基础,也奠定了英国现代政府体制的基础。在英国之后,美国、法国、德国等西方发达国家,都开始了公务员制度建设,为其建立现代政府体制奠定了基础,也促进了这些国家经济、社会和政治发展。[①]

在1993年《国家公务员暂行条例》实施以前,中国实行的是干部人事制度,基本上是一种身份制度,即整个社会中分成两种人,一种是干部,处于"统治"的地位;一种是群众,处于"被统治"的地位。干部人事制度适应了高度集中的政治体制和计划经济模式的需要,在特定历史时期对于稳定我国社会经济的发展起到了积极的作用。但是,随着中共中央十四届三中全会提出建立社会主义市场经济体制的方针,干部人事制度显现出不适应建设社会主义市场经济体制的需要,其弊端也越来越明显,比如:管理方式过于集中和单一,不利于人才脱颖而出;缺乏严格的责任制,干好干坏一个样;能上不能下,干部队伍缺乏生机与活力;管理制度不健全,不能实现依法管理;以往的人事制度是在革命战争年代的干部制度基础上形成的,其特点是无论党政机关还是企业、事业单位的管理人员、技术人员、学校教师、科研人员、医生护士、运动员、演员,统称为"国家干部",使用同一种方式进行管理,缺乏具体、定量化的管理机制。可以说,我国经济体制改革的深入发展,是提出实行公务员制度的客观要求。我国经济体制改革的目标是建立社会主义市场经济体制,但是,仅仅进行经济领域的改革而不改革建立在计划经济基础上高度集中的经济管理体制和行政管理体制,市场经济体制的建立和社会的进一步发展必然会受到严重阻碍。因此,深化经济体制的改革,就必须进行政治体制的相应改革,必须大力精简行政机构,转变政府职能,使之适应市场经济的需要。而政府能否形成廉正、高效、科学的运转机制,归根结底要取决于政府工作人员的素质。因此,建立国家公务员制度,完善法制化的公务员管理体制,是形成高效、廉洁、科学的现代行政管理体系的必

---

① 世界银行:《1997年世界发展报告:变革世界中的政府》,中国财政经济出版社1997年版,第80页。

要条件,从制度上保障公务员的优化、廉洁,是我国干部人事制度长期实践的经验教训的历史总结,是我国政治体制改革的一个有机组成部分。

在此体制背景之下,为了实现对国家公务员的科学管理,保障国家公务员的优化、廉洁,提高行政效能,根据宪法,吸取以往干部人事改革的实践经验,我国于1993年4月24日国务院第二次常务会议通过、1993年8月14日国务院令第125号发布,1993年10月1日正式实施《国家公务员暂行条例》,该条例对公务员的义务与权利、职位分类、录用、考核、奖励、纪律、职务升降、职务任免、培训、交流、回避、工资保险福利、辞职辞退、退休、申诉控告、管理与监督等内容进行了明确规定。自此以后,中国国家公务员制度正式建立。后来,国家人事部还出台了很多相关性的重要法规规章,其中包括:1994年《国家公务员职位分类工作实施办法》、1994年《国家公务员录用暂行规定》、1995年《国家公务员职务任免暂行规定》、1995年《国家公务员出国培训暂行规定》、1995年《国家公务员辞职辞退暂行规定》、1996年《国家公务员职务升降暂行规定》、1996年《国家公务员职位轮换(轮岗)暂行办法》、2002年《国家公务员行为规范》、2006年《中华人民共和国公务员法》、2007年《公务员考核规定(试行)》等。《国家公务员暂行条例》和以后制定的这些法律规定奠定了中国公务员录用、考核、奖励、晋升、培训、交流、回避、辞职辞退、退休、申诉控告以及公务员权利和义务等制度的法律基础,在一定程度上改变了以往计划经济时代干部人事制度无法可依、人事制度管理失效的问题。

我国民族自治县的公务员制度的建立也是在这一政治体制的变迁中不断演变的,基本上完成了由行政人事管理方式向公务员制度化管理的转变。

二、自治县公务员制度的运行机制

国家公务员是指国家依法设定的方式和程序任用的,在中央和地方各级国家行政机关中工作的,依法行使国家行政职权,执行国家公务的人员。依据《中华人民共和国公务员法》的规定,依法履行公职、纳入国家行政编制、由国家财政负担工资福利的工作人员都是国家公务员。公务员的任用制度即指有任免权的机关根据有关的法律规定和任职条件,通过法定的程序,任用公务员担任某一职务的制度,包括经过考试录用、已取得公务员资格的公务员的任用,也包括在职公务员在部门内部或跨部门的升任、降任和评级转任等制度。主要任务就是根据用人单位、用人计划和职位分类对各类人员的具体要求,运用科学的方法,选拔所需要的人员。

1. 自治县公务员的来源结构

从法律的规范性和制约性上分析,我国《宪法》《民族区域自治法》《国家公务员暂行条例》《中华人民共和国公务员法》等法律对自治县公务员的任免条件和来源途径进行了规定。

《宪法》第114条、《民族区域自治法》第17条明确规定自治县县长由实行区域自治的民族的公民担任。自治县政府的其他组成人员,应当配备实行区域自治的民族和其他少数民族的人员。民族自治县实行自治县县长负责制,自治县县长主持本级人民政府工作。第22条规定,民族自治地方的自治机关根据社会主义建设的需要,采取各种措施从当地民族中大量培养各级干部、各种科学技术、经营管理等专业人才和技术工人,充分发挥他们的作用,并且注意在少数民族妇女中培养各级干部和各种专业技术人才。民族自治地方的自治机关录用工作人员的时候,对实行区域自治的民族和其他少数民族的人员应当给予适当的照顾。第49条规定,民族自治地方的自治机关教育和鼓励各民族的干部互相学习语言文字。汉族干部要学习当地少数民族的语言文字,少数民族干部在学习、使用本民族语言文字的同时,也要学习全国通用的普通话和规范文字。民族自治地方的国家工作人员,能够熟练使用两种以上当地通用的语言文字的,应当予以奖励。《国家公务员暂行条例》第13条规定:国家行政机关录用担任主任科员以下非领导职务的国家公务员,采用公开考试、严格考核的办法,按照德才兼备的标准择优录用。民族自治地方人民政府和各级人民政府民族事务部门录用国家公务员时,对少数民族报考者应当予以照顾。第63条规定:国家公务员担任县级以下地方人民政府领导职务的,一般不得在原籍任职。但是,民族区域自治地方人民政府的国家公务员除外。

从 F、S 自治县政府公务员的调查资料看,我国民族自治县政府公务员职位是由县长、副县长、局(科)长、副局(科)长等领导职务和调研员、助理调研员、主任科员、副主任科员、科员、办事员等非领导职务构成。其来源主要可分为六类:(1)从自治县县委机关调入行政部门。从县委办公室、组织部、宣传部、政法委、政策研究室等部门进入政府系统任职一直是政府公务员来源的重要途径。在基层政权组织系统中,党政之间在干部的任用和调动中不存在限制或者界限很模糊,这是很普遍的现象,这与我国长期以来党政不分、党管政的历史有必然联系,用政府内部人员的话讲,县委中调任来的人员对政府运行结构比较熟悉,能够很快进入工作环境,而且"出身"自党的系统,从某种角度上能够利于政府与党委之间的工作沟通与协调。(2)乡镇党政领导的上调。乡镇党政领导干部进入自治县政府工作在我国公务员调任中是很平常的,主要原因有二:一是在乡镇政府工作中表现突出的党政领导或普通公务员,因从事某些工作被县级领导赏识或奖赏,自治县政府对口或相关部门正好有空缺的、适合的科员职位或领导岗位,直接将乡镇行政人员上调到县政府工作,意味着受到重用并给予更多提升的空间;二是某些乡镇领导年龄比较大,在职期间工作表现一般,但是家住在县城,S自治县很多乡镇领导都居住在县城里,随着年龄的增大,为了提拔年轻的乡镇领导干部,县政府就将年龄大的乡镇领导调任到县里工作,照顾面子,安排一个没有什么实际意义的虚职或闲职,直到退休。(3)军队转业干部和复员军人。这是一个有国家政策规定的公务员来源渠道,是具有政治性任务的安排。从 S 或 F 自治县调查的情况看,每年都要安排一定的专业军人,每年数量不一。有的军衔较高的专业干部到自治县政府工作要安排一定的领导,职位的情况要根据军衔的高低而定。复员军人一般是进入机关或事业单位直接是科员或办事员。从目前的情况看,自治县政府职位一般空缺较少,很多部门都是严重超编,每年要政策性的安排这些军队专业干部,存在很大的困难。于是,在自治县政府中,每年政府都不用对外公开招聘公务员,基本上安排这些干部名额就已经超了。(4)高等院校毕业生。从目前的实际情况看,高等院校毕业生进入县级政府工作的机会比较少,但是也是一个很重要的公务员来源途径。院校毕业生进入政府是要经过自治县公务员考试的,通过笔试、面试合格后才能进入。随着民族地区对人才意识的强化,近几年来陆续有"基层选调生"、"村官"等形式公开招考院校毕业生到基层工作,这是提高我国公务员队伍整体发展的重要形式。(5)从企业单位调入的人员。企业人员进入公务员队伍的现象不是普遍存在,是很少的一部分,通常都是企业中以功绩原则或者个人关系等因素进入公务员队伍,在一部分自治县中,某些私营企业或是民营企业的发展带动了本地经济的发展,成为了县域财政的支柱性来源,部分县级领导为了长期保持财政收入的稳定性,会"邀请"企业领导到政府中任职,而企业领导出于自身企业各种因素的考虑,会主动给自己寻求一个"靠山",于是双方达成了某种默契,这也是官员腐败产生的重要源头。(6)教师。由于国家要求公务员队伍专业化、知识化的政策,90年代,大量的中校学教师进入政府机关,大都担任领导秘书或政策研究室人员,很多县政府公务员都有从事过教师职业的背景。但是随着近几年对院校学生通过公开考试进入政府部门数量的增多,教师不通过考试进入机关的可能性会降低,也要参加考试,通过竞争的方式进入。

2. 自治县后备干部的培养机制

在我国的干部管理体制中,"党管干部"是一条根本原则。根据这条原则,中国共产党在长期的革命实践中建立了一套完整的党管干部的组织系统和管理方法,从中央到地方,各级党委都设有组织部,负责管理党群系统、政府机关和企业、事业单位中担任领导职务的各级干部。在这种干部管理体制中,各级领导干部的选拔任用即干部晋升的主要方式是采用委任制,它的主要特点是党在干部的选拔任用上采取高度集中的方式,由组织部门和掌管组织部门的高级领导来组织实施,目的是为推行和实现党的路线和方针政策服务,"政治路线确定之后,干部就是决定的因素"这个著名的论断就是党管干部原则简练的表述。从发达国家的实践经验来看,委任制和考任制有其优点,但也存在弊端,"考试晋升偏重理论,易与实际脱钩;考核晋升,有的国家长官意志浓,容易任人唯亲"。①

后备干部培养是中国"党管干部"政策的具体做法。调查发现,自治县后备干部的产生程序都是按照一定的规则进行的,首先,各科、局基层党组织推荐自认为适合的人选,即各基层党组织集中本单位的多层意见后,在集中本单位民意基础上,推出候选人名单并公示,然后提交自治县党委组织进行资格审定,审定合格者便被列入候选干部名单。这也就是我们通常所说的组织审查。自治县后备干部主要有两个渠道的来源,一个是各科、局举荐上来并被自治县委资格认定的后备干部;一个是由自治区组织部从高校毕业生中选出来的派往自治县政府科级领导岗位上挂职锻炼的后备干部。通常情况下,数量按科级正副职后备干部1∶2的比例来规定,结构要求则是在年龄、民族(民族自治县)、学历和业务特长等方面确立一个大致的比例。② 由各科、局公务员构成的后备干部(亦称本地干部)理论上应该是后备干部的主体,因为一般来说,自治地方的民族干部与本民族人民有着天然的联系,易于了解本民族的历史现状,拥有相同的语言和共同的民族情感,能得到本民族成员的信任和拥护,同时能结合民族特色和地方特点创造性地贯彻党的路线、方针和政策,提高政府在执行政策中的能力,从而发挥良好的政府效能。尤其是在少数民族聚居的自治县政府中,这一情况更为常见,但是获得晋升的机会相对较小,原因之一是,科级正副职干部的位置很难空下来。在现行地方行政体制下,在职的人如没有大的错误基本上是干到退休为止,论资排辈是地方政府最为常见的一种现象。原因之二是,在职位竞争的过程中还存在着各种关系网络,一些因素起着决定性的作用,与本级后备干部相比,上级派下来的后备干部更容易获得一官半职,这与上级权威有直接关系。当然,随着国家公务员制度的不断健全,一些地区也以考试的方式公开选拔后备干部,但这一方式所选用的后备干部的比例是相当小的。

---

① 苏廷林:《当代国家公务员制度的发展趋势》,中国人事出版社1993年版,第99页。
② 周庆智:《中国县级行政结构及其运行——对W县的社会学考察》,贵州人民出版社2004年版,第113页。

我们来看一份 S 自治县在 2004 年公开选拔副乡级后备干部的通知。

材料 4 - 3

公开选拔的名额、范围、条件和资格：

一、选拔名额，这次公开选拔后备干部名额，按经资格审查合格参加笔试人数 1：10 的比例确定（即选拔名额与参加笔试人数的比例为 1：10）；

二、选拔范围，全县各级党政机关和事业单位干部职工；

三、公开选拔对象的条件和资格，后备干部应当具备《党政领导干部选拔任用工作条例》规定的党政领导干部应当具备的基本条件，同时还应具备以下任职资格：

1.现任股级、科员职务 2 年以上的干部或事业单位获得初级以上职称两年

以上的人员（2002 年 6 月 1 日以前任股级、科员职务或获得初级以上职称）；

2.年龄在 30 周岁以下；

3.具有中专以上学历；

4.近三年年度考核等次为称职（合格）以上；

5.身体健康；

考试方式分为笔试和面试，笔试以理论知识为主，笔试结束后，进入面试，根据笔试成绩确定面试人选，面试人选与选拔名额的比例为 5:1。由县公开选拔后备干部工作领导小组制定有关领导及专家组成面试小组，对确定为面试的人员进行面试，面试采取主考官提问和现场答题等方式进行。笔试面试采用百分制，满分为 100 分。笔试成绩占 40% 的比例，面试成绩按 60% 的比例计入综合成绩。公开选拔后备干部工作领导小组根据笔试、面试后的综合成绩从高分到低分确定体检人员，体检名额与选拔名额比例为 3:1。[①]

---

① S 自治县委组织部，县组通(2004)26 号。

材料 4 - 4

S 自治县县委在 2003 年工作总结中对干部队伍的调整作了基本的统计,自治县二级班子调整充实后,在自治县直属部门 214 名科技领导干部中共提拔 44 名,留任 127 名,交流 43 名;其中女干部 41 名,非党员 26 名,少数民族 197 名,大专以上文化 174 名,最大年龄 54 岁,最小年龄 26 岁,平均年龄 38.87 岁,30 岁以下 7 名。

结合二级班子的调整和充实,对部分乡(镇)班子成员也作了相应的调整充实。调整充实了 13 名乡(镇)党委书记,2 名乡(镇)人大主席,8 名乡(镇)长,8 名乡(镇)党委副书记,7 名副乡(镇)长。其中:提拔 33 名,交流 5 名。

2003 年二级班子调整中,科技领导干部改任非领导职务的有 12 名,在全县 21 个乡(镇)的 42 个党政领导班子中,已经配备有 30 岁以下干部的班子有 23 个,占乡(镇)党委班子总数的 54.76%;在县直机关 65 个部门和单位中,以及配备 35 岁以下年轻干部的班子 16 个,占班子总数的 24.62%。在二级班子和乡(镇)班子调整充实中,选拔进领导班子的女干部有 22 名,其中乡(镇)领导班子女干部 3 名。配备非中国党员干部 17 名,其中新进乡(镇)领导班子中非中共党员 3 名。在全县共 415 名科级干部中,女干部 70 名,占 17%;非党员 55 名,占 13%;少数民族 391 名,占 94%,大专以上 282 名,占 68%;最大年龄 54 岁,最小年龄 24 岁,平均年龄 38.19 岁,30 岁以下 36 名。

2003 年从县直机关选调 26 名干部到乡(镇)进行挂职锻炼,挂职时间为两年。目前全县乡科级后备干部 294 名。

资料来源:中共 S 自治县委组织部文件。

通过材料 4 - 3 和 4 - 4 可以分析到,全县乡的 294 名后备干部中能够如期晋升的是比较少的,就算把提拔的 44 名干部和交流的 43 名干部加起来所空出的干部职位加起来总共也只有 87 名,这其中交流干部所空出的职位,一般情况下都要被交流对方派来的干部所充任,而这里面还包括各种寻租和人际关系因素所导致的职位分配,这样一来剩下的职位可以说是寥寥无几。

3. 自治县公务员的任期制度

我国的干部制度改革经历了一个持续深化的过程。1994年党的十四届四中全会在总结以往干部制度改革经验教训的基础上,进一步提出了加快干部制度改革的任务,并明确了干部制度改革的总目标,即从我们的国情出发,逐步建立符合党政机关、企业和事业单位共同特点的科学的分类管理体制,创造一个公开、平等、竞争、择优的用人环境,建立一套干部能上能下、能进能出、充满活力的管理体制,形成一套体制完整、纪律严明、群众参与的监督体系,努力实现干部工作的科学化、民主化、制度化。应该说,经过几年的改革,我们的干部制度正朝着这个方向发展。

公务员的任期制度即指对职务任期时间的规定,这是任期制度的核心问题。有了时间的限制,才使任期制成为取代终身制有力的制度武器。任期时间的确定要遵循一定的规律。一般来说,太长会影响干部的工作积极性和创造力,阻碍干部队伍新老交替的合理流动,客观上还会造成小团体和关系网的形成;太短则不利于干部才能的充分发挥,不利于工作的连续性和平稳发展,主观上还会导致急功近利的思想出现,以致出现违背客观规律的短期行为。因此,根据宪法、党章和地方组织法关于县以上党委、政府每届任期5年的规定,考虑到国外政务官的任期绝大多数为4~5年的事实,我国对县以上选任制干部的任期一般规定为5年。委任制领导干部的任期与选任制干部任期也以5年为宜。这不仅与权力授予主体的期限相吻合,而且从工作来看,用5年时间党政领导干部可以充分完成从熟悉情况到确立工作思路,从组织实施到取得绩效这样一个过程,有利于干部谋事创业、做出成绩。

长期以来,我们的干部制度是以任命制为主体的,选任制、聘任制干部较少。总的看,任期制作为依法对党政领导干部通过确定任职时间、连任期限和最高年龄限制加以科学管理的制度,其基本内涵应由上述二个要素和一个基础构成,缺一不可。当然,还要辅之以一系列相应的配套制度,如干部考核评价制度、弹劾罢免制度、干部监督制度等等。离开了这些基本方面,虽然也可称其为任期制(如任命制下的任期制),但与真正意义上的任期制还存在一定的差距。

材料4-5说明了S自治县乡镇党委的建立情况。

材料4-5

2003年S自治县乡(镇)党委各项筹备工作

一、按照《干部组织条例》和《G省乡(镇、街道)党政领导干部选拔任用工作暂行条办法》的要求,协调28名机关干部组成7个考察组,每组分别有一名副县级领导干部带队,对全县21个乡(镇)党委班子及其109名班子成员进行考察,共有1213人参加民主测评和民主推荐大会,744人参加了个别谈话,大会和个别谈话共推荐483人进新一届乡(镇)党委、纪委领导班子;

二、经县委研究同意,对42名新进乡(镇)党委、纪委领导班子人选进行了重点考察,共996人参加民主测评大会,661人参加个别谈话;

三、成立了S自治县乡级党委领导班子换届选举工作领导小组,下发了《关于认真做好2003年乡(镇)乡镇党委换届选举工作的通知》,组成7个乡(镇)党委换届工作片区指导组,并召开全县乡(镇)党委换届选举工作会议,对相关工作进行安排和部署;

四、提出乡(镇)党委换届人事安排,分别报经自治县委、自治州委组织部审批,拟于2004年元月15日前完成乡(镇)党委换届选举工作。

可以看到,1980年我国县、乡两级人大和政府实行直接选举以来,从党的中央委员会到地方各级委员会,从全国人大到地方各级人大,从中央政府到地方各级政府的领导干部,都按照党章和法律规定实行了选举制和任期制。任期届满按期进行换届选举已成为我们政治生活中法定的、习惯的行为。同时,对委任制领导干部的任期也进行了探索和实践。比如,《党政领导干部选拔任用工作条例》第38条规定,地方党委和政府领导成员在同一职务上任职满10年的必须交流。《国家公务员职位轮换(轮岗)暂行办法》第4条亦规定,担任领导职务的公务员在同一职位任职5年以上,原则上要实行轮岗。

三、自治县公务员队伍的建设

经过近十五年的公务员建设,作为基层政权,自治县政府的公务员制度也正逐步走向规范化、制度化、法制化。但是在目前自治县公务员的招录、培训、激励等制度中还存在若干亟待解决的问题,这是与我国特殊的国情相关联的。

第一,自治县公务员在招录的过程中,存在着很多的人为因素和政治因素。通过与S自治县一些公务员的访谈,我们发现,国家现行的公务员制度在基层的实践并未取得什么实质性的意义,中央政策和地方省市级政策只是作为一种政治依托存在的,在实际工作中并非严格按照公务员法实施,长官意志长期统治着县域经济,尤其在公务员的招录过程中,程序上是按照国家公务员法的严格规定,采取公开招聘,通过笔试、面试进行差额筛选,并且都是对外公开的,从表面程序上看很符合国家的规定,也不存在任何的问题。但是,在实际操作时,自治县经济和各项社会事业相对落后,一些领导的家属或亲朋都想进入公务员队伍,享受"铁饭碗",于是政治交易就开始了,内部操作出现了,招录中的弊端就显现出来了,据某些领导称,这些现象是难以避免的,目前在县级政府都是不成文的规定,要想全部规范法、法制化,需要改变的制度、观念取向等是全方位的。

第二,民族地区相对落后的经济状况制约着政治体制的一些变革,有时候公务员素质培训等方面显得捉襟见肘。自治县公务员的素质总体较低,干部理论基础薄弱,学习意识差。在F自治县的调查中,我们发现,在干部教育培训工作中,个别单位和少数干部还存在认识不到位现象,使有的培训计划难于落实,培训中缺训现象严重。培训方式尚处于摸索阶段,进行异地培训,干部参与积极性高,培训效果好,但成本高;本地培训成本较低,是干部教育培训的主渠道,但干部的主动性不强,培训效果不太理想。再加上独特的民族文化和宗教习俗,民族地区的公务员承担着更多的社会职责,自治县级公务员要学习本地民族语言,自身能力与职位需求存在一定的差距,如何进一步调动广大民族地区干部学习的积极性,转变"要我学"的观念,塑造学习型个人,这是短时期内难以克服的重点问题。

最后,制度本身的完善与成熟程度问题。这突出地体现在考核、工资和职位分类上。在考核方面,目前的情况是,考核标准笼统,等次少,不称职人员确定难。考核中存在的问题严重影响着自治县公务员工作的积极性。在工资方面,与行政系统以外的人相比,工资关系不顺,行政系统内部基层公务员与工勤人员的工资关系不顺,公务员与公务员工资关系不顺,如自治县县长与各处处长,而且大平台现象突出,职务工资是按工作年限 7 年、17 年、27 年、37 年进行级差划分的,这意味着工龄悬殊在 10 年以内的工资水平同处一档。在职位分类方面:高职低就问题,非劳动职务问题,职位说明书与轮岗交流问题都是很难解决的问题。

第五章 自治县公共财政管理

　　自治县的公共财政是国家地方财政的一个重要组成部分,担负着维持自治县政府正常运转、兴办县域公益事业、支持地区经济增长、促进多民族团结、维护社会和谐稳定的重要职能。无论在经济领域,抑或政治领域,还是社会领域,自治县的财政管理体制和运行状况都具有非常重要的地位。经济角度上,自治县在用有限的资金满足各类公共支出需要、维持公共部门的有效运转的同时,针对自治县经济发展水平普遍较低、市场机制发育不全的现状,担负起发展地方经济、弥补市场失灵、培育市场的职责;政治角度上,自治县财政通过各种财政分配活动,贯彻党和国家的民族政策,努力加强平等、团结、互助的友好民族关系,支持民族区域自治制度的不断发展;社会角度上,自治县财政通过行使财政自治权选择适宜的财税政策,促进区域经济快速发展,本身也是对民族政策的良好贯彻。总之,自治县公共财政的协调运行和优化配置是民族地区政府发展程度的重要表征。

第一节　自治县公共财政概述

　　自治县公共财政作为自治县政府收支活动的主体,是国家宏观财政体系的有机组成部分。在社会主义市场经济条件下,自治县公共财政的作用主要体现为资源配置、收入分配以及经济稳定与发展三个方面。对自治县公共财政进行分析首先要以它的财政自治权为研究起点。

一、自治县的财政自治权

自治县的财政自治权,是指自治县政府在国家统一的财政方针、政策原则的指导下,根据宪法、民族区域自治法和自治条例等相关法律法规的有关规定,从自治县的政治、经济、文化和社会发展实际情况出发,对自治县的财政事务进行自主决定和自主管理的行为。

自治县政府的财政自治权主要以两种法律为依托:一是《宪法》,《宪法》第 117 条规定:民族自治地方的自治机关有管理地方财政的自治权,凡是依照国家财政体系属于民族自治地方的财政收入,都应由民族自治地方的自治机关自主安排使用。二是《民族区域自治法》,《民族区域自治法》从中央赋予民族自治地方一定的财政自治权,以及中央对民族自治地方给予财政支持等两个方面规定了中央对民族自治地方的财政政策,第 32 条明确规定:民族自治地方的财政是一级财政,是国家财政的组成部分。民族自治地方的自治机关有管理地方财政的自治权。凡是依照国家财政体制属于民族自治地方的财政收入,都应当由民族自治地方的自治机关自主地安排使用。民族自治地方在全国统一的财政体制下,通过国家实行的规范的财政转移支付制度,享受上级财政的照顾。民族自治地方的财政预算支出,按照国家规定,设机动资金,预备费在预算中所占比例高于一般地区。民族自治地方的自治机关在执行财政预算过程中,自行安排使用收入的超收和支出的节余资金。另外,第 33 条规定了民族自治地方的自治机关对本地方各项开支相关事宜的补充规定和具体办法的制定拥有一定的自主权;第 34 条规定了民族自治地方的自治机关的减免税收的自治权[1]。第 33 条规定:民族自治地方的自治机关对本地方的各项开支标准、定员、定额,根据国家规定的原则,结合本地方的实际情况,可以制定补充规定和具体办法。第 34 条规定:民族自治地方的自治机关在执行国家税法时候,除应由国家统一审批的减免税收项目以外,对属于地方财政收入的某些需要从税收上加以照顾

---

[1] 敖俊德:《中华人民共和国民族区域自治法释义》,民族出版社 2001 年版,第 73 页。

和鼓励的,可以实行减税或者免税。在关于中央政府关于财政体制的安排和对民族自治地方的财政支持方面,第33条第三款、第四款规定:"民族自治地方的财政收入和财政支出的项目,由国务院按照优待民族自治地方的原则规定","民族自治地方依照国家财政体制的规定,财政收入多于财政支出的,定额上缴上级财政,上缴数额可以一定几年不变;收入不敷出的,由上级财政机关补助"。同时第58条规定:"上级国家机关合理核定或者调整民族自治地方的财政收入和支出的基数。"新修改的《民族区域自治法》按照分税制财政体制,将原来的相关条款合并为"民族自治地方实行全国统一的财政体制。民族自治地方按照国家财政体制,通过国家规范的财政转移支付制度,享受上级财政的照顾"。

具体来说,自治县的财政自治权主要涵盖五方面内容:

第一,财政自治立法权。根据民族区域自治法和立法法,自治县的人民代表大会有权依照当地民族的政治、经济和文化的特点,制定自治条例(其包括财政自治的内容)和财政自治的单行条例。自治县的自治条例和单行条例报省级人民代表大会常务委员会批准生效,并报全国人民代表大会常务委员会和国务院备案。另外,自治县制定执行有关财税法律、法规的变通或补充规定,对上级国家机关有关财税活动的决议、决定、命令和指示,如果有不适合自治县实际情况的,报经该上级国家机关批准后变通执行或停止执行。

第二,财政资金管理自主权。自治县政府有权自主组织、管理财政收入,自主安排财政支出。自主筹集和使用依照国家财政体制规范下属于自治县的财政收入,自治县的财政收入主要有:地方税和共享税中属于自治县收入的部分,通过转移支付从中央财政收入中返还给自治县的部分,自治县享有的国家拨给的各项专用基金和临时性的民族补助专款等,还自行安排使用收入的超收和支出的结余资金。在财政支出方面,自治县政府有权按照国家的规定,采取特殊政策和灵活措施,安排自治县的预算支出。对自治县的各项开支标准、定员、定额,根据国家规定的原则,结合本地区的实际情况,制定补充规定和具体办法,并报国务院备案或省级人民政府批准。① 由于我国多数自治县位于偏远山区,地理位置独特,交通不便,生存环境恶劣,再加上各个民族的宗教信仰不同,民族风俗习惯不一,自治县政府进行财政支出和收入方面,自然与其他县级政府不同。

第三,税收管理自治权。自治县在执行国家税法时,除应由国家统一审批的减免税收项目外,对属于本地方财政收入某些需要从税收上加以照顾和鼓励,实行减税或免税,并报省级人民政府批准。税收是自治县财政收入的重要来源,财政税收政策的变动直接反映了自治县政府在调节县域产业结构的政策变化。税收的减少或免除应根据自身经济结构的调整情况,要因地制宜,要具有动态的变动性。

第四,享受上级机关的相关财政援助权。由于历史因素,自治县的财力基础较薄弱,再加上经济发展水平较低,财政资金有限,我国多数自治县的财政不能实现自给,对中央财政和上级财政有很强的依赖性,独立性较差。因此,我国在法律上明确规定了对民族自治地方进行财政援助的条文。如《民族区域自治法》第32条第三款规定:"民族自治地方在全国统一的财政体制下,通过国家实行的规范的转移支付制度,享受上级财政的照顾。"第62条规定:"随着国民经济的发展和财政收入的增长,上级财政逐步加大对民族自治地方财政转移支付的力度。通过财政转移支付,增加对民族自治地方的资金投入,用于加快民族自治地方的经济发展和社会进步,缩小与发达地区的差距。"我国《预算法》第31条规定:"中央预算和有关地方政府预算中安排必要的资金,用于扶助经济不发达的民族自治地方、革命老根据地、边远、贫困地区发展经济文化建设事业。"

总之,自治县的财政自治权作为一种分配手段和经济杠杆,可以通过资金的筹集和分配,调节各部门、各区域、各阶层的收入,把有限的资金投向经济部门,特别是那些有决定意义、起主导作用的部门,从而形成新的生产能

---

① 参看戴小明:《民族自治地方财政自治权简论》,载《中南民族学院学报》1998年第3期,第20~25页。

力,使生产力的布局和经济结构更趋向合理,以实现经济的快速发展。

二、自治县公共财政的特点

自治县公共财政的总体状况与自治县经济、文化的发展历史紧密相关,由于民族地区经济发展一直存在着诸多不利因素,尤其是生态环境问题,交通闭塞,经济基础薄弱,投资成本高,收益低,以致于长期陷入经济发展的恶性循环中,这也就决定了民族自治县公共财政具有如下基本特征:

1. 相对独立性

自治县公共财政同其他地方财政一样,依附性是基本属性,独立性是相对的。自治县公共财政的主体是县级政权,自治县级财政的基本特点是县级政府办经济、县级政府管经济、县级政府行为决定经济趋向,它实质上是一种政权经济,不同的县、自治县,在经济增长、发展水平、产业结构以及发展战略上,都呈现出不同于其他县的特点。随着我国社会主义市场经济体制的建立与完善,以及经济体制改革的深化和地方自主权的扩大,自治县财政的相对独立性也将会得到更大程度的深现。

2. 民族性

民族性是民族自治县不同于其他县财政所独有的特性,也是其最基本的特性。民族性决定了民族自治县公共财政的自治性。一方面,自治县必须贯彻执行国家财政方针和政策,接受国家财政的监督和指导,必须使自己的财政收支统一在国家财政收支计划之内;另一方面,根据宪法、民族区域自治法规定,作为自治县级财政,必须保证自治权的实现,必须反映民族特点、地区特点和经济特点。我国是一个多民族国家,自然条件和社会历史条件的千差万别,决定了各民族地区经济、政治和文化发展的不平衡,各民族在长期的历史发展过程中,逐步形成了在社会经济诸多方面带有根本性质的民族特点和民族差异。所有这些就要求公共财政在处理不同地区的问题时,要采用相应的、适合不同民族地区发展的财政政策和措施。只有这样,才能做到原则性与灵活性的相结合,做到统筹兼顾。

3. 落后性

同全国县级公共财政相比较,民族自治县的公共财政相对处于落后状态。具体表现为:自治县财政自治率低,稳定性差,对上级财政依赖程度高。在全国 120 个民族自治县中,大多数县财政长期入不敷出,财政收入增长比例与刚性支出增长比例悬殊过大,财政自给能力低。据《中国财政年鉴(2006)》统计数据分析,自改革开放以来,我国少数民族自治地区每年的财政支出数额大于收入数额,财政赤字一直呈现不断增长的态势。如:2001年收支差额为 -1091.77 亿元,2002 年收支差额为 -1397.31 亿元,2003 年收支差额为 -1473.08 亿元,2004 年收支差额为 -1692.56 亿元,2005 年收支差额为 -2068.53 亿元;2005 年少数民族自治地区财政收入 1046.31 亿元,财政支出 3114.84 亿元,支出大于收入 2068.53 亿元;2005 年自治州、县(旗)财政收入 245.75 亿元,支出 956.76 亿元,收支相差 711.01 亿元。我们所调研的 S 和 F 自治县也同样存在着严重的财政赤字,S 自治县自1978 年后,财政收入一直小于财政支出,财政主要依靠上级拨款维持,拿2003 年数据分析,2003 年 S 县地方财政收入 2031 万元,地方财政支出16711 万元,收入远远低于支出额。2003 年 F 自治县的财政总收入 6138 万元,财政总支出 19476 万元,收入也远远低于支出额。其次,自治县一般面积较其他县大,且人口稀少、地处高寒、气候较恶劣,这就使得经济建设、社会文教卫生、行政管理经费和其他支出四项开支相应增大,尤其自治县政府管理一般都是两种语言、两种文字、两套人马,还要考虑到民族习俗、民族节假日等因素,相应增加了政府预算支出,加大了行政管理经费支出。同时,财政支出结构不尽合理,生产建设性资金投入不足。

三、自治县公共财政的职能

在市场经济中,与政府的职能转换相适应,传统的"生产型财政"模式必须转移到"公共财政"模式上来,公共财政是一种与市场经济相适应的财政类型,调节着市场机制运行中的无效领域,从而使得市场经济的运行更为有效。① 通常,我们把社会主义市场经济条件下自治县政府的财政职能概括为:(1)合理组织好财政收入。财政收入是自治县经济发展的基础,通过对预算的管理,有计划、积极而又合理地将分散于各个地区、部门、企事业单位以及个人手中的资金汇集起来,形成自治县的财政收入,从而进行科学有效的财务行政,以满足本地区经济建设与发展、人民物质与文化生活的需要。(2)合理配置资源。就是政府通过某种财政途径,将社会一部分资源集中起来,形成财政收入,然后,通过财政支出进行政府干预,引导社会资金的流向,弥补市场在某些领域中的失灵,将有限的人力、物力、财力得到最有效的使用。在资金分配上,应遵循照顾重点、兼顾一般,提高资金的使用效益。其核心是要提供市场机制难以有效供应的社会公共性产品和公共性服务,主要包括:国防、法律、秩序、环境保护、基础设施和基础教育等。具体来说就是正确处理积累和消费、生产性与非生产性、农轻重与国民经济部门、流动资金与基本建设等方面的关系,确保将有限的资金用在关键处,以促进自治县国民经济稳定、全面的发展。(3)协调综合平衡。自治县经济发展是一个整体,各个局部、各个环节之间是互相联系、互相制约的。要保持整个国民经济的正常运转,就必须使各个环节达到协调综合平衡。自治县的公共财政就是要在筹集、分配资金的过程中,严格按照国家和上级政府部门的有关规定,全面协调生产、流通、积累和消费的关系,正确处理国家、地区、部门、企业和个人各方面之间的经济利益关系。(4)审计与监督。审计监督是保证高效地筹集资金,合理地分配资金和实现协调平衡的重要环节,建立各项规章制度,加强审计监督,在财务管理上做到有章可循,有据可依,收支合理,才能充分发挥资金在自治县经济发展中的有效作用。

---

① 张世超:《地方公共财政管理》,中国财政经济出版社 2007 年版,第 6 页。

四、自治县公共财政的主要内容

1.财政预算制度

自治县财政预算属于地方预算,它是自治县政府在一定时期内的公共财政收支计划,并经自治县人民代表大会及常委会通过作为自治县政府执行的依据。自治县总预算由本级各部门预算和企业财务收支计划以及乡镇总预算组成。自治县财政预算在制定中,要遵循、贯彻党和国家的路线、方针和政策,要做到统筹兼顾、综合平衡,协调好各个环节的关系,要从自治县自身实际出发,量力而行,确保重点,同时必须按照严格的程序进行,从基层编制单位预算、税收计划到各级财政部门编制预算,每一个步骤、每一个环节都要按照一定的程序有条不紊地进行。自治县的财政预算具有控制、计划和效率三大作用,通过对预算的编制、审查和通过,使其具有法律效力,使资金能够合理地支出和使用,将行政开支压缩到最低限度,从而保证灵活、正确、及时地完成预算内各项收支任务和各项事业计划。

2.财政决算制度

决算反映了年度预算收支的最后结果,是预算执行的总结。自治县财政决算作为本地区预算执行情况的总结,反映了自治县政府年度活动的范围和方向,也反映了自治县社会经济文化各项事业发展的规模和速度。决算报告是自治县政府向县人民代表大会负责的说明书,政府通过决算,全面真实地说明实施预算计划的情况和结果,并接受立法机关的全面审查。自治县财政决算一般按以下程序进行:首先是拟定和下达编制决算的规定;其次是制定和颁发决算表格,内容包括决算收支、资金活动情况和基本数字及其他附表;最后自治县的总决算由财政部门报送县级政府审核通过。民族自治县的财政决算对于研究总结本地区社会经济文化等事业的发展,贯彻执行党和国家方针政策以及民族自治权使用的主要经验、效果,系统地整理和积累财政统计资料,建立健全财政规章制度和执行财政纪律,提高预算管理水平等方面都具有积极重要的作用。

3.财务会计制度

自治县的会计制度是处理和组织自治县会计工作的准则与规范,其目的是规范各单位的会计事务,使财务功能与行政管理的其他功能相协调。自治县会计制度由三大要素构成:会计核算、会计分析和会计检查。它的主要任务是按照党和国家的方针、政策及各项财政、财务制度,协同其他部门,正确地完成、执行自治县财政预算,办理预算收入、支出、金库存款、各种往来款项、预算周转金等会计业务,同时做好记账、报账严格执行国家的会计制度及会计监督,定期检查、分析预算执行情况,正确充分、有效地用好宪法和民族区域自治法给予自治县的财政自治权,将国家给予的优惠政策同本地区的具体情况结合起来,制定具有民族自治县特点的财会工作,使各系统、各部门合理、有效地用好资金、促进自治县经济文化各项事业的快速发展。

4.财政审计制度

自治县的审计机关,根据国家的方针、政策和财政法规,对自治县政府及其金融机构和企事业单位的财政收支和经济效益进行独立的审计监督权,其内容包括:预算审计、法规审计、经济审计和簿据审计等。自治县的审计工作是自治县财务行政的重要组成部分,它有效地推动了民族自治县国民经济各部门的正常运转,提高了经济效益,维护了财经纪律,充分保护了宪法和民族区域自治法赋予民族自治县的财政自治权,对加强自治县财政纪律,促进社会经济的发展发挥了不可忽视的作用。

自治县公共财政的四个主要内容,构筑了公共财政的基本框架,在这四个环节中,预算是计划,会计是执行,决算是总结,审计是考核,四方面紧密相连、环环相扣,在民族自治县行政管理活动中,起到了奠基、杠杆、控制和保证的作用。

第二节　自治县财政收入及其管理

一切行政活动都必须有一定的财力、物力作为基础,否则行政活动将成为无源之水、无本之木。然而,仅有财物还不行,必须用之有道,才能使行政活动产生积极效果,这就需要对公共财务进行科学的管理与合理的使用。就民族自治县财政收入而言,收入的规模直接决定了自治县财政支出及政府活动的范围,从而对县域经济增长和社会发展起着重要的影响。从自治县政府角度来观察,只有深入地考察自治县的财政功能与财政活动,才能更彻底地透视自治县政府行政权力的本质特征。

一、自治县财政收入结构分析

自治县财政收入是指在一个财政年度内,县政府为了满足社会公共需要,通过各种途径依据法律取得的一切货币收入和实物收入的总和。它是国家财政收入的重要组成部分,是县级地方政府行使其职能的财力保障,是保障自治县政府履行行政职能的物质基础。年度财政收入的多少,以及增长速度的快慢是衡量县域经济在某一时期内发展状况的重要指标。自治县财政收入由自治县本级财政收入与自治乡(乡)级财政收入两部分组成。由于当前自治乡(乡)级财政收入不仅无法为自治县级财政提供资金上的帮助,它本身已经成为自治县级财政不能卸下的沉重负担,在这里,我们主要从自治县本级财政收入来讨论,不涉及自治乡(乡)一级财政收入。自治县级财政收入主要由自治县财政一般收入、自治县基金预算收入和自治县预算外收入三部分构成。

自治县财政一般收入,是指自治县财政参与县域社会产品分配与再分配过程中通过县级预算集中的货币资金。它是自治县财政收入的主体,由县财税部门具体组织征收与管理。自治县财政一般预算收入主要来自县域内各经济组织、事业单位和个人的缴款,主要包括上划中央"两税"收入和地方财政收入,按照部局分,可分为三类:(1)国税部门组织收入,主要有消费税、增值税、所得税。(2)地税部门组织收入,主要有营业税、企业所得税、个人所得税、资源税、投资方向调节税、城市维护建设税、房产税、印花税、城镇土地使用税、车船使用和牌照税、屠宰税、教育费附加等。(3)财政部门组织收入,主要有农业税、牧业税、农业特产税、耕地占用税、契税、国有资产经营收入、行政性收费收入、罚没收入、国有企业计划专损补贴、其他收入。

自治县基金预算收入是指根据国家政策规定纳入自治县财政预算管理的政府性基金（收费）收入。具体包括：文教部门基金、农业部门基金、土地有偿使用收入、地方财政税费附加、其他部门基金收入。

自治县预算外收入是指自治县国家机关、事业单位、社会团体、具有行政管理职能的企业主管部门和政府委托的其他机构,依据法律、法规和具有法律效力的规章而收取、提取、募集的未纳入国家预算管理的各种财政性资金。主要有：(1)行政事业性收费和基金收入,这是按照国务院和省、自治区、直辖市及其财政、计划(物价)部门共同审批的项目和标准,收取或提取的各种行政事业性收费和基金收入。(2)主管部门管理费收入,这是指主管部门按照国家规定从所属企事业单位和社会团体集中的管理费及其他资金收入。(3)其他收入,主要包括自治县获得的各种捐赠资金和财政专户存款利息收入以及中央在财力及一些政策上的照顾和特殊支出等。

自治县财政收入作为地区民族公共财政收入的基础,它区别于一般县的财政收入,按照《民族区域自治法》的精神以及中央的统一部署,1995 年,中央财政根据财力状况,选择一些客观性及政策性因素,采取相对规范的办法,从收入增量中拿出 20 亿元对人员经费与公用经费之和占财力 80% 以上的地方进行无条件转移支付,实施过渡性转移支付办法。从 2000 年起,在专项增加对民族地区政策性转移支付的同时,国家还将民族地区每年增值增量的 80% 由中央专项转移支付给民族地区。2001 年通过的新民族区域自治法再一次强调了递增补助的原则："随着国民经济的发展和财政收入的增长,上级财政逐步加大对民族自治地方财政转移支付力度。通过一般性财政转移支付、专项财政转移支付、民族优惠政策转移支付以及国家确定的其他方式,增加对民族自治地方的资金投入,用于加快民族自治地方经济发展和社会进步,逐步缩小与发达地区的差距。"[①]2005 年 5 月 11 日国务院

---

① 周平、方盛举、夏维勇:《中国民族自治地方政府》,人民出版社 2007 年版,第 157 页。

第89次常务会议通过《国务院实施〈中华人民共和国民族区域自治法〉若干规定》中,第9条规定国家通过一般性财政转移支付、专项财政转移支付、民族优惠政策财政转移支付以及其他方式,充分考虑民族自治地方的公共服务支出成本差异,逐步加大对民族自治地方财政转移支付力度。上级人民政府有关部门各种专项资金的分配,应当向民族自治地方倾斜。上级财政支持民族自治地方财政保证民族自治地方的国家机关正常运转、财政供养人员工资按时足额发放、基础教育正常经费支出。上级人民政府出台的税收减免政策造成民族自治地方财政减收部分,在测算转移支付时作为因素给予照顾。国家规范省级以下财政转移支付制度,确保国家对民族自治地方的转移支付、税收返还等优惠政策落实到自治县。此外,自治县通过五年一小庆,十年一大庆的自治县县庆活动,也可以从国家、省和州等各上级政府筹集到一定数目的专项补贴,这使得自治县能够得到更多的照顾,有利于在财政上行使自治权。

通过种种政策上的优惠,自治县的财政收入又可以划分为税收、预算外资金、体制补贴和专项资金四大财源。税收包括增值税、营业税、所得税、城建税、土地使用税等;预算外资金也就是行政性收费及罚没收入;体制上的补贴即上级(中央、自治区)财政补贴;专项资金则是受到中央、自治区和州三级财政的扶持和补贴。

二、S自治县的财政收入与管理

对自治县财政收入这一问题进行分析时,我们首先要考虑到影响自治县财政收入变动的一些因素,这是研究自治县财政收入的一个重要环节。在对S自治县的调研中,我们发现影响自治县财政收入的因素很多,其中最重要的、最直接的影响因素是地方经济的发展与增长。由于人文资源赋存、经济基础、社会开放度等条件,特别是国家、自治区(省)、自治州(市)的重大经济发展决策与政策,对当地经济的发展都会产生着重大的影响,也直接或间接地影响着自治县财政收入的增长。

影响S自治县财政收入的第一个重要因素是自治县经济总量的增长幅

度变化。1980 年以来,S 自治县经济高速发展,社会、经济面貌发生了翻天覆地的变化,在 1980~2004 年间,自治县财政收入的增长基本上是与它的税收收入保持同步增长。自 1994 年实行分税制财政体制以来,S 自治县营业税与增值税一直居主导地位。同时,企业收入和企业所得税比重也逐步提高,成为自治县的支柱税种之一,农业税已经取消,城市维护建设税所占的比重逐步下降,个人所得税收入高速增长,显示出较大的潜力。在规范的财政收入中,税收成为 S 自治县财政收入主要的来源,如 2003 年,S 自治县本级财政收入 2031 万元,其中税收 1466 万元,它占了 S 自治县级财政收入的 72.2%。从经济增长幅度的绝对值看,税收总量小于财政收入,因此,随着经济的发展,其增长速度虽快,但总量增长速度却低于财政收入的增长幅度。

产业结构的不合理,是制约 S 自治县快速增长的第二个重要因素。产业结构的不合理首先反映在经济的不发达上,这就使得自治县的工业化发展滞后,产业结构发展层次低,其中农业是弱势产业,其生产规模受到水、土、林、草等自然资源的制约,其生产过程受到气候条件等自然因素的很大影响,发展速度远远慢于第二产业、第三产业。其次,产业结构过分单一化,这就又造成 S 县税源、财源结构的单一,不仅加大了自治县经济发展的风险性,而且增大了财政收入增长的波动性。再次,产业链短,产业结构的经济效益低,这就使得 S 县产品加工层次少,加工档次低,产品的附加值就必然低,产业结构的经济效益也相应的差,能够征收到的税收必然相对少些。

S 自治县居民收入和消费水平的相对较低,也是影响财政收入的一个重要因素。2004 年,S 县 GDP 完成 6.47 亿元,人均 GDP 为 2049 元,分别相当于全国、全省、全州平均水平的 19.5%、50.2%、55%,经济总量与人均水平的差距都较大。2004 年全县财政总收入仅完成 3326 万元,人均财政总收入为 105 元,仅为全州人均财政总收入的 20.5%。财政收入较少,居民收入水平低,导致消费水平低,内需必然小,势必影响到商贸流通业、信息业等第三产业的发展,并进一步影响以工业、建筑业等第二产业的发展。另一方面,居民收入水平低,特别是农民的收入低,在 2003 年,农民的人均纯收入 1345 元,远远低于全国、全省的水平,这制约着居民对产业的直接或间接投资,影响到当地产业的发展速度。这两方面都将影响到 S 自治县财政收入的增长。

作为民族县,政策环境对 S 自治县财政收入的影响也较大。一方面是中央政策对自治县财政收入的影响。S 自治县是国家级贫困县,本级收入不能满足财政支出的需要,每年都要靠国家的财政补贴。在财政全口径收入上,中央补助占县财政收入的 90% 以上,如 2003 年,自治县财政本级收入合计 2031 万元,而中央补助收入竟有 14843 万元,中央的补助在 S 县财政总收入中占据了主要部分,自治县财政对中央财政的依赖度非常高。从自治县角度来讲,因贯彻中央政策,如财政转移支付政策、西部大开发战略实施、生态环境建设工程、社会保障制度等,对自治县财政收入造成了较大的影响。另一方面,自治区、自治州上级政府和 S 自治县出台的特殊政策对财政收入也造成了一定的影响。S 自治县由于投资环境较差,为了加快经济发展,县政府出台了一系列招商引资的优惠政策,如:为前来投资的企业减免税收、低价出售或出租土地等政策,或多或少直接减少了自治县的财政收入。

为了能够准确地反映民族自治县的财政收入情况,我们对 S 民族县的财政收入进行实证分析。

表 5 - 1　2003 年、2004 年、2005 年 S 自治县财政主要收入项目

单位:万元

年份	项　目								
	工商税	农牧业税、农牧业特产税	行政性收费	罚没收入	个人所得税、房产税、城建税、城镇土地使用税、车船使用税等	专项收入	基金收入	其他收入	县本级地方财政总收入
2003	878.6	515	110.9	114.8	308	45.8	119.8	10.2	2031
2004	1052	427.6	217.1	207.3	326	49.1	128.4	28.2	2436.5
2005	1602.6	110	220	210	345	56		35	2578.6

资料来源:《S 自治县统计年鉴》(2003)(2004)及县 2005 年 3 月第十三届人民代表大会第三次会议文件汇编。

从上表中能够看出,S自治县在"十五"发展期间,财政收入连续三年已出现某些结构性的变化。在这里,有几个结构性因素的变化情况尤其值得关注:第一,农牧业税、农牧业特产税等地方税比重收入呈逐年下降趋势,工商税相反逐年增长,二者形成较大的反差;第二,罚没收入和行政性收费收入呈大幅增长态势;第三,专项与基金收入包括各种教育费附加等其他收入不断增长,在财政总收入上所占的比例不断上升。近三年来财政收入反映出的这几个因素变化,可以表明自治县政府财政活动的范围和方向。

1994年新税制实行以来,税种按中央固定收入、地方固定收入、中央与地方共享收入三种来划分,中央从地方取得了更多的资源,而地方政府的财路变窄、财富减少,自治县级财政也受到明显的影响。在分税制下,容易征收的税种大多上缴,而难征收的留给了县政府自身,自治县级财政收入大部分是属于零散税收,点多面广,流动性强,这使得县级财政财源萎缩、增收相对困难。我们从总体上看,S自治县财政收入逐年呈上升趋势,这也反映了改革和经济社会的发展变化,就财政收入的各项目看,大多收入是呈逐年增加,一定程度上体现了S县政府财务行政的实效性及市场经济的健康发展。

就S自治县来看,"国家对自治县的财政管理比一般县享有较多的机动权利。国家为了帮助S县发展经济文化事业,对每年县财政支大于收的差额部分,全部由国家给予补助。同时还享受国家增加自治县机动财力的三项照顾:即自治县的财政预备费按照预算总支出的5%计算,比一般县高出2%;国家按上年各项事业费支出决算数额,拨出5%的专款设置民族机动金,发展各项事业;国家每年拨有一定数额的民族地区补助费。1980年后,全国实行'划分收支,分级包干'的财政管理体制,对自治地方除保留原来的特殊照顾外,又新增加了扩大民族地区机动财力的规定。即自治县每年增加收入的增长部分全部留给自己使用;国家对自治县的定额补助每年递增10%;国家每年还拨给支援不发达地区的发展资金和扶助贫困县专项资金以及其他各项补助专款,帮助解决发展经济文化事业的特殊需要。1985年实行'划分税种,核定收支,分级包干'的财政新体制,自治县除中央税外,其余各种地方税金全部划归地方财政收入。因此,在1950年至1987年的37年中,国家拨款补助给S自治县共达9488.98万元,平均每年补助款为256.46万元。"[1]

农牧业税、农牧业特产税长期以来一直是S县政府"挖掘财源"计划中的一部分,它是县政府在农村培植产业化和市场化努力的结果,是自治县财政收入的一个重要方面。但是从2003年以来,农牧业税、农牧业特产税等税收比重逐年下降,从2003年的515万元,到2004年的427.6万元,特别是在2005年,比上年减少317.6万元,下降71.28%,这是受到国家政策的宏观调控影响,2003年4月3日,从减轻农民负担考虑,在全国农村税费改革试点工作会议上,提出要取消除烟叶以外的农业特产税,进一步推动农村税费的改革。在2004年,取消征收农业税及农业特产税后,S自治县的农牧业等相关税收减少近3/4。与此同时,伴随着改革的深入发展,在大力提倡招商引资、发展兴县的过程中,经济发展的同时,自治县在工商税上呈大幅增长,特别是从2004年的1052万元发展到2005年的1602.6万元,在S县政府财政收入上占据着主要位置。工商税的大幅上升,一定程度上也反映了在农业税、农牧业特产税被不断减少、直至取消的过程中,自治县政府在税收上的努力方向,尤其是在2005年,为地方财政实现"保运转",在税收方向的转移上取得了成功。

行政性收费及罚没收入直线上升的一个直接的原因是充分运用和滥用行政执法权的结果,另一个客观因素则是可供收费或罚没的对象日增的结果,事实上,从S自治县的财政收入发展趋势上看,行政性收费及罚没收入已成为县财政收入实现"保运转"目标的一个重要财源。正税之上的各种"附加"归地方支配和使用,征收附加费是县政府格外重视的财源之一。在2004年,S县"附加"收入已占县财政收入约6.2%(2003年专项收入45.8万元,基金收入119.8万元;2004年专项收入49.1万元,基金收入128.4万元),而且"附加"之上再加"变相附加"的行政恣意行为只会使这个比例

---

① 《S民族自治县县志》,贵州人民出版社1992年版,第267页。

不断被扩大。对自治县政府而言,这是一个既能表现政绩又能给地方财政带来好处的两全做法。同时,一些本应以税收形式征收的地方性收费或基金项目,由于地方没有税收立法权而不能征税,就形成了"税不够,费来凑"的现象。在 S 自治县,收费呈现不断扩大化的趋势,它也正是我国经济在转轨时期伴生的一种独特现象在自治县的一种反映,具有一定的客观背景,但是从某种程度上讲,自治县收费权的扩张也是自治县缺乏必要税权的必然结果。在缺乏以宪政或曰法治来保障个人权利并提供对政府权力的有效制衡的情况下,根据自治县政府的"需要",比如从"以支定收"的财务预算方案中"计划"出来的摊派、集资、收费、罚没等项目的任意性发展,已经成为自治县政府财政活动的动力来源。

三、自治县的财源建设

随着社会主义市场经济体制的深入和公共财政的逐步完善,财源建设面临新的课题。尤其是像 S 自治县这样一个具有特殊地理位置和经济环境的以少数民族为主体的自治县,财源建设不仅关系到本自治县财政的振兴,经济的发展,还关系到党和国家民族政策的落实,关系到民族地区的稳定和发展,它不仅是一个经济问题,也是一个政治问题。

1. 财源建设的现状

据 2004 年底决算数,S 县全县实现大口径财政收入 3326.6 万元(含基金 128.4 万元),比上年增加 438 万元,增长 15.16%。其中:地方财政收入完成 2436.5 万元,比上年实际增加 285.4 万元,增长 13.27%。2004 年,全县财政收支平衡基本情况是:县本级财政收支 2436.6 万元,加上省、州各项补助 17000 万元(其中:税收返还收入 250 万元、所得税基数返还补助 107 万元、原体制补助 541 万元、农业税减免补助 76 万元、以奖代补 4149 万元、专项补助 3658 万元、取消农特税降低农业税转移支付补助 161 万元、中央转移支付及其他结算补助 8058 万元),财力总计 19436.5 万元。全县财政支出 19197.2 万元,上级省州支出 30 万元,共计 19227.2 万元,收支相抵,略有结余。

从税收的主要税源及变化分析,S自治县的主要税源有六种:锑行业税收、木材税收、个体工商业税收、建设项目税收、企业和企业税收、个人所得税。首先看锑行业,锑矿开采曾经是S自治县主要的一项税源,精锑价格最高时每吨卖到3.9万多元,含量高的锑矿每公斤价格高达10多万,但都是个体开发户开采,地方税收收入多,流失也多。90年代的S自治县,锑矿的开采冶炼不仅为县里直接提供了个人所得税、资源税、企业所得税、城建税、教育费附加等地方税收收入,同时也带来了交通运输行业、饮食服务行业等地方税税源的增长,但是随着精锑价格的回落,锑矿的开采和冶炼逐渐减少,不再成为主要税源。其次再看木材税收,以拉揽林场木材销售为主的木材税收,曾经是S自治县的重点税源之一,但是1999年以后国家有关部门决定对林场不再征收所得税,加上其后对天然林的保护政策,仅靠林工商公司的收购销售征税,该项税源逐渐减少。再次看建设项目税,自1995年起内地某城市帮扶S自治县以来,对S自治县教育、卫生、水电和城镇建设等基础建设项目资金的投入,项目税收占地方税收收入的比重增大,2004年最高接近40%,但是,建设项目税收是不稳定的税源,受国家宏观政策的影响很大,即使是招商引资项目,其增加收入的着眼点也只能放在建成投产产生效益上,不能放在项目建设税收上,在作地方税收收入时,对其依赖值不能过高。另外,企业税收也在逐年变化,在计划经济时代的重点国有纳税企业主要有民贸公司、五金公司、盐业公司、农机公司等,集体企业有供销系统、建筑公司等,县地方税务局成立时,上述企业多数已经改制、倒闭或名存实亡。随着社会的发展和国家实行社会主义市场经济,特别是改革开放的政策,一些新的或改制后的纳税企业先后建立。至2004年,S自治县的国有、集体、私营企业已经达到108家,但按照政策规定,金融企业、邮政电讯企业的企业所得税不归地方征收,2003年起,新办的国有企业所得税也不再归地方征收。1995～2005年的10年间,地方国有、集体、私营企业除了缴纳其他税收外,共为S自治县提供企业所得税780万元。随着社会主义市场经济的发展、国家财政调控能力的增强,以及国家逐步提高行政事业单位工作人员的工资,个人所得税发展成为S自治县的一大税种。2005年,共计369万元,其中行政事业工作人员缴纳的工资薪金收入个人所得税接近40万元。

从前面的阐述中,可以表明这样一个事实:自治县财政收入总量的增加,主要是来源于大量存在的非税收性财政收入,即罚没性收费、其他收入等等收入,而作为财政收入主要来源的税收类项目并没有过多的增长,每年都会处于变动中,税源零星分散,没有形成稳定的税源,或者说缺乏主体税种,财政可支配财力增加较少。面对财政增长乏力却又包揽过多所造成的困境,自治县政府最为紧要的财政工作就是"开源节流",想方设法地增加和扩大自治县的财政收入来源。这就使得自治县政府想方设法地把"开源"主要集中在争资金上项目、搞特色农牧业经营及发展第三产业上,并将其作为县财政收入增长点来高度重视和培育。

2. 财源建设面临的问题

首先,对财源建设的途径存在观念上的误区。在 S 和 F 自治县调研中,发现某些领导干部存在自卑、弱势心理,认为自治县可支配性财政收入较少是自治县天然的落后经济造成的,是难以改变甚至某些方面是不可开发的,对财源建设缺乏信息,进取精神不足,创新意识淡薄。另外,国家实施了西部大开发的战略,对于经济相对较贫困的自治县带来了前所未有的、巨大的开发机遇。在东部发达省市对自治县进行资源开发的同时,在某种程度上也滋生了部分自治县等、靠、要的心态,认为国家无论是在资金、技术,还是人才、政策等方面,都会满足民族地区的需求,导致在自治县资源开发过程中缺乏全面、系统性的认识,对企业支持力度不大,对企业不加以规范和关心,阻碍了企业的发展劲头。其次,用于财源生产的原始建设资金匮乏。我国多数自治县经济发展比较缓慢,财政能力脆弱,从 S 自治县历年来的财政收入和财政支出的对比值分析,财政赤字都在 15000 万元以上,保吃饭都难以维持,用于财源建设的投资资金就更难以保证,加之管理技能较低,生产成本较高,产品竞争力不足,财源难以得到长久性维系。这是自治县普遍的现实情况,正是由于财源建设的投入资金不足,使得财源裹足不前,财政缺乏长久发展机制。再次,财政收入结构失衡。自治县财政收入占 GDP 的比重偏低,2001 年我国县级财政总收入占 GDP 比重达到 7.3%,但是县级地方收入占 GDP 比重却只有 4.07%;一般预算收入占大口径收入的比重偏低;乡镇收入占全县财政收入比重偏低,乡镇薄弱的问题比较突出;个体私营经济所得税占工商税的比重也偏低,非公有制经济的发展相对滞后。最后,财源开发层次低。由于历史、生态环境、经济出等客观因素的影响,大多数自治县的财源开发有限,传统习惯性经济运作模式已成定式,企业组织结构和产业结构欠合理化,由于受市场经济的影响,对单一产业的追逐强烈,常常蜂拥而上开发一种产品,企业之间重复建设现象严重,也没有形成集团化开发,要想在短期内改变财源的途径在思想层面存在一定困境。尽管近几年,自治县政府逐渐摆脱传统观念,大力引进外资,注重对民族生态资源的开发,很多自治县开发旅游资源,借助旅游吸引资金,并对传统民俗资源进行整合加工,但是要想真正建构合理的财源体系,还有相当长的路要走。当前,S 民族县财源的开发也主要停留在原始财源和农业、畜牧业、手工业等传统财源的开发上,产品主要是原始初级产品,缺乏高科技含量和高附加值的骨干财源。

3. S 自治县财源建设的措施

2004 年以来,S 自治县政府在财源建设工作中,紧紧围绕实施"旅游兴县、矿冶、电力工业强县,特色农业富县,城镇化建设活县,民族文化塑县"五大战略,采取以下几个方面措施强化县财源建设。

(1)招商引资工作进一步着力于解决机构设置、人员配置、办公条件和必要的工作经费;充分发挥招商引资"一站式"服务作用;针对招商引资工作中存在的一些软环境不良问题,成立专门班子采取措施加以整顿,改善政府的工作作风;认真贯彻县人大常委会《关于治理经济发展环境的决定》,为招商引资工作创造良好的社会环境。在招商引资工作上,为了强化财源,增加财政收入,县政府进一步明确了县直各部门的任务细则,表 5-2 是 2003 年 S 自治县政府办下达的各部门招商引资具体任务。

表 5-2　各工作部门招商引资任务分解表

单位:万元

单位名称	计划任务	确保任务	单位名称	计划任务	确保任务
县发展计划局	600	500	县统计局	50	50
县乡企局	400	300	县民宗局	50	50
县建设局	400	350	县教育局	50	50
县国土局	400	300	县卫生局	50	50
县环保局	100	50	文体广电局	50	50
县林业局	350	300	县计生局	50	50
县水利局	350	300	县工商局	100	50
县交通局	150	100	县国税局	100	50
县供销社	100	50	县地税局	100	50
县农业局	150	100	县公安局	50	50
驻深办	400	200	县交警大队	50	50
县旅游局	100	50	县司法局	50	50
县畜牧局	150	100	县工商联	200	100
县农办	100	50	县农机中心	50	50
县扶贫办	100	50	县物价局	50	50
县科技局	100	50	县质监局	50	50
县财政局	150	100	县审计局	50	50
县民政局	50	50	人劳社保局	50	50
县粮食局	50	50	县药监局	50	50
县经贸局	550	450	合计	6000	4500

注:各单位招商引资项目同时抵所在乡(镇)任务。

资料来源:S 自治县政府办(2003)25 号文件。

　　(2)把发展非公有制经济作为财源建设的重要内容,制定出台激励发展非公有制经济的政策配套措施,特别是人才激励政策。

　　(3)冶矿、电力工业是 S 县财源建设的主要内容,要重视项目前期经费投入,必要时项目规划、设计等前期工作也纳入招商引资解决。

(4)在落实农村经济、农民增收项目上,要重视和引导发展农副产品加工企业,特别是带领农民致富作用较大的龙头企业,要给予资金和政策上的大力支持。[1]

在这里,自治县政府不遗余力地争资金上项目是为了获取哪些方面的利益呢? 首先,是使保吃饭的政府能找来财力去做建设,这是地方发展所必需的。其次,它能为县政府换来"政绩",上项目、铺摊子早已成为地方官员追求政绩的奋斗目标。第三,这些财源的争取,为资金缺乏的县政府正常运转注入了财力。各科局只要能够引进资金,不论是否在自己的职权范围,均可以政府的名义从事招商引资活动,正如上表所看到的,自治县政府为了增加财政收入,在财源的建设上进一步指标细化、强化,分配给县各直属部门去完成,从而保证县政府有足够的资金来用于正常的行政运转。

四、增加自治县财政收入的对策

增加自治县的财政收入,最根本的途径就是发展经济。由于自然条件、经济发展水平的差异,自治县级财政的状况有很大的差别,总的来说是在120个自治县中穷县多富县少。以5大少数民族自治区为例:2001年内蒙古82个县中补贴县就有74个,占90.2%,财政收入上亿元仅有9个,占10.9%;广西81个县中补贴县50个,占61.7%,亿元县32个,占39.5%;西藏72个县均为补贴县;宁夏16个县均为补贴县,亿元县只有3个,占18.7%;新疆85个县中补贴县就有77个,占83.5%,亿元县12个,占14.1%。[2]因此,大力发展自治县县域经济,以经济发展为中心,以经济增长推动财政收入,变被动收入为主动收入,增加自治县财政收入,在根本上改变当前自治县经济发展较为落后的局面,对于促进民族地区经济发展、社会稳定进步有着至关重要的作用,也是增加自治县财政收入的重中之重。

---

① S自治县人大常委会关于对县人民政府《关于2004年财源建设情况报告》的审议意见。
② 王朝才、李学军:《民族地区财政收入问题研究》,经济科学出版社,第24页。

1.发展特色经济,培植税源

坚持以自力更生为主,争取外援为辅的根本原则,从自治县的实际情况出发,充分利用自身资源,开发多种经济成分,开发有特色、有优势、有效益、有市场的产业。首先是要发展农牧基础产业,奠定自治县经济发展基础。自治县经济发展的一个重要特点就是以农牧业为经济发展的重要依托,然而近年来,农牧业税收由于诸方面的原因,在自治县的财政收入中所占的比重不断下降,但是这并不意味着农牧业的发展在自治县的经济发展地位下降,相反,进一步培育农牧产业的龙头企业,实行一条走农牧特色的发展道路,是民族自治县经济发展的一个主要选择。其次,发展具有自身特色的高税率工业。如内蒙古自治区的"牛经济"、新疆的"棉经济"等等,这些工业企业,在民族县有着特殊的经济作用。作为自治县财政收入的重要来源,今后要进一步加大对这些特色工业的扶持和培育力度。第三,培育和发展自治县的特色产业。民族县的发展不能步东部地区发达县的工业发展老路,因为无论在技术、资金和吸引外资上,自治县都不可能有东部的区位优势,只能依靠自身独特的自然条件和地缘条件,发展自己的特色经济、特色产业,像 S 和 F 自治县都可以以发展旅游业带动相关民族文化资源产业,以此培育税源。第四,将私营和民营经济作为培植税源的新增长点,并加大对第三产业和服务行业的培育力度。加强私营个体经济的发展,是民族县改变落后面貌、增加财政收入的一个重要环节。由于思想观念、政策因素以及小环境发展存在不少阻碍因素等原因,民族自治县的民营和个体私营经济发展相对较缓慢,不能适应西部大开发形势的需要,也成为了影响财政税源的一个重要原因。同时,大多民族县的第三产业很不发达,数量不足,规模弱小,在整个国民经济中所占的比重还比较小,与东部地区相比,层次也比较低,因此,进一步扶植和培育第三产业,将其作为民族县调整经济结构、优化产业、培育税源的主攻方向,从而扩大税源,增加财政收入。

2.调整经济结构,优化税源结构

在现阶段,自治县的经济结构经过不断的调整,发生了一些重大变化,但是,从全国经济发展的要求来说,经济结构还不尽合理,与市场经济发展的客观要求还有一定的差距。这种不合理的经济结构主要表现在：一是产业结构不尽合理，第一产业在国民经济中所占的比重较大，而第二产业、第三产业所占的比重较为弱小；二是所有制比重不尽合理，国有经济所占比重还较大，而非国有经济，特别是私营经济的比重在整个国民经济中所占比重较弱。三是县域经济发展不平衡，经济结构间差异悬殊，不利于市场经济发展要求。在今后，应该按照市场经济规律继续进行调整，使之更趋于合理。自治县在这方面主要是依靠自己的资源优势，发展特色经济，使资源优势转化为产业优势、经济优势，在自治县的县域经济中，要培植较大的私营企业集团，上规模、上层次、上水平，与国内、国际相类企业接轨，在能源、交通、城市建设等基础设施建设中，要进一步向私营企业放开，发展民营经济，发挥它们在这些领域中的作用和优势，解决替代财源的建设问题。财源建设是县政府走出困境的关键所在，从增加财源出发，放手发展民营经济，引导民营企业上规模、上档次、上水平、上效益，提高民营经济的整体素质，增强民营企业的市场竞争力和发展后劲，提高民营经济对财政收入的贡献等，形成替代财源。

3. 充分利用民族区域自治法

自治县是民族区域自治集中的地方，这是一个财政资源优势，国家为了促进民族地区的发展，给予了民族地区不同于内地省区的特殊政策和特殊优惠。民族县在国家民族区域自治政策的原则下，把国家给予的民族政策用足、用活、用好，从而更好地扩大财政收入来源。自治县具体可以从以下几个方面来增加财政收入：一是根据实施的《民族区域自治法》对财政体制和财政政策的特殊规定，制定相关的优惠政策。同时，中央财政应当进一步加大对民族区域自治地方财政转移支付的力度。二是建立、实施新的"贫困地区"财政补助形式和措施。依据自治县经济发展程度的不同，采取分类扶贫的形式，以增加财政收入。三是提高资源税税率。资源丰富的优势是民族县的一大特点，也是自治县经济发展的重要依托，利用经济资源和市场是自治县财政收入的重要源泉。目前国家对资源税的征收税率偏低，地方的税额较小，从而减少了财政收入。只有提高对资源税税率的征收幅度，才能进一步扩大自治县级的财政收入。四是合理增加并科学管理好自治县级的非税收入。非税收入近年来在民族县呈现不断上升的趋势,在财政收入中所占的比重逐年上升,非税收入的利用,要限制在一定的合理范围之内,在财政管理体制内,建立和健全非税收入的监管机构,完善其机制,并加强非税收入的法规和条例建设,特别是制定非税收入的奖惩条例,对其实行严格的"统收统支",加大对非税收入管理,是自治县增加财政收入的一个重要举措。

4.深化财税体制改革

改革开放以来,我国财政体制进行了多次改革,并逐步深化。特别是对民族自治地方的财政政策有了很大的演变:中央财政保持了对民族自治地方支持的力度,并随着经济发展而逐步增加了对这些地方的财政支持;建立分税制后,中央实行转移支付制度,同时相应地增加了专项支助资金;在一些特殊资金方面也予以一定的倾斜。这对民族地区的经济发展和社会进步起了极其重要的推进作用。但是,目前的财政政策对自治县来说,也存在着一定的矛盾和问题,由于多次改革,民族县过去享受优惠的财政政策效应已经递减;财政收不抵支,赤字突出;"吃财政饭"严重,"人头费开支"严重;基层财政十分困难等等。根据以上情况,进一步深化财政体制的改革,是民族县经济发展和财政收入增加的关键所在。第一,健全地方税系,解决地方税规模小的问题。规范的公共财政收入要求地方具有相对独立的税收管理权限,拥有能够取得稳定收入的主体税种,形成结构合理的地方税体系。今后税收改革要进一步赋予自治县适当税收立法权,并合理调整地方税制结构和收入结构,将地方税建设成为一个集流转税、所得税、财产税和行为税为一体,并以财产税、营业税为主体税种,其他税种有机配合的税收体系。第二,规范公共收费,解决以费代税和费挤税的问题。对现行的收费进行分类,以自治县政府事权为标准,取消所有与政府职能无关的行政事业性收费、基金和越权批准的行政性收费项目,对部分体现政府职能、凭借政府公共权力收取的行政性收费和政府性基金,用相应的税种取代,纳入地方税体系,对确需保留的必要的政府性收费,包括政府对社会实施特定管理或提供特殊服务收取的费用,统一由财政部门征收,统一纳入财政预算内管理。

第三节 自治县财政支出与政府运行

地方财政支出是指地方政府把筹集到的财政收入进行分配和使用,转化为政府实现其职能所需要的商品和劳务或其他支出的过程。它不仅是地方政府实现其职能的主要手段,也是地方经济发展重要的资金来源和实现社会公平的重要途径。自治县财政支出,是自治县政府在县域内提供公共产品和公共服务的一种具体形式,其目的是满足自治县居民对地方公共产品的需求,促进县域经济和社会的持续、稳定、和谐发展。

一、自治县财政支出结构分析

从总体上讲,县级财政支出主要包括县级财政一般预算支出、县基金预算支出和县预算外支出三个部分。[①] 这三个部分的支出,加上民族地区一定的财政特殊支出,便构成了民族自治县级财政支出的主体框架。

自治县财政一般预算支出是自治县财政支出的核心内容,它是民族县政府履行行政权职能、支持县域经济建设、推动自治县各项事业发展的财力保证。县级财政支出首先是支援农村生产支出,它主要包括小型农田水利和水土保持补助费、支援农村生产合作组织资金、农村农技推广和植保补助费、农村造林和林木保护补助费、农村草场和畜禽保护补助费以及农村水产补助费等,支援农村生产支出的目的,在于促进农村农、林牧、副、渔各业的全面发展。其次,农业综合开发支出,包括中央财政立项开发的项目投资和地方立项开发的项目投资两种。县级财政一般预算支出的第三个方面农林水利气象等部门的事业费,也即县级财政用于农业、林业、牧业、水产、农机、水利、气象等部门及其所属事业单位的人员经费和公用经费。包括农垦事业费、农业事业费、畜牧事业费、农机事业费、林业事业费、水利事业费、水产

---

① 于国安:《县级财政管理》,经济科学出版社 2004 年版,第 81 ~ 84 页。

事业费、气象事业费、乡镇企业事业费、农业资源调查和区划费、土地管理事业费、森林工业事业费及其他农林事业费等。第四,教育事业费。该项支出是指财政用于乡镇范围内教育部门的经费,它包括技工学位经费、职业学校经费、中学经费、小学经费、幼儿教育经费、特殊教育经费及其教育事业经费。第五,卫生经费。主要包括卫生事业费、公费医疗经费和计划生育事业费。第六,抚恤和社会救济费。这项支出是指财政用于烈属、军属、残废军人、复员军人和军队移交地方安置的离退休人员的生活补助以及解决生活上没有依靠的老、弱、孤、寡、残疾者在生活和教育的需要和遭受自然灾害地区群众救济等方面的支出。抚恤和社会福利救济支出,包括抚恤事业费、军队移交地方安置的离退休人员费用、社会救济福利事业费、救灾支出和其他民政事业费及残疾人事业费。第七,行政管理费。这是自治县级财政用于县政府行政干部的人员经费和公用经费。目前,财政安排用于县级政府的行政管理费主要包括人大经费、政府机关经费、政协经费、共产党经费、民主党派机关经费和社会团体机关经费(包括县乡妇联和共青团机关经费等)。第八,公检法支出。该项支出主要包括自治县级公安派出所、检察院、法庭、司法行政机关的经费、业务费。第九,其他部门事业支出费。包括财政事业费、税务事业费、工商事业费、统计事业费、审计事业费、侨务事业费以及县级范围内的住房改革支出、兵役征集费等。

基金预算支出包括电力建设基金支出、养路费支出、公路建设基金支出、地方邮政附加费支出、新菜地开发基金支出、农村教育附加费支出、地方财政税费附加支出等。

自治县预算外支出是指民族县级各部门、各单位按照国家有关规定为解决某些特殊和临时性需要,对征收和筹集的预算外收入的安排和使用,它是县级财政预算支出的必要补充。县级预算外支出主要是指行政事业费支出,具体包括有工资性支出、公务费支出、设备购置费支出、业务费支出、维修费支出及自筹基本建设支出等等。县级行政事业支出,除国家另有指定的开支范围外,应主要用于事业方面的支出,体现"取之于谁,用之于谁"的支出原则。

不同于一般县的财政支出,特殊财政支出也反映了民族县财政支出的特殊性。由于民族县大多地广人稀,地处高寒,自然环境差,再加上两种语言,两种文字,两套行政人马并行,使得财政供养人员相对较多,社会管理成本高,财政开支负担重,特别是在这些地区,民族、宗教的因素又十分突出,这就使得在自治县的财政支出中,用于特殊用途的专门性财政支出成为自治县财政支出的一大特色。这些特殊支出包括用于民族教育、文化方面的支出、宗教方面的支出、少数民族特殊生活用品的生产和销售补助支出以及边境地区的一定数量的边境建设事业补助费等等。其中如1999年,内蒙古自治区仅5%少数民族机动金支出就达6000多万元,用于蒙古马靴、砖茶和牧区风力发电等方面的支出也达1300多万元;青海全省有佛教寺院600多座,清真寺院2000多座,财政每年都要拿出1000多万元用于寺院的维修,同时还不包括在宗教方面的其他开支。总之,作为民族县,财政上的特殊支出表现在经济社会的各个方面,也最能体现民族的特色。

我们在调查中发现,在自治县级财务行政中,收支矛盾反映得十分突出,严重影响了社会事业和经济建设的发展,在自治县的财政支出中,这并不是特例。目前,自治县级财政支出中,排列在第一、第二项支出的是教育事业和行政管理费,这是"吃财政饭"的典型表现。如1998年,新疆维吾尔自治区县级财政收入完成31.12亿元,占自治区财政收入66.58亿元的46.74%,其中县级财政自给率仅为52.43%,在85个县(市)中,1998年收入上亿元的有7个县(市)收入在3000万元以上的有21个,收入在3000万元以下的就有57个。在自治区县级财政总支出的59.36亿元中,事业性行政经费支出为35.04亿元,占59.03%,生产建设、价格补贴及其他支出24.32亿元,占40.97%,全区每县平均支出规模为6983万元,有77个县(市)发生赤字,占90.5%,资金调度显得异常困难。①

进而分析自治县政府在财政空虚的状况下是如何以一定数量和质量的

---

① 长江、王朝才主编:《中国民族地区特殊财政支出研究》,《新疆特殊财政支出研究》,内蒙古人民出版社2001年版,第54页。

支出成本向当地民众提供公共产品和服务的,并且,从中我们也可以看出自治县政府在经济管理和社会管理职能上发生的某些带有财政活动性的变化情况。

表 5－3　2003～2005 年 S 自治县财政支出

年份	项　　目	数额(万元)
2003	企业挖掘改造资金 122 万元,科研三项费用 25 万元,农村支出 665 万元,林业支出 391 万元,水利和气象支出 410 万元,工业交通等部门的事业费 360 万元,文体广播事业费 991 万元,教育事业费 5164 万元,医疗卫生支出 890 万元,其他部门支出 305 万元,抚恤和社会福利救济费 448 万元,社会保障补助支出 333 万元,行政管理费 3909 万元,武装警察部队支出 14 万元,公检法司支出 635 万元,城市维护费 194 万元,政策性补贴支出 20 万元,支援不发达地区支出 1310 万元,专项支出 41 万元,其他支出 484 万元。	16711
2004	科技三项费用 28.1 万元,农业支出 736 万元,林业支出 505.5 万元,水利和气象支出 555 万元,工业交通等部门事业费 573.6 万元,文体广播事业费 983.9 万元,教育事业费 6163.1 万元,医疗卫生支出 843 万元,抚恤和救济事业费 504.8 万元,社会保障补助支出 207 万元,流通部门事业费 1 万元,行政管理费 4390.6 万元,公检法司支出 786.4 万元,城市维护费支出 371.3 万元,支援不发达地区支出 1394.2 万元,专项支出 43.4 万元,其他类支出 621.7 万元,其他部门事业类 348.3 万元,武装警察部队支出 12.1 万元,基金支出 128.2 万元。	19316.5
2005	企业挖掘改造资金 20 万元,科研三项费用 34 万元,农村支出 971 万元,林业支出 201 万元,水利和气象支出 239 万元,工业交通等部门的事业费 587 万元,文体广播事业费 996.4 万元,教育事业费 6814 万元,医疗卫生支出 887 万元,其他部门支出 305 万元,抚恤和社会福利救济费 543 万元,社会保障补助支出 150 万元,行政管理费 4633.8 万元,武装警察部队支出 10 万元,公检法司支出 842 万元,城市维护费 342 万元,政策性补贴支出 20 万元,支援不发达地区支出 1310 万元,专项支出 64 万元,其他支出 484 万元。	19463.2

资料来源:S 自治县财政局提供的统计数据。

表 5－4　2002、2003 年 F 自治县财政支出

年份	项　　目	数额(万元)
2002	企业挖掘改造资金 224 万元,基本建设支出 796 万元,科技三项费用 10 万元,支援农业生产支出 384 万元,农业综合开发支出 42 万元,农林水气象部门事业费 1537 万元,工业交通等部门事业费 17 万元,文体广播事业费 644 万元,教育事业费 5518 万元,科学事业费 19 万元,卫生经费 693 万元,抚恤和社会福利救济费 503 万元,社会保障补助支出 346 万元,行政管理费 3093 万元,公检法司支出 1020 万元,城市维护费 432 万元,政策性补贴支出 2 万元,支援不发达地区支出 5 万元,专项支出 88 万元,其他支出 379 万元,等等。	16214
2003	企业挖掘改造资金 95 万元,基本建设支出 975 万元,科技三项费用 10 万元,工业交通等部门事业费 35 万元,文体广播事业费 818 万元,教育事业费 5282 万元,科学事业费 33 万元,卫生经费 915 万元,抚恤和社会福利救济费 892 万元,社会保障补助支出 572 万元,行政管理费 3588 万元,公检法司支出 1003 万元,城市维护费 513 万元,支援不发达地区支出 14 万元,专项支出 51 万元,其他支出 993 万元,农、林、水和气象支出 3078 万元。	19476

资料来源:F 自治县社会经济统计年鉴 2002－2003 年。

从表 5 - 3 可以看到,教育类费用和行政管理费及公检法司类支出等项的绝对投资总额在 S 自治县财政规模上所占的份额是最大的,并且一直处于上升趋势。

表 5 - 4 对于 F 自治县的分析结果与表 5 - 3 很相似,教育事业费和行政管理费是处于前两位的财政支出。

随着党的惠民政策的逐渐深入,S 自治县秉承"群众生活中的小事,就是政府工作的大事;群众生活的热点、难点,就是政府工作的难点"的执政为民理念,把民生问题列为财政支出的主要倾注点,财政支出大力向民生倾斜,加大了在公共服务、公共安全、教育、科技、社会保障和就业、全民医保、农林水事业发展等民生方面的财政支出。2007 年,S 自治县在可用财力总支出完成 42051 万元中,在 12 项民生项目比前年增加 10134 万元,增幅 74.95%,其中,增长幅度最大的是城乡社区事务支出增幅 159.73%,社会保障和就业支出增幅 153.66%,文体与传媒支出增幅 67.23%,全民医保支出增幅 50.22%。在 2008 年 S 自治县《财政预算草案报告》中,明确了对全县 12 项关注民生可安财力的财政支出占安排财政总支出数的 93.4%。

我们分别将 S 和 F 自治县的财政收入与财政支出进行比较,会发现自治县的财政收入远难抵其财政支出,财政状况入不敷出。2003 年至 2005 年以来,国家和自治区、自治州每年都要补贴一亿四五千万来维持自治县正常的行政运转,在历年的县财政局长向县人代会做的财政工作报告中,往往有这样的话语:"收支两抵,略有节余,又一次实现了当年财政收支平衡的目标。"但历年的"收支平衡"却是通过占用专项资金和其他补贴来达到的。

从自治县的财政支出状况来看,地方政府在财政收支上存在的巨大财政赤字,给县政府带来无法摆脱的财政风险,单纯地依赖国家和上级的财政补助或补贴,使得自治县财政愈发陷入不能自拔的赤字和债务的困境之中。这就使得它无钱搞建设,而且还要靠国家或上级政府用于地方建设的专项资金来"保吃饭、保运转",换言之,"如果把县财政支出中含有专项资金的'社会总成本'(即政府通过税收或其他方式取得的财政收入)计算在内,那么,它所获得的社会效益(即由于该项财政支出而获得的地方经济发展与社会进步)就肯定是一个负数"。① 更直接地讲,自治县政府成了为维持自身权力利益运转的科层机构。

二、自治县财政预算支出管理

自治县财政预算支出的管理,是自治县财政管理的一项重要内容。它对于自治县级财政的各类支出,包括生产性支出、事业性支出和行政支出等,都要根据不同的情况,加强对资金使用的管理和监督。

1. 支援农村生产支出的管理。自治县财政支援农村生产支出,除了按照预算资金管理方法进行管理之外,还具有如下特点:一是它主要用于小型生产设施建设;二是它是以补助形式进行使用,即一般只能负担项目建设资金的一部分;三是无偿使用与有偿使用相结合。国家支援农村生产资金的项目繁多,支援的重点是发展经营(包括乡镇企业)、提高粮食和经济作物单位面积产量,以及切实有效的农田基本建设和其他小型农业设施建设项目。对于各项支援农村生产资金,需要加强管理,注重提高资金的使用效果。为此,应深入调查研究,加强对项目的审查、论证和资金使用的监督管理。

2. 农林水利气象等事业费支出的管理。财政部门对农林水利气象等事业单位组织开展的各项事业活动,应按照各项事业不同项目的特点,根据各项事业的生产、经营和服务活动的不同情况,分别采取不同的管理办法。财政部门与农林水利气象等主管部门对各项事业经费的管理,应按照《事业单位财务规则》的有关规定,实行"核定收支、定额或定项补助、超支不补、节余留用"的预算管理办法。

3. 文教科卫事业费支出的管理。自治县级文教科卫事业费支出,应本着有利于文教科卫事业发展,有利于调动文教科卫事业单位积极性的原则

---

① 周庆智:《中国县级行政结构及其运行—对 W 县的社会学考察》,贵州人民出版社 2004 年版,第 182 页。

进行合理安排,以使有限的资金产生更大的效益。目前各地对县级文教科卫事业费普遍采取定员定额管理办法。对人员经费,应严格按照上级主管部门核定编制审定预算掌握拨款进度;对公用经费,应明确规定各项开支的标准,实行定额管理。

鉴于自治县级文教科卫事业单位类型较多,业务复杂,故对事业经费的支出可根据不同情况采取不同的预算管理办法。自1980年起,国家对文教科卫事业单位试行总额包干办法,即根据事业单位和不同情况,分别采取"全额预算管理"、"差额预算管理"和"企业化管理"三种预算管理办法。根据财政部1997年颁布的《事业单位财务规则》的规定,事业单位原来实行的三种预算管理办法,改为"核定收支、定额或定项补助、超支不补、节余留用"的预算管理办法。为了促进农村各项事业的发展,对文教科卫等方面的事业应允许和鼓励民办,并根据其事业性质和财务状况,给予适当的支持。对文教科卫事业单位的"创收"活动,要将其引入规范化管理的轨道,其经营活动应纳入政府价格管理,创收收入应与预算管理办法结合起来。对于有条件的事业单位,应积极推行企业化管理,开源节流,减轻财政负担,促进事业的发展。

4. 抚恤和社会福利救济支出的管理。自治县财政部门对抚恤和社会救济费的管理,须严格掌握使用范围,保证专款专用。解决抚恤对象和社会救济户的生活困难时,要重点使用,不应平均分配;要坚持依靠群众、依靠集体、以"自力更生为主,国家补助救济为辅"的原则;要尽量安排抚恤救济对象参加生产,增加收入,逐步增强自食其力的能力。对于灾区的生活困难,应发动群众生产自救,依靠集体力量战胜困难,防止单纯依赖政府救济。

5. 自治县级行政管理费支出的管理。自治县的行政管理费属于非生产性支出,在保证行政机关正常行政职能的前提下,要尽可能地节约支出。首先,要做好基础工作,摸清人员编制基数,制定合理的年初预算。其次,要合理地确定自治县级行政机关人员的经费和公用经费等各项支出的范围和标准。在此基础上,实行预算包干、结余留用的办法。

三、自治县财政支出管理的现状

改革开放以来,尽管自治县级财政在县域经济发展中发挥着重要作用,但由于种种主客观原因,民族县级财政支出中也存在一些亟待解决的问题和矛盾,除了区域间收支不平衡性进一步扩大外,还有以下一些主要问题。

第一,支出越位与支出缺位现象严重。目前民族县级财政支出结构,一方面存在着财政包揽过多的弊端,资金供应范围和对象几乎涉及国民经济和社会事业的各个领域,不该保的包揽过多,即所谓财政的"越位";另一方面还存在着财政当保而不保,即所谓的财政"缺位"问题,这主要是指应由自治县级政府承担的社会公共事务,并没有完全承担起来。由于财力有限、管理制度混乱,自治县的社会保障机制不健全,社会覆盖面较小,这就使得社会保障程度低,缺乏一个较为完善的社会保障体系。同时,由于大多民族县财政的资金供给能力不足,保持自治县社会正常运行的一些公共基础设施难以符合政府宏观调控的要求,交通、通讯、农业等基础产业和基础设施的投资严重不足,县域经济缺乏良好的外部环境,也不利于增强国家综合经济实力。

第二,财政供养人员负担重,人员经费过快膨胀。在 S 自治县财政支出中,行政事业性经费支出结构中个人开支占较大比重,事业经费"人头化"问题严重,主要是财政供养人口过多,影响了事业的发展。同时,事业发展中过多地依赖政府,面向市场开拓业务不足,事业上布局的不合理也造成事业经费的浪费。由于财政负担越来越重,财政支出的大部分被"人头费"吃掉了,自治县级财力增长的大头只能用于满足"吃饭"和"养人",在不少自治县新增的财政收入约有 80% 以上用于人员开支,财政调控经济和支持社会事业发展的能力受到严重限制。与此同时,行政管理成本快速扩张,由于目前存在着国家财政资源单位垄断的格局,导致各部门、各单位形成自我膨胀、相互攀比的机制。单位利益最大化、公共福利分配的单位化,造成分配越来越不公平,支出标准失控,行政管理支出居高不下,政府成本扩张成无底洞,浪费了大量有限的资金,也使得的财政支出的压力越来越大。

第三,公共支出管理和控制机制尚未健全。政府预算本是规范支出管理最重要、最有效的一项法律制度,是支出管理的基本依据,但预算执行中的随意性与长官意志太强,在自治县级预算约束软化的状况相当严重。有的地方未经法定程序随意调整预算,追加预算频繁;有的地方随意开减收增支的口子,以权代法的现象屡有发生;一些部门和单位不按规定执行预算和财政制度,擅自扩大开支范围,提高开支标准,改变支出用途。多年来各级财政预算支出分配一直沿用"基数加增长"的办法,存在着诸多弊端,不利于财政供给范围的科学界定和支出结构的调整优化,也不能客观公正、公平地对待各个预算单位,使厉行节约的单位少支,大手大脚的单位多支,导致分配不公,苦乐不均。因此,亟须改革现行预算支出与分配办法,在自治县级财政进一步建立和健全公共支出管理和控制机制。

第四,赤字县多,支出压力大,财政资金浪费严重。大多数民族县财政增长的后劲不足,与全国平均发展水平差距在不断拉大,与此同时,财政支出刚性发展,如农业、科技、教育等法定支出必须高于经常性财政收入的增长,中央财政和有关部门的项目硬性规定地方财政必须配套资金,以及中央关于提高工资的政策等政策,致使自治县级财力难以承受,支出压力增大。经济发展中,民族县大多赤字多,如 S 自治县,每年财政上的赤字多达上亿元,收远不抵支,财政风险大,负债重。与此同时,与支出问题严重不足相对应的却是:自治县级财政支出管理上的不完善,资金浪费严重。奢侈摆阔、大手大脚、铺张浪费挥霍现象仍较普遍。在经济领域,项目单位基建概算编制中高估冒算现象严重,基建预算执行中超预算现象普遍,建设成本高,资金浪费严重,尤其是重复建设、盲目建设带来的损失浪费巨大;在社会事业方面,事业机构重复设置、设备重复购置、资源配置不合理,投入与产出的效益差,规模效益低带来的损失浪费也较为严重。①

---

① 于国安:《县级财政管理》,经济科学出版社 2004 年版,第 88~90 页。

四、推进自治县公共财政支出改革

在目前自治县级财政运行形势严峻而各项改革手段渐趋成熟的情况下,紧密结合各个地区自身的实际情况,发挥自身优势,整体联动,综合配套,全面推进民族县的公共财政支出改革,从而建立起与社会主义市场经济相适应的公共支出新机制。

1.强化公共财政观念,制度化支出改革的方向

首先要切实转变政府和财政职能,解决好财政支出"越位"与"缺位"的问题。自治县级政府和财政部门应深入研究公共财政,进一步明确社会主义市场经济条件下公共财政的基本职能,寻求公共财政支持基础设施建设、社会保障和经济发展的有效途径,从而为公共支出改革打下理论基础和政策基础。其次,要确立公共支出改革的指导思想,处理好近期目标和远期规划的关系。自治县当前的公共支出改革,应以振兴财政为着力点,将改革重点放在理顺社会秩序、增强政府和财政的调控能力上,坚持量财办事、综合平衡的原则,提高地方财政对按时足额发放工资、维护机关运转和社会稳定的保障能力。三是要突破传统的理财方式,处理好加强管理与制度创新的关系。推进公共支出改革,必须在灵活运用零户统管、集中支付等卓有成效的理财手段,进一步加强财政监督管理的同时,为自治县改革创新提供积极的支持,创造宽松的环境。

2.加大力度优化财政支出结构

市场经济条件下,社会资源的配置机制和分配关系都将出现不同于传统体制下的各种变化,财政职能及其公共支出的供给范围也需要进行相应的调整。目前,自治县财政每年的新增财力有限,而财政的增支压力相当大,经济结构调整、建立社会保障体系、科技教育发展等都要财政加强支持力度。如果不对现行公共支出分配格局进行调整,该减的减不了,该保的保不了,自治县财政将无法满足县域经济和社会发展的需要,因此,将应该由市场和社会负担的部分从自治县级财政支出中分离出去,是在市场经济条件下正确界定财政支出范围、强化公共支出管理需要解决的主要问题,也是

优化财政分配结构、强化重点建设事业、改善自治县级财政运行状况的重要条件。自治县政府要严格界定公共财政的支出范围,优化调整公共财政的支出结构。首先要确保社会公共性开支需要,根据公共财政理论的要求,公共支出的范围应该界定为:公共安全,即国防、公检法司、武装警察等;公共机构,即国家行政机关、外交等;公共服务,即教育、卫生、文化、科学、社保、社区服务等;公共工程,即环境保护、国土整治、公共设施等;公益企业,即水暖电气、公共交通、城市卫生、城市绿化等。自治县财政要把发展基础教育、环境保护、公共卫生防疫等作为重点,采取有效措施加大事业投入力度,社会保障是事关改革、发展和社会稳定的重大问题,自治县级财政必须调整支出分配结构,增加社会保障支出。其次,采取综合治理措施,控制行政人员和行政经费的膨胀。确保政府机器的正常运转是财政分配最基本的职责,但是由于政府机器隶属于上层建筑,纯属非生产领域和消费性质,对政府机器本身和经费的供给,必须进行好严格的总量控制,如建立有效的政府公务员系列竞争机制、精简机构等等。可见,自治县级财政支出结构调整和优化的方向和重点是:一方面要改变政府大包大揽的财政分配格局,另一方面要强化财政的社会公共性支出和重要建设领域投资。只有这样,才有利于促进自治县社会经济的协调发展,也有利于充分发挥财政在市场经济中的调控作用。

3. 推进公共支出的"六统"管理

一是要实行"预算统编",强化预算约束。以编制部门预算为核心,实现预算编制的科学规范,以落实收支统管为核心,实现政府财力的相对集中。二是实行"会计统聘",强化会计监督。建议各财政部门设立会计人才库,在单位会计人员的选任上,改政府聘任为财政考核、部门聘任,并允许同一会计人员代理多个单位的会计业务。三是实行"国库统付",理顺支出秩序。在财政国库管理部门的基础上设立财政资金结算中心,设置国库单一账户,在自治县以下取消单位账户和会计,实行零户统管,在自治县以上取消支出业务量相对较小的单位账户和会计,由财政结算中心集中办理会计结算和核算业务,确保人员工资"三核一代"的程序直达个人账户,政府采购支出直达商品或者劳务提供者,部分公用经费和专项经费直达会计主体单位。四是实行"采购统办",规范购买行为。加快政府采购管理机构和实施机构的建设,实现管理监督职能与组织采购职能的分离,形成严密的政府采购信息指标体系、政策制度体系和采购运作体系,拓宽政府采购活动的广度和深度,使应纳入政府采购范围的购买行为全部进入政府采购程序。五是实行"财务统管",提高财政资金效益。六是实行"制度统一",健全管理体系。要逐步建立与国家的方针政策、法律法规相协调,与预算统编、会计统聘、国库统付、采购统办和财务统管等改革内容相匹配的管理制度体系。

4. 不断创新支出管理手段,寻求节流堵漏的有效途径

要在全面推行政府采购的同时,结合实际,鼓励各地本着创新、管用和形成各自特色的原则,综合运用包干、定额和竞价、招标等方式,创造和引入多种节支方式,加强重点支出监管。同时,加快建立"网络财政"的管理模式,充分发挥互联网在支出改革和管理中的作用。要尽快建立财、税、库、银之间的网络联络,构筑收入入库"高速公路",并为支出直达创造条件。要逐步建立财政部门与各行政事业单位的网络联络,实现办公无纸化和会计电算化,并为预警财政运行状况创造条件。

5. 强化财政监督职能,建立财政支出约束机制

首先要加强合法性监督。根据法律法规、政策制度和综合预算计划,严格控制单位银行账户的设置,监督财政收支的来源与使用,确保财政支出行为符合《行政许可法》、《预算法》和《会计法》等有关财经法律,符合行政或事业单位财务管理制度,符合公共支出的范围、标准和"五有"报账条件。将财政支出情况自觉地置于人大、审计监督和社会民主监督之下,如 S 自治县就制定了《S 自治县人大常委会监督财政预算办法》①的决定,其第 1 条即是:"为了加强本县财政预算的管理和监督,保证县人民代表大会审查批准的财政预算正确执行,根据有关法律法规的规定,特制定本办法。"这就使得在法律法规的范围内,细化了公开的内容,提高了公共的质量和层次,能

---

① S 民族县人大常委会文件:2005 年第 16 号。

够实现一定的民主理财。其次,要求自治县级财政部门要在每年的财政预算、决算报告中,分别向本级人民代表大会或常委会报告支持缓解县级财政困难的措施、成效以及获取中央奖励补助资金的使用情况。第三,要加强财务会计监督。严格按照有关的财务会计制度规定,监督单位收入的来源、归集和支出的审批、核算,并对会计凭证、会计账簿、财务报告及其他会计资料的真实性、完整性、准确性作出评价和相应处理,提高支出运行的透明度,把财政支出与资金使用单位的管理责任结合起来,促进管理,挖潜增效。

总之,我国是一个多民族的社会主义国家,民族地区经济社会的全面发展不仅是民族地区的事业,而且是全面建设社会主义伟大事业的重要组成部分。邓小平曾经强调指出:"实行民族区域自治,不把经济搞好,那个自治就是空的。"①实现共同富裕是社会主义的本质要求。作为民族地方行政管理研究的重要内容的自治县公共财政的研究现在还处于起步阶段,自治县作为民族地区行政区划的基础部分,经济的发展关系着民族的团结、国家的稳定与统一,对其公共财政作深入细致的研究,不仅对于构建民族自治县公共行政管理有着重大的理论意义,而且对于贯彻民族区域自治法、实现民族地区的繁荣发展有着十分重要的实际意义。

---

① 《邓小平文选》第 1 卷,人民出版社 1989 年版,第 167 页。

第六章 自治县政府行政决策

　　行政作为围绕社会公共权威而展开的活动,面临的首要任务就是如何满足社会的各种要求,提出解决错综复杂问题的方法。行政决策是公共行政的首要环节,是各项运行职能的基础。赫伯特·西蒙曾经指出,管理就是决策。自治县政府行政决策,就是指自治县的行政机关或行政领导者为履行行政管理职能,完成对自治县实施高效管理的行政任务,实现预定行政管理目标的想办法、做决定的行政管理行为。自治县政府的行政决策涉及范围广泛、影响程度深远,行政决策的正确与否、效果好坏,直接关系到自治县政府行政管理实践的成败。

第一节　自治县级决策与行政决策

　　研究决策活动,首先要研究谁来进行决策,对各种问题特别是重大问题的解决作出决定。自治县级决策有广义与狭义之分。广义上是指宪法、法律及自治法规定的有权决策的组织、机关和个人对职权范围以内的事务作出有效的决定。狭义而言,它是特指决策机关所作出的决定。① 在我国现阶段,民族自治县级政权的决策机关根据各自的法律地位不同,依据各自所决策的事项和各自决策程序的不同,可以划分为权力决策机关、政党决策机关及行政决策机关。

---

① 王圣诵:《县级政府管理模式创新探讨》,人民出版社 2006 年版,第 145 页。

一、自治县权力决策机关

1. 自治县人民代表大会及其常务委员会

依据《宪法》、《民族区域自治实施纲领》和《民族区域自治法》的规定，自治县人民代表大会及其常务委员会代表人民意志，依照法定程序对本区域内的政治、经济和社会发展的重大事项作出决议和决定，自治县人民代表大会及其常委会的决策是本区域最具权威、法律地位的决策。自治县人民代表大会及其常委会是自治县权力机关，其决策权是被宪法、法律和民族区域自治法所赋予的重要职权。自治县人大决定权的内涵应表达为自治县级人大及其常委代表人民意志，依照法定程序对本行政区域内的政治、经济和社会发展等各方面工作的重大事项作出决议和决定并用国家强制力保证贯彻实施的权力。作为自治县级国家权力机关，其立法、决策、监督、任免四权共同构成其作为国家权力机关的属性和权威。自治县人大每年召开一次会议，主要议题是听取和审议县人民政府、国民经济、财政预算、人大委员会、县人民法院、县人民检察院等工作报告，选举出新一届人大常委会、自治县政府成员、两院院长，并通过各项决议。

在县人大闭会期间，由县人大常委会行使县人大的权力，负责决定自治县日常的行政事项。S自治县县人大常委会下设"五委两室"，即代表工作委员会、民族宗教侨务工作委员会、内务司法工作委员会、财政经济工作委员会、教育科学文化卫生工作委员会、办公室、信访督察室。自1980年2月正式成立以来，保障了县人大常委会在县委的领导和上级人大的工作指导下，认真依法行使立法权、决定权、监督权和任免权。

2. 中国共产党的各自治县委员会

自治县县级委员会也是县政权主要的决策机关，中国共产党作为执政党，其决策权在自治县主要体现在对本区域内的政治、经济和社会发展等方面的方针、政策和重大事项作出决议或决定，使中国共产党的意志通过自治县级人大及其常委会得以传达和执行，或直接通过中国共产党的组织得以贯彻实施。自治县县委对整个县有最终的领导权，它驾驭着整个民族自治县经济、社会发展的总方向。自治县县委贯彻中央的方针、政策和自治区委（省委）的指示，讨论研究本县的工农业重大问题，讨论本区域内人民群众关心的问题，讨论研究本县的各种各类的动态以及其他被认为应由县委讨论研究的问题。全县各方面的问题、意见都要反映到县委办公室进行分类、综合、筛选，然后提交县委会议。①

3. 自治县政协

自治县政协也是县政治中的四大班子之一，人民政协的主要职能是政治协商、民主监督和参政议政。从 S 自治县的具体情况来看，政协中各民主党派和无党派人士是各自所联系的社会主义劳动者和拥护祖国统一的爱国者，他们之中很多人是本研究领域中的专家和学者，汇集了社会公众的要求和意见，将人民的利益反映到合法的政治渠道，主要通过政协例会、民主协商会、专题讨论会、提案、建议案、组织视察或检查等途径影响自治县政府决策。

4. 自治县人民政府

自治县级人民政府是行政决策机关，也是我们研究的重点。自治县行政决策是政府行政管理的主要部分，除法律另有规定外，自治县行政决策就是对一切社会公共事务加以具体筹划，决定如何办理，形成政策、策略、办法、规定和意见，其中有些化为群众的自觉行动，有些则以国家权力为后盾通过行政措施和行政行为贯彻实施。与自治县级权力机关相比较而言，作为自治县政府权力机关的执行机关，它执行的主要内容就是对如何完成执行任务进行决策，日常工作就是决策和执行决策，从这个意义上说，它既是决策者又是实施决策者。

我国宪法、法律和民族区域自治法规定，自治县人民政府对以下问题有决定的权力：对有关党的路线、方针，政府和国家的法律和法令，以及上级的决策在本县的贯彻执行；关于全县范围内的农业产业结构的调整及多种经

---

① 谢庆奎、陈淑红等：《县政府管理——万宁县调查》，中国广播电视出版社 1994 年版，第 136 页。

营发展的规划;关于全县乡镇企业,个体户企业的发展战略及确定本地区的优势行业产品的发展问题;关于全县交通运输,贸易流通的发展战略;关于全县科技、教育、文化、体育、卫生事业的发展规划及人才开发战略;控制全县人口发展的问题;关于全县社会治安及环境保护方面的问题;自治县其他突发性事件的处置等等。这些决策贯穿于自治县政府事务管理的全过程,在县级政府实施中属于核心地位,直接影响自治县政府管理的水平和效率。S自治县政府实行县长负责制,副县长实行分工制,不同部门的问题汇报给分管该项工作的副县长,副县长再汇报给县长或在县长办公会议上提出进行决议。

从自治县一级的决策权及机构来看,一般存在着好几个权力机构,如自治县县委、县人大、县政府、县政协,自治县政府的决策往往不是单纯由县政府作出的,各种权力决策机构之间互相制约、互相协调。虽然现在各级政府的行政权力能够较大限度地行使,但它受到各种条件制约仍然是很明显的。在这里,做为研究的重点,我们主要是对自治县政府机关做出的行政决策来进行研究,故对有决策权的其他权力机构不做进一步的分析。

二、自治县政府行政决策的原则

民族自治县行政决策所应遵循的原则,总体分析,应该是一般原则与自治县独特行政环境的特殊原则相结合,实践性与理论性相结合。具体讲,主要有以下几点:

第一,可行性原则。行政决策的目的是为了解决自治县公共治理中出现的问题,大多数决策是以一定的问题为前提,因此,决策的可行性就是进行决策时首要考虑的重要因素。决策方案必须以可行性为基础。对于自治县政府而言,行政决策的目标要符合自治县的实际情况,一方面,行政决策要充分把握、理解本地区、本民族的基本发展情况,要对本项政策实施的行政生态环境进行科学、理性的判断,通过现代信息技术和经济学的成本效益分析等工具进行定量测定,尽量使决策的预测程度科学化、定量化,以此可以从理性角度进行行政决策的科学测定,摆脱单纯定性做决定的行政方式,任何行政决策都不能做到完全理性,而只能做到相对理性。另一方面,在对行政决策进行科学性判定后,也要考虑到社会因素,任何政治手段的实施都要有一定的作用客体,行政决策也亦然,行政决策的重要目标群体之一就是社会公众,社会公众是否接受、是否满意,这是任何一项行政决策都要考虑的,相对理性化的决策在实践运行中可能会遇到接受对象的误解甚至阻挠。最后,行政决策的制定要考虑到自治县的实际情况,在人力、物力、财力、信息等方面能否保证决策的顺利实施,如果难以保证,则决策可行性就会降低。当前,有些自治县为了迎合上级政府的决策,做了很多不切实际的形象工程,盲目上项目、做决策,但是决策实施过程中资源难以保证,有的项目以低质量完工,有的项目则半途而废,导致了资源上的浪费和社会公众的低满意度。

第二,公平与民主原则。公平与民主是现代政府追求的核心价值取向,政府组织是公共组织,拥有社会公共性权力,不同于私人组织和社会组织,政府在行政治理过程中要考虑到社会公平,尤其是中国提出了全面建设和谐社会的目标,和谐社会不只追求社会经济的飞速进步,更重要的是满足不同社会群体的利益诉求,即所谓的实现社会公平。任何一项公共政策的出台都不能只考虑少数群体的利益,要以大多数人民的利益实现为准则。自治县政府是基层政府,面对广大农村农村,社会的公平是自治县在行政决策时非常重要的因素。只有社会公平,社会才能稳定,而没有社会稳定,就不可能实现和谐社会。公平和民主是相辅相成的,尤其是知识经济和信息社会的今天,民主已变成历史发展的必然趋势。自治县政府在行政决策时,要充分发扬民主,实现公民参与,听取公众意见,满足公众的利益。一切相信群众、一切依靠群众,从群众中来、到群众中去一直是我党行政决策的出发点和归宿点。自治县政府及行政人员应该深入到各族群众中去,广泛听取他们的意见和要求,并认真地研究和总结,及时掌握较为全面的信息和情况,只有在此基础上,才能形成可行、科学的行政决策,才能做到决策的集思广益。这样既能保证决策的科学化,又能使决策得到各族群众的广泛支持,从而保证决策的顺利实施。

第三，开放和创新原则。对于交通落后、长期处于封闭状态下的大多民族县来说，行政决策的开放性尤为重要。决策系统本身就是一个时刻处于动态、开放的系统，要求系统各个子系统都具有动态适应性。对于自治县而言，自身独特的区位特征决定了在进行决策时，要借鉴学习发达省市的先进经验，要在相对开放的条件下与外界发生联系，进行信息交流，并结合自身行政环境进行决策，才能使行政决策机关自身不断完善、不断发展。同时，自治县政府的行政决策要适应本县不断发展的这一基本情况，反映不断变化、前进中的经济、社会规律，就必须具有开拓创新的胆识，使行政决策具有创新性。改革开放，发展社会主义市场经济，使各民族自治县决策者们面临着更为复杂、更为广泛的决策对象，这也要求他们具有更强的应变能力和创新意识。例如，地处内地山区的云南峨山彝族自治县采取"扬长避短、形式多样、互利互惠，共同发展"的方针，打破地区、行业界限，积极实行对外开放，以优惠条件引进专业技术人才，引进资金、技术项目，重点发展矿山开发、冶炼、大理石加工、制革、酿酒等地方民族工业，加快了全县工农业生产发展步伐。①

第四，果断和动态原则。所谓决策中的果断性主要体现在现代行政管理的动态性，现代行政管理中对于危机事件的处理能力要求提高，越来越多的突发事件迫切要求行政决策的果断性，问题产生后，要在最短时间内做出科学的决断，缩短决策的滞后时。由于受决策者能力和行政环境的限制，即使是具备果断性的、优选的方案，随着事件处理的进展不一定完全符合实际，特别是在情况较为复杂的自治县。自治县直接面对的基层农村农民，农村多变的突发事件较多，而且较为复杂，在事件的过程中存在许多未知的变化，变化较大，这就决定了自治县政府行政决策的权变特点。所以，行政决策在实践过程中，要随时随地通过信息反馈进行决策的及时修正和完善。

除了上述原则之外，决策的系统性、决策的优化预测等都是自治县政府进行行政决策时应该遵循的原则。归根结底，一切行政决策中，最基本的原

---

① 李根、刘文光:《民族自治地方行政决策探析》,《前沿》2005 年第 2 期。

则就是一切从自治县的实际情况出发,实事求是,与时俱进,做出相对科学、满意的决策。

三、自治县政府行政决策的特点

自治县政府行政管理行为的特殊性,决定了它的行政决策具有以下别于一般县政府行政决策的几个特点:第一,从决策主体看,自治县政府行政决策的主体具有突出的民族化特点。自治县政府行政决策是处理自治县内的经济社会事务,故行政决策的主体只能是自治县政府的行政首长和政府组成人员。行政首长作出的决定是个人决策,政府组成人员作出的决策是集体决策。行政首长是实行民族区域自治的少数民族公民,政府组成人员中也有相当数量的少数民族公民。因此,自治县政府的行政决策主体具有民族化特点。[①] 第二,从决策内容看,自治县政府的行政决策内容涵盖了自治县一切的公共行政事务,具有明显的广泛性。它涉及到自治县的政治、经济、文化和社会生活各个领域,这种广泛性是由它的行政管理职能的广泛性派生出来的。第三,从决策依据看,自治县政府的行政决策是自治县各族人民意志和利益的具体体现。政府的决策来自人民,也代表自治县人民的意志和利益,所以,必须从自治县的实际出发,依据自治法及自治条例和单行条例进行决策。提高行政决策的法制性,将国家利益与自治县各族人民的利益高度统一起来,并具备普遍的约束力,使决策的实施有了可靠保证。第四,从决策约束的对象看,自治县政府的行政决策具备的法制性,使之有了较强的约束力。这种约束力不仅对在其行政管理范围内的一切企事业单位、政党、群众组织、公民,以及它自身的行政管理组织及工作人员有效,而且对上级国家行政机关也有效,从这一点说,自治县政府的行政决策约束力具备了上行性。

---

① 段尔煜、刘宝明:《中国民族自治地方行政管理学》,中央民族学院出版社 1994 年版,第 172 页。

四、自治县政府行政决策的系统

自治县政府行政决策的复杂性表明了决策应该成为一种具有合理职能分工的集体行为，在一定意义上说，决策的复杂性是决策中集体行为的复杂性，特别是在民族自治县这样情况十分复杂的行政单元中，个人行为的运作表现出个体利益的自我协调，集体行为的运作就是群体利益或者多种利益之间的相互协调。随着行为复杂性的发展也使得自治县的行政决策越来越走向体制化。自治县行政决策的系统框架通常由决策中枢系统、决策咨询系统和决策信息系统组成，三个系统既构成行政决策的静态组织系统，又参与行政决策的整个动态过程，三者间各有分工、相互独立，却又密切合作、互为补充。作为特殊的行政区划，自治县的行政决策体制呈现出自身鲜明的民族特色。

1. 决策中枢系统

亦即行政决策决断系统，是由自治县政府及其行政领导班子构成的权力机关，是行政决策制定活动的组织者和决策的最终决定者，是自治县行政决断系统中的核心。它依法具有决策权，对当地行政事务和社会事务作出具体决定，是行政机关的中枢。它对本县的经济、教育、科学文化、城乡建设、民政、公安、民族事务、监察审计等工作进行决策并指挥实施。

行政决策中枢系统在行政决策过程中发挥着重要的作用，贯穿于行政决策的整个过程，直接决定着一项决策的成功与否。首先，决策机关和决策者要从县域经济发展出发，在众多发展项目中选择出优先问题和关键项目。然后，决策中枢系统要根据最终项目的特点，广泛争取决策系统内和系统外群体的建议，要组织实施专家研讨会，召开公众听证会，以确定此项行政决策的可行性，并研究部署具体的决策执行方案。进而，在政策方案出台前，要对决策方案进行全面权衡和综合考虑，最终确定决策实施的实践价值，这也是行政决策中枢系统最主要的职责和核心工作。在决策具体实施的过程中，中枢系统还要及时追踪和督导决策实施过程，不断修改和完善决策内容。

自治县的行政决策系统必须体现精干、高效、协调、统一的原则,决策权应保持高度统一,决策系统机构数量不宜庞大,机构工作人员不宜过多,系统人员在知识、能力、经验以及气质等方面要进行合理优化配置。根据我国宪法和民族区域自治法的规定,自治县的决策系统主要领导应由实行区域自治民族的公民担任,自治县往往是多民族聚居的地方,行政决策领导者的配置在民族上亦应进行优化,要考虑到不同少数民族人民群众的利益诉求,要合理安排各个少数民族干部的工作,既体现出决策系统的集体智慧,又要促进民族地区社会的和谐发展。同时,在决策系统中要尽量做到分工明确、权责统一,在上下级决策机构之间、不同决策部门之间要合理划分决策权限和责任归属,要特别注意少数民族干部和汉族干部之间关系的协调和工作的分配,要尊重少数民族干部的民族情结,克服某些领导只从本民族利益出发、只要权力不要责任的行政心态,在进行决策时不仅要考虑项目的短期实效性,更要着眼于大局、社会,更多的是从整个自治县各民族共同发展的角度考虑问题,做到真正为民族利益、真正为少数民族群众做决策的服务观念,更要做到观念、知识、素质上的与时俱进,要多向发达省市的决策机构领导学习,采用现代化、科学化的决策手段进行决策。决策中枢系统能力水平发挥的程度直接决定着行政决策的方向和失败。所以,在任何一项决策进行前,决策中枢系统的优化配置都是必须认真考虑的主要问题。

2.决策咨询系统

亦即参谋系统或智慧系统,是行政决策的外脑,是现代政府进行决策必要的有利补充。咨询系统在行政决策中的作用在于弥补领导者职位职责与实际能力之间的差距,帮助决策中枢系统做出正确决策的辅助机构,遵循谋断分开、只谋不断的原则,辅助决策中枢系统发现问题,提出决策目标,根据目标进行实地调研、收集信息、理论分析,并提出解决问题的建议性方案,为领导者评估选优、确定方案提供科学依据,在决策执行过程中对执行情况进行检验和信息反馈,及时发现、纠正决策中的偏差,提供修正建议并追踪决策方案,为决策机构提供决策支持与预测评价。咨询系统一般是由政府内部政策研究机构、半官方咨询机构、民间咨询机构、院校的研究机构等构成,咨询机构的成员主要是各个领域、多学科的专家学者组成,是一个高智能的知识集团,具有不同的专业训练,学识渊博,创造能力强,具有一定的独立性,能够采用现代信息科学技术进行独立自主性的研究。

我国民族自治县行政决策中的咨询系统目前主要是由政策研究部门、学术研究团体和软科学专家组成,其主要任务是为领导出谋划策。如自治县人民政府政策研究室,就是专门从事县域发展重大政策及决策的调查研究部门,根据县域社会发展的需要为领导决策提供理论支持。自治县区域辽阔,自然资源丰富,自然环境较复杂,民族分布复杂,民族差异性较大,不同区域之间生产方式相差甚大,单纯依靠政府主要领导者的智慧而缺乏专家智囊团的参与,往往很多问题难以得到有效解决,必须要充分依靠各类专家、各类专业人才的智慧,根据不同的政策要求,集中来自不同民族、熟悉本民族语言和民族风情的专家的智慧进行科学决策。这样使决策更加符合各民族的实际情况和利益诉求,智囊机构组成的多民族性体现了民族地区行政决策智囊机构的突出特点。而且,大多数自治县地处边远地带,由于历史的原因,经济文化发展相对落后,领导干部的知识水平相对较低,因而,民族领导干部在决策时,就更需要发挥咨询系统的参谋作用。在确定地区开放战略、制定对外交往政策时,自治县政府对决策咨询系统的需求范围更广泛,质量要求也就较高。目前,自治县政府发展过程中,对待行政决策咨询系统普遍存在很多问题,诸如:政府领导对研究咨询机构重视程度不够,决策研究机构工作受领导影响很深、工作缺乏独立性,决策研究中可采纳性决策偏少,咨询系统运行处于"条块"分割、资源极度浪费。总之,决策咨询系统是民族自治县行政决策体制中的重要组成部分,它对自治县的决策系统有很大的依附性,同时也起着很大的影响作用。充分发挥自治县行政咨询体统的作用,是自治县政府和领导干部做好各项决策的重要保证。

3. 决策信息系统

决策信息系统是行政决策中枢系统的"眼睛",是行政决策组织体系的基础。任何一项行政决策,都离不开信息的输入和输出,能否及时、快速、准确的得到有用的信息,并及时运用现代科学技术进行信息的加工处理,是行政部门进行有效行政活动的必要前提条件。信息系统包括所有从事获取信息、加工信息、传送信息以及贮存信息的人员体系和工作体系,主要由情报部门、信息分析部门、信息归档部门、数据库管理部门等组成,其主要任务是把来自各种信息源的行政信息集中起来,进行科学的加工和处理,然后传输给决策中枢系统和决策咨询系统,为决策提供可供参考的资料。行政信息系统对于行政决策的科学化、民主化、合理化有着重大的意义。

当前,自治县行政决策信息系统已经初步建立,多数自治县政府建立了综合性信息办公室,各组成部门也建立了不同类型的信息办公室,在我们调研的 S 和 F 自治县政府也都建立了政府信息办公室。但总体看,自治县的信息工作起步较晚,尚未建立网络化信息平台的自治县政府还有一部分,已经建立行政信息系统的政府存在不少问题,各自治县之间发展很不平衡,有的自治县政府信息办是挂靠在别的部门机构里,有的自治县政府信息办不受县领导重视。由于我国历史、经济和政治的原因,自治县政府人治色彩依旧很浓厚,单一民族发展意识很强烈,领导对决策信息系统的信赖程度较低,行政人员数量、行政经费等都难以得到有效保障,一些决策主体不重视信息的收集、处理和保留,将本部门的信息封锁起来禁止对外发布,造成了信息的闭塞。多数自治县的区位特征就制约了信息化的平台设计,地处偏远山区,环境封闭,交通不便,信息设施基础比较薄弱,专业化的信息机构数量有限,难以形成完整的信息网络群,这些客观条件都限制了政府信息系统的建设。由于政务公开的程度有限,新实施的政务信息公开法在自治县的实施还没有完全到位,信息公开数量有限,政府活动依然缺乏透明性,信息来源与信息质量受到较大的限制。自治县政府行政人员文化水平普遍较低,信息处理技术、处理办法相对落后,信息加工能力比较低,很多杂乱无章的信息难以有效整合,信息管理制度也比较落后;一般信息过多过滥,有效适用性信息偏少,信息时效性较差;而且行政决策信息的来源获取渠道往往还是利用传统信息渠道,如报纸、内部参考、统计资料、下级部门汇报等,信息呈现单向流动,传输环节繁多,现代网络化信息统计能力较低;有的部门往往从部门自身利益出发,对信息进行选择性、利益倾向性的汇报,导致信息失真,难以保证信息收集的准确性和真实性。这些问题都制约影响着行政决策问题的发现、决策方案的制定、决策实施的效果等,造成政府决策建立在信息有效需求不足的前提下制定,使行政决策从一出台就存在着决策失灵的可能性。所以,自治县政府要特别重视行政信息系统的建设,要充分意识并广泛宣传信息在自治县政府行政管理中的重大作用,要加大信息系统建设上的人力、物力、财力等资源的投入,真正从领导层意识到信息等辅助决策系统的价值,要全面建立负责信息收集、加工、归档的专门职能机构,在信息系统基础设施的建设中,要大力发展交通、电视、电话、网络等通讯设施,尤其要重视电子政务在信息系统中的平台作用,政府要建设门户网站进行信息的交流和信息的发布,利用网络拓展行政决策信息源,实现区域间政务信息共享,同时利用政府内部网络进行行政事务的在线处理和传输,缩短了传统繁重行政事务的工作流程,也有利于政务信息的及时整合。在信息加工环节,自治县政府要总结一套行之有效的信息处理经验,要充分借鉴现代化的信息处理流程和处理技术,进行科学理性决策,引进发达地区相关软件技术,真正做到信息的去伪存真、去粗取精,及时完备信息资料库的信息储存,提高信息的利用率。

第二节 自治县政府行政决策的程式

自治县是民族地区经济社会发展的细胞,是国家政权的基础部分。自治县政府行政决策是自治县政府为实现未来目标,根据客观条件,借助一定方法,从提出的若干个备选的行动方案中作出抉择,并付诸实施的过程。行政决策作为一个动态的系统,跟其他任何管理决策一样,都需要遵照一定的程序,按照一定的步骤进行。近几十年来,学者纷纷从不同的视角提出了行政决策的过程,对行政决策程序的步骤研究繁简不一,例如,美国行政学家赫伯特·A.西蒙认为,决策程序包括四个阶段:情报活动、设计活动、抉择活动、审查活动;哈罗德·孔茨认为,在目标已经确定的情况下,决策过程由拟定抉择方案、评价抉择方案、选取抉择方案三阶段构成。国内很多学者也对此提出了很多观点,谢庆奎认为,决策程序应包括:问题来源及形成、问题分发转接、分析综合过程、谈判过程、正式决策的形成五阶段。国内学者的观点本质上区别不大,一般来说,都是遵循行政程序的一般过程,首先要弄清楚需要进行决策的问题,分析该问题的种种要素,运用各种技术手段进行决策的具体化,提出若干解决问题的方案,通过对比研究,进行最优化决策选择。我国自治县政府的行政决策的基本程序也亦然,具体分为四个环节。

一、发现问题,确定决策目标

任何决策都是从发现问题开始的,是行政决策的起点,决策都是为了解决一定的问题而进行的,如果决策者不善于发现问题,面临的主要问题没有抓住,那么决策就会毫无头绪,无的放矢。决策者必须培养自己的政治高度敏感性,学习寻求问题的各种技巧,力求在调查研究的基础上及时发现问题,全面准确的把握信息,确定解决问题所要得到的结果,即确定决策目标。当面临许多错综复杂的问题时,要综合分析主要矛盾和次要矛盾,再对主要矛盾的主要方面进行区分,最终确定最关键性的问题。自治县政府行政决策问题的提出一般有五种情况:一是自治州、自治区等上级主管部门提出问题,要求自治县政府拿出具体实施方案并进行处理;二是自治县人民代表大会代表根据自己对自治县各领域的调查研究,在实证分析的基础上,向县人代会提出建议性议案,通过人代会提请县政府予以解决;三是由县长、分管各部门的副县长在日常工作中,根据下级汇报的情况,提炼出某些重点问题,在县长办公会议上提出来,以供决策参考;四是自治县政协以建议、提案的形式向县政府提出政策建议;五是公众和社会组织根据自身利益的诉求,通过政府网站、领导信箱、信访电话等形式提出的问题,由负责整理回复的各信息部门汇总各类问题,交由县政府会议讨论。这些问题的形成大多来源现实的需要,形成于客观要素的推动。自治县政府在全面收集相关信息的基础上,要深入调查了解问题的有关情况,并在系统分析的基础上来确认需要解决的问题,确定决策的目标。

问题之所以成为问题,是现实状况与应该达到的目标存在着矛盾,作为政府行政的决策者,发现问题一定要透过现象看本质,正确把握问题的实质、影响范围和程度,同时也要善于挖掘问题产生的原因,找到矛盾的主要方面和次要方面。如果问题的确定存在着错误,那么决策也就不会正确。自治县政府只有通过深入细致的调查研究,才能发现真正实际存在的问题,并找出问题的主要焦点,对症下药,确定决策目标。一个正确的行政决策目标,应符合几个条件:一是目标必须符合自治县的实际情况,要有具体的针对性和实施性,要体现自身发展特点;二是目标不能是空洞的理论渲染,要明确具体,内容要实在可行;三是整体与局部、国家与自治县、各民族的长远利益与现实利益的有机统一;四是行政目标的实施要考虑自治县自身的能力,不能超出自治县人力、物力和财力的承受度;五是目标必须有利于自治县的资源优势、区位优势和环境优势等的发挥。决策目标的确定要以党的路线、方针和政策为指导,体现广大人民群众的利益、意志和要求,目标要在内容、质量、数量、规格、地点、时间、责任等方面有明确规定,指明各项指标主次缓急及其发生矛盾时的取舍原则,明确规定实现这些指标的条件和措施。自治县行政机关在确定决策目标时,要形成既有总体目标,又有具体目标,上有大目标,下有小目标的目标体系,并注意多目标决策中各目标之间的主次关系、层次关系和制约关系,从而使决策更准确、更符合实际情况。

二、集思广益,拟定决策方案

决策目标确定以后,在拟定方案前,认真搞好调查研究和科学预测是拟定方案的基础。决策者和有关部门及人员应深入到各族群众中去,进行全面周密的调查。只有下工夫调查收集有关的统计数据、文献综述、专题报告等资料,特别是关系民族自治县国计民生的关键材料,应广泛依靠群众和专家咨询部门的力量。在调查的过程中,凡对解决问题有意义的情况,都要尽可能地了解,掌握完整可靠的信息资料,对于影响决策起关键作用的资料,更要肯于下工夫。在掌握了大量信息材料的基础上,决策者应领导并组织有关部门和人员进行认真分析研究,精心设计并确定决策方案。

自治县政府在实施方案时,一般都要注意到以下几点:一是方案的多样性。拟定各种可能的方案,这是自治县政府行政决策的基础,如果只有一个方案,就没有比较和选择的余地,也就无所谓决策。在国外,有一句关于决策的格言:"如果看来似乎只有一条路可走,那很可能这条路是不该走的。"因此,准备可供选择的各种方案的好坏,常常在很大程度上影响到决策的质量。二是方案的周全性。设计实施方案时要力求整体上的周全,穷尽一切最大限度可能的方案。三是方案的差异性。每个方案都有明显的差异,以体现侧重点的不同,如果多个发展自治县教育事业的方案大同小异,没有明显的差异性,那么再多的方案,基本上也是一个,没有太多的实际意义。四是方案要精确。设计方案要精确,一般分两步进行,粗拟阶段可采用逻辑推理、信息收集、联想以及预测等办法,提出方案的大致轮廓,也就是先寻找简便易行的方案;在精心设计的阶段,则是要把粗拟阶段提出的每个设想都加以充实,把可能遇到的各种困难、问题和矛盾都认真考虑进去,能定量分析的尽量用准确的数据表述,并制定出控制办法和应变方案及相应的补救措施。发现与确认问题及确定目标是相互联系的拟定方案、要求得到决策目标途径。自治县政府要尽可能地开拓思路拟出更多的决策方案,再逐个设计并自我评估,形成几个可行的备选方案。

拟定方案一般由自治县政府领导者作出,领导者自身的素质与喜好在方案的拟定中也有一定的影响作用。同时,拟定方案与筛选决策方案不是分割开来的两部分,拟定方案的过程同时又是不断筛选的过程。拟定方案固然要注重尽可能多渠道全方位地搜集信息,但同时也要有侧重点,要善于抓住对解决矛盾起制约作用的关键因素,及时排除可行性不大或效果不显著的方案,对于筛选后的方案也要进一步地去完善。

三、综合评价,方案的评选与审批

在备选方案拟定之后,决策的下一步就是对各种方案进行比较甄别,以作出最佳选择,这一步非常关键,因为它将直接关系到行动的方向以及达到什么目标的问题。自治县政府要对几个可行的方案进行分析比较,选出最能保证实现主要决策目标的满意方案,集思广益,在专家可行性论证的基础上,再由决策者决定下来。

评选审批决策方案要在调查研究和设计方案的基础上才能够进行评估,并从中作出正式的决策。自治县的行政决策者们要抓主要矛盾,综合评价,择优抉择。任何一个决策方案,都不是万灵、没有错误之处的灵丹妙药,对于决策方案的优劣,应该综合评价,看其是否抓住了问题的主要矛盾,是否解决问题最彻底、最迅速有效,同时,选择后的代价也最小,风险较小,而收效最快。为了选择到最佳方案,必须根据以往评选方案的经验分析法,借助数学方法进行量化分析,以及选择几个备择方案分别在局部地方试验的实验法有机结合起来综合运用。不过在自治县的实际决策当中,由于制约因素繁多,所谓的最优方案也只能是相对的,而不是绝对的。

自治县政府确定了实现决策目标的最佳方案后,还必须对该方案进行可行性论证。这也是决策程序中的一个重要环节,特别是一些事关民族自治县经济和社会发展的重大问题,更不能少了这一环节。可行性论证是由自治县政府组织有关专家和实际工作者分析研究实施方案的条件是否具备。首先,要分析限制性的因素,因为任何方案的实施都会受到各种客观条件的限制,通过分析它的限制因素,了解必要条件与现有条件的差距,以及有无缩小差距的可能。其次,分析潜在问题,把在实施方案的过程中可能会出现的各种问题都考虑到,看产生意外时是否有能力控制,并制定各种预防、应急措施。再分析实施方案的结果,考虑决策对自治县政府的行政管理对象有无消极影响,经过论证可行后,方案才能付诸实践。如果在重大问题上出现截然相反的意见和见解,应进一步去分析论证,绝不能贸然拍板决定下来。

四、实践运作,决策的追踪与完善

经过可行性论证确定实施方案后,标志着自治县政府行政决策基本形成。但是行政决策是为行政执行提供依据和导向,所以实施方案才是整个决策过程的归宿。这就要求在实践过程中,不断地去完善方案。任何决策,其科学性、可行性如何,只有经过实践检验才能最后断定,因为受决策者能力和环境条件的限制即使是经过优选的方案,也不一定完全符合实际,特别是在情况更为复杂的民族自治县一级的行政环境,一切事物都处在动态的发展过程之中,许多新情况在选择方案时是难以预料的,因此,行政决策在实践过程中,要不断地通过信息反馈进行补充、修正、完善。

在实施方案的过程中,通过了解情况,及时反馈发现的问题和偏差,为修正方案提供依据,使之更趋科学和完善。对决策进行追踪,它是确保自治县政府各项重大行政决策目标得以实现的不可缺少的决策方式,应该予以高度重视。自治县的行政决策还必须建立控制系统和报告制度,拓宽反馈渠道,保证反馈信息的全面性和真实性,以便正确掌握在决策过程实施中出现与原有目标的差距。此外,自治县政府对于自己在发展民族经济、社会等重大问题上经反复检验的一些成功决策,应进行特殊的追踪反馈,认真总结经验,为完善自治条例、单行条例、发展民族区域自治制度提供实践依据和理论依据。

至此,自治县政府的行政决策过程才算完成。

以上自治县行政决策的四个步骤及其方法是相对而言的,是就较为重大和复杂的行政决策而言的,在具体运用时可以根据具体问题灵活变通,各步骤及其方法之间可以存在某些差异或合并,因为自治县环境复杂,情况多变,我们不可能以一个或某种一成不变的僵化模式来规范自治县的行政决策活动。不同自治县之间千差万别客观情况,决定了自治县政府一切从实际出发,灵活把握决策实际与方法,才能获得最佳的决策效果。

第三节　自治县政府的实际决策过程

一、S自治县政府的决策过程

政策问题形成并成为政策议程之后,就进入了实际的决策过程。自治县政策议程的建立也只是表明有关问题被接受为应被研究和解决的问题,而至于如何在各种解决方案中进行一定的选择,最终的方案是什么样子则是最终决策过程的事。具体到不同的自治县,政策决策的过程则又有所不同,以下我们以 S 自治县政府的实际决策过程来做分析。

自治县行政运行的第一步就是决策,这个决策属于地方决策和贯彻执行决策,也就是把中央和上级政府的决策与本行政区的社会经济发展结合起来加以贯彻落实。首先我们来分析 S 自治县政府的决策方式,根据决策不同的标准,决策方式可以划分为许多类型,例如从决策过程中上级政府和下级政府之间相互关系出发,可以划分为自上而下、自下而上及上下结合三种方式;根据决策过程中参与人数和机构的多少,可以分为多部门会议决策、联席会议决策、部门性专题会议决策、领导个人决策等;根据决策得以实现和发布的手段和技术不同,可以划分为领导批示、下达正式文件、召开会议、电话通知等。在 S 自治县政府的实际决策中,决策主要由自治县委全委会做出,县委全委会由委员、候补委员组成,具体成员构成如下:县委书记、副书记、纪委书记、政法委书记、宣传部部长、人大主任、政协主席、县长、副县长、财政局长、民政局长、人事局长、公安局长、县共青团书记、妇联主任、各乡镇党委书记等,换言之,由自治县五大班子(县委、县政府、人大、政协、武装部)的主要领导和各乡镇一把手组成的全委会构成了 S 自治县行政决策的权力中心。在这个行政决策中心所形成的决议,经过人代会的批准后就成为了合法的政策被自治县政府所行政执行。

就自治县政府决策的主要内容来看,S 民族自治县政府所关注的问题较为广泛,主要包括:提升自治县的综合实力,即国民生产总值、国民经济年均增长速度、国民经济构成、经济增长方式、科学技术政策及自主开发能力;同时提升自治县民众的生活质量,即人均国民收入、住房制度、教育的普及、公共交通与卫生、生态环境的改善、医疗保健与社会安全等等。在这些问题中,县政府的决策多以经济建设为重点,决策内容的选择多从解决经济建设和社会发展的重大问题出发,以加快自治县域经济和社会的发展。

S 自治县政府制定的行政目标从时间上看分两种:一种是以五年为期的行政任务规划,即自治县自身的五年发展计划,如 2006 年 3 月通过的 S 自治县"第十一个五年计划",它是一个带有蓝图性质的发展目标,涵盖自

治县发展的各个方面,我们来看 S 民族县经济发展的第十一个"五年计划"的部分内容:

材料 6-1:

"十一五"期间,我县的经济社会发展指标为:

——国内生产总值年均增长 13% 以上,到 2010 年 GDP 达 13 亿元以上,人均 GDP 达 4000 元左右;

——财政总收入年均增长 18%,2010 年达 9000 万元以上,地方财政收入年均增长 15% 以上,到 2010 年达 6000 万元以上;

——规模工业产值到 2010 年达 12 亿元左右;

——农民人均纯收入年均增长 12% 以上,到 2010 年达到 2800 元以上;

……

资料来源:S 民族自治县县委文件[2004]第 11 号。

这个五年发展规划,实质也就是未来五年中政府所要达到的一个总的行政目标,当然,具体分析它的各项指标和要求,各项目标都能够实现的可能性并不是很大,有的仅仅是列个数字,通常看到的只不过是一个职守确定而行政无能但却漫天许诺的政府形象而已。另一种是年度的行政目标,它直接指导自治县政府行政运行的任务规定。这些目标的制定,总是表现出一种超常规、加速度的目标取向,其原因是自治县政府对政绩的追求致使行政目标的制定必定是高于、至少不能低于其他县或自治县的增长率来设计的。这样的行政目标,对于像 S 自治县财政每年都入不敷出的国家级贫困县而言,自治县政府的行政决策,在一定程度看它反映的好像并不是一个经济和社会发展的政府决策,更像是一个政治决策,并不是一个完整科学的行政决策。

不同的行政目标确定下来之后,便进入了为达到目标所必须完成的各项行政任务的执行程序。在自治县的科层等级制中,一项行政事务的推行必以相应行政控制手段层层节制下去,使任务得到明确无误的执行,非如此,则可能发生权责分离、事权不统一的无效现象,甚至会出现偏离行政目标的行政行为。基于这样的认识,对于S自治县政府来说,形成一个有制度化保障的明确的权责界限就显得十分必要,为此,自治县政府设计了多种制度化保障的手段,来约束和控制行政行为,以便完成行政目标规定的任务。

其中之一是目标管理责任制。

其中之二是岗位责任制。

自治县政府行政决策实施后,便是反馈。通过反馈,进一步检查和评估县政府决策的正确性与可行性。S自治县政府决策的反馈工作主要是通过县委办、政府办、纪检会、监察局、审计局、政策研究室、县委综合组和政府办的调查组等智囊部门,把决策实施过程中的意见和问题反馈到政府。自治县政府综合分析这些建议,总结决策实施的作用和存在的问题,进行决策进一步修正和补充。

二、S自治县行政决策案例分析

以上我们主要从理论和制度上描述了自治县政府行政决策的一般过程。在实际的生活中,不同的机构具体如何来发挥它们的作用,自治县政府是如何处理不同来源的政策问题,行政是如何被修正、不断完善的,最终结果怎样产生等等问题,很难用一个具体的框架来说明。为了增进对民族自治县政府决策的了解和认识,我们选取了两个S自治县政府的行政决策案例试图来做进一步的说明。

案例一:关于经济发展环境治理的行政决策

环境决定着资金、人才、技术等生产要素的流向,直接影响着一个地区经济的发展,经济环境建设对民族自治县经济与社会的发展有着非常重要的作用。

在S自治县,县政府在行政决策之前,对自治县县域经济发展环境的认识统一了思想。在分析到自治县取得的成绩和进步的同时,政府部门也看到自治县在经济总量、发展速度、项目支撑上与周边县(市)相比存在着不小差距,基础设施仍很薄弱,农村贫困面大,农民增收缓慢,财源结构单一,收支矛盾突出,自治县级财政自给能力尚未形成。在经济发展和招商引资以及激活民间资本参与自治县经济建设的环境上,县政府认识到经济发展的环境与先进发达地区相比,有着较大的差距。环境问题已经成为制约本县当前经济发展的一个突出问题,其主要制约反映在:一是办事效率低,干部职工服务意识较差,投资者"办事难"的问题还没有得到根本的解决。二是信誉不高,政策难兑现,好的政策往往到不了位,该办理的拖着不办,使部分投资者对政府部门失去信心。三是"五乱"(乱收费、乱罚款、乱摊派、乱集资、乱检查)现象仍时有发生,执法不力。四是投资者经营的经济纠纷处理力度不大,投资者权益难以得到保障等,这些问题的发现说明了自治县经济发展的环境仍然面临着这样那样众多的问题,这些亟待解决的问题,就反映到了自治县政府决策者们的面前。

如何趋利避弊,构造自治县良好的投资环境,充分发挥优化投资环境在西部大开发、招商引资和利用民间资本在自治县经济建设的作用,是摆在自治县行政决策者们面前的重大课题。因此,自治县政府决策部门进行了大量的调查研究,在此基础上,就 S 县的实际情况与其他先进地区、县(市)进行分析,认为不论在经济发展自然地理区位条件还是在基础设施、经济基础、干部群众的认识程度上都相对处于劣势。如果不在经济发展投资的软环境上下功夫,自治县利用什么能够吸引外商。同时也认识到经济发展的投资环境尤其是软环境建设是一项成本低收效大、而难度高的开发投入,加大治理经济发展环境,目标主要是改善和优化现有的人文环境条件,使之达到对投资者富有吸引力,并愿意投资的效果。相对于基础设施和自然生态等硬的环境建设,软环境建设所需要的资金甚微,而形成良好环境即使不花很大的代价,只要服务到位,优惠政策兑现到位,营造"为投资者着想,助投资者赢利"的良好氛围,同样可以招商。因此,改善全县的投资环境,就需要把软环境建设摆在重要位置,与硬环境建设配套进行,同步推进。

对经济发展环境问题认识的统一,促进了决策信息的交流,自治县政府决策部门对决策的方案展开了充分的讨论和论证,发挥智囊人员的咨询作用,根据条件和可能,设计同了几种不同的决策方案,以备选择。经过对几个决策方案的讨论,权衡利弊,再经过内部的讨论、论证,关于自治县经济发展环境治理的正式决策就得以确立,在自治县第十三届人大常委会第六次会议上通过了制定的《治理经济发展环境的决定》,其重点内容主要有:(1)严格治理"乱收费、乱罚款、乱摊派、乱集资、乱检查"的行为;(2)严格治理执法和司法中的不公正、不文明、不规范行为;(3)严格治理重点工程中违法违规操作和趁机敲竹杠、索、拿、卡、要行为;(4)严格治理市容卫生、交通秩序、占道经营、户外广告等公共环境;(5)严格治理偷税、逃税、骗税、抗税、买税、卖税的行为;(6)严格治理机关及其工作人员办事效率低,工作飘浮的行为。

对于治理经济发展环境,自治县政府还同时提出治理经济发展的软环境要与依法行政、推进政务公开结合起来,也要与加强党的执政能力结合起来,更要与当前的经济工作结合起来,在 2004 年度前 10 个月,财政收入2709 万元,完成计划的 80%,固定资产投资实际完成 1.53 亿元,占计划的69%,国内生产总值完成了 5 亿元,占计划的 80%。为了确保经济发展各项指标的顺利完成,县政府关于经济发展软环境治理的政策为自治县经济与社会的发展提供了一个富有吸引力、凝聚力的投资热土和良好的创业乐园。

案例二:关于安全生产问题的行政决策

2003 年下半年至 2004 年初,S 自治县相继发生了多起安全事故,给人民群众的生命财产造成了不小的损失,自治县的安全生产形势十分严峻。这一问题的出现引起了自治县政府部门的高度关注,为此,自治县人民政府常务副县长针对这一严峻情况,亲自到出现问题的第一线进行调查研究,并派出专业技术人员分别到不同的工业生产部门去指导,县政府在组织专家认真检查和分析了出现安全问题的一些原因后,连续多次召开会议,进行研究当前自治县出现的生产安全问题。最终于 2004 年 3 月 29 日,在自治县人民政府第一会议室召开了由常务副县长召集的全县安全生产联席会议,专题研究这一问题,在听取各有关成员单位的情况汇报后,对自治县道路交通和矿山、旅游等方面安全工作进行了安排与部署。会议的主要决定包括:

一是要求各乡（镇）、各有关部门务必引起高度重视，进一步增强和抓好安全管理工作的紧迫感和责任感，以对人民生命财产安全高度责任的态度，切实搞好安全管理工作。

二是对县安委办、县国土局，要加大对县境内矿山的检查工作力度，对县境内已发证的所有矿山（矿井）进行一次安全整顿，进行全面的安全检查，并督促其整改。主要检查安全责任制度的落实情况、安全责任状签订情况、安全管理责任人明确情况和安全设施是否到位等情况。在开展检查工作过程中，县公安局要予以积极配合，对县境内未经过安全评估和安全评估未过关的矿山，不得向其出售雷管和炸药。

三是自治县煤炭局要加强有证煤矿和待验收煤矿的安全检查工作，督促有证煤矿强化安全责任制的落实到位，避免有证煤矿安全事故的发生；对待验收煤矿要敦促其认真对照整改内容进行逐项落实并加强安全管理，以便矿井早日验收。

四是县交警、农机、运管部门要继续强化道路交通安全管理，认真按照县人民政府有关文件和会议精神，抓紧建立驾驶员联组，加强对驾驶员的管理，同时，加大路检路查工作力度，对道路交通违章行为进行严厉的查处，限制无手续工程车的行驶范围。县安委办、建设局要继续加大对建筑施工和房屋拆迁安全工作的监督、检查力度和督促施工单位强化建筑施工的安全管理，避免建筑施工和拆迁安全事故的发生。

五是目前即将临近雨季，县地方海事处要加强对各渡口进行安全检查，对未设置有关制度牌的渡口，要与渡口所在的乡（镇）联系，积极做好渡口制度牌的设置工作，对不符合安全要求的公共渡船，要下发整改通知，并督促抓落实。

会议要求各乡（镇）、县政府各部门要充分认识县安全任务的严峻形势，吸取半年来安全生产的多起惨痛事故的教训，充分认识安全生产追究责任的严重性，发扬"四铁"精神抓好安全生产，采取有效措施，努力把各类安全事故降低到最低限度，从而使S县的安全生产形势有明显的好转，较好地为今年政府工作各项任务的顺利完成提供保证。

这两个决策案例，从不同侧面反映了 S 自治县政府决策的科学化与民主化进程。在行政决策的实际运作中，自治县政府基本上是能够重视决策目标和决策内容的选择，注意听取干部和群众的意见，依靠民主的形式来进行决策，并且在决策施行中能够修正决策，这无疑是符合决策原理与程序，值得肯定的。但是，决策过程中也反映出来一些问题和制约因素，其中有体制的，有传统的，也有社会发展过程中新出现的问题，这些问题成为自治县政府部门行政决策走向民主化与科学化的过程中遇到的最大挑战。

第四节　自治县政府行政决策的科学化与民主化

行政决策的民主化和科学化是我国民族地区政治体制改革的一项重要目标，是社会主义和谐社会建设的核心内容之一，也是民族地区经济社会转型发展的客观要求。从纵向分析，自治县政府是执行中央和上级政府政策的基层政府，它受中央的统一宏观调控，承担着落实上级政府政策的责任和义务。从自治县自身来看，作为民族县行政代表的主体，自治县政府微观上又是具有行政决策权的政府。自治县政府决策机制是否完善，直接关系到中央和上级政策在基层能否落实，关系到民族县经济社会发展和群众利益能否得到有效的维护。当前行政决策的总体趋势是向着决策的科学化、民主化方向前进，为了探讨这一问题，我们在对 S 自治县的调查中，也发现了在政策决策方面一些亟待改进的问题，以下就这些问题进行分析，并提出自治县行政决策改进的一些对策，以利于建立民主化、科学化的自治县行政决策机制。

一、自治县政府行政决策中存在的问题

改革开放以来，我国民族自治县政府的大多数政策能够适应当地经济和社会发展的需要，符合人民群众的利益，在实行中得到了群众的拥护，促进了经济的发展，取得了一定的成绩。但是，我们也看到，在我国社会面临着经济转型的时期，特别是进入 21 世纪以来，自治县政府在走向民主化、法

制化的进程中,受历史、客观等各种因素的影响和制约,还存在着不少的问题,这些问题一定程度上延缓和制约了自治县政府行政决策的民主化与科学化。

一是民主化意识淡薄,存在着少数人拍板定论现象。自治县政府在政策决策时,必须充分听取公众、社会组织和专家学者的建议,以"群众拥护不拥护、赞成不赞成、高兴不高兴、答应不答应"作为检验党的路线、方针、政策的最高标准。行政决策必须坚决贯彻集体领导和民主集中相结合的方针,反对行政领导者的个人决策和少数人决策。但在自治县的实际运作过程中,经济文化相对落后的客观历史环境,使得自治县公共行政的决策者们不同程度地受到以往社会生产力和传统观念的影响,一部分人对行政决策民主化的价值和重要性缺乏深刻的理解和认识,缺乏民主作风和对他人的尊重,决策集体内部唯我独尊,搞个人主义,这就使得在自治县政府行政决策中常常出现一些主观、片面、武断的现象,在行政决策中,不能够充分发扬民主,一些决策者搞个人或少数人说了算。"长官意志"、"个人主义"仍是不少自治县领导决策的习惯定式,以致单凭个人好恶进行决策的现象屡见不鲜。例如,在 S 和 F 自治县的某些行政决策制定的过程中,常常是由县委或县政府少数领导凭借感性认知做出的决策,并非是经过多方技术论证、科学缜密的分析的结果,这些决策拿到集体决策会议上通常只是走形式,因为在会前领导干部的决策议题下级或同级领导已经知晓,很多领导即使内心不赞成某项决策,也迫于情面会上表述同意或者不发表意见。部分行政决策甚至采用县长办公会议、书记办公会议的召开代替了常委会的集体决策,假如领导者的建议与多数人的意见发生矛盾冲突时,通常是议而不决,可会后,一般都是遵照领导的建议进行决策,决策仍带有强烈的人治色彩。民族自治县当前在决策中存在的这种非民主化的现象,给自治县政府行政工作造成了不小的失误。

二是方案的拟定缺乏调查研究和可行性论证。自治县政府制定的各项行政政策,原则上都必须要经过充分的论证,符合科学化的要求,有切实的可行性,并能够带来经济或社会效益。江泽民同志也曾提出:"全党同志要始终坚持一切为了群众,一切依靠群众的根本观点,坚持党的群众路线,深入群众,深入基层,倾听群众呼声,反映群众意愿,集中群众智慧,使各项决策和工作符合实际和群众要求。"但是在一些自治县政府的行政决策过程中,往往不经过深入的调查研究,缺乏坚持实事求是的基本原则,行政决策常常是不切实际,劳民伤财,损失严重。

三是行政决策短期行为严重存在,决策失误的责任追究制度缺失。自治县政府行政决策的短期行为主要表现在不顾县域实际发展情况,在决策上未能坚持全面、协调、可持续的科学发展观,决策的制定只有现实的短期成效,长期内缺乏延续性,造成这一现象的原因主要是对自治县政府领导的考核和使用方式。我国政府从上到下普遍要进行政绩考核,在制度上自治县干部的任期是三年,三年内上级领导要考评县级领导的政绩,这种考核方式就造成了决策者只对上负责而不对下负责,刺激了决策者不考虑县域长期发展的客观现实,片面盲目上一些短期能够见到实际效应、但是不利于长期社会发展的项目,目的就是在短时间内得到上级领导的认可,为自己能够在离任后得到更好的提拔打基础。尤其是干部任期很短,有的自治县五年内换了四任县长,流动性又强,加剧了这种行为。"决策是一个延续的系列,上一个决策必然要影响到下一个决策的方向和质量。从社会政治意义看,错误的决策给历史造成的影响也显而易见。决策必须有历史的责任感。只有这样,行政系统与社会圈之间的动态平衡才能长期达成。①"如果要想得到能够促进县域经济科学、合理发展的行政决策,自治县政府及领导就必须避免决策短期行为,考虑多方面的因素,认清改革的方向,进行长效决策。同样,自治县政府的行政决策体制中,决策责任主体很不明确,决策权力和决策责任相分离,在决策失误后通常无人负责,或者让关联性不是很大的副职领导承担责任,往往主要领导得不到应有的行政处罚,这一现象在我国自治县政府行政决策中普遍存在。特别是一些偏远地区的政府,决策失误后决策者往往以缺乏经验为借口,逃避责任追究。

---

① 王沪宁:《行政生态学分析》,复旦大学出版社1989年版,第246页。

二、建立民主化、科学化的自治县政府行政决策机制

行政决策的民主化亦即民主决策,是指决策目标的确立必须争取社会公众的认同,决策过程必须经过民主程序,充分听取公众和社会组织的建议,尊重人民群众的利益诉求,保障社会公众最大限度的参与到政策的制定过程中。行政决策的科学化亦即科学决策,是指行政决策必须在科学的理论指导下,采用科学的决策技术和方法,遵循科学的决策路径进行行政决策。民主化决策和科学化决策是决策的重要价值取向。

1. 规范行政决策的程序,实现决策过程程序化

完善行政决策程序是提高自治县决策质量和决策水平的重要环节。一项蕴含了公平性、正义性、科学性的行政决策,必须建立在规范化程序的基础上,以规范化的程序为依托。自治县政府制定的行政决策,特别是重大的战略性、全局性的决策必须以科学的态度、按照一定的程序来严格进行。这就要求严格遵循行政决策的内在规律,将行政决策过程划分为若干阶段,每个阶段都从技术、经济、方法、社会的角度进行决策分析。首先,要有认真细密的调查研究制度,在制定和一项政策前,自治县政府的决策班子要对相关政策内容涉及的问题下基层去调研,选择既有代表性又有广泛性的地方去调研,并写出详细的调研报告,为进一步制定政策提供依据。其次,要有征询意见制度,要把听证程序引进这一制度中,凡属重大政策的决策都应在决策前举行听证会,同时听证会的代表确实要具有公开性,不能在暗中任命,听证会的代表要有人大、政协和民主党派以及人民团体、农民、工人、教师与各乡镇的代表,听证会要严格按程序来进行。在听证会之前,拟定的政策内容要先告知听证会的代表,使他们有较充分的时间调查和思考,便于在听证会上充分发表自己的意见,自治县政府决策班子要认真听取代表们的意见,对每个代表的发言,都要做好详细的纪录,只有广泛征询各方面的意见,才能使政策符合客观实际。第三,要办好专家论证制度,凡涉及技术含量较高的重大问题的决策,应多组织专家、学者进行分析与论证,在行政决策前要给他们较多的时间去研究论证,决策者要虚心听取他们的意见,不能对专家

发表不同的意见以施加压力。第四,是党委常委会议决策制度。凡重大政策的决策,都应召开党委常委会讨论,在常委会上,要对重大政策的内容进行充分的讨论,要严格坚持民主集中制的原则,表决时少数服从多数,对事关全县全局性的重大政策要尽快过渡到由自治县人大及其常委会来讨论通过。[①] 此外,要简化自治县的行政审批手段,加快行政审批,提高行政审批的效率,使行政审批有章可循。

2. 建立政策生效前的咨询、公示、听证制度

现代社会的决策主体是由各级决策层、各类智囊机构和专家系统,以及各种社会组织共同组成的。决策水平的高低,在很大程度上反映的是专家咨询系统工作的高低以及对该系统利用程度的高低。民族自治县政府系统的行政决策更离不开咨询,没有大量专家和学者对政策制定的参与研究,即使是最富有知识、经验和智慧的领导者,也难免发生失误。自治县政府要建立比较全面的专家数据库,加强和完善各类研究咨询机构,适当扶持、发展民间的决策咨询研究机构,加大力度培养各类咨询机构的人才队伍建设,充分发挥社会第三方专家群体在行政决策中的作用,认真听取和及时咨询其建议。专家库要从制度和法律上给予保障,专家的范围和数量要进行一定的限制,防止专家借政府名义数量恶性膨胀,并从法律上规定专家的权利和义务,确定专家意见的地位,防止政府把专家库作为摆设不利用的现象。在专家咨询方式上要借鉴和学习国内外先进的咨询方式和技术,采用定性决策和定量决策相结合。

同时,为了使政府政策内容更符合实际情况,自治县政府的行政决策有必要推行重大行政决策听证制度。要扩大听证范围,法律、法规、规章规定应当听证以及涉及重大公共利益和群众切身利益的决策事项,都要进行听证。要规范听证程序,科学合理地遴选听证代表,确定、分配听证代表名额要充分考虑听证事项的性质、复杂程度及影响范围。听证代表确定后,应当将名单向社会公布。听证举行 10 日前,应当告知听证代表拟做出行政决策

---

① 张凤凉、许嘉:《建立民主化科学化的县级政府政策决策机制》,载《求实》2002 年第 6 期。

的内容、理由、依据和背景资料。除涉及国家秘密、商业秘密和个人隐私的外,听证应当公开举行,确保听证参加人对有关事实和法律问题进行平等、充分的质证和辩论。对听证中提出的合理意见和建议要吸收采纳,意见采纳情况及其理由要以书面形式告知听证代表,并以适当形式向社会公布。[①]建立这一制度的好处是,能够在公示和征询意见期内更广泛地听取社会各界和群众的不同意见,既发扬了民主,又较好地协调各方面的利益,真正实现行政决策的民主化、科学化。当前,我国很多自治县行政机关设立了"领导接待日"、"热线电话"、"市长信箱"、"网络便民服务"等,扩大了公众参与行政决策的渠道。应采取措施加大对决策咨询的教育和宣传,为公共决策咨询创造有利的条件,方便咨询工作的深入开展,从而更好地使其服务于自治县政府的行政决策机关,促进政府的科学行政。

从公共选择理论分析,政府作为理性经济人,必然有群体的利益诉求,在任何一项行政政策制定时也会存在群体利益的要求,也会追求利益最大化的价值目标。听证制度在扩充政府能力的同时,也是对政府作为理性经济人、追逐群体利益的最大限制,能够使在政治中处于弱势地位的公众和社会组织参与到政策的制定中,从不同群体的利益诉求综合平衡社会各种政策资源。目前,自治县要建立和完善社会听证制度,要逐步扩大听证范围,凡是涉及县域经济发展的重大事项都要进行社会听证,听证制度要做到公开、透明、规范,增加听证人员的数量,及时向媒体和社会公布听证进程。

3. 提高行政决策者的决策素养

韦伯曾说过:"虽然经济理性主义的发展部分地依赖理性的技术和理性的法律,但与此同时,采取某些类型的实际的理性行为却要取决于人的能力和气质。如果这些理性行为的类型受到精神障碍的妨碍,那么,理性的经济行为的发展势必会遭到严重的、内在的阻滞。"[②]实现决策的科学化就必须不断提高决策者的素质。在实际决策中,自治县政府政策的许多失误往往

---

① 《国务院关于加强市县政府依法行政的决定》(国发〔2008〕17 号),载《人民日报》2008 年 6 月 19 日,第一版。

② 马克思·韦伯:《新教伦理与资本主义精神》,北京三联书店 1987 年版,第 15 页。

都是由于决策者自身的素质过低,主观武断而致。甚至在一些民族县由于决策的失误,大量的资源被浪费,环境也受到了污染,而且造成了一定的生态不平衡,提高民族自治县行政决策者的决策素质已变得刻不容缓。

具体而言,行政决策者包括决策领导者个体和决策群体。对于决策个体来讲,良好的道德素养是基本前提,要秉持全心全意为人民服务的服务意识,一切问题的决断必须考虑到社会公众的整体利益;与时俱进的学习意识也是决策个体必备的要素之一,目前,自治县经济的发展已经逐渐摆脱传统模式,现实突发性危机管理事件增加,面对突发性事件,不只需要决策者的快速判断力,能力素质显得越来越重要,这就要求决策者个体不断学习新的公共治理知识,提高自身知识水平,提升战略管理能力。培养决策个体在现代决策理论、方式、方法、技术手段的研究和应用,培养决策个体宏观性、系统性、战略性的决策意识,使之能够审时度势,科学地做出决策。应对自治县政府掌握政策决策领导者进行各方面的思想政治及专业基础教育,提高其决策的文化素质和业务素质,如可以组织决策者到行政管理学院系统学习和训练,也可以请部分专家、学者担任顾问,讲授行政管理知识,或者到效果好的县去参观学习,继而使决策者能时刻以人民群众的利益第一为原则来约束自己,在拟定政策内容和进行政策决策时,广泛听取和征询群众的意见,特别是涉及人民生活的重大决策,更要实行决策的民主化,让群众参与讨论,这既体现了社会的进步和人民正当要求,又可防止决策的片面性、盲目性和主观性,从而避免或减少决策的失误。对于决策群体来讲,决策群体结构的优化有年龄结构、专业知识、心里气质等方面的结构,团队利益和社会整体利益之间的博弈尤为重要,自治县政府往往在很多项目决策时,会考虑到自身团队利益,有时团队利益会凌驾于社会整体利益之上,这就是现在自治县政府治理中的困境之一。

4. 健全民主、开放、有效的监督机制

"纪律是执行路线的保证,没有一定的监督机制,行政决策民主化不可能真正实现。"①监督机制是防止决策者滥用决策权力,督促决策实施机构正确执行决策,保证决策的统一性和严肃性的制度保证。建设民主化、开放化的自治县政府行政决策机制,首先,要加强公共权力内部的监控体系,建立权力对权力的制约机制。要强化县人大、县政协、民主党派对决策制定和实施过程的监督,特别是强化自治县人民代表大会及常委会的监督权,树立人大的监督权威。在行政决策前,自治县政府决策层要广泛听取县人大、政协及民主党派等智囊团的建议,坚持重大问题交由人大讨论、审议制度,杜绝政府决策先斩后奏的现象,对错误的决策,自治县级人大及其常委会要依法行使撤销权。要健全政府内部审计部门的监督职能,切实保证其独立行使行政监督权。其次,要加强外部监督体系,健全权利制约权力的机制。主要是指完善新闻媒介、社会团体、公众的监督,要完善群众举报投诉制度,拓宽群众监督渠道,依法保障人民群众对行政行为实施监督的权利。要认真调查、核实人民群众检举、新闻媒体反映的问题,及时依法做出处理;对社会影响较大的问题,要及时将处理结果向社会公布。对打击、报复检举、曝光违法或者不当行政行为的单位和个人的,要依法追究有关人员的责任。关于完善行政监督机制的相关具体措施在第八章自治县政府的行政监督中将详细进行论述。

5. 建立重大决策失误问责制和损害赔偿、追偿制度

长期以来,由于缺乏规范的法律约束和监督,自治县级政策决策中个别主要领导干部急于追求"政绩",个人说了算的现象较多,在一些重大决策上的制定中出现偏差,给当地社会经济的发展造成了一定的失误,给党和国家造成了一定的损失。因此,有必要建立和健全行政决策责任追究制度。

要对决策集体和决策个人的责任做出明确规定,对履行决策制度、程序和方式提出明确的规定,强化决策主体的责任意识,避免责任制度流于形式,具体做法可参考自治县人民法院错案追究办法。同时,对于重大决策失误,必须追究决策者的责任,自治县党政"一把手"应对重大政策决策的失

---

① 张瑞才、晓根:《中国民族自治地方行政管理学》,云南大学出版社1994年版,第141页。

误负主要责任,决策班子其他成员也应负相关的部分责任,对确实因政策的失误而造成重大损失的有关领导人,要给予党纪、政纪处分或相应的法律制裁。要依照《行政机关公务员处分条例》第19条第(一)项的规定,对负有领导责任的公务员给予处分。对应当听证而未听证的、未经合法性审查或者经审查不合法的、未经集体讨论做出决策的,对依法应当做出决策而不做出决策,玩忽职守、贻误工作的行为,要依照《行政机关公务员处分条例》第20条的规定,对直接责任人员给予处分。依法建立行政决策失误给公民和社会组织的合法权益造成损失的国家赔偿制度,转变决策主体不敢、不愿意承认错误的观念,建立行政决策纠错制度,督促行政决策者承担错误和责任。一些错误的行政政策、行政决策主体违法、不作为等行为损害了群众的利益,要由自治县政府履行行政赔偿,赔偿后要对自治县决策班子的领导实行追偿制度。建立这些制度的目的,在于保证自治县政府在制定政策时,时刻以人民利益为重,不会为了一些局部利益而去损害大多数群众的利益。

第七章 自治县政府行政执行

公共政策是对社会价值的权威性分配,反映了大多数公民的利益诉求。政府作为权威性的公共权力主体,对社会公共事务管理的主要手段和方式就是公共政策。"作为一个动态的过程,公共政策包括制定和执行两个阶段,其中对政策的执行是政府公共管理活动的中心环节,是实现政策目标最直接、最重要、最经常的活动,它从根本上决定了政策问题能否解决、政策方案能否得以实现以及解决和实现的程度与范围。"[①]行政执行是自治县政府最基本的功能和最突出的表现。从自治县政府行政执行本身来说,它既是一个静态的结构,又是一个动态的过程。同时,我们从政府行政执行与外界的联系来看,它也是一个处于外部环境之中并不断与外在环境进行能量交换的系统。根据这一分析,本章将对自治县行政执行进行论述。

第一节 自治县政府行政执行的环境

一、行政执行系统的外部环境

根据系统论的观点:"公共政策执行本身是一个系统,而这个系统又处在一个更大的系统中,这个更大的系统就是公共政策执行的外部环境因素。公共政策执行的环境构成了公共政策执行的基础,时刻影响着执行的整个过程;而外部环境是公共政策执行的客体之一,公共政策执行会对外部环境

---

① 金太军:《重视对公共政策执行的研究》,《江苏社会科学》2001年第6期,第58页。

造成反作用。两个系统处于不断的能量交换过程中。"①从宏观角度将自治县政府行政执行的外部环境分为:政治环境、经济环境、社会文化环境、自然地理环境与民族宗教环境五部分。

1. 自然地理环境与执行系统间的互动

自然地理环境是自治县所处的地理位置这一特定空间范围内的地形、气候、土壤、林地、水系、矿藏以及生物分布等自然物,它是自治县政府赖以生存的最基本的物质基础,也是政府行政执行的活动空间。我国民族地区的国土面积占全国总面积的 60%,自治县地广物博,复杂的自然生态、立体的民族分布与丰厚的能源构成了其基本面貌。在 120 个自治县(旗)中,不仅有丰富的植物、动物、矿产、水力、风景名胜等自然资源,还有绚丽多彩的民族风俗、民族文化等人文资源。更为重要的是自治县大多位于边远地区,内部民族成分较多,各民族之间联系十分广泛,随着我国西部大开发战略的实施,自治县已由改革开放的"末端"变为了"前沿",良好的自然环境、丰富的物质资源和重要的区位优势为自治县行政活动提供了良好的条件。然而,我国多数自治县为边(山区)、寒(寒冷)、旱(干旱)地区,山高水深,交通不便,信息闭塞,土地贫瘠,天气恶劣,丰富的自然资源优势难以转化为现实的生产力资源,人民群众生活还比较贫困,一部分人尚未解决温饱问题,这就客观上不利于自治县政府行政执行,增加了执行成本,使自治县政府管理具有相当大的难度。积极利用自然地理环境条件的优势,改变不利因素的制约,已成为当前自治县政府行政执行过程中的一项主要内容。

我们考察的 S、F 自治县就存在这种情况。S 县总面积 2380 平方公里,处于云贵高原东南斜坡,地势自北向南倾斜,平均海拔 500—1000 米,全县 326 座山峰高出海拔 1000 米以上。总面积中以山地居多,耕地仅占 9.4%,林地占 55.6%,草地占 29.7%,岩山占 4%,水面占 1.3%,有"九山半水半分田"之称。全县气候温和,属中热带温润季风气候类型,特征为夏长冬短,春秋分明,年平均气温 18℃,年降雨量平均为 1349.5 毫米。这便是 S

---

① 陆锋明:《公共政策执行及其环境分析》,《行政论坛》2003 年第 7 期,第 45 页。

自治县政府生存的自然环境。随着民族经济的开发,F自治县的生态环境
受到一定的破坏,水土流失严重,生态环境恶劣,少数民族大多聚居在边远、
石山和高寒地区,由于历史的原因及上世纪七、八十年代大量毁林开荒种
植,境内原生植被已消失,自然植被骤减。加上F县西岭山水源林保护区居
住着7000多"GSY"群众,这些Y族群众祖祖辈辈都生活在高寒地区,世代
以砍伐树木为生,再加上与XL山邻近的几十个自然村群众的砍伐,使得这
一带的生态环境受到极大破坏。尽管近几年F自治县政府经过大力实施沼
气池、退耕还林、封山育林等项目,境内的石漠化、水土流失及城镇河污染得
到一定的遏制,但要使县域内的生态环境得到良好恢复,任务还十分艰巨。

一般说来,经济社会发展越滞后,行政行为受到自然地理环境的影响就
越大,行政执行活动在与其所处的环境进行信息和能量交换中,首先遇到的
就是自然地理环境因素,它制约着行政执行的方式和手段,具有较大的稳定
性,这种稳定性是政府行政过程中必须考虑的现实。

2.经济环境与执行系统间的互动

行政决策的执行方向和执行效果归根到底取决于社会生产力水平、经
济环境的基本状况。相对于一般县,自治县生产力水平普遍较低,发展不平
衡,如云南省29个自治县中居住着二十多种民族,同一自治县不同民族之
间经济发展水平差距悬殊,不同自治县之间经济发展水平差距甚大,这就决
定了自治县政府在行政执行时,发展经济、发展生产力的任务就显得更为重
要。

自治县落后的市场经济发展水平是影响行政有效执行的一个重要因
素。改革开放30年间,S自治县各族人民在县委、县政府的领导下,认真贯
彻落实中央、省、州的各项重大决策,认真执行县人大及其常委会通过的各
项决议,团结一致,真抓实干,使全县的经济建设取得了显著成就。(1)
1995年全县农业总产值为17782万元,比1979年的3201万元增长4.61
倍。随着农业科技含量的不断提高,粮食总产量逐年增产,1995年达到
68962吨,比1979年的42790吨增长61.16%。农业结构调整取得初步成
效,林业、畜牧、水产稳步发展,北部果蔬种植、东部竹木种植、南部种养结合

的特色农业经济区和一批特色农副产品有了发展。（2）1995 年工业总产值达 13099 万元，比 1979 年增长 35.2 倍。自从改革开放以来，加强招商引资工作，加大资源开发力度，初步建成了有色金属冶炼、化工、酿酒、制药、建材等一批支柱产业。（3）随着工农业生产的不断发展，贸易呈现一派繁荣景象，1995 年全县社会消费品零售总额达 8502 万元，比 1979 年增长 5.4 倍，地方财政收入 1170 万元，比 1979 年增长 10.3 倍，2000 年国民生产总值达到 25787 万元，年均增长 6.77%，社会消费品零售总额 14016 万元，年均增长 10.5%；（4）县内交通、能源等基础设施建设发展较快。1995 年全县共有公路 440 公里，其中国、省道 52 公里，县乡公路 159 公里，乡村公路 229 公里。至 1995 年，全县年发电量为 1009 万千瓦，基本建设投资额为 927 万元。

但 S 县的经济发展仍存在突出的问题：生产力发展水平低、经济管理粗放、经济效益差、结构欠合理；农业基础依然薄弱，农民人均纯收入低；市场发育程度较低，商品经济不够发达等。在国务院 1993 年确定的 592 个国家重点贫困县（旗）、市中，位于民族地区的有 257 个，约占全国"七五扶贫攻坚计划"总数的 44%。在现阶段，生活质量综合指数尚处于较低水平的民族县，今后的任务仍是努力发展经济，不断提高少数民族群众的物质生活水平，改善医疗卫生方面的基本条件等，这都严重制约着自治县政府行政执行力的提升。

3. 政治环境与执行系统间的互动

"民族自治地方的政治环境是指那些直接或间接作用于各民族自治地方行政的政治条件。主要包括政治体制、政党制度和国家机构以及社会中的一般气候等内容。"①在政治环境中，政治体制、政党制度和国家结构对行政执行产生着极为重要的影响，规定着自治县政府行政决策的方向、内容和性质。在这种制度规范的框架下，自治县政府（包括常委、人大）在政策制定方面起着绝对主导作用，在行政政策的具体执行中，基本上也是依靠政府

---

① 晓根：《论民族自治地方的行政环境》，《云南行政学院学报》2003 年第 2 期，第 52 页。

来推动,民间的自治能力和组织能力都相对较弱。此外,制约行政执行的政治环境因素还有法治状况、政治功能、权力制衡关系、政治集团、政治角色和政治行为等多种因素,它们在一定程度上或多或少发挥作用。同时,突发性的政治事件对自治县政府行政执行也影响较大。

三种基本的因素,即认知要素、感情要素、价值要素在不同层面上影响着政府政策的有效执行。不同的人因其所处的生活环境、所接受的文化教育及其所经历的政治社会化过程的不同,常常形成不同的价值取向,影响人们对政策的接受并进而影响行政执行。由于自治县内民族宗教信仰不同,人们的文化底蕴间隙始终存在,在各自领域内有自己认同的宗教权威、民族权威等,这种多重权威的存在会牵制公众的社会认同,冲击行政权威基础,削弱政府的执行力。多元权威引发行政权威基础不稳固,制约着政府行政执行能力。

4. 社会文化环境与执行系统间的互动

民族与民族间最本质的区别就是文化。民族文化是形成民族差别、民族差异的基本原因,每一民族的文化都是本民族人民智慧的结晶,在适应本民族特殊的自然环境和社会环境方面具有独特的价值与功能,因而都具有自身突出的个性。自治县政府行政执行的文化环境是指那些直接或间接作用于自治县行政的各种文化条件。从纵向上看,既有传统行政文化的遗风,又有现代行政文化的色彩,是历史与现实的有机结合;从横向上看,既有社会主义总体行政文化的特征,又有自治县区域性的行政文化特点,是共性和个性的统一。

任何一个行政体系的结构、运转程序、决策过程以及行政人员的行为、态度、价值观,无不打上文化的烙印,从而对行政系统产生总体性影响。而民族自治县文化特点所呈现出来浓厚的民族性,由于多民族聚居的事实,又使民族文化呈现出多样性。这反映在各个民族的历史背景、意识形态、价值观念、行为规范、宗教意识、人伦关系以及传统社会遗留下来的管理形态、权力关系等观念中,对自治县行政决策及管理活动影响重大。

S自治县境内各族人民勤劳勇敢,团结友好,几千年来的发展与融合,使得民族文化源远流长。在总人口中，少数民族人口为270224人，占95.4%，其中S族178542人，占总人口的63.1%；BY族49062人，占17.3%；M族40406人，占14.2%；还有瑶、侗、彝、壮、回、仡佬、土家、满等族2214人，占0.8%。县境内以S族为主体，反映在习俗文化上也形成了独特的S族民族风情，其服饰独特，妇女喜穿蓝色大襟无领齐膝长衫，青布长裤，衣襟与裤角镶有花边，着彩色围腰，戴银项圈与耳环，喜食糯米、鱼和酸味，村寨多依山傍水，房屋为木质结构的"干栏式"建筑，具有独特的民族风情。"端午"和"卯节"是一年一度最隆重的S族节日，端坡跑马，卯坡唱歌。S族人民能歌差善舞同，民歌形式多样，尤以兜歌堪称民歌奇葩。此外，S族的斗角舞、铜鼓舞、芦苇舞等，舞姿粗犷豪爽，健美奔放，充分反映了S族人民勤劳勇敢的性格特点。S县这种独特的民族地域文化和社会习俗，必然影响自治县政府的行政执行，具体表现在：一定的社会文化背景作为前提始终贯穿于行政执行的全过程之中。如果这种环境适应行政执行目标的要求，就对执行过程起到积极的推动作用；如果社会文化环境与政府的政策目标要求不相适应，则会对行政执行活动产生消极的作用。因此，自治县政府的行政执行必须与自治县境内各民族的社会文化传统相适应，即民族群众心理对行政执行的适应度和认同度。行政执行标的主体是少数民族群众，政府行为必须求得民族群众的认同，与民族文化的发展相适应。这就要求自治县政府在制定政策和执行政策时，要充分考虑和照顾各民族文化传统，能为民族群众所接受。同时，通过促进民族文化的改革和发展求得民族群众对政府行为的认同。

5. 民族、宗教问题与执行系统间的互动

民族问题的好坏直接影响着自治县社会的稳定。在S县，民族问题一方面体现着民族关系复杂，呈大杂居小聚居分布状态；另一方面体现着各民族有着自身鲜明的民族文化和民族意识。解决好民族问题，反映在行政执行中最主要的任务是解决好各民族平等、团结的问题，实现县域内各民族的共同繁荣。

自治县政府在具体行政过程中，要注意贯彻执行好党和国家的各项民族政策,处理好民族关系,及时化解矛盾。自治县政府行政执行的最终目的是为了更好地服务于自治县各族人民群众,实现民族团结和社会全面进步。由于民族县内民族众多,关系复杂,不同民族之间经济与社会发展的程度也不尽相同,这就使得自治县政府的行政执行面临不少困扰:改革开放以来民族间经济发展的差距拉大,自治法所赋予的自治权还不能完全落实,不同领导者的族别及其政策的个人取向等等,这些问题都会成为行政执行中可能的困扰。新的改革措施出台时如果不能全面考虑到自治县境内各民族的利益关系,就会引起民族之间关于发展的争论,造成有限范围内民族关系的紧张。因此,自治县政府在进行行政执行时,在以发展本区域经济为中心目标的同时,适当注意各民族间经济与社会发展的不平衡,协调好不同民族间的各种关系,增进相互了解,发展平等、团结、互助的社会主义新型民族关系。

在自治县政府行政执行的诸多环境因素中,宗教问题也是一个重要因素。我国是一个多宗教的国家,全国 55 个少数民族都有自己的宗教信仰。少数民族信仰宗教的情况十分复杂,现代宗教与原始传统宗教并存,一个民族信仰几种宗教或若干民族共同信仰一种宗教,以及一些宗教内部又有若干教派等现象并存。在自治县范围内,宗教作为一种文化现象,其因素渗透到社会生活的各方面,尤其与政治、行政的关系更为密切,它与民族文化的交织特征也十分明显。如在 S 县,就有利用宗教干涉民主选举、干扰自治县政府行政运行、对县政府的基层工作进行阻挠等事件的发生,影响了政府的正常行政工作。

二、行政执行系统的内部环境

自治县政府行政执行效果的好坏不仅取决于政策执行外部环境的优化程度,而且也取决于行政执行系统的内部环境。从系统角度看,执行系统的内部微观环境适宜有利,既使政府的执行过程受到较小的制约和牵制,又能够最大限度提高政府执行力。

1. 政策制定者与政策本身

自治县级人民代表大会及其常委会是自治县级权力机关,决策权是被宪法、法律和民族区域自治法所赋予的重要职权;自治县政协主要职能是政治协商、民主监督和参政议政,从 S 自治县的情况来看,县政协主要发挥着智囊作用,集中了当地一些知识层次较高的、退下来的老同志以及社会各界突出的代表人士。政协也常常邀请一些专家、教授来座谈,听取他们的意见,然后把这些意见反馈给自治县政府,这种方式对 S 自治县政府行政决策的影响很有意义;自治县级人民政府是行政决策机关,S 自治县政府实行县长负责制,副县长实行分工制,不同部门的问题分别反映到不同的副县长那里,由副县长在县长办公会议上提出问题进行讨论。从 S 县具体决策情况来看,一般存在着好几个权力机构,如自治县县委、县人大、县政府、县政协等等,自治县政府的决策往往不是单纯由县政府作出的。虽然现在各级政府的行政权力能够较大限度地行使,但它受到各种条件制约仍然很明显。

政策执行的成功与否很大程度上取决于政策本身是否科学、合理。美国学者詹姆斯·安德森曾指出:"行政机构常常是在宽泛的和模棱两可的法令下运行的,这就给他们留下了较多的空间去决定做什么或者不做什么。"①自治县政府制定的政策必须要基于现实,符合事物发展的客观规律,具有科学性。有两个标准可以衡量政策是否具有科学性,其一是政策目标是否具有科学性,最重要的是政策目标的弹性程度。同样,操作层面政策必须明确具体,具备稳定性与连续性。如果朝令夕改,变动频繁,则会给行政执行带来诸多不便。政策的这种连续性也即不同政策之间、现在政策与过去政策之间,都应有一定的内在联系。像自治县地域辽阔、各地差异较大,政府在执行中央政策的过程中,既要遵循中央政策的精神,又要因地制宜,坚持政策执行中的原则性与灵活性的辩证统一,既保证了政策的连续性,又保证了政策的有效执行。大量事实表明,政府政策之所以在执行中出现问题,重要原因是由于政策本身的不完善。可见,行政政策本身的科学与否对行政执行效果至关重要。

---

① Jamese. Anderson,Public Policy - - -making[M],Orlando,florida:Holt,kinehart and winston,Inc,1984. p. 84.

2. 政策执行者主体

在执行中,政策变样、歪曲、失效的问题一定程度上来自于执行者主体。作为一级国家政权组织的 S 自治县政府的权力是由特定的人员来行使,其能力也是通过若干行政人员在具体工作中的能力来体现。因此,政府行政人员尤其是主要领导干部政策能力的强弱,直接决定着政策执行能力的大小。

执行人员政策理论水平的高低是决定政府政策执行能力强弱的首要环节。因为任何公共政策的付诸实施,首先要求执行者必须理解政策,只有系统、准确、深刻地领会和理解政策的精神实质和内容,才不至于在执行过程中使政策"失真"和走样,而政策理论水平的高低深受政治社会化过程的影响。然而,在自治县社会政治生活中,政治社会化机制是乏力的。第一,政治社会化机制只是简单地表现为思想政治教育和例行的政治学习,阻碍了社会成员参与社会政治生活的积极性,使政策执行人员对政策内容本身缺乏了解和认同,只是消极被动地执行政策,不利于政策执行人员在政策执行中发挥自己的主动性和创造性。第二,随着市场经济的深入发展,社会上出现了重经济、轻政治的思想倾向,政治社会化机制作为社会成员适应社会政治生活和社会实现政治稳定的重要途径,未能得到应有的重视,这不利于政策执行人员有效执行政策。[①]

公共政策的最终执行者都是人,而人不可避免有着自身利益追求和行为倾向,因此,难以做到政策执行中绝对的"价值中立"。[②] 如果一项公共政策威胁到自身利益,那么,执行者作为"利益人",无论是出于公心或者私心,都有可能抵制这一政策,使得政策很难顺利得到执行。

政府工作人员尤其是主要领导干部的知识水平的高低,将直接或间接地决定政府能力的大小。我们从 S 自治县政府公务员的来源和学历两层面进行考察发现:在录用的公务员中,受过大中专正规教育的毕业生总数所占

---

① 刘小红:《县级政府公共政策执行能力研究》,苏州大学硕士论文(2003),国家图书馆,第26 页。

② 张金马:《政策科学导论》,中国人民大学出版社 1992 年版,第 325 页。

比重较小,而因为政策和其他人为因素录用的公务员占了较大比例,严重降低了公务员的整体素质,不可能不影响到政府的行为能力。S县政府各职能部门与政府管理层级的"金字塔"型相反,县政府公务员的学历结构呈"倒金字塔"型,越到低层,学历越低,而且各层级之间的差距较大。本科及本科以上仅占总数的不到三成,近七成的公务员学历较低,S自治县政府公务员的整体素质和能力受正规教育因素限制较大。

3. 政策执行的目标群体

政策目标群体是指政策作用影响的对象。由于受政策的影响,他们往往需要重新调整自己的行为,政策的执行过程实际上就是执行者与接受者的互动过程。任何政策的制定,其目的或在影响管制目标群体的行为,或在影响目标群体按照政府规定的规则或目标行事。政策能否达到目标,不是政策制定者一厢情愿的事,也不是政策执行者能够完全决定,而是与目标群体有着直接的关系。目标群体顺从、接受政策,行政执行就会成功。目标群体不顺从不接受政策,行政执行就会失败。

为了避免目标群体对政策的不认可或不接受,要求自治县政府制定政策必须符合县域经济社会发展的客观规律,以利于政策目标群体对政策的认可。同时,要注意深入对目标群体进行研究,结合其具体情况设计政策及政策执行策略,避免由政策缺陷导致的目标群体不顺从。还要注意避免政策执行过程中偏离政策的本意而引发目标群体对政策的反感和不配合。在政策执行之前或执行过程中,要对政策进行宣传,增强目标群体的了解、认识和支持,否则目标群体对政策不接受、不配合、不遵从等消极抵制行为就会发生。最后,自治县政府也可以将部分目标群体引入政策制定和执行过程中,通过民意调查、意见咨询等使目标群体在政策制定和执行中发挥积极的作用,减少行政执行的阻力。

4. 决策执行机制

决策执行机制包括执行的组织机构、执行中的规章制度、沟通协调和资源保障。

行政执行的组织机构设置是否合理会直接影响到政策执行的效果。一般认为,执行的组织机构应明确,如果需要多个机构配合执行,要明确分工,不要权责不清,互相推诿。自治县地域辽阔,虽然行政区划大,但管辖人口少,政府的机构设置和组织构建不少于一般县级政府机构,与地少人稠的行政辖区相比,具有同样的机构规模意味着行政组织的开支比重大,其结果是稀少的人口要去供养庞大的行政管理机构,创造价值的比重小,而分割价值的比重大,加重了政府的财政负担。行政机构组织多、层级多,大大降低行政信息传递速度和准确率,信息失真现象严重,影响行政执行的效率。

执行中要遵守一定的规章制度,而且这一规章制度应保证执行的顺利进行、对执行的有效控制和能不断回应执行中的反馈。对政策执行中的沟通协调应当引起自治县政府有关部门的重视,很多政策的失败就是因为信息不畅、沟通不够。同时,要设立一定的程序、制度甚至专门机构进行信息沟通,不仅执行者、执行机构之间需要沟通协调,执行者、执行机构与目标群体之间也需要不断地沟通协调。资源是要素的总和,资源的保障要求自治县政府在政策执行过程中确保政策资源的获得,包括人力、物力、财力和信息等,没有这些资源,政策无法执行。

S自治县政府在行政执行机制方面存在的问题,集中表现为"依附性"不强,政府执行行为的随意性和无序性较大。同时,某些领导干部法治意识不强的问题也十分突出。自治县政府在执行上级和本级政府决策、政策和法律法规过程中,所发生的目标偏离、内容失真和执行者角色错位等不良现象及其导致的后果,在很大程度上可通过建立一套依法执行机制得到解决。

第二节 自治县政府行政执行的体制

一、行政执行特点及原则

1.特点

作为县级政府行政管理过程中的一个重要环节,自治县级政府行政执行体现着县级政府执行过程中的一些共同特点,如活动的经常性、务实性、灵活性等等。但是,作为民族自治县,它的行政执行过程,除了具有一般县级政府行政执行反映出来的共同点以外,还有着自身特殊的一些特点。

第一,多民族的群众性。在自治县政府的行政执行过程中,紧密依靠各民族群众,是行政执行协调、正常运转的基础。同时,"民族自治地方政府行使公共权力是建立在为民族群众创造福利、为民族社会服务的基础上,而不是立足于为少数人或其自身利益服务的基础之上"。① 多民族是自治县的基本特点,在实际的政策执行中,既要发动实行区域自治的主体民族群众,也要发动其他民族群众,这样才能形成强大的凝聚力和战斗力,从而保证决策目标的顺利完成。

第二,民族性与公共性相互渗透融合。自治县政府具有"公共人"的角色,代表公共利益行使社会的公共权力,提供公共服务和公共产品。但是,民族县政府由不同民族的成员组成,他们代表着不同民族的政治精英,具有同等突出的影响力,作为各民族利益的政治代言人,他们不可否认地在行政执行中会承担着"民族人"的角色,执行着"民族人"的利益要求,这就反映在自治县政府的行政执行中,具有鲜明的民族痕迹。在市场经济导向不断深入的过程中,"公共人"与"民族人"相互渗透,相互融合。

第三,自治县政府行政执行所维护的公共利益,就是民族共同体的民族利益,有着比公平、正义的价值取向更深刻的民族内涵。民族性通过发展民族关系、自治机关民族化、自治权以及政府行政过程等方面反映出来。民族性是最为突出的属性,是政治性、公共性的内核,民族自治县级政府的属性就是民族性、政治性与公共性的统一。② 从这个意义上说,自治县政府行政执行中所维护的最本质利益,就是体现各民族特色和价值的民族利益。

2. 原则

"执行不仅要坚持忠实于决策的原则,更要坚持灵活创新的原则。"③自治县级政府行政执行有一定的规律可循,在具体的执行中只有遵循以下四个基本原则,才能保证政策执行有效。

---

① 张劲松:《民族自治地方政府的属性分析》,《云南社会科学》2004 年第 1 期,第 81 页。
② 张劲松:《民族自治地方政府的属性分析》,《云南社会科学》2004 年第 1 期,第 78 页。
③ 荣仕星:《实用行政管理学》,人民出版社 2004 年版,第 246 页。

第一，主体原则。强调执行中的主体原则，就是要树立全体行政工作人员的主体意识，充分调动每个工作人员的积极性和创造性，发挥他们的聪明才智，从而保证圆满地完成各项任务。自治县政府各族工作人员主体意识的强弱，是全心全意为人民服务的公仆意识强弱的具体体现。主体意识强，就能牢固树立全心全意为人民服务的思想，实践中就会摒弃一些恶习，自觉地搞好本职工作，提高行政效率。自治县政府行政执行要确立各民族群众参与的主体原则，这是实际的需要，只有充分发扬民主，广泛采纳各民族群众的意见，并使他们以主人翁的姿态参与政府行政的执行中来，才能克服困难和种种障碍，保证行政目标的实现。

第二，准确原则。准确原则就是要求自治县行政领导者和行政人员在行政执行过程中，必须能够理解、忠实于行政决策。因为自治县政府的行政执行实际上是贯彻执行依据自治法和上级国家机关的指示，以及自治县人民代表大会制定的自治条例、单行条例和决议决定，从自治县出发作出的行政决策，所以自治县政府决策目标的系统性，决定了每个子目标的实现与否必然不同程度地影响整个系统目标的实现。这就要求自治县政府行政人员能够准确理解行政决策及其具体的任务要求，从而能够准确地执行行政决策。

第三，迅速原则。自治县政府行政执行的效率是其行政执行中必须高度重视的一个核心问题，效率的高低，一定程度上取决于执行速度。如果自治县政府在执行中拖拖拉拉，就会失去机遇，效果欠佳，甚至使决策对象、内容等发生变化，使原决策方案失效，失去了执行的价值。自治县行政实际工作中，那种对下级请示报告的批复，不是"商量商量"就是"讨论讨论"，盖一个印章拖上一周或几周，批一个文要盖三五个或十几个印章的低效率，是与行政执行相悖的。在竞争激烈的新形势下，自治县政府行政效率的好坏，越来越依赖其行政执行的快慢，把迅速作为自治县政府行政执行的原则之一是十分必要的。

第四，计划原则。为了确保行政执行顺利实施，自治县行政执行前必须在思想上、组织上、物质上等各方面做好充分的计划，使各项工作有序进行。

没有计划,在自治县政府的行政执行中,就会产生无序性的内耗。面对庞大复杂的行政执行过程,政府只有精心计划和精心组织,做到思想上目标明确,计划上周密严谨,组织上团结协调,物质上充足完备,行政执行实施后,各方面、各环节都能够步调一致地协调运作、忙而不乱,从而取得理想的行政效率。

二、行政执行机构

自治县政府既是决策机构,也是执行机构,具有双重功能。它是上级党委和政府的执行机构,又是处理和解决本县具体公共政策问题的决策机构。作为执行机构,自治县政府担负着贯彻和落实上级党委和政府各项决策的任务,并且有义务向上级党委和政府反映本县社会经济状况、汇报政策执行结果;作为决策机构,自治县政府应当根据上级党委和政府的政治意图和政策指令,结合本地的实际,具体研究本县的政策问题,指挥、协调各部门、各团体共同努力,寻求解决自治县各项问题、促进社会经济发展的政策方案。

我国自治县政府的行政结构是以分层分口管理为表现的。具体来说,由县长、副县长、委、办主任,局长(或科长)组成自治县政府;其下为中间层次的委、办,即政府办、计委、经贸委、农牧委、体改委、民宗局;再下为归于各委办的职能部门,这种体制目前已成为自治县政府的主要架构。从功能配置上看,自治县各职能部门的行政资源和控制的行政领域不同,它们各自所处的权力地位也是不能等量齐观的。下面分析 S 自治县政府各主要执行机构及其功能。

1. 财政局的执行功能

自治县政府执行财政管理的职能部门。主要执行功能有:第一,贯彻执行国家、自治区及市财政、预算、税收、财务会计等方针政策,组织实施财政税收中长期规划;第二,执行自治区与市、市与县、县与镇以及国家对企业的分配政策,贯彻落实财政、国有资金基础管理、财务和会计管理的法律、法规及规章制度,管理权限预算外资金和财政专户;第三,拟定和执行政府采购政策;第四,组织实施国有企业的清产核算、资本金权属界定和登记;贯彻实施国家农业税法令和对农业投入的法规,管理财政支农资金;第五,负责监督执行国家税法和税收条例、决定、规定及有关实施细则;第七,承办自治县政府和地区财政局交办的其他事项。财政局内设办公室、预算股、综合股、财政监督股、国资局、收费局、社保股等部门。在 S 自治县政府财政局 2004 年的统计中,其对 S 县全年的财政情况进行统计,并向自治县政府及县人大作汇报。其中全县财政本级地方收入 2436.5 万元(含基金 128.4 万元),加省、州财政各项补助 17000 万元(其中:税收返还收入 250 万元,所得税基数返还补助 107 万元,原体制补助 541 万元,农业税减免补助 76 万元,以奖代补 4149 万元,专项补助 3658 万元,取消农业税降低农业税率转移支付补助 161 万元,中央转移支付及其他结算补助 8058 万元),财力总计 19436.5 万元;全县财政支出 19197.2 万元。[①]

2. 人事局的执行功能

人事局是自治县政府的人事管理部门。主要执行功能有:第一,贯彻执行国家和区市有关人事工作方针、政策和法规,组织实施人事制度改革规划、方案;第二,承办机关和事业单位有关机构的设立、合并、撤销等的呈报、审批及人员编制的调整工作;第三,负责执行机关公务员录用和调任、转任工作;第四,执行高等学校毕业生就业政策和指令性分配计划,承办区、市、县特殊需要人员的选调工作,贯彻执行"农转非"政策;第五,执行机关、事业单位工作人员的工资制度、政策、标准及调控措施;第六,执行军队转业干部的接收安置政策;第七,承办国家机关、事业单位招用劳工合同制工人、临时工的技术指标和用工手续;第八,承办自治县政府和上级人事部门交办的其他事项。在 S 自治县,作为政府系统的干部由人事局管,而股级以上的干部则由县委组织部来管,二者的职能既有联系又有区别。

3. 教育局的执行功能

教育局是 S 自治县文教系统的一个主要职能部门,它主管自治县的各

---

① S 县财政局局长在 2005 年 3 月 8 日县第十三届人民代表大会上做的《S 县 2004 年财政预算执行情况及 2005 年财政预算草案报告》。

类基础教育和成人职业教育,是自治县教育事业组织领导和管理的行政机构。教育系统人数庞大,附属学校众多,管理复杂,其经费支出也一直是S自治县每年财政支出的一个主要部分。其主要执行职能是:贯彻执行区、市、县政府和上级教育行政部门制定的地方性教育政策、法规和发展规划,落实教育方针政策;组织领导全县的普通教育,包括初等教育和中等教育、职业教育以及扫盲教育;负责全县教育事业的发展规划、基本建设、教育经费、干部和教师的管理工作;承办全县语言文字的管理工作。

4.农业局的执行功能

它是自治县政府管理农业和农业企业、事业单位的行政机构。S自治县具体的农业行政活动是通过农业宏观管理和微观管理来实现的。宏观管理是有关农业的方针政策、法规、制度以及农业计划、发展、调控等行政活动。微观管理涉及农业生产经营内部管理关系,如农业各级单位之间的关系,企业和个人、政府与农民之间的关系等。

5.民政局的执行功能

它是自治县政府主管社会行政事务工作的职能部门。主要职能包括:基层政权建设;行政区划;地名管理;农村救灾;社会救济;社会福利;优抚工作;复员军人安置;军队离休、退休干部安置;婚姻登记;殡葬改革;社会团体登记;收容遣送工作;农村社会养老保险工作等。民政局的基本职能是保障公民权利,调节社会分配,协调人际关系,缓解社会矛盾,稳定社会秩序,解决社会问题等。

6.经济贸易局的执行功能

经济贸易局是县政府的综合经济管理部门。在S县,内设4个股(室):办公室、经济运行股、技术进步股和商贸股(其下又设企业改革与非公有制经济发展办公室、城镇集体经济指导办公室两个),县经贸局行政编制8名,其中:局长1名,副局长3名,内设股室领导职数分别设正职或副职1名,可设非领导职务主任科员或副主任科员2名,机关工勤人员事业编制2名,列入财政全额预算管理。其主要职责是:监测、分析国民经济运行态势,调节全县国民经济日常运行,编制并组织实施近期经济运行调控目标和措施;贯彻实施国家产业政策,组织拟定和实施地方性的产业政策,监督、检查执行情况;指导产业调整,提出重点行业、重点产品调整方案;组织实施全县中长期工业发展规划;贯彻执行国家商品流通、餐饮服务、民族贸易的方针、政策和法规,拟定相关的管理办法并监督实施;研究和规划竞争性行业投资布局;对各种经济成分的企业实行宏观管理和指导,规范企业行为规则;指导企业加强管理、扭亏增盈;组织协调全县减轻企业负担;研究和指导流通体制改革,搞好全县商品批发市场、餐饮服务网点规划,培育完善市场体系等等。①

7. 民族宗教事务局的执行功能

这是民族自治县政府机构中不同于一般县级政府机构的一个特色部门。主要执行职能有:贯彻执行党和国家关于民族、宗教方面的方针政策、法律法规,研究掌握自治县民族、宗教工作的情况;组织实施民族宗教理论、政策研究;审定民族成分,颁发《少数民族证明书》和少数民族的语言文字的管理,协同有关部门进行民族文物古籍的搜集整理;负责组织民族区域自治制度建设和民族区域自治法的贯彻落实,办理有关保障少数民族各项权益和处理民族关系方面的事务,促进各民族平等、团结、互助,维护社会稳定和国家统一。

上面所列的部分机构是自治县政府政策执行中的一些主要职能部门,没有论及到县政府执行机构还有:审计局、监察局、公安局、卫生局、计划生育委员会、科学技术局、交通局、司法局等等。除了这类政府职能部门之外,自治县政府自身还设有一些内部直属机构,在这些内设机构中,政府办公室是一个最典型的机构。

县政府办公室是自治县人民政府的综合办事机构,又是各口、各部门间的联系协调机构,它在 S 自治县政府行政管理中占据着枢纽的地位。政府办在县长、副县长的直接领导下,围绕全县的中心工作"参与政务,管理事

---

① S县政府办公室《S县人民政府关于印发 S 自治县经济贸易局职能配置内设机构和人员编制的通知》,S 政府办[2004]113 号文件。

务,调查研究,当好助手",在行政上充分发挥着参谋的作用。政府办负责的工作涉及到自治县政府工作的方方面面,如在 S 自治县政府办 2003 年的文件中,有《S 自治县人民政府办公室关于做好汛期防汛工作的紧急通知》《S 自治县人民政府办公室关于关于调整县以电代燃料项目建设领导小组的通知》《S 自治县人民政府办公室关于进一步做好安全生产工作的紧急通知》《S 自治县人民政府办公室关于下达 2003 年招商引资任务的通知》等等。从中可以看出,S 自治县政府办等自治县政府的直属机构(或内设机构)起着承上启下的作用,它们不同于各职能部门之处在于:内设机构是一个综合性的部门,它负责着职能部门之间的协调、沟通与综合的作用。

上述以 S 自治县为基础所列的自治县政府行政执行机构,基本上反映了现行自治县政府行政执行机构的现状。自治县政府各职能部门各司其职,在职权划定的范围内展开行政活动。从原则上讲,各部门需按上级政府以及自治县政府的政策和指示制定、实施本职计划,并对执行情况进行督促、检查,及时向县长或分管副县长汇报。同时,还需制定本部门的工作计划,完成本部门的任务及应尽的职责。为了更加直观地反映自治县政府执行的全过程,可借助图 7-1 进一步观察:

自治县政府的行政执行一般来说,涉及面较为复杂,执行主体与对象多样,因此在执行的过程中,具有一系列相互联系与相互独立的运行环节,如发布指令、明确授权、制定计划、政策实施、决策执行反馈等等,这些环节构成了自治县政府行政执行的全过程。

三、行政执行模式

"政府的执行是更为艰巨的任务,落实政策远比制定政策更富挑战性。"[1]从组织体系的角度出发,自治县政府的行政执行大致有两种模式:即依托政府体制内行政组织运作的科层执行模式,这一模式主要用来贯彻实施来自上级党委、政府、县委的政策、决策以及县政府作出的常规性决策;依

---

① 胡伟:《政府过程》,浙江人民出版社 1998 年版,第 287 页。

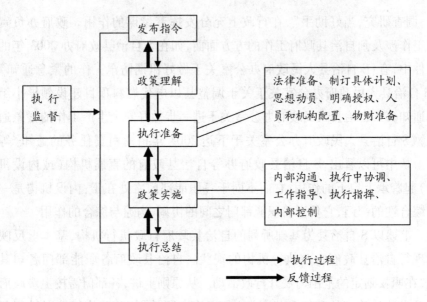

图7-1　自治县级政府行政执行过程示意图

托政治化手段和临时组织运作的动员执行模式,这一模式主要用来处理一些影响全局的突发性事务。前者居于主导地位。

1. 政府体制内行政组织运作下的科层执行模式

　　科层制这一模式最早由马克斯·韦伯提出,他将其视为人类理性化组织的形式,准确性、连续性、纪律性、严整性、可靠性是理性官僚制的特点。对于它的性质和其他,英国学者约翰·基恩在韦伯的基础上曾作了精辟而详尽的论述。在他的《公共生活与晚期资本主义》一书中,基恩认为,官僚制是整套始终如一的、在方法上有准备的和严格执行的指挥和服从关系;官僚制的等级从属关系是按照复杂的任务或职务分工来体现的,在内部,人们说话、相互交往和工作人员的劳动都要受到自上而下的、行政分割的影响;在管理中具有明确的非人格性,所以有人将其讽刺为"由天才设计让痴呆者操作的体制";官僚制机构利用其技术优势居于支配地位,使其能够自如地应对种种复杂的外部环境。①

在我国,由于县域经济特别是自治县经济绝大部分还处在工业化的初始阶段,甚至处于农业社会向工业社会过渡阶段,因此,这种科层体制至少在一定时期内存在于自治县政府及社会范围内。从我国自治县政府管理的情况来看,这种科层模式仍在发挥着很大的作用。

在自治县,政府科层执行模式的基础包括自治政府本身及其组成部门、群团组织、乡镇及村民、居民自治组织、即村民委员会和居民委员会。这些组织和部门有机地联系在一起,便构成了自治县级政府科层执行模式的组织体系,在这一体系下,依托体制内的行政组织,科层执行模式得以推进和开展实施。尽管伴随着信息化、现代化进程的加快,我国民族地区整个社会的发展逐渐呈现多元化态势,科层制所固有的、不适应后现代社会发展的特征会日益显现。但是,这并不妨碍它在自治县级政府行政过程中的运用和作用,从自治县政府的行政执行实践来看,它也仍有存在的市场和必要。

2. 政治手段保障下的临时动员执行模式

动员模式是我国政府执行的一个特征,早已得到国内外广泛的关注。所谓动员模式,是指通过大规模的舆论宣传、政治教育和群众运动,尤其是以大规模的群众运动来达到政府政策目标或某项具体事务目标的方式和手段。这一模式与科层执行模式相比,它体现出三个不同之处:一是非常态化。从我国社会主义建设的全过程看,利用动员执行模式实现政策目标所占的比重还是很有限的,它只出现在特殊时期和特殊的政策实施上。二是非程序化。它超越了一般的制度程序,将重点放到了广大人民群众身上,并把它作为政策执行的一个重大驱动力。三是高效率。与科层执行模式相比,动员执行的效率是显而易见的,是绝非科层执行所能够达到的。如我国在"大跃进"、"文革"等时期所采用的这一模式。

由于动员执行模式它不是经常性运用,在正常的情况和正常的事务上,

---

① 约翰·基恩:《公共生活与晚期资本主义》,马音等译,社会科学文献出版社1999年版,第29~30页。

自治县政府是通过科层执行来达到政策目标的实现。主要因为自治县政府执行上级党委、政府和自治县县委的决议和决定，跃然在这些常态的政策执行中也会运用宣传发动等手段。但总体看，具体政策的实施与执行都是依托政府体制内的组织结构来运行完成。在法治政府建设的今天，动员执行模式在自治县级政府管理活动中已并不多见。当然，我们也不应就此就排除对这一模式的探讨，实际上，在当前自治县级政府的应急机制远未成熟的情况下，对于应付一些突发且涉及面很广、需要广大群众积极参与的事件，如应对 2008 年初南方雪灾、2008 年 5 月汶川地震等，临时性的动员模式具有实际价值。

从 S 自治县政府部分行政执行实际情况看，这两种执行模式在具体的执行过程中并没有严格的界限，往往相互交叉。

四、行政执行中的制度支持

1. 目标管理责任制

S 自治县将已经确定的行政任务通过逐级签订责任状的形式向下派发。一般经由三个层次完成，第一层次是自治县委、政府与上级党委、政府签订的责任状；第二层次是由县委、政府与各乡镇常委、政府、各职能部门签订的责任状，它规定了完成的任务及奖罚措施；第三层次是在各乡镇、职能部门内部展开的责任状，行政任务只有到了这个层次才真正落实到了"实处"。

材料 7-1

Q 州 2004 年工业经济工作目标责任书

S 自治县政府：

根据全州经济工作会议精神，为实现全州各项经济社会发展目标，州人民政府决定对全年工业经济指标实行目标考核，请按照考核指标要求，抓好工业经济的发展，确保工业经济各项指标任务的完成。

考核指标：

一、州及州以下规模工业总产值完成 8500 万元。

二、工业固定资产投资 4000 万元。

三、全社会更新改造投资 3500 万元。

四、国有企业改制 15 户。

州政府负责人　　　　　　　S 自治县政府负责人

　　年　月　日　　　　　　　年　月　日

资料来源:S 自治县经贸局文件,2004 年 2 月 19 日。

　　这份责任书,实质上是从计划经济时代延续下来的上级下达给下级的数量化指标,实际上它并没有给自治县政府带来太大的行政压力,州下发的责任状要求达到的具体任务目标并未充分考虑自治县具体行政部门的人财物等方面的支持条件,也很难有当地民众的参与意见,只是在有关领导之间、上下级之间进行小范围内"共同协商"的结果,真正落实到基层后,执行起来并没有多少实际价值。

　　再看第二个层次,材料 7-2 与表 7-1 展现了 S 自治县政府是如何把行政任务具体落实到各乡镇的。

材料 7-2

中共自治县常委、人民政府
关于 2005 年对乡(镇)工作目标管理考核的办法
(2005 年 1 月 13 日)

……

一、考核内容及计分标准:

1. 党的建设和精神文明建设(100 分)

(1)贯彻执行县委、县政府决定、决议和工作部署(12 分)由县委办、县政府办提供考核细则。

(2)班子建设、队伍建设和基层组织的思想建设、组织建设和作风建设

(12分),由县委组织部提供考核细则。

(3)精神文明建设情况(11分),由县委宣传部提供考核细则。

······

2.经济建设和社会发展工作(100分)

(1)农业农村工作(20分),由县农办提供考核细则。

(2)财税工作(18分),由县财政局和国、地税局分别提供考核细则。

(3)计划生育工作(12分),由县人口和计划生育局提供考核细则。

······

二、考核办法

1.经济建设和社会发展工作,以平常考核为主,年终由相关业务部门提供各项工作的完成情况及分值。党的建设和精神文明建设工作由县委组织部牵头,年终进行考核。

······

三、奖惩办法

1.获上级党委、政府或州直部门以上表彰(委员会、领导小组或临时机构表彰的不计分)的,分别按中央6分,省4分,州3分,县2分予以加分(综合奖全加,单项奖减半),并根据所获奖等次按一等奖100%,二等奖80%,三等奖60%计分,获奖加分截止时间为当年的12月31日,过此时间获奖在下一年计分。

······

四、有关规定

1.考核的各项基数,以县委、县政府和上级业务部门下达的指标为依据。

2.对工作亮点多,成绩突出的乡(镇),经县工作目标领导小组考核研究,可在100分外酌情加1—2分。

······

资料来源:S自治县县委文件[2005]7号。

表 7-1　各乡镇主要经济指标考核安排表(2005)

乡镇名称	财政总收入(万元)	其中			农业总产值(万元)	乡镇企业总产值(万元)	粮食总产值(吨)
		国税	地税	财政			
SH 镇	394.8129	160	190	44.8129	1985	15000	6440
LL 乡	14.169	1	5	8.169	400	500	1230
DH 镇	53.8569	8	17	28.8569	1075	1600	4140
HJ 镇	59.6286	8	11	40.6286	1590	850	6620
FL 镇	46.4834	7	9	30.4834	1620	850	5530
PA 镇	51.5073	10	11.5	30.0073	1209	1300	5120
JL 乡	44.3588	10	5	29.3588	970	330	4500
ZH 镇	37.8797	6.5	10	21.3797	722	600	3580
SL 乡	29.1389	2.5	3	23.6389	806	300	3920
TZ 乡	50.0037	12	4.8	33.037	1110	350	6080
ZT 镇	68.5686	13	24.2	31.3686	1315	2600	5370
SD 乡	47.042	6.5	6	34.542	1160	420	5580
TP 镇	58.6235	5.5	9	44.1235	1400	430	7220
HF 乡	17.5079	1	1	15.5079	650	250	2970
JQ 镇	61.689	9	18.5	42.189	1482	900	7425
YH 乡	17.4491	1	1.5	14.9491	398	130	1820
DJ 镇	51.3471	10	14.9	26.4471	1136	2500	3671
DY 乡	21.085	1.1	1.5	18.485	845	300	2310
BJ 乡	21.7665	2	3.5	16.2665	710	470	2530
XF 乡	15.0423	1	3.5	10.5423	330	200	1550
WB 乡	11.2678	1	1.6	8.6678	405	120	1210

资料来源:S 县经贸局内部文件,2005 年 2 月 22 日。

　　自治县政府通过建立某种考核办法,如材料 7-2 中所规定的奖罚措施,为行政任务的执行寻求制度上的某些支持。表 7-1 呈现了自治县政府进一步将行政责任细化与分配,以责任状的形式规定了各乡镇完成的任务以及任务完成与否和奖罚措施。在规定完成的任务中,这些细化到小数点上的具体数字它是怎样才能够计算得出来。责任目标,它规定的应该只是一个大致的行动方向或行政规划,还不可能落实到可操作的层面上,而这些具体量化了的责任数字它们又能够说明些什么问题。事实证明,这个行政层次的责任状并没有多少权责意味,它远远超出责任者的行政能力范围,带来的多是负面的作用,更像是一个工作计划,更不能够把它作为研究自治县乡镇经济发展的可靠材料来分析。

同样,这种行政任务量化后,具体到自治县政府的每个部门中去,这些部门则将分配到的责任目标再做进一步的细化与量化,在自己的部门内再把目标分配下去,行政任务在这个层次上真正被细化到了基层。

表 7－2　2005 年县经济贸易局各股室工作目标管理任务分解表

序号		州、县政府下达责任目标	办公室	经运股	进步股	商贸股	屠宰办
一	党建工作	贯彻落实县委、县政府决定、决议及工作部署(5)由县委、县政府提供考核细则,思想建设、作风建设、队伍建设、制度建设(5)由县委直属机关党委提供考核细则,群团工作(3)其中团的工作 1 分,妇联工作 1 分,工会工作 1 分,由团县委、妇联、工会等分别提供考核细则	13	13			
二	党风建设	党风廉政建设,由县纪委提供考核细则	5	5			
三	精神文明	精神文明建设,由县委宣传部提供考核细则	5	5			
四	卫生工作	由县卫生局提供考核细则	3	3			
五	人口计生	由县人口与计划生育局提供考核细则	3	3			
六	综合治理	综合治理由县委政法委提供考核细则	6	6			
七	安全消防	消防安全各 2 分,由安监局、县消防支队分别提供考核细则	4		4		
八	扶贫工作	扶贫及计生"三结合"扶贫,由扶贫办、计生局分别提供考核细则	5	5			
九	种竹绿化	由县林业局提供考核细则	6	6			
十	招商引资	由县招商引资局提供考核细则	10			10	

		日常业务工作	40				
十一	1. 国企改制	完成 11 户国企改制	10				10
	2. 企业管理	加强规模工业的指导、协调、管理、服务工作,完成指标任务	10		10		
	3. 企业技改	督促亨通公司完成 150 万吨/日生产线技改	4			4	
	4. 市场整顿	组织搞好全县整顿和规划市场经济秩序工作	5				5
	5. 生猪屠宰	抓好生猪定点屠宰管理工作	5				
	6. 信息反馈	向县委、县政府书面汇报季度、全年工作情况	3	3			
	7. 其他	完成县委、县政府交办的其他工作,及办理情况	3	3			
	合 计 分 值		100	52	14	14	15	5

说明:

1. 请各股室根据分解表任务结合本部门的实际情况拿出本年度的工作思路细化;
2. 各股室的《2005 年工作思路细化》请于 2005 年 2 月 25 日前交由办公室汇总。

自治县政府推行的责任制似乎是在追求行政管理模式最大限度的"理性化",但它使用的手段却起到了相反的效果,与责任制相伴随的是,一方面执行起来效率不高且成本增大,另一方面出现行政权限个人化倾向,各个层次和不同领域的责任人就是追逐自身利益的"包工头",具体任务的执行却缺乏社会支持和组织成员的自主意识。

2. 岗位责任制

岗位责任制是个人目标层次上的一种"承包制",实施目的是为了提高行政执行整体的协调能力,发挥总体功能。通常的做法是对公务员进行工作定位,使每个人明确自己应该干什么和如何去干、何时去干、与谁一起干,是一种个人目标层次上的"承包制"。

在 S 自治县,这种个人岗位责任制的实行遍及于政府各个部门。各部门在一些棘手的任务上,为了督促责任人的工作,通常会要求责任人在接受任务时向主管部门交纳一定的抵押金。当然,抵押金在数额上是这些工作人员可以承受的,如果完不成指标任务,抵押金将作为处罚金,不予归还,另外还可能有通报批评等附加处罚。如果任务完成了,则如数归还,另外还有奖金、通报表扬等奖励。

事实上这种较为普及的制度同自治县行政机关冗员是分不开的,岗位目标责任制对行政公务人员的约束是非常有限,过量过细的目标取向经常使责任主体无所适从,造成劳动重复、事责不统一,导致行政效率低下、机构臃肿,执行成本提高。

S自治县政府行政执行过程中的这些承包责任制,在发展趋势上使用得越来越频繁,涉及到的任务越来越具体。大到经济发展、社会治安、信访、财政税收,小至报纸杂志的发行、学习材料的订购等都有责任承包制的现象。这种责任承包制除了原有的组织人事部门外,还增加了许多职能部门,它们把上级部门的要求转移到自己的下一级政府。在奖惩措施上实行"重奖重罚",以至于有人称之为"一手乌纱帽,一手高指标"。从目前S自治县的情况来看,这种承包责任制只不过是行政命令体制在新的社会经济发展环境下的某些变通,而最终对其进行评价的是上级部门。结果是,上级命令直接并从根本上决定着官员的行为方式和行动目标。就S自治县目前推行这种制度的效果而言,改革行政任务实施的责任制度成为自治县政府行政决策发展的一个方向。

第三节 自治县政府行政执行的过程

自治县政府行政执行的过程可概括为"点—面模式",即一般要经过先试点、后推广两个步骤。试点是在一项政策全面推行之前,先选取一两个具有代表性的点,执行这一政策,以获得全面推广这一决策的经验和教训。在先期试点成功的基础上全面实施。这一模式已成为自治县政府政策实施过程中的一种工作方法。从一项具体政策执行实施过程看,自治县政府行政执行的过程往往有以下程式化过程,可以分解为三个阶段。

一、宣传准备阶段

自治县政府行政执行的第一阶段中,要进行大量细致的工作准备。这些准备主要包括思想准备、计划准备、组织准备、物质准备等。

自治县政府要使自己的行政决策方案付诸实施并取得预期效果,就必须在执行前做好充分准备。制定好实施的计划后,自治县必须要做好思想动员。通过深入细致的宣传动员,使全体行政人员都了解决策内容,能正确理解并自觉自愿地接受决策,从而在行政执行中统一行动。行政执行人员对决策目标和实施计划认识越全面,思想准备得越充分,执行起来就会自觉地忠实履行好各自的职责。即使遇到一些困难和挫折,也会主动地想办法,努力完成行政执行的任务。其次要做好组织准备工作。行政执行要由相关的职能部门及其工作人员承担,组织准备不仅仅是单纯解决组织问题,还包括确定承担行政执行的职能部门,调配合适的行政人员和明确分工,并授予相应的职责和权力,做到事权的统一。在确定行政执行的职能部门时,应注意选配懂业务并有行政管理知识和实践经验、对决策理解深刻、工作勤奋、团结下属、组织能力强的行政领导者担任行政执行的负责人。同时,进一步规范一般工作人员的岗位职责、工作程序、考勤考绩等内容的规定,才能真正为决策的实施提供组织保障。最后,提供后勤保障。行政执行需要一定的资金和物资,没有经费,行政执行难以实施。要根据执行的需要,编制财政预算,争取相应数量的执行经费,并购置必需的办公用品和设备,为行政执行提供坚实的后勤保障。

在思想统一、组织落实之后,自治县政府就选择好的行政方案,借助于命令与信息传递等形式或方式来进行布置、规划各项行政任务的具体落实。

自治县政府行政执行命令的下达,主要是通过会议、文件转发、通知、党报党刊及机关报等形式来运行。

在 S 自治县政府行政实施过程中,主要采用的会议形式包括:政府常务会议、县长办公会议、政府工作会议、政府专题工作会议、政府全员会议等例行性的会议。

以下是一份 S 自治县政府关于退耕还林相关问题的会议纪要:

材料 7-3

十月二十五日,县人民政府×××县长召集有关部门负责人(名单附后)在县政府二楼会议室开会,专题研究我县退耕还林工作有关问题,会议

听取县林业局汇报我县退耕还林工作情况和有关人员的意见,会议纪要如下:

1.会议认为,退耕还林工作本身是群众受益,财政出钱,林业出力的德政工程。工程实施两年来,群众得到了实惠,总体发展上是好的,成绩是肯定的。但由于该项工程是一项全新的工程,在实施过程中难免存在不足,特别是在发展竹业种苗供应上,还有一些工作需要完善,在今后的工作中要注意总结经验,吸取教训。

2.退耕还林工作需要解决的几个问题:

(1)同意今年6700亩竹林补造中用杉木苗进行补植,所需资金从县育林基金中解决;

(2)关于协管员工资问题,按上级政策规定办理,县级负责部分由县财政负责解决;

(3)关于种苗费缺口72万元问题,一是从财政扶贫资金中解决一部分,今后的财政扶贫资金要围绕我县产业调整进行项目安排,重点是竹业、畜牧业;二是每年从发展资金中解决一部分;三是从育林基金中解决一部分;四是通过积极向上跑项目争取资金解决;五是剩余部分待年终由县财政设法解决,彻底消化退耕还林历史遗留问题。

3.明年的退耕还林工作一定要搞好规划,集中连片,围绕打造竹业产业项目发展目标,理顺好竹苗供应环节,竹苗价格补差部分主要由从财政扶贫资金和发展资金中解决。

资料来源:S自治县人民政府专题会议纪要,2003年第70号。

会后,各相关部门根据政府专题会议的要求,结合省委、省政府的有关政策,起草了政策性文件,并在县政府常务会议通过后报县委常委会研究通过。县委宣传部和县广电局立即开始了舆论宣传,通过电视、广播、报纸等媒体,并出动宣传车深入农村、学校进行宣传。这样,对于退耕还林相关问题的前期准备工作基本完成。

再以 F 自治县政府开展的"农村寄宿制学校建设工程"①分析 F 县政府行政执行的几个阶段：

F 县于 1999 年 12 月通过了自治区普及九年义务教育评估验收，2003年 11 月，自治区对 F 县巩固"两基"工作情况进行了复核，认为 F 县"两基"各项指标的巩固情况良好，达到了达标的标准。尽管 F 县在办学的硬件和软件上都有了一定的改善，但由于该县是贫困的少数民族边远县，落后的经济以及恶劣的自然环境，教育相对发达地区来说，仍然是一个十分薄弱的环节。F 县中小学办学规模普遍偏小，特别是寄宿制学校，由于条件差，设施简陋，无法扩大办学规模，影响了办学水平的提高。特别是原县财政的支柱性产业——县卷烟厂实行政策性破产以后，F 县的财政收入更为困难，在入不敷出的情况下，对教育的投资越来越少，严重制约了教育的进一步发展。

为此，F 县县委、县政府在对本地寄宿制学校教育进行大量调查之后，县委、县政府先后召开了三次相关会议，客观分析了寄宿制学校面临的困难和存在的问题，明确了寄宿制学校下一步改革和发展的方向，并采取了一些相应的步骤，相继出台了一些具体针对这类学校的优惠政策。自治县政府通过会议等形式，命令得到传达和布置，行政政策规划的具体运行步骤得以顺利开展。而这一问题得以根本性的解决，则是 2004 年 F 县实施的"西部地区农村寄宿制学校建设工程"得到自治区人民政府的批复，这样进一步推动了 F 县政府农村寄宿制学校工程的建设。

二、组织实施阶段

准备环节完成以后，自治县政府行政执行就进入了实施阶段。它是政府行政执行过程中最为关键的环节。再好的决策，如果不付诸于实施，也只能是水中花、镜中月，或者实施的不好，也难以达到预期的目标。在实施阶段，要认真落实每一项具体任务的完成。

---

① F 民族自治县政府教育与科技局关于"农村寄宿制学校建设工程"实施情况的报告，2006年 4 月 15 日。

参照 F 县"西部地区农村寄宿制学校建设工程"来分析政府的执行情况。该项目总投资 2491 万元，F 县政府的具体实施情况是：土建投入 1811 万元，建设面积 36220 平方米，其他投入 681 万元，覆盖全县 3 个乡镇、19 所学校。2004 年，安排县 6 所学校 12 个单项工程，资金总投放 552 万元，建筑面积 11040 平方米。项目得到自治区人民政府批复后，2004 年 4 月份进行立项并报发改委下达年度投资计划，5 月份进行选址定点，进行校园总平面规划，并报送自治区教育厅项目办审批，同时进行项目地质勘察，施工图纸计划。6 月份报县政府采购办对项目进行政府采购，通过招投标选取施工队伍，进入了施工阶段。

经过 4 个月的建设，2004 年 F 县 6 所学校 12 个单项工程，于 2005 年 12 月前全部竣工，并经过县财政、计划、建设、设计、审计等相关部门的验收。按照自治区攻坚办的要求圆满完成了 2004 年"寄宿制项目"的建设任务。我们就 F 县政府推动项目实施的主要措施来看，其具体做法有：

一是县分管领导挂点督查。为抓好工程建设，县人民政府成立了以县长廖 X X 为组长的工程领导小组. 领导小组成员分别与项目点挂钩，实行挂点督查，并进行了挂牌公示，特别是县分管领导，除督查所挂的点外，还采取不定期的形式，到全县的项目点进行督促和检查，进一步加快了项目建设的步伐。

二是召开项目经理会，及时通报进度情况，要求在确保工程质量及施工安全的情况下，赶早班，延晚班，加快工程进度。

三是联合建设局、施工单位、质检、监理、设计等部门针对项目施工存在的问题，进行安全大检查和现场办公，并针对存在的问题及时进行处理。

四是教育科局项目办的工作人员在除了正常检查验收外，还不定期地到各项目点检查，确保施工质量。

五是教育、财政、建设等部门通力合作，根据工程进度情况，落实项目投资，确保资金到位。

F 县政府采取的措施使得县各乡镇中小学的校舍及办学条件得到了极大的改善，为学生提供了良好的学习条件和生活条件。同时，对于完善全县中小学布局调整,促进县基础教育事业的持续、稳步、健康发展和社会经济发展、民族团结也具有重要的意义。

县政府在实施该项目的具体过程中,对可能存在的问题进行了检查修正与总结。在听取各小组的检查报告之后,对带回来的问题进行分析,针对在项目的实施中存在的问题,召开了一系列专门的会议,进行研究和分析,确定出解决的办法,并立即责成有关部门进行整改,从而有效地保证了工程的进展和质量。

笔者观察F县政府实施"西部地区农村寄宿制学校建设工程"项目的情况,发现在自治县政府的具体行政执行中,具有这样一些特点:一是依靠现有的、法律规定的体制加以推进。在项目的实施中,F县政府有十多个职能部门直接参与了工程的建设,可以说全县政府部门中近一半参与了该项目的实施过程。可见,一个重要的项目如果离开政府及其内部各部门的执行参与,是不可能达到预期效果的。二是在具体的实施过程中,政府各部门严格分工、密切配合,体现了科层制执行模式的纪律性、严整性和程序性。

1.沟通、协调、指挥与控制

与第一阶段相比,自治县政府行政决策的实施是一个复杂的过程,这一阶段在形式上显得严谨和规范。各乡镇和各责任单位分别根据各自的职责开展工作。其中贯穿于实施过程的主要包括沟通、协调、指挥与控制四个基本环节。

指挥是自治县政府行政领导为实现部门目标按照已定的决策目标和行政执行计划,采用行政命令、指示等方式对下级的行政执行进行调度和安排的行为。由于参与自治县政府行政执行的人员较多,分工较细,协作复杂,连续性强,各方面的执行一环扣一环,相互联系,相互制约,因此必须具备高度统一的行政指挥。统一而权威的行政指挥,能够使自治县政府机构灵活运转,各民族行政人员更加积极工作,制度也更能发挥作用,决策得以很好地执行,从而实现有效的行政管理。县政府只有通过高度统一有效的指挥,才能把行政执行由静态推向动态。

沟通是行政职能部门及行政工作人员对共同的任务和执行过程中出现

的问题获得统一认识的方法和程序。沟通是协调的前提,目标是求得思想认识的一致性,然后再促进进一步行政的统一。实际运行中,S自治县政府也认识到行政沟通的重要性。

协调是为了引导其所属职能部门间及工作人员间建立互相协同配合的良好关系,形成和谐的整体,有效地实施行政决策的行为。一个单位目标明确,决策正确,计划周密,组织健全,但行政领导者协调工作跟不上,就容易出现"各自为政"的现象。如果矛盾得不到及时解决,时间一长,隔阂加深,不但不能发挥整体功能,而且会造成各方面的浪费。自治县政府各职能部门间和职能部门内部在其行政执行过程中出现不同意见及利益间的矛盾,必须通过协调来解决。涉及重大利益、矛盾比较尖锐的,则需要反复协调才能解决。尤其是在全面推进自治县政府行政管理体制改革和行政管理机构改革,精简机构和人员的时候,更要注意搞好协调,促进各民族行政工作人员的团结,避免因利益、权利的调整而激化矛盾,造成不安定因素,以及出现执行脱节或重复的现象,保证行政执行在改革过程中顺利实现。

控制是根据实现决策目标制定出来的执行计划,检查实际执行情况,并消除或纠正执行行为的偏离,使二者保持一致,从而保质保量地按时实现决策目标的行为。自治县政府行政控制的积极引导和教育作用,可整合行政系统的力量,促使自治县政府的行政管理系统产生强大的凝聚力,最大限度地把行政人员的思想和行动引导到实现行政管理的共同目标上来,保证管理目标的一致性。

2. 信息反馈与政策修正

S自治县政府行政执行的信息反馈,主要体现在下属各职能部门或各乡(镇)向自治县政府提出的工作总结、请求、报告和建议上。S县政府行政执行过程中存在着的大量信息反馈,影响着政府具体执行行为。S自治县政府部门配备了专门收集和研究决策执行情况的人员,定期或不定期组织专题调查和情况汇报,或者出版内部刊物。

以S自治县经济贸易局向政府提交的一份完整报告来观察行政执行过程中的反馈:

材料 7 – 4

S 自治县经济贸易局

关于当前规模以上工业企业生产运行情况的紧急报告

县人民政府：

1 ~ 5 月份，全县规模以上工业企业生产虽保持较快的增长势头，但受生产要素供给制约的影响，当前工业运行出现了一定程度的波动，且形势十分严峻，现将全县规模以上工业企业运行情况紧急报告如下：

一、当前全县工业经济运行基本情况

今年 1 ~ 5 月份，全县工业经济运行总体情况是：

1. 工业生产保持较快增长。1 ~ 5 月，全县规模以上工业企业累计完成工业总产值 4268.6 万元，比去年同期增长 63%，占年计划的 34.1%，欠进度计划 7.5%。其中，国有企业完成工业总产值 1642.4 万元，与上年同期相比上升 37.9%，500 万元以上非国有企业完成工业产值 2617.7 万元，与上年同期相比上升 23.8%。

……

二、当前规模工业生产运行存在的主要困难和问题

从执行计划情况看，全县工业生产虽保持较快的增长势头，但规模以上工业企业生产未达到进度计划，欠产 731.4 万元，其主要原因是：一是今年以来，工业硅产品价格一路下迭，市场低迷，再则是今年 5 月 1 日国家取消硅产品出口退税政策，加之电价上涨，使得企业更是雪上加霜。硅业在国家宏观调控大政策及其市场低迷环境的双重不利夹击下，其生产受到严重影响，造成库存量增加，目前该企业产品库趣 600 多吨，价值 600 多万元，资金周转十分困难，已于 5 月 26 日被迫停产；……

三、半年及全年工业经济走势展望

综上所述，6 月份×、×省硅业、××木业、××制药有限公司、植物油厂、黄金矿、××木业已面临停产或不能正常生产，全县规模以上工业企业运行情况将比 5 月份有大幅下滑。这样，将直接影响到到"时间过半，任务

过半"目标的实现,如不迅速扭转这种局面,今年全县规模工业任务将无法完成。

四、建议采取的对策措施

面对存在的困难和问题,我们必须加强宏观调控,采取强有力的措施加以解决。要围绕抓重点企业、重点产品的生产经营,进一步加大协调服务力度,落实好企业原材料、电力、资金等急需解决的实际困难。

1. 加强对工业经济运行的领导,明确四大班子领导地停产企业进行"一对一"帮扶,帮助协调解决生产经营中出现的问题和困难,限期启动生产。

……

特此报告

二〇〇五年六月十三日

资料来源:S 自治县经济贸易局文件,2005 年,第 7 号。

该报告是 S 自治县经济贸易局对县 2005 年上半年规模以上工业企业生产运行情况向县政府汇报的一份紧急报告。材料中反映出来的问题十分重要而突出,从中也看到了自治县经济发展中的脆弱性和不均衡性。自治县经济贸易局就大工业企业生产运行的这种紧急情况向县政府作汇报,并提出了问题的相对解决办法,信息反馈得及时、重要,给自治县政府政策的及时修正和完善提供了重要的参考。从信息反馈的角度讲,自治县正是由于这种畅通的、及时的信息反馈机制的存在,一定程度上也避免了经济和社会发展中出现一些问题和矛盾的进一步激化。科学、规范的信息反馈机制也成为检验自治县政府行政管理是否规范、完善与民主的重要标志。

由于客观环境的制约,以及行政领导者认识事物的能力有限,所获得的决策信息在一时内难以完备无缺,因而决策的修正与调整也是不可避免而会随时发生的,这是不难理解的问题。信息反馈之所以在决策中显得有意义,不仅仅在于它有助于对决策执行情况的了解与掌握,而且更有助于对决策中不符合实际情况的部分作出适当的修正和调整。对行政政策的修正是行政执行过程中经常发生的行政行为,它是政府行政执行过程中不可或缺的行政行为。

S自治县政府的一些行政决策也常常因为不完全符合实际而被自我修正。如上所述,自治县经济贸易局对县政府提出的修正规模工业与社会经济发展的报告就是一例。

材料7-5

S自治县政府关于调整经济发展目标与格局的几点意见
(2004年3月16日)

根据州委八届三次全体扩大会议提出的"431"经济发展格局,把S县建设成为民族生态旅游区,结合我县实际,经县委、县人民政府研究,决定调整全县经济社会发展目标和经济建设发展格局,实现经济社会更快发展。

……

三、发展目标

"十五"期间到2010年,我县经济社会预期指标调整为:

——国内生产总值年均增长13%以上,到2005年GDP总量达13亿元以上,人均GDP达4000元左右;

——财政总收入年均增长18%,到2005年达4000万元以上,2010年达9000万元以上,地方财政收入年均增长15%以上,到2005年达3000万元以上,2010年达6000万元以上;

——规模工业产值到2005年达2亿元左右,2010年达12亿元左右;

——固定资产投资到2005年达到3亿元以上,到2010年达到10亿元以上;

……

资料来源:S自治县县委文件,2004年(011)号。

S自治县实行"九五"规划以来,在州委、州政府的领导和州直有关部门的帮助下,按照"基础设施要先行,特色经济是方向,人才培养是根本,真抓实干作保障"的工作思路,抢抓机遇,团结奋斗,经济社会发展取得了较好的成绩,各项社会事业有了长足的发展,人民生活水平也得到了很大提高。为此,县政府根据形势的发展规划和设计了自治县 2005 年度及"十一五"计划发展预期目标。但是,在实际的发展中,由于种种原因,S 县经济发展水平仍处于全省、全州的靠后位置。在加快 S 县经济发展的同时,自治县政府也进一步发现面临的困难比先前预料的更为严重,就自治县政府当时的实际行政能力,要完成先前规划好的行政目标是不可能的。县政府正是根据实际形势与不断发展变化的需要,及时、果断地修正、调整和完善了自治县经济发展的目标规划。新的发展计划体现了实事求是的行政态度,适应了 S 县经济发展的需要,较为科学、客观地明确了 S 县未来五年的经济发展规划,按照"突出特色,优化结构,做大规模"的要求,自治县政府进一步优化布局,科学规划,整体推进的同时,加大投入,突出重点,打造亮点,着力构建"一江二区三带四产"的经济发展格局。

"在对待政策修正的问题上,无论是政策制定机关或制定者,还是政策执行机关或政策执行者,都要面临主动与被动的选择。"①对自治县政府而言,行政执行的过程本身就是对行政决策的不断调整和适应的过程,政府决策者如果能够认识到这一点,就能够主动地联系客观实际,对政策进行分析与调整,变消极的政策修正为积极的政策调整,从而更好地服务于自治县的公共行政。

三、总结评估阶段

一般说来,总结就是肯定成绩,找出差距,改进工作。自治县政府行政执行中的总结,就是在其每一项或某阶段任务完成后,对执行的结果、成绩、经验进行考核、评价的行政行为。这一阶段虽然是执行程序中的最后一步,却又是一个新的行政决策起点,后面新的行政执行水平能否在过去经验的基础上不断提高,关键就在于是否实事求是地进行总结。在实地调查中,我们发现,S 县政府及其职能部门形形色色的各类总结报告,并不是从行政成

---

① 谢庆奎、陈淑红、符雄、林肇武:《县政府管理》,中国广播电视出版社 1994 年版,第 188 页。

本和效率的角度去进行总结与分析,大多有一个固定的程式,以年初确定的量化的行政目标为标准对全年的行政活动进行总结,总结的结果,基本上都是取得了很大的成绩,圆满完成了各项任务等等之类的程式,而对于问题与不足提到的却是少之又少。

更深一层来说,自治县政府及其各部门的行政总结并不是置于社会的监督之下得出来的结果,行政事务也无法进行具体量化。事实上,政府及其各职能部门的行政总结都没有充分考虑到社会评价的因素,它们是在自己总结自己,是对自身利益进行所谓的"全面评估",这势必会造成评估结果无条件地向总结方倾斜,陷入程式化的境地。作为科学行政的一部分,自治县政府及其各部门的总结应该就事论理,把经验教训上升为理论,为提高自身决策和行政执行水平,寻求科学的理论指导。

以上是从政府体制内行政组织运作下的科层执行模式对自治县政府的行政执行过程进行了分析。科层执行模式作为依靠政府体制内行政组织运作下的一种模式,是自治县级政府进行日常行政事务的主要执行方式。而对于突发性的社会事件或自然灾害,自治县政府也往往会依赖于行政组织体制之外的临时动员执行模式来进行,如在2003年春夏之际,在北京、广东等地爆发的"非典"疫情,F县政府就使用了这一执行模式。面对严峻的形势,仅仅依靠体制内的组织、通过科层执行模式想达到"防非"的目标,难度是可想而知。在这种情况下,F自治县政府充分运用动员执行模式,在宣传和发动群众的基础上,最终成功实现了"非典"发病案例为零的预期目标。

第四节 自治县政府行政执行的优化

一、自治县政府行政执行存在的问题

1. 政策执行不全面

在市场经济凸现了局部利益之后,自治县政府囿于地域、部门利益,在政策执行中演化出大量"上有政策,下有对策"的行为,特别是某些部门决

策者法治意识淡泊,在执行决策和政策时热衷于作批示,开协调会,搞大规模的政治宣传和动员,习惯于按红头文件和长官意志办事,以言代法,甚至以权压法。置国家法律于不顾,以至于政府执行部门象征性地执行,有选择地执行,赶超权限去执行甚至违反法律程序去执行。

(1)"自行立法",变相执行。"权力部门化,部门利益化,利益合法化",是当前自治县级政府行政执行中的一个突出问题。由于中央或上级的政策到了自治县级政府这一执行环节,必然经历根据当地实际、转化为具体政策方案的过程。因而,"一些政策执行部门就利用这一弹性空间,在行政执行过程中为了个人的利益或局部的利益,打着执行国家政策、维护国家利益的旗号,给所执行的上级政策附加上一些原政策目标所没有规定的不恰当内容,表面上仍然是在执行上级政策,但这种执行效率再高,也不会实现原定的政策目标,甚至大相径庭"。[1]

大多情况下,自治县行政执行相关部门对符合自己利益的政策,或者是国家的重大政策,一般会尽职尽责地执行。但在具体的执行过程中,某些执行主体小团体主义、个人主义思想严重,不能正确处理局部与全局的关系,往往用是否符合局部利益作标准,来决定对决策执行的态度,人为地制造出各种各样的"对策"、"土政策"等附加性内容,从而严重地阻碍了决策的正确贯彻和执行的有效实施,损害了国家政策的严肃性和权威性。

(2)逃避矛盾,象征性执行。在自治县政府行政执行过程中,我们发现:只做表面文章,并未采取可操作性的具体措施,只制订象征性的执行措施,在组织、人员、资金等方面没有真正到位,或执行起来虎头蛇尾、前紧后松、敷衍塞责,使严肃的政令在形形色色的花架子下变成一纸空文,这样的现象层出不穷。对有利益的领域,争权夺利,抢着执行,而对不符合自己利益的政策或是从政策执行中得不到利益的政策,采取消极应付的态度,在执行过程中只进行表面宣传,并不转化为可操作性措施。同时,一些执行机关

---

① 杨轶:《我国县级政府政策执行状况分析——以江西省 X 县为例》,《大众科学》(科学研究与实践)2007 年第 10 期,第 79 页。

或人员有意不执行或变相不执行国家政策,有的只采取象征性执行措施,甚至抗拒执行。一方面是胡乱执行,以捞取部门利益和个人好处;另一方面疲于应付具体事务,或担心目标群体的抵抗,或怕私利受损等原因,抱着不求有功但求无过的思想,不愿触及矛盾,导致行动缓慢,思想犹豫,心理矛盾,对政策执行消极被动,左顾右盼。观望中央是否还有政策变动,观望中央是否动真格,观望其他执行机关的执行情况以便于模仿,观望政策执行中牵涉到自身利益问题是否可以软硬兼施等。

(3)曲解政策意愿,盲目执行。作为政策,绝大多数都是原则性的规定,即使比较详细的政策,也不可能穷尽执行中所可能出现的所有情况,这就给自治县政府行政执行者自由解释政策留下了一定的空间。政策执行者在执行政策中对政策原来精神实质或部分内容有意曲解,利用政策的某些抽象性,借口本县域或本部门的特殊性而做出不同的解释,导致中央和上级政府的政策无法真正得到贯彻落实,甚至收到与初衷相悖的绩效。以我国住房制度改革为例,改革的目的本来是为了减少国家财政负担,搞活房产建筑企业,实现住房商品化,解决住房分配不公的问题。但在 S 县,国家的房改政策在实际贯彻执行的过程中,自治县政府及其各部门自行"变通",把住房商品化解释为低价出售公房,歪曲了政策的原意,使得国家的房改政策一时难以得到有效的执行。再如中央提出鼓励吸引外资,促进县域经济发展的政策,可是在一些自治县,行政执行部门却曲解政策,以为吸引外资就得大办开发区,因而采取大量侵占农田、大搞开发区建设的做法,结果却是外商引不来,土地大量闲置,严重影响了县域经济的发展。

2. 执行成本过高,效率低下

目前,行政执行成本耗费大、效率低已成自治县政府行政执行的通病。长期以来,自治县政府部门习惯于按上级要求,按常规、按传统办事,处理有着问题的政策、方式可以几十年不变或小小更改,"衙门作风"十足,习惯坐等问题上门,遇事大事化小,小事化了,无事最好。这体现在行政执行中的官僚主义现象比较严重,"门难进,脸难看,话难听,事难办','牢骚满腹,工作无心"等不良现象在一些行政机关及其干部队伍中日益蔓延。有些干部对个人利益得失分毫必争,对组织与国家利益却漠不关心,在其位不谋其政,谋其政而不负其责,结果是导致好的政府政策难以发挥有效的社会调节作用。而且,行政执行中的官僚主义作风使得决策执行时间延长,严重影响了政策执行的效率。邓小平同志曾尖锐指出:"官僚主义现象是我们党和国家政治生活中广泛存在的一个大问题。它的主要表现和危害是:高高在上,滥用权力,脱离实际,脱离群众,好摆门面,好说空话,思想僵化,墨守成规,机构臃肿,人浮于事,办事拖拉,不讲效率,不负责任,不守信用,公款旅行,互相推诿,以至官气十足,动辄训人,打击报复,压制民主,欺上瞒下,专横跋扈,拘私行贿,贪赃枉法,等等。这无论在我们的内部事务中,或是在国际交往中,都已达到令人无法容忍的地步"。①

　　S自治县政府部门既是行政决策的制定者,又是行政决策的执行者,以同一个公务员群体、同样的运作方式从事这两个环节的操作,表面上看保持了连续性,实际上不利于形成各自优势,影响效率的最大化,在一定程度上导致了自治县政府部门内部职责含混、效率不高。由于自治县政府的无竞争性和排他性地位,引发的结果是政府行政执行人员在执行中的不计成本行为,使得执行的资金浪费现象十分严重,行政运行成本居高不下。S县一些行政开支常常包括干部的工资、会议费、小车费、接待费、电话费等办公经费,开支大且难以控制,行政执行的相关费用反映在一些行政领导干部的头脑中,甚至根本就没有"行政成本"、"运行效益"之类的概念。表7-3可现S县政府在经济管理和社会管理职能上行政支出成本的某些问题。

---

① 《邓小平文选》第2卷,人民出版社1992年版,第327页。

表7-3 2002~2005年S自治县财政支出基本情况

年份	项　　目	数额 （万元）
2002	企业挖掘改造资金252万元,支援农村生产支出349万元,农林水利气象等部门支出806万元,工业交通等部门的事业费88万元,文体广播事业费650万元,教育事业费4235万元,医疗卫生支出704万元,其他部门支出396万元,抚恤和社会福利救济费390万元,社会保障补助支出233万元,行政管理费3155万元,国防支出18万元,武装警察部队支出16万元,公检法司支出616万元,城市维护费322万元,支援不发达地区支出1866万元,专项支出46万元,其他支出380万元。	14533
2003	企业挖掘改造资金122万元,科研三项费用25万元,农村支出665万元,林业支出391万元,水利和气象支出410万元,工业交通等部门事业费360万元,文体广播事业费991万元,教育事业费5164万元,医疗卫生支出890万元,其他部门支出305万元,抚恤和社会福利救济费448万元,社会保障补助支出333万元,行政管理费3909万元,武装警察部队支出14万元,公检法司支出635万元,城市维护费194万元,政策性补贴支出20万元,支援不发达地区支出1310万元,专项支出41万元,其他支出484万元。	16711
2004	科技三项费用28.1万元,农业支出736万元,林业支出505.5万元,水利和气象支出555万元,工业交通等部门事业费573.6万元,文体广播事业费983.9万元,教育事业费6163.1万元,医疗卫生支出843万元,抚恤和救济事业费504.8万元,社会保障补助支出207万元,流通部门事业费1万元,行政管理费4390.6万元,公检法司支出786.4万元,城市维护费支出371.3万元,支援不发达地区支出1394.2万元,专项支出43.4万元,其他类支出621.7万元,其他部门事业类348.3万元,武装警察部队支出12.1万元,基金支出128.2万元。	19316.5
2005	企业挖掘改造资金20万元,科研三项费用34万元,农村支出971万元,林业支出201万元,水利和气象支出239万元,工业交通等部门的事业费587万元,文体广播事业费996.4万元,教育事业费6814万元,医疗卫生支出887万元,其他部门支出305万元,抚恤和社会福利救济费543万元,社会保障补助支出150万元,行政管理费4633.8万元,武装警察部队支出10万元,公检法司支出842万元,城市维护费342万元,政策性补贴支出20万元,支援不发达地区支出1310万元,专项支出64万元,其他支出484万元。	19463.2

备注:表中2005年度的数字为S自治县财政支出的预算草案。
资料来源:S民族自治县统计局、财政局提供的相关数据。

表7-3表明,教育类费用和行政管理费及公检法司类支出等项的绝对投资总额在S自治县财政规模上所占的份额是最大的,并且逐年递增。

教育费用是自治县财政支出数额最大的项目。占总支出的比例一直在30%左右,这与从1985年起国家把九年制义务教育交由地方各级政府去办的政策和地方人口受教育水平以及教学条件等社会性因素是直接相关的。S自治县全县有幼儿园87所、小学347所、民族学校2所、中学11所、职业中学1所、卫生学校1所、师范1所,教职工长期以来一直维持在1200~

1300 人之间,庞大的教育体制编制也是自治县财政支出最大的主要原因之一。

S 自治县财政支出中居第二位的是行政管理相关费用,这是总支出中增加总量最快的一笔费用。行政管理费用绝对支出份额不断增大的最直接原因是自治县行政机构膨胀、行政执行效率低下、执行费用浪费严重使行政成本增大所造成。当然,表中所计的行政管理费用,并不是 S 自治县政府行政费用的全部,如果将自治县政府行政执行所耗费的成本都计算在内,则包括公检法司类费用的部分支出①、城市维护费用、抚恤和救济费、工业交通、文体广播及其他性支出等等很多,其数额远远不只是这些,行政执行成本数额相当巨大。

3. 反馈与修正机制不健全

"人们创造制度是因为制度有用,而制度作用的发挥就是制度的实施或执行。一个制度规则建立以后,如果不予实施,等于没有制度;一个制度规则建立以后,如果不能实施,也许是一种比没有制度更为严重的秩序危机。"政策的不良"实施方式确实是历史上的停滞和当代第三世界的发展不足的主要原因"。②

自治县政府在执行政策的过程中,必然有和上级政府进行执行信息上的沟通,这一沟通主要是通过检查和文件接收的方式进行。目前,上级政府对自治县政府行政执行情况的检查工作多属于例行性的,通常是根据与自治县政府相关部门签订的责任状所规定的任务指标,来检查落实情况。但检查的形式化严重,一般就是查看政府所提供的政策执行相关情况数据与报表,对其数据的真实性往往不去追究。文件接收变成大面积的"公文旅行",追求名目繁多的规范化公文似乎成了工作目的,使沟通变得繁琐,最

---

① 此处将公检法司几个机构并在一起计算财政支出,在我们的成本效率分析中,原本不包括不属于政府的法院、检察院等机构,但得到的数据统合在一起,此处做一参考。公检法司类费用的支出从 2002 年 616 万元、2003 年 635 万元,到 2004 年 786.4 万元,再到 2005 年 842 万元,每年也呈现上升趋势。

② 张曙光:《制度主体行为——传统社会主义经济学反思》,中国财政经济出版社 1999 年版,第 138 页。

终导致形式主义。这样,在政策执行的上行沟通上,出现了反馈不实。

同时,在自治县政府政策的实际实施中,政府部门的领导往往不重视与目标群体的接触和沟通,人为的封锁政策信息,神秘执行政策,封闭信息沟通渠道,使得目标群体无法对政策执行情况进行监督,从而导致缺乏政策执行过程中的群众参与机制。一方面,基层信息传输硬件不完备,基层群众无法通过网络、报纸甚至宣传栏的信息来获取政策的相关情况。另一方面,自治县政府对群众的来信来访不重视,不少县级领导干部很少去关心、了解和解决政策实施中存在和出现的问题,有的领导只是要求政策实施后的结果,而从不过问决策是否正确,甚至采取强制性的办法要求下级和群众实施。群众的心声得不到有效表达,这就使得政策执行因缺乏互动而产生偏差。

故此,在政策执行的过程中,相关执行人员很难完成不切实际的任务,为了应付,就会想办法糊弄上级,虚报浮夸,这就堵塞了信息沟通的渠道,出现了执行中的短路。这些错误的、不切实际情况的政策非但不会得到及时的修正或撤销,相反会给自治县经济和社会的发展造成一定的不良后果。

4. 执行程序不规范

改革开放以来,自治县级政府虽然在规范行政执行程序方面取得了一定成效,但是由于行政程序法规数量少且内容残缺不全、难于操作等原因,尚未形成对行政权力进行程序制约的良好机制。行政主体在管理实践中仍存在任意弃置程序的现象,如越权行政,罚款不告知理由,不向相对人告知权力,政务不公开,暗箱操作等等。在自治县政府的行政执行过程中,个别领导者或是"事必躬亲",陷在事务堆中不能自拔,或是忙于应酬,疏于学习和思考,缺少统筹兼顾、驾驭各方的能力,对要完成的任务抓不住中心,区别不出轻重缓急,要么"胡子眉毛一把抓",要么捡了"芝麻"漏了"西瓜",对工作不能妥善安排,结果出现杂乱无章、前后无序、盲目从事、仓促应付的现象,不能合理使用人才、物力和财力,提高了行政成本,却降低了行政效率。同时,自治县政府行政执行机构及人员、行政统计资料、行政机关的有关工作制度、办事规则及手续、行政执行的进展及结果等行政资料均不向公众公开。

公正、科学的执行程序是保证行政权力合法运行、维护公民的权益的必要前提,也是行政执行科学化的有效保证。它要求在工作中要分清主次、周密计划、妥善安排,做到环环紧扣、有条不紊、循序渐进,从而提高效率。随着市场机制的逐步确立,民主、公开、公平、公正日益成为现代政府行为的基本准则和价值取向。公众愈来愈强烈地要求知政、参政、议政。只要不属于法律、法规应予保密的范围,所有行政资料均应依法向社会公开,任何公民、组织均有知晓权。否则,领导者是否执行政策以及执行中有无偏差,政策对象无法知晓,就无法维护自己的合法权益,也无法进行监督,更不利于取得政策对象和公众的配合与支持。自治县政府行政执行程序缺乏规范,增加了行政执行的障碍和阻力,既不能有效避免不当行政行为的发生,也无法保证行政执行的顺利实现,破坏了行政行为的公正性、严肃性和稳定性,降低了政策执行的质量。

总之,从 S、F 自治县政府行政执行状况来看,目前存在的突出问题是"有法不依"。政策执行不全面,机械主义的教条使用,脱离具体实际;执行办事拖拉,官僚主义、形式主义、不讲求实效;缺乏反馈与修正的机制。这些问题的存在,严重影响了自治县政府的政策执行目标的全面实现。

二、自治县政府行政执行问题产生的原因

1. 政策执行的权力配置不合理

现行行政体制对自治县政府政策执行存在着一定的制约,造成自治县政府执行权的部分流失,主要表现在政策执行的权力配置机制不合理。一个有效的行政系统,只能存在一个权力中心。目前自治县级政府的行政结构一般由县长、副县长、委办主任和局长(或科长)组成,其下为中间层次的委办,即政府办、计委、经贸委等,再往下则为归于各委办的职能部门,其中由副县长分口管理各具体职能部门。这种机构设置上的不合理,主要表现在"一刀切",上下对口,左右看齐设结构。由于县级政府副职过多,平均每个副职只管两三个局委,这就不可避免造成"八多一低"即会议多、讲话多、文件多、陪会多、检查多、领导小组多、内耗多、行政费用多和工作效率低。

由副县长分管工作所造成的"各自为政"格局使作为整体的自治县级政府的内部沟通、协作变得不顺畅,涉及部门利益的摩擦冲突不断,导致了政策执行中的无力状态。

这种权力配置结构,外化为行政体制,反映在行政执行中时,常常表现出权责分离、权大责小的趋向。对于那些能体现政绩的、又好办的行政事务,各级政府部门负责人都会不遗余力地将其揽入手中。但是,对那些难办的,费力不讨好却又不能不去处理的政务,他们或者采取责任上交的方式,或者本该由自己负责却拉领导一起负责。这种推卸责任现象成为县行政结构的明显特征之一,它直接导致了"集体行动的逻辑"。如在执行某项政策过程中,科局长会找到分管副县长,提出一大堆的难处,分管副县长如果觉得这个责任能担当起就揽下。否则,就再去找县长,陈述之所以如此的理由,这时,自治县县长通常会把相关部门领导召集起来开会,结果有两种:一是暂缓执行,以后再议。二是把责任分解,分工协作完成。如果县长认为此事责任大,通常还会找县委书记定夺。在上述过程中,政策最终形成观望式执行。

自治县政府制定的各项行政政策,原则上都必须要经过充分的论证,符合科学化的要求,有切实的可行性,并能够带来经济或社会效益。但是在一些自治县政府的行政决策过程中,往往不经过深入的调查研究,缺乏坚持实事求是的基本原则,行政决策常常是不切实际,劳民伤财,损失严重。F自治县政府在"十一五"规划中,有这样一组数字:

材料7-6

F自治县国民经济和社会发展第十一个五年规划纲要

······

第一部分 认清形势 明确目标任务

一、"十五"计划完成情况

······五年来,全县人均生产总值由2000年的3822元增长到2005年的

6427 元,年均增长 11%;…财政收入由 2000 年的 7470 万元增长到 2005 年的 9553 万元,年均增长 5%;全社会固定资产投资由 2000 年的 14645 万元增长到 2005 年的 87420 万元,年均增长 4.3%;社会消费品零售总额由 2000 年的 27252 万元增长到 2005 年的 32939 万元,年均增长 3.9%;城镇居民人均可支配收入和农民人均纯收入分别由 5036 元和 1418 元提高到 7480 元和 2058 元。

……

二、"十一五"总体要求和主要目标

……2010 年,生产总值达到 40 亿元左右(2005 年价,下同),"十一五"期间年均增长 13% 左右;人均生产总值 12563 元(折算 1515 美元),年均增长 14.3% 左右。其中第一产业增加值 11 亿元,年均增长 6%;第二产业增加值 19.6 亿元,年均增长 18.5%;第三产业增加值 9.4 亿元,年均增长 12%;财政收入 2.19 亿元,年均增长 18% 左右;全社会固定资产投资年均增长 25% 左右,2010 年达到 26.68 亿元左右,"十一五"期间累计投资总额达 89.68 亿元。

……

资料来源:F 民族自治县第六届人民代表大会第五次会议通过的《F 自治县国民经济和社会发展第十一个五年规划纲要》,2006 年 3 月 3 日。

从材料 7-6 可以看到,自治县政府的财政收入在 2000 年时仅为 7470 万元,2005 年是 9553 万元,"十五"期间该县财政收入年均增长是 5%。在此基础上,F 县政府制定了"十一五"规划,如上所述在 F 县的"十一五"规划中,其总体要求和主要目标是财政收入要在 2010 年达到 21850 万元。也就是从 2006 年起的五年内,全县财政收入的增长比率分别要完成 15%、20%、19%、18%、18%。[①] 在过去的"十五"计划中,F 县财政收入年均增长

———————

① F 民族自治县第六届人民代表大会第五次会议通过的《F 自治县国民经济和社会发展第十一个五年规划纲要》、《F 自治县国民经济和社会发展"十一五"规划主要指标预测表》,2006 年 3 月 3 日,F 县发展与改革局编,第 63 页。

的比率是5%,从2006年起,就要从这一比率增长到15%,就我们对F县的调研发现,这根本是不可能完成的。县政府没有对本区域的实际情况进行研究与相关的论证,就草率地提出了这些未来的规划数字,是不切实际的。财政收入的增长幅度在新的政策规划中被大幅提升,在新规划中我们看不到提升财政收入增长的具体政策与步骤,只有这些空乏的数字。这些缺乏调查研究、脱离实际情况的政府决策,既没有切实的可行性,也严重损害了政策的权威和政府的形象。

2.执行人员政策认知度低

自治县行政执行人员总体素质偏低,直接决定了对所执行政策缺乏完整准确的理解,对所执行政策的内容和精神实质缺乏正确认知,特别是对那些具有长远利益的政策价值没有充分认识,认知上存在一定的缺陷。自治县政府的每项政策,既包括眼前利益,也涵盖了长远利益。由于政策所蕴含的利益常常要经过一定的时间,通过政策作用的发挥才能显现出来,所以对于部分执行者来说,他们常常不能正确的认知政策所蕴含的长远利益,往往更加注重县域经济利益,当某项政策的执行对本县的利益关系不大甚至发生冲突时,对政策的弹性处理就不可避免了。执行者从维护局部、团体或个人利益出发,故意违背决策意图,导致执行偏离决策要求。如S县关于环保政策的执行过程中表现得尤为突出,执行者为了眼前的经济利益不惜违反国家环保政策,对一些矿厂破坏生态环境、污染水源置之不理,在谋求县域短期经济利益的同时,对良好生态所带来的自治县经济的可持续发展却不能够认识和真正贯彻执行。

同时,执行主体对所执行的政策与其相关政策的关系缺乏正确认知。政策体系内的各项政策都是相互关联的,它们都是为了实现总政策的共同目标而制定和颁行的。正确认知所执行的政策在政策体系中的地位及其与其他相关政策的关系,不仅有助于深化对该政策重要性的理解,而且更有助于在政策执行过程中正确处理该政策与其他相关政策的关系,便于采取恰当的执行策略,为政策目标的有效实现打好基础。① 在自治县政府现实的行政执行过程中,就有不少政策就是由于执行者主体没有弄清所执行的政策在政策体系中所处的地位及其与其他相关政策的关系而导致主次颠倒、以主让次、相互冲突、彼此打架,拖沓不前,致使政策目标不能圆满实现。

3.执行中经济资源严重短缺

自治县政府每一项行政执行任务都需要一定的人力、物力、财力等资源保障。在事权与财权不对等的情况下,作为政策执行者的自治县政府由于执行所拥有的政策资源特别是经济资源的严重短缺,往往和政策的目标群体发生利益冲突,表现为政策执行的结果需要自治县级政府的让利行为。

我们对比 S 自治县收入与支出结构分析行政执行的财力:S 自治县本级财政收入由税收、预算外资金、体制补贴和专项资金四大财源构成。税收包括增值税、营业税、所得税、城建税、土地使用税等;预算外资金也就是行政性收费及罚没收入;体制上的补贴即上级(中央、自治区)财政补贴,每年2500 万元;专项资金则是受到中央、自治区和州三级财政的扶持和补贴,除了每年3500 ~4000 万元不等外,通过如自治县县庆、自治州州庆等项目也可以得到一定的特殊财政补贴。

再参考本章表 3 相关数据,2002、2003、2004 与 2005 年度 S 县的财政支出则分别是 14533 万元、16711 万元、19316.5 万元和 19463.2 万元。从中的数据不难发现,近几年来 S 县财政收支反映出的这几个因素变化,完全可以标明自治县政府行政执行活动的范围、方向和效率。

由于经济体制改革带来的地方社会利益关系的变化以及随之而来的行政事务日趋复杂和多样化,自治县政府以"稳定压倒一切"为目标试图将整个社会置于政府的监管之下,造成社会控制成本在自治县财政支出中逐年增大。由于经济发展缓慢,财政非常脆弱,S 自治县每年的财政赤字都在15000 万元以上,保吃饭都难以为继,用于财源建设的资金更是杯水车薪。

---

① 丁煌:《浅析妨碍政策有效执行的主体认知缺陷及其完善途径》,《中共长春市委党校学报》2004 年第 3 期,第 49 页。

如果把上级体制补贴或专项资金两项扣除一项或两项部分减少,S县财政不仅难保吃饭,例行的政府行政各项活动都无法展开。正是财政上收支的严重失衡,使得S县政府的行政执行行为面临的所掌握的经济资源严重短缺,不可避免在以执行政策为由,变相收费、"乱摊派",引发种种变异的执行行为。

三、自治县政府行政执行的优化

1. 完善自治县级政府行政执行中的权利配置机制

政府政策执行权力的配置,在纵向上表现为执行权有不同层级的分配问题,即行政管理政策执行权力在地方各级政府组织之间,以及在同一组织内部各个层次之间的配置。执行权力的相对集中,有利于对行政管理政策的执行监控,但不利于调动下级组织的积极性,不利于因地制宜。在横向上,行政管理政策执行权有不同地区和不同职能部门之间的配置。执行权力横向上如何配置,一直是各层级中难以解决的问题,行政管理政策执行的权力配置还包括政策执行中责权利的配置问题。责任对政策执行中违规行为具有规范和威慑作用;权力能为政策执行提供各种实物资源和制度资源,为政策执行的顺利进行提供保障;利益对政策执行主体形成诱导和激励,能够更好地调动执行主体的积极性和能动性。一般说来,责权利三者的统一有利于行政管理政策的执行。

对纵向上的权力配置,按照民主集中制的原则,通过立法程序,制定一部《中央政府与地方政府关系法》,以专门法的形式具体规定中央政府和地方各级政府的职责权限,划清中央政府和地方各级政府之间的事权、财权、产权、立法权等,使职权关系法律化,以法律形式保证中央和地方各级政府关系的长期稳定性,在保证中央的权威和不影响中央的宏观调控基础上,实行必要的分权,从而调动地方的积极性。就民族县政府执行的具体实践来看,主要应处理好政策执行中纵向上"党政"的权力冲突,应着重探索自治县域工作实践中对党的领导方式的落实和运作,从而在领导体制上有效地做到坚持党的领导。按照"总揽全局,协调各方"的原则,进一步规范自治县委与自治县政府的关系,清理各自的工作内容,制定相互衔接的工作制度。在保证中央和上级政府的主导地位同时,又要适度增强自治县级政府政策执行的自主决定权,从制度上杜绝"有令不行,有禁不止"及"上有政策,下有对策"的不良行政行为。运用法律手段确认自治县级政府与上级政府的职能权限和利益分配,建立并健全自治县级政府与上级政府的约束和监督机制,从总体上形成"条块结合、以块为主"的新型政策执行体制,避免中央政策在经过层层下达后的政策失真。

对横向上的权力配置,自治县级政府要实行机构管理编制立法,对政府行政机关的具体职能配置、内部机构设置等予以明确的规定,将政府行政机关的设置及职能配置纳入法制化的轨道,以建立精简、协调、高效的执行机构。同时,打破自治县政府对公共权力的垄断,给社会民众更多的参与社会管理和公共政策执行的权力,自治县政府主要负责宏观的、全局性的、核心的公共政策的决策与执行,而把微观的、局部性的、具体的公共政策或通过行政授权、行政委托,或通过引入市场竞争机制,来由非政府组织执行。这样既可以降低行政执行成本,提高政策执行效率,又可以实现与社会团体、民众的交流互动,从而实现社会的共同治理。

2. 加强自治县级政府行政执行中的资源建设

注重对行政执行中政治资源的开发与利用。就自治县来说,政府行政执行的政治资源是指自治县级政府在执行政策的过程中,在政治上获得支持的程度,拥有者的多少以及执行政策所必要的政治策略与行政组织能力等因素的总和。它包括自治县级政府的执行权威和信用、目标群体积极支持合作的政治态度等。为了防止县级政府政策执行政治资源流失,自治县政府要重构政策执行主体的价值评价标准,实现由"官本位"向"民本位"的转变,最终确立"务实"和"服务"的政策执行价值观。同时,也要加强思想政治工作,营造和建立起执行主体的社会荣誉感和职业情操,并在此基础上唤起他们的社会责任感、事业心和敬业精神,进而使他们拥有对基层社会的奉献意识。为此,自治县级政府领导者要提高认识,采取有效措施,依据自身力量,从本地域的客观实际出发,通过整合、参与、引导、创新的形式来加强行政执行中政治资源的开发与利用,并加强政策执行中的财物、人力、信息、文化等种种政治资源的优化配置。[①] 只有这样,政策执行才能获得较为广泛的群众基础,才能真正防止自治县级政府政策执行的政治资源流失。

从长远来讲,自治县政府加强行政执行中的经济资源建设,关键还是要进行财税体制方面的改革。首先,要进一步完善分税制,提高留成比例。中央或上级在委托自治县级政府举办重要事项时,必须给予相应的财政支持。其次,要逐步建立和完善财政转移支付制度。调整中央、省(自治区)、市(州)政府与自治县级政府的财政关系,明确上级政府对自治县级财政转移支付的责任,保证自治县级政权拥有供给公共物品和公共服务的必要财力。要增加对自治县级财政转移支付规模,并实行专项转移支付。同时,上级财政在完善各项专项政策性补助的基础上,应加大补助资金向自治县级财政的倾斜,以缓解民族县级财政正常运转、维护稳定等方面的压力。保证自治县级政府有足够的财力执行政策,确保政策执行人员的成本—收益预期。中央和上级政府也不应再给自治县级政府提出超越其财力承受范围的过高指标,否则自治县级政府难以承受,必然会变相执行政策。

---

① 陆小成、张林军:《公共政策执行中的政治资源开发与配置》,载《云南行政学院学报》2003年第4期,第34、35页。

第八章 自治县政府的监督机制

美国行政学家埃莉诺·奥斯特罗姆曾指出:"在每一个群体中,都有不顾道德规范,一有可能便采取机会主义行为的人;也都存在这样的情况,其潜在收益是如此之高,以至于极守信用的人也会违反规范,有了行为规范也不可能完全消除机会主义行为。"[①]因此,为了确保党的方针政策能够在自治县得以有效的贯彻实施,为了保证自治县制定的政策目标能够顺利的实现,还需要对自治县的行政行为进行全方位的监督。改革开放30年来,随着我国社会主义民主与法制建设的不断进展,我国民族自治县已经初步形成较为系统全面的具有中国特色的多元化的公共行政监督机制,并在保证党的路线、方针、政策和国家法律、法规的正确贯彻实行,保证行政机关及行政人员依法行政、廉政行政,保证政府决策特别是重大决策的有效贯彻和实施,促进自治县县域经济的发展和社会的和谐稳定发展方面,发挥了重要的作用。

第一节 我国自治县政府的监督体系

行政监督制度就其实质而言,是由一定的社会生产力和生产关系决定的。而"每一个社会中的生产关系都形成一个统一的整体"[②],由此决定和制约的各种形式的监督,必然形成一个客观的、完整的、有机联系、互相制约

---

① [美]埃莉诺·奥斯特罗姆:《公共事物的治理之道》,余逊达、陈旭东译,上海三联书店2000年版,第61页。

② 《马克思恩格斯全集》,人民出版社1958年版,第144页。

的体系。对自治县政府行政执行过程进行监督,是自治县监督系统的一个主要任务。

　　自治县作为我国民族地区的一级行政建制,它直接面对的是广大的农村和民族乡镇,是城市与民族基层地区的结合部,国家和自治区的各项方针政策与法规都要通过这一层次才能落实到广大的民族地区。在这一过程中,自治县政府必然要承担起直接为经济建设和人民生活提供良好的外部环境和各种社会服务的职能。"一切权力在道德上都是可疑的——难以论证其正当性,却容易发生腐蚀作用。"①作为具有公共性质的行政权力,自治县政府也不例外,在其行政的过程中,也受到来自行政之外的各种政治权力和社会力量的监督与约束,依法治县是实现民族自治县政府行政职能的必要途径,而对自治县政府的监督又是促使其依法治县的必要手段。

　　我国政府的行政监督体系可以分为政府行政执行机关外部监督和行政执行机关的自我监督两个部分。目前,我国的监督体系主要由3个系统、9个主体和相应12种功能的监督活动构成。自治县的行政监督系统与我国的行政监督体系相对应,具体而言,第一个系统是法律监督系统;第二个系统是政治和政府监督系统,有五个监督主体:一是自治县级人大及其常委会,二是中国共产党的自治县级组织和纪律检查委员会,三是自治县政协及其常委会,四是自治县政府及所属的监察局,五是自治县审计局;第三个系统是社会监督系统,其主体由公民、社会团体及社会新闻媒介组成。这3个系统的9大监督主体所载有的监督功能及其实现形式和实现程序,共同构成了我国现阶段民族县政府行政执行过程中的监督体系。

　　自治县政府行政监督是自治县政府行政管理过程中的一个相当重要的环节,它也是我国政府行政监督体系中的一个最基层的监督机制。从自治县本身来看,它的行政监督机制与当前我国的行政监督机制相对应,在行政监督的每一个环节上,有着一整套相对应的机构和法律法规来监督和规范政府的运作。考察 S 自治县的政府监督体系,从其职能与运作中反映出来

---

　　① 格伦·蒂德:《政治思维:永恒的困惑》,浙江人民出版社 1998 年版,第 103 页。

有以下几个特点：

第一，监督过程中的民族团结与民主。S自治县境内以S族为主体,包括布依、苗、汉、侗、瑶等各族人民,民族平等与团结始终体现和反映在自治县政府的行政过程中,在自治县政府各项政策的执行中,都始终把落实民族平等和民族团结作为头等大事来抓。与此相辅,在自治县内部,对政府行政的有效监督离不开各族人民紧密团结合作,只有建立在民族团结基础之上,对自治县政府行政进行监督才能真正体现各族人民当家作主的主人翁地位。

第二,监督主体和监督方式的多样化。在自治县政府政策执行过程中,党委、人大、政协、法院、检察院、上级政府部门及有关各职能机构都发挥着大小不同的监督作用,它们共同构成了自治县政府的执行监督体系。既有权力机关和司法机关进行的法律监督,也有政府及其职能部门通过行政措施进行的行政监督,还有党的机构的意识形态监督和新闻媒体与社会公认的舆论监督。

第三,行政监督的经常性和公开性。对自治县政府行政进行监督,是我国法律赋予的政府过程中的一种特有属性,它具有合法性,从某种意义上讲,行政监督就是法制监督。作为一种监督过程,它始终贯穿于政策执行的全过程,具体地贯穿于决策、协调、执行的各个环节中,直接关系到政府决策,特别是重大决策能否有效地得到贯彻和实施。监督的公开性体现在自治县政府行政活动的公开和人民群众监督的公开两个方面。一方面,可以使人民群众了解自治县政府的活动,进而帮助和理解政府,以促进政府和群众的团结合作,同舟共济。另一方面,也可以使人民群众对自治县政府活动的批评负责任,做到不以自己的私利来评价政府,从而更好地推动政府的科学行政。

在对S、F自治县进行的调查中,能够发挥监督作用的机构与团体有很多,除了自治县政府的上级政府机构(自治州或地级市)系列的领导与监督之外,在民族自治县一级,主要包括自治县党委、自治县人大及其常务委员会、自治县政协、自治县人民法院、自治县人民检察院、自治县政府及其附属的一些职能机构(自治县监察局、审计局和自治县政府办公室等),以及广大的社会监督。以下在分析自治县政府的行政制约关系时,我们将从政府机关自身的监督、政府机关主体之外的政治与行政监督以及社会大众的监督三个方面进行讨论。

第二节 自治县政府的自律式监督

　　政府内在的制约方式是其组织内部的一种制约,它要发挥的功能不是寻求和诉诸于法律的制约,而是通过政府内部的制约方式对违法和不作为行政行为的惩罚和处置,借此约束和促进政府及行政人员按照政策方向、依据法律规定、采取有效的行政执行手段运用手中的公权力,完成行政任务,为社会服务。根据监督的主体不同,自治县政府行政的自我监督可以分为工作性监督和专门性监督两类,前者包括上级行政机关对下级行政机关的监督,行政职能机关对其他行政管理机关的监督,业务相关的同级政府部门之间的相互监督,主管行政部门对所属企事业单位的监督,下级行政机关依据法定工作程序和规则对上级行政机关的监督等五种。专门性监督主要指政府系统内部的专门行政监督机关(审计机关和监察机关)对整个行政机关的监督,它是政府机构内部最主要的行政制约机关。

　　在 S 自治县政府内部,主要通过两个制度安排发挥政府内部的制约作用,一是政府专设的廉政行政机关——监察局,依照《中华人民共和国行政监察法》等行政法规,对本级人民政府各部门及其国家公务员、本级人民政府及本级人民政府各部门任命的其他人员、下一级人民政府及其领导人员、本辖区所属的乡、镇人民政府的国家公务员以及乡、镇人民政府任命的其他人员实施监察。二是专业性行政监督机关——审计局,依据《中华人民共和国审计法》等行政法规,对政府各部门的财政收支进行审计,对县处级以下党政领导干部进行任期经济责任审计。除此之外,自治县政府办公室也具有某些行政督办和约束的作用。

一、自治县行政监察部门的监督

民族自治县行政监察部门是自治县级政府机关内部行使监督权的机关,它依法对自治县级行政机关及其公务员和自治县级机关任命的其他人员执行法律、法规、政策和决定、命令的情况以及违法、违纪行为进行监察、纠举、惩戒等具有行政法律效力的专门活动。从本质上讲,自治县级的行政监察是自治县政府机关内部的一种人事监督活动,作为一项侧重于对"人"的监督制度,它通过依法对县级行政机关及其公务员以及行政机关任命的其他人员实施广泛的监督检查活动,保证国家法制和纪律的遵守与畅通,保障国家行政政策和行政管理的延续性,并积极促进自治县级国家机关及其公务员和国家机关任命的其他工作人员廉洁奉公,进而改善行政管理,提高政府行政效能。我们从制度的规范上可以看出,这种政府机关内部设置的行政监察,从制度上比照,是一种较为有效的监督形式。

S自治县行政监察部门,是自治县政府下设的监察局,它是自治县政府的一个职能部门,是政府机关内部的一种监督。监察局代表自治县政府监督政策执行机构及政策执行者,它履行内部监督工作的具体职能有:(1)监察告示。自治县行政监察机关,依据宪法和法律的规定,按照程序,制定、发布有关监察工作的规范性文件。(2)信访监察。积极与公安、检查、纠风办、纪律检查委员会、审计局等部门配合,成立"行政监察举报中心",接受群众的来信来访,依靠群众和社会对国家行政机关及其工作人员进行全面的或专项的监督检查。(3)违纪违法案件查处与效能监察。查处违法违纪案件的目的是防止或减少腐败现象在行政机关的滋生蔓延,教育被监察对象奉公守法,促使行政机关的廉政建设。在配合查处案件的同时,监察机关对自治县级行政机关、国家公务员及其他由同级行政机关任命的人员的行政效能进行监督、检查,从而提高行政机关的行政效率。(4)监察队伍的自身建设。监察队伍自身的建设是行政监察机关的重要一环。不断提高行政监察队伍的思想、作风、业务和组织能力,提高监察队伍的素质,建立一支德才兼备、原则性强、作风正派、能够胜任监察工作的行政监察队伍是自治县级行政监察部门的一项基础工作。

　　S自治县监察局成立于1993年,其职责是监督检查行政机关及其工作人员执行法律、法规及政策的情况,查处行政机关及其工作人员违反政纪的行为。依据Q自治州州委下发的文件第36号,在2001年,S自治县监察局与县纪委合署办公,实行一套工作机构、两个机关名称的体制。近些年来,S自治县纪委监察局是从以下一些领域加大制约力度的[①]:一是认真学习贯彻党的一系列文件精神,抓好党性、党风、党纪教育。结合自治县委中心工作的安排,县纪委监察局每年都不同层次地召开各级纪检干部会议,通过学习、讨论、对比、总结,使全县纪检干部认清了形势,坚定了以经济建设为中心搞好党风廉政建设的信心,充分发挥纪检工作在治理整顿和改革开放中的作用。二是惩治腐败,严肃查处党内外违法乱纪案件,主要是严肃查处党内的违法违纪案件。三是纠正和防止冤假错案,切实履行保护职能。四是加强党内监督,协助党委抓好党风。反映在具体中,即认真做好控申工作,督促开好民主生活会,阶段性地开展党风大检查,同时展开民主评议党员与调研等工作。五是纠正不正之风,狠抓廉政建设。

　　除例行性的工作之外,我们也可以看到,近些年来,S自治县纪委监察局根据党风廉政建设和反腐败斗争的现实需要,也加大了监督政府机构行政的力度。

　　材料8-1

中共S县纪委县监察局
关于落实领导干部廉洁自律几项重点工作和
党风廉政建设责任制的实施意见

　　一、继续落实领导干部不准收受现金、有价证券和支付凭证有关规定

　　1.强化监督检查。加强明察暗访、群众监督,加大巡视检查力度,及时发现收受现金、有价证券和支付凭证的违法行为;

---

　　① 选摘自中共S民族自治县县纪委监察局在县庆40周年中的工作报告。

2.加大查处违纪典型案件力度,特别是要严肃查处借节假日、婚丧喜庆等事宜敛财和用公款向领导干部赠送现金、有价证券、支付凭证的违纪行为,对违纪行为的典型案件有选择地予以曝光。

二、继续落实领导干部配偶、子女从业有关规定、加强对领导干部身边工作人员的教育和管理

1.规范领导干部的配偶、子女从业情况的申报制度,凡拟变动或拟变动职务的乡(镇)、科局级领导干部都要向组织人事部门和纪检监察机关申报配偶、子女从业情况,组织人事部门将以此情况作为该领导干部任职前公示的一项重要内容在一定范围内予以公示,并将领导所申报的配偶、子女从业情况存入领导干部个人廉政档案。

2.加强群众监督和信访举报工作,加强对副局级以上领导干部的配偶、子女从业的情况,特别是对党政主要领导干部执行规定情况的监督检查,在处理信访举报工作中,对违反规定的行为要严肃查处。

3.加强领导干部对自己的配偶、子女经及身边工作人员的教育和管理,对放任、纵容单位党员干部违纪、违法的,造成单位经济损失和工作影响的,要追究主要领导干部或责任人的责任。

三、继续落实制止奢侈浪费有关规定

1.配合县委办、县政府办、县财政局抓好严格控制各种名目的节庆、达标评比活动的工作,严格审批程序,压缩费用开支,严肃查处违纪典型;

2.配合县委办、县政府办、县财政局继续抓好精简会议和压缩会议费、招待费开支工作,严格审批程序……

四、坚决防止和克服形式主义、官僚主义……

五、认真开展巡视工作……

六、抓好基层站所、国有企业和农村基层干部的廉洁自律工作……

七、实行领导干部述职述廉制度

认真实行领导干部述职述廉制度,县纪委和县委组织部派员列席乡(镇)党委会议,听取乡(镇)党委主要负责人及领导班子成员述职述廉的情况,并及时汇兑报县纪委。

八、建立县委、县纪委、县委组织部主要负责人同下级党政主要负责人谈话制度……

九、进一步发展党内民主,完善党内监督制度……

十、深化干部人事制度改革工作……

十一、党风廉政建设责任制……

资料来源:中共S民族自治县纪委监察局文件,县纪发(2003)06号。

党政两个监察机构的联署办公,使得优势互补,形成整体合力,进一步提高了工作效率,自治县纪委监察局的工作获得了一定的成效。但同时也隐含着一些弊端:一套班子两个机构,实行"党管干部"原则,党政难以有效分离,容易产生政治行政化、行政政治化和政治主导行政的弊端,还会妨碍行政一致性的实现。

除上述例行性的工作之外,S县纪委监察机关根据中央、自治区、自治州及上级纪检部门的要求和部署来确定自己的年度重点工作目标和中心任务,制定一些基层党风廉政的考核标准,并付诸实施。以下是一份2005年S自治县县直机关部门党风廉政建设和反腐败工作目标及考评标准:

表8-1 县直机关部门党风廉政建设和反腐败工作目标及考核标准

单位　　　　　　　　　　　　总分值 100分

序号	工作目标	分值	考 核 标 准	分值	扣分	得分	备注
1	抓好党风廉政建设和反腐败工作责任分解落实	22	1.将党风廉政建设和反腐败工作一起部署,一起检查,一起落实,一起考核,有计划、有总结(半年、全年)计9分,少一项扣3分。	9			
			2.每年召开一次党风廉政建设和反腐败工作专题会议,贯彻落实县党风廉政建设目标和责任分解任务,有记录和报告计4分,不召开不得分,不报材料扣2分。	4			
			3.抓好下半年党风廉政建设和反腐败工作学习资料的征订工作计5分,不征订不得分。	5			
			4.加强对党员、干部党风纪教育,严格党风党纪和工作纪律,教育面达90%以上,有参会人员签到册并有材料上报计4分,教育面达不到扣1分,无签到册扣1.5分,不报材料扣1.5分。	4			

2	认真落实领导干部廉洁自律各项规定	36	1. 党政领导的股所站负责人，能严格遵守《廉政准则》和有关廉洁自律规定，表率作用好，不出现干部违纪计6分，出现干部违纪受处分不得分，并在年终县综合目标考核评定分时每出现一起扣总分10分。	6		
			2. 领导班子团结、分工协作好，不出现班子内耗，工作不互相扯皮和推诿计7分，班子成员配合不力，相互扯皮、搞内耗影响工作，属主要领导责任扣5分，副职领导责任扣2分。	7		
			3. 领导干部正确履行党风廉政建设责任制，在主管和分管范围内，严格执行"四大纪律，八项要求"和州委、州政府关于领导干部廉洁从政"十个不准"和"八个不准"的规定计6分，因不履行职责，造成人、财、物重大损失，被责任追究的该项不得分。	6		
			4. 按要求召开领导干部民主生活会和述廉担报告会，有表和上报的文字材料计7分，不开展、不上报材料缺一项扣3.5分。	7		
			5. 每半年召开一次本部门在党性党风方面存在突出问题的分析会计5分，发现苗头性问题和倾向性问题隐瞒不报的不得分。	5		
			6. 认真抓好党风廉政建设责任制分解任务的落实，有任务落实上报材料的计5分，不报材料不得分。	5		
3	认真接待处理来信来访和查办案件工作	15	1. 认真接待和处理群众来信来访，切实解决群众反映的实际问题8分，对反映的问题不及时处理，采取推诿、拖延不办，造成集体上访的，一件(次)扣4分，扣完本项分值为止。	8		
			2. 按干部管理权限认真组织对本部门的案件初查工作计7分。对有案件不查，压案不办，或不完成县纪委、监察局转办需要报结果的事项不报结果的按每次扣4分。扣完本项分值为止。	7		

4	纠正部门和行业不正之风工作,加大从源头上预防和治理腐败力度	17	1. 继续抓好政务、厂务公开工作,有方案、总结、档案、公开专栏,公开面积100%,计5分,少一项扣1分。	5	
			2. 继续抓好减轻农民负担、企业负担、公路"三乱"治理和制止中小学乱收费工作计4分,出现违反规定和乱集资、乱摊派、乱收费、乱罚款行为,一项扣1分。	4	
			3. 认真执行"收支两条线"规定计2分,出现违反规定坐收坐支和设立"小金库"行为的不得分,出现一项从年终县综合目标考评中扣10分。	2	
			4. 抓好纠正部门和行业不正之风工作计2分,出现行业不正之风,造成影响的不得分。	2	
			5. 加强扶贫项目资金、国债资金等专项资金的管理使用,做到专户存储专项使用的计2分,出现违反规定的不得分。	2	
			6. 规范建设工程项目公开招投标、国有土地拍卖公开招投标和挂牌出让工作,按规定运作计2分,违反招投标要作程序扣2分。	2	
5	加强制度建设	10	1. 健全和完善各项规章制度,切实转变机关作风,有整顿方案措施并严格执行计4分,因制度不健全,造成管理混乱,工作受到影响的扣4分。	4	
			2. 坚持民主集中制原则,重要问题经集体研究决定,决策正确计6分,未经集体研究,决策错误,造成影响或直接经济损失的,每500元扣2分。	6	
合计		100		100	

资料来源:中共S自治县纪委文件纪发[2005]4号。

　　自治县政府的主要职能就是执行,即执行上级党委、政府和本级县委、人大的决策、决议和决定。相应地,自治县政府监督的主要目标就自然而然地定位在推进政府各部门政策的有效执行上。县政府依靠纪委监察系统对行政决策的执行进行监察监督,作为监督的一种特殊形式——行政考核,则成为推进自治县政府行政执行时不可缺少的一个环节。

　　近些年来,县纪委监察部门加大了对政府机关的监督力度,从具体数据中可以得到说明:

材料8-2

　　1982年以来,全县各级纪检组织共立案调查党内违纪案件294件,结案294件。受处分党员270人,其中开除党籍150人,留党查看47人,撤销党内职务4人,党内严重警告47人,警告22人。受处分党员按职务分类:县处级干部2人,科局级干部28人,一般党员干部111人,一般党员129人。…

1989年至1991年,县纪委全力支持,配合有关部门清理了干部职工违法、违章、违纪建私房,共立案84件,涉及97人(户),其中党员28人。收缴罚没款32333元,拆除房屋685M2,收回空地2326 M2。应处理和已处理的都全部进行了"曝光"。

资料来源:中共S民族自治县县纪委监察局在县庆40周年中的工作报告。

二、自治县审计部门的监督

审计监督作为自治县政府内部设置的专门负责审计职能的审计机关对行政机关的财政和财务收支活动进行审查核算的行为,实质上是一种依法实施的经济监督行为,目的在于保证行政机关的资金合法、合理地使用。

我国的审计机关是1983年重新组建起来的新机构,根据近年来学术界研究的结果,认定审计监督主要有经济监督、经济评价和经济鉴证等三项职能。[①] 自治县行政机关内部的审计监督是由专门机构——审计局来执行的,县级审计局的审计工作属于同级审计性质,在县委、县政府的领导下展开,直接对县委、政府首长负责。"审计局的具体职责包括预算执行审计、专项资金审计、金融审计、企业审计和经济责任审计等,其目标要求是,以审计财政财务收支的真实性为基础,以打假治乱为重点,对重点领域、重点部门和重点资金的审计监督,严肃财经纪律,严格财经管理,发挥防范、促进、遏制、参谋作用。"[②]

S自治县审计局成立于1984年5月,依据S自治县发[2001]第26号文件规定,它配置四个职能股(室):办公室(法制办),财政、金融与外资审

---

① 胡秀梅等:《权力监督论》,中国民主法制出版社1996年版,第160页。
② 周庆智:《中国县级行政结构及其运行——对W县的社会学考察》,贵州人民出版社2004年版,第209页。

计股,行政、事业与经贸审计股,经济责任、固定资产投资审计股等。根据机构改革后新的职能调整,S自治县审计局的基本职能配置如下:

材料8-3

1.贯彻、落实县委、县政府、省审计厅、州审计局的决策和审计任务;组织领导、协调指导、安排部署全县审计机关的审计工作。

2.向县人民政府报告和向县政府有关部门通报有关情况,提出制定和完善有关政策法规、调整措施和加强各项资金管理与监督的建议。

3.根据《中华人民共和国审计法》的规定,直接进行下列审计:

县级财政预算执行情况和其他财政收支。

县级各部门、办事机构和直属事业单位及下属单位的财政收支。

各乡(镇)人民政府的财政预算执行情况和财政决算。

县内地方金融机构的资产、负债、损益情况。

依据国家审计署、省审计厅和州审计局的授权,审计监督在县的金融机构及中央和省、州在县的其他单位的财政收支以及资产、负债、损益情况。

县政府各部门管理或受县人民政府委托由办事机构、直属事业单位和社会团体管理的社会保障基金、环境保护基金、社会捐赠资金、扶贫资金、农业开发资金及其他有关资金、专项资金的财务收支。

国际金融组织、其他国际组织和外国政府援助、贷款项目的财务收支。

县级国有企业及国有资金占控股或主导地位的企业资产、负债、损益情况。

县内国家基本建设项目预算的执行情况。

其他法律法规规定应由县审计局进行的审计。

4.向县人民政府提交县级财政预算执行情况和其他财政收支的审计结果报告;受县人民政府委托向县人大常委会提出县级财政预算执行情况和其他财政收支的审计工作报告。

5.组织实施对贯彻执行国家财经方针政策和宏观调控措施情况的行业审计、专项审计、审计调查。

6.对党政领导干部和企业领导人员进行任期经济责任审计。

7.组织实施对内部审计的指导与监督;监督社会审计组织的审计业务质量。

8.组织开展全县审计业务和技术培训。

9.承办县委、县人民政府和省审计厅、州审计局交办的其他事项。

资料来源:中共 S 民族自治县编制办。

从 1984 年至 1996 年底的 13 年中,S 自治县审计局累计完成种类审计项目 345 次,为省、州下达任务累计数 139 项次的 248%,其中:完成各级党委、政府交办的审计任务 128 项,完成本局安排的审计项目 78 项。通过履行法定的监督职能,查出各种违法违纪金额 1463.05 万元,其中:贪污 15.2 万元,挪用公款 55.13 万元,私设"小金库"资金 38.3 万元,偷漏各种税金 83.46 万元,隐瞒截留预算内收入 32.25 万元,挤挖上级收入 27.51 万元,挤占挪用上级专项拨款 826.4 万元,挤占成本费用 363.9 万元,虚列支出 12.67 万元,应归还原渠道资金 826.4 万元,应调账处理 499.43 万元,应上交财政金额 137.22 万元,已上交国库资金 112.4 万元,收缴率为 81.9%,平均每个审计人员为国家增收节支 11.24 万元,对查出的违法违纪问题中,除了向司法机关移交贪污案件 5 件 6 人,提请行政处理 1 人外,其余的问题均由审计机关按照"事实清楚,证据确凿,宽严适度,手续完备"的原则依法进行处理。[1]

考察 S 自治县的审计工作,主要有三个方面:

第一,行政事业审计。S 自治县行政事业单位摊子较大,审计的对象点多面广,审计力量存在着一定的不足,因此,在进行审计中,县审计局只能对选择的部分重点单位进行审计。作为国民经济基础的农业,是 S 自治县的一个重要支柱产业,对农业资金(包括财政拨款和扶贫贴息资金)的审计,成为 S 县审计部门工作的重点。如个别单位擅自将 1993 年坡改梯项目使

---

[1]　中共 S 民族自治县审计局提供。

用资金挪作他用,审计后得以纠正;有的单位擅自改变扶贫生产资金用途,把桐油生产贴息贷款118万元挪作粮食周转金使用,违反了扶贫资金必须专款专用的规定,审计后有关部门才作了修正。对行政部门的审计因县财政吃紧,各单位拨入的预算内资金主要是发放人员工资,其他经费拨款很少,因此,审计的重点主要在审查预算外资金上,使每个单位在账目设置与动作上符合制度的规范。

第二,企业审计。对企业的审计主要立足于帮助企业改善经营管理和促进企业转换经营机制,S县审计局在审计中,本着"一审二帮三促进"的精神,以实现提高经济效益和社会效益。如在1995年对外贸公司进行审计时,审计机关对该公司资不抵债的问题和历年来造成的经济损失98.39万元作出了公正的审计结论,明确了前任公司经理和后任经理的经济责任线,解除了后任经理的思想包袱,使企业又重新恢复了生机。又如某企业在审计前,因经营不善,财产损失浪费严重,各方面漏洞很多,使企业出现了销售金额逐年上升,利润金额却逐年下降的怪现象,经过审计,审计部门给该企业找出了原因,并提出了堵塞漏洞的具体措施,这使得该企业经济效益此后得以提高,由过去每年利润4万元变成年利润40万元的先进企业。

第三,财政金融保险外资审计。S县在这类审计中共28个对象,依据上级规定,金融、保险每两年要审计一次,而财政、外资每年必须审计一次。从审计的情况来看,对财政审计的问题较多,特别是县级财政不按县人民代表大会通过的预算执行,随意性批条拨款多,一部分预算收入没有全部收上,影响当年的财政执行,挪用上级的专项拨款过多,影响县域的发展。这些问题,是审计部门在审计中发现的重要问题,针对上述问题,S县审计局采取了宏观多帮助、微观少计较的方法,积极组织收入、合理安排支出,对于确保各项工作的正常运转,维护全县安定团结的政治局面,促进经济健康、快速地发展,起了重要的保障作用。

三、自治县政府办公室的监督

S自治县政府办公室,1950年1月设立,当时名称是秘书室,负责起草、颁发文件和机关行政事务,1955 年改为办公室至今。依据规定,S 县政府办有如下配置①:(1)政府办设置主任一人,负责主持县人民政府办公室的全面工作,负责联系县长直管部门的工作,兼管县人民政府法制办公室及县人民政府办公室财务、人事等方面工作。(2)副主任设置四名:副主任 A,负责联系 E 副县长分管部门的工作,具体抓城镇建设和城镇管理、信访接待等方面的工作;副主任 B,分管秘书股,具体抓县人民政府办公室内务工作,负责县人民政府及其办公室文件的起草和审核、印鉴管理、信息化建设等方面工作;副主任 C,负责联系 F 副县长、G 副县长分管部门的工作,分管行政股,负责县人民政府办公室后勤和外事接待、侨务等方面工作;副主任 D,负责联系 H 副县长、K 副县长分管部门的工作,分管信息督查股,负责县人民政府常务会议、专题会议作出的事关全县经济社会发展的决定及其他工作安排的督查督办工作。

依据 S 自治县编制办提供的资料,可以看到政府办的主要职责是:(1)协助县人民政府领导处理日常工作及全县经济调节和社会管理的有关事务。根据有关法律法规和政策,协助县人民政府领导抓好政策指导,组织协调。(2)负责县人民政府召开的会议的会务工作,协助县人民政府领导组织实施会议议定事项,负责县人民政府重大活动的组织安排。(3)承办上级党委、政府以及县委、县人大常委会交给县人民政府办理的有关事项。(4)处理各乡镇人民政府、县政府各工作部门报送县人民政府的请示、报告;组织起草或审核以县人民政府、县政府办名义制发的公文,指导全县政府系统的公文处理工作。(5)根据县人民政府领导的指示,对各乡镇人民政府和县政府各部门之间出现的争议问题提出处理意见,报县人民政府领导决定。(6)督促检查县人民政府重大决定,重要工作部署及县人民政府领导批示的贯彻执行。(7)根据县人民政府的工作重点和县人民政府领导指示,组织专题研究,及时反映情况,提出建议。(8)负责办理人大代表建议和政协委员提案,并督促、检查建议、提案的落实。(9)收集、编辑、报送

---

① 中共 S 民族自治县政府办[2003]036 号文件。

州人民政府和县人民政府领导参阅的信息资料。(10)协助县人民政府的领导组织处理需县人民政府直接处理的突发事件和重大事故;及时向县人民政府领导报告重要情况,并协助处理各乡镇、各部门向县人民政府反映的重要问题。(11)处理群众来信,接待群众来访,及时向县委、县人民政府领导报告来信来访中提出的重要建议和反映的重要问题,办理县委、县人民政府交办的有关信访事项。(12)负责全县改革开放工作的调查研究、咨询建议、方案论证和跟踪反馈,为县人民政府决策提供依据,协助县人民政协领导协调有关改革开放方案实施中的衔接工作。(13)承办县人民政府参事有关工作,为参事做好相关服务工作。(14)负责全县政府法制工作的规划、协调、监督和服务,审查修改或组织起草地方性法规草案,行政规章草案,负责行政执法监督工作,办理行政复议、应诉和国家行政赔偿等事项。(15)做好行政事务工作,提供后勤保障,负责县人民政府机关房地产管理、公务用车调配。(16)负责县人民政府侨务、外事、人防工作。(17)办理县人民政府领导交办的其他事项。①

政府办执行监督的重要途径之一是下设各科室对主管业务对口单位的督办查办及情况反映。S自治县政府办下设有三股二科室:秘书股,负责处理文字收发、传阅、分办、核稿等工作,负责保密和印鉴、图书资料、档案管理及机要通信,报刊征订、收发等工作,负责文印管理,撰写《政府工作报告》,并负责县人民政府的有关会议的会务工作。信息督查股,负责县人民政府和办公室督查工作,负责政务信息的收集、编辑、报送工作,负责县人民政府值班工作,及时向县人民政府领导报告重要情况,并协助处理各重要问题,以及联系县政府驻外办事机构、侨务等方面的工作。行政管理股,负责县政府办劳动工资、教育培训、社会保险方面的工作,负责县政府召开的各种会议的后勤保障工作,管理办公室行政经费,监督办公室固定资产,负责办公室的接待与保卫工作。信访办公室(正科级),负责处理群众来信,接待群众来访,及时向县委、县政府领导汇报来信来访的重要情况,负责信访立案

---

① 中共S民族自治县编制办2001年文件。

案件的督办。法制办公室(正科级),承担经济体制改革工作,对已出台的改革措施的贯彻执行进行调查研究,为县人民政府决策提供服务,负责县人民政府法制建设工作,参与政府行政诉讼活动,负责办理人大代表建议和政协委员提案,并督促检查建议、提案的落实。

为了及时了解各项目标实施进展的情况,协调目标运行中出现的各种问题,对各项目标任务的落实情况实行督察与考核,S自治县政府办的主要任务除了公文处理与会议组织及落实县政府领导交办的事项外,还有一项特别重要的工作:催办查办。政府办通过电话催办、文字催办、登门催办等不同方法和方式,督促有关部门和有关人员及时高效地办理有关事项,保证政策法规和领导指示得到贯彻实施。政府办还将有关事项的办理情况及时向有关部门和主管领导通报,并在调查研究和汇总各部门上报的信息材料的基础上,发现某一政策、某一事项在执行和处理过程中出现的问题,分析问题的原因,提出改进的建议或政策修正建议。在调查中我们发现S县政府办平均每年落实会议、请示及其他催办类事项有300多项,此外,要编发简报、情况报告、政务信息等60多期。同时,政府办负责对各项目标任务的协调和考核评审工作,通过对县政府机关行政人员每年进行考核评审,发挥着监督的作用。

S县政府办公室是政府的综合办事机构,又是各口、各部门间的联系协调机构,它在S自治县政府行政管理中占据着枢纽的地位。政府办在县长、副县长的直接领导下,围绕全县的中心工作"参与政务,管理事务,调查研究,当好助手",在行政上充分发挥着参谋的作用。我们从其职能分析来看,政府办的工作,涉及到自治县政府工作的方方面面,如在S自治县政府办2003年的文件中,有《S自治县人民政府办公室关于做好汛期防汛工作的紧急通知》、《S自治县人民政府办公室关于关于调整县以电代燃料项目建设领导小组的通知》、《S自治县人民政府办公室关于进一步做好安全生产工作的紧急通知》、《S自治县人民政府办公室关于下达2003年招商引资任务的通知》等等,政府办的职能遍及政府活动的各个方面。从执行角度而言,自治县政府机构这些直属机构的设置,直接影响到政策的执行。

第三节　自治县政府外的政治与行政监督

"在理论上,外部制约是指除行政以外的立法机关对行政机关及其成员的监督制约形式。其目的既是为了保证政府依法行政,也是为了督促政府尽心尽力,以优良的公共行政管理服务于国民,推动社会的发展进步。"①这种说法将外部制约局限在政治与行政的框架之内,在划分上不尽合理。从自治县政府行政的角度考虑,对行政制约和监督的外部力量很多,有政治系统之内的,也有社会公共及人民群众的监督。在这里,我们从政治与行政学的角度,对 S 自治县政府机构主体之外还存在有哪些监督与制约政府行政的机构与部门进行分析。

一、自治县人大的权力监督

S 自治县人民代表大会成立于 1956 年,县人大的主要职权是监督"一府两院"的工作,即对县人民政府、县人民法院和县人民检察院遵守和执行国家的法律、法令实施监督权。根据我们的调查,S 自治县人大从成立以来,在执行宪法和法律赋予的对"一府两院"的监督中,主要做以下工作。

一是听取和审议"一府两院"的工作报告。自 1980 年 S 自治县人大常委会后,第七、八、九、十、十一届人大常委会依法召开了 106 次会议,对"一府两院"的工作汇报共计 251 次(属经济方面计 212 次,占 84.46%;执法方面 18 次,占 7.17%;工作方面 21 次,占 8.37%)。根据经济工作实际情况,还不定期地安排了一些政府工作部门直接向主任会议作经济工作专题汇报。

二是对重大事项作出决议、决定。人大常委会成立 20 多年来,通过听取和审议"一府两院"的工作汇报后,对重大事项作了 51 个相应的决议和

① 周庆智:《中国县级行政结构及其运行——对 W 县的社会学考察》,贵州人民出版社 2004年版,第 211 页。

46 个决定。其中,经济管理和经济发展方面的决议有 44 个,占 86.27%,由于人大常委会的决议引起政府的重视而得到实施,有力地促进了政府的经济工作。

三是抓住重点工程和重点开发项目,组织人民代表开展视察工作。根据群众反映比较强烈的"热点",针对治理"三乱"问题,先后组织人民代表分成若干小组对有关单位进行视察。此外,县人大常委会经常组织驻县的省、州、县部分人大代表就近进行视察活动,听取有关单位的汇报,了解各方面的意见。

四是加强反馈,注重实效。县人大常委会每次会议审议的意见,视察、调查中提出的意见,人大常委会都整理好,用"S 自治县人大常委会建议与意见"的书面形式,送给"一府两院"组织实施办理,并将办理结果限期向县人大常委会及主任会议汇报,收到了较好的效果。

S 自治县人大常委会还有两项主要职权也是重要的监督职能:一是议决本地方重大事项,这是对政策的监督,包括政策制定与政策执行,县政府的重大决策要经人大常委会议决才能颁行;二是决定干部任免。这种人事任免权是县人大常委会代表县人大和本行政区全体人民管理国家事务的一项重要职权,它具有对县人大常委会的决议权、监督权在实践上可靠的保证作用。县人大及其常委会的监督权对政策执行具有权威和普遍的制约意义。

在我国,宪法和法律明确将对县级政府的监督规定为县级人大及其常委会的一项重要职权,进一步强化人大监督机制是制约行政权力、防止权力腐败的重要途径。"腐败的本质就是掌握一定公共权力的主体,以公共权力为资本,背离公共利益目标,为个人或小集团谋取利益……要从源头上预防和治理腐败,根本在于以有效的权力监督和制约公共权力运行,从源头上割断公共权力与私利之间的脐带。"①在现阶段,围绕经济建设为中心,依法实施监督工作,是 S 自治县人大及其常委会的根本任务,"加强对'一府两院'

①　彭国甫:《以权力监督和制约公共的运行》,《湖南日报》2003 年 12 月 30 日。

的工作监督,重点围绕经济建设、社会发展和人民群众普遍关心、反映强烈的热点、难点问题开展工作监督,提出意见和建议,必要时作出相应决议、决定。"①为此,S县人大在 2005 年相继出台《S自治县人大常委会"一府两院"工作的跟踪监督办法》、《S自治县人大常委会监督财政预算办法》和《S自治县人大常委会个案监督办法》等文件,进一步加大了对财源建设情况的监督力度。

从调研中我们也发现,自治县人大的监督权是同级党委授予,从权力关系上讲,人大的党组也要受党委的领导,党委直接对人大机关领导班子及其成员的工作进行管理,并要求人大及时向县委考核报送目标运行及完成情况。在这样的分权结构设计上,使得自治县人大对政府的监督功能还处于一个低层次的水平,有必要在县级及其以上权力机关中设立一个专门行使监督职权的机构,如"人民监督委员会"等,直接隶属于同级人民代表大会常务委员会,以担负起日常监督工作,保证监督权的具体落实。

二、自治县政协的民主监督

根据宪法、政协章程和《中共中央关于加强人民政协工作的意见》的规定,人民政协是中国共产党把马克思列宁主义统一战线理论、政党理论和民主理论同中国实践相结合的产物,中国共产党领导的多党合作和政治协商制度是我国的一项基本的政治制度。政协的民主监督是社会主义社会政府监督体系的重要组成部分,是参加政协的各个党派团体和各界人士通过政协组织监督政府机关及其行政人员的行政行为的一项工作。在 S 自治县,政协明显体现爱国统一战线的性质,县政协的党外组成人员均由中共自治县委统战部提名,民主协商产生,中共党内人士参加政协的,则由自治县委组织部提名,民主些产生,协商后的政协委员名单由自治县委审查,最后呈自治县政协委员会确定。从 S 自治县历任政协委员看,不难发现,政协提名

---

① 《S自治县人民代表大会常务委员会会刊》县十三届[(2005)1 号]总第十期,《S自治县人大常委会二 OO 五年工作要点》。

中的党内人士主要来源是即将从党政岗位上退休的领导干部。

作为爱国统一战线组织的 S 自治县政协,在组织、动员全县各族人民、各界人士参与 S 县的各项建设事业中,发挥了不可替代的作用。县政协经常性的工作主要有五项:通过各种方式参与对有关当地事务重要问题的讨论和协商;宣传和贯彻执行国家的宪法、法律和各项方针、政策,推动社会力量积极参与社会主义物质文明和精神文明建设;密切联系各方面人士并反映他们及其所联系的群众的意见和要求;对国家机关和工作人员的工作提出建议和批评;调整和处理统一战线各方面的关系及政协内部合作的重要事项等。除此之外,S 自治县人民政协还有一项最基本的工作职责,即加强民族团结,这是作为少数民族自治县政协工作的一大特色。S 县是少数民族人口占95%的多民族聚居的地区,搞好民族团结是 S 县的一大工作任务。近年来,S 县政协一直把加强民族团结放在重要的位置,认真贯彻党的民族政策和《民族区域自治法》,实施《S 自治县自治条例》,保障少数民族真正当家作主的权利,团结各族各界人士共同合作共事,正确处理好各民族内部和各民族之间的关系。

三、上级政府部门的纵向监督

民族自治县政府的行政监督,从行政执行的上行部门来看,它直接对自治州政府负责,二者之间也存在着一种监督与被监督的关系。S 自治县政府作为 Q 民族自治州下属的一个行政单元,它行政的好与坏,直接关系到 Q 自治州政府行政的好与环,这种关系,我们也可以看作是行政系统内部的一种制约。

Q 自治州对 S 自治县行政监督的情况,除了派驻督察组外,最能够反映的是州下放给县一级的《政务督查》和《督办通知》,如下:

材料 8-4

Q 民族自治州人民政府给 S 自治县的《督办通知》

S 县人民政府:

为确保州政府与你县签订的《社会消防安全目标管理责任书》的落实，7月份州督察组对你县进行了督察，还有以下工作没有完成：

1. 个人防护装备未按《责任书》要求配置；

2. 市政消火栓应增加25具，至今仍未落实；

3. 消防经费4.4万元未纳入预算，也未拨付；

4. 周覃镇消防规划未编制。

特督请你县认真按《责任书》要求抓紧落实，确保完成目标管理任务。请在9月30日前将落实情况（各项工作的具体完成时间）报州政府。

特此通知

Q州督察室公章

二〇〇三年九月十二日

资料来源：Q州督字（2003）67号。

另一份是Q州下发的《政务督查》：

材料8-5

各县（市）贯彻落实《中共Q州委办公室 Q州人民政府办公室 关于切实做好国庆期间安全工作的紧急通知》的情况通报

……

S县 一、做好节日值班和突发事件应急处置工作。二、以压事故反违章为重点，加大路检路查力度，确保病车不上路，农用车不载人，易燃易爆物品不进站上车，超载超限车辆不上路，严防交通事故的发生。三、对小煤窑进行专项治理，凡属"四个一律关闭"的坚决炸封取缔，没有建立安全生产责任制的或安全生产不达标的一律停产整顿。四、对重点村寨进行消防巡查，发现问题立即整改。对重点宾馆、饭店和景区，特别是水上旅游景区和项目进行一次安全检查。五、加强民用爆破物品的管理与节日期间的安全保卫工作，切实维护社会稳定。

资料来源:Q民族自治州政务督察室第十八期《政务督查》,2003 年 10月 9 日。

S 县的上级政府部门对县政府的行政监督,涉及的内容包容甚多,这些指导与督促,基本上都是通过督办或督查的形式来进行。在自治县一级政府的行政执行中,作为上级机构,州政府对县政府的行政监督是全面而庞杂的,它贯穿于县政府行政的每一个过程,对县政府科学有效的行政,起到了较好的监督作用。

四、自治县党委的监督

中国共产党的监督是我国最高层次的政治监督。在 S 自治县,县党委对县的各方面工作的作用是巨大的,它是领导核心和决策的中心。实行党政分工以来,政府职能已由县政府承担,使得县委拥有更多的时间和精力对全县各个方面的工作能够进行领导、监督和调控。县委起着振奋民心、鼓舞斗志、稳定政治、安定社会和繁荣经济的基本保证作用。

在 S 自治县,县委对行政机关的监督,分日常工作的监督和专门机关的监督两种,专门的监督机关即县纪委,它与县政府监察局合署办公,其职能在前已述。在日常工作的监督上,县委对政策执行机关的监督主要有以下几条渠道:一是通过直接参与县政府的行政执行,从而进行监督。县政府的主要领导人也是县委会组成人员,在一定程度上两者是合而为一的,县委支持、参与县政府的工作是政府执行有效开展的一个重要条件,同时也便利于县委进行监督。二是通过对各级政策执行人员进行相关的理论学习和党务活动,使他们在组织上接受县委的监督。仅 2003 年,S 自治县县委就相继成立了县党风廉政建设巡视组、县反腐败协调领导小组、县领导干部廉政述职工作领导小组等[①],并建立了《领导干部廉政述职工作实施方案》、《党风廉政建设巡视制度试行办法》等一系列相配套的规章制度来制约和规范政

---

① 参考 S 自治县县委党通(2003)第 30、31、32 号文件。

府的行政。① 以下是 S 自治县对领导干部进行民主测评的测评表,其测评的对象包括:县委、人大、政府、政协、纪委领导班子以及政法系统的正副职领导干部和乡(镇)党委正、副书记,纪委书记,政府正、副乡(镇)长,县直机关各工作部门企事业单位,各人民团体正、副职领导干部。每年对各级领导干部在八至十月间召开一次民主测评,县委通过纪律检查委员会加强党风和廉政建设以及思想政治工作,从而实现对政府政策执行者的有效约束。

表 8 - 2　领导干部廉洁自律民主测评

姓名	职务	民 主 测 评 等 次				备注
		优秀	合格	基本合格	不合格	

注:对领导干部廉洁自律方面分为优秀、合格、基本合格、不合格四个等次,请在其中选择一项打"√"。

　　此外,县委办公室是县委机关的综合性办事机构和参谋部门,它直接为县委机关领导工作服务,其主要职能是:当好县委的参谋与助手,围绕县委各个时期的中心工作和县委的要求,开展调查,起草文件,综合处理信息,为领导决策提供依据或方案,对省委、州委和县委交办的事项进行检查督促,做好有关协调工作,帮助县委领导办理和收发,传递文电,处理人民来信来访,为县委各种会议服务,以及为县委各部委服务的行政事务和后勤管理工作。县委对县政府机构的行政监督也往往通过其内设的县委办公室来实行。

① 参考 S 自治县县委党通(2003)第 33、34 号文件。

五、自治县法院和检察院的司法监督

法律监督主要由法院和检察院两个专门机构来实施,针对行政机关及其人员的违法行为进行监察。在自治县一级,县人民法院与县检察院是与县政府相平行的司法部门,它们的监督是多方面的,对政府决策执行监督只是其任务之一,而且是从外部施于政府系统的。人民法院和县检察院的首长都是由州人民代表大会任命的,其工作直接向州人大负责,在这些方面有别于政府系统内部的监察监督。县级司法机关所形成的法制监督,主要是从法律审判和制裁的角度审定县政府行政行为是否合理,借此来增强行政人员的责任意识,并促进行政行为的提高和完善。

1. 自治县人民法院

县级法院是基层人民法院,是我国审判机关的基层组织和重要司法部门。

法院组织法第 4 条规定:"人民法院依照法律规定独立行使审判权,不受行政机关、社会团体和个人的干涉"。对于任何依仗权势、非法干涉审判活动的行为,人民法院有权抵制。独立审判的权力是人民法院能够对政策执行起监督作用的基础。法院通过对行政案件的审理,监督行政机关在执行过程中的具体行政行为主要证据是否充足,适用法律法规是否正确,是否符合法定程序,是否超越职权或滥用职权等。

S 自治县人民法院对政策执行的监督方式主要是行政审判和行政裁定。随着市场经济的发展,S 县人民法院受理最多的还是刑事案件、民事案件和经济纠纷案件,而行政案件相对来说较少些。以 2004 年为例,全年县法院共受理各类案件 1374 起,其中刑事案件 99 件,民事案件 1155 起,行政案件 11 件,执行案件 82 件,审(执)结 1335 件,审结率为 99.1%。在所有受理的行政案件中,土地行政争议案件 6 件,林业行政争议案件 1 件,其他行政争议案件 4 件,其中判决维持行政主体具体行政行为 5 件,判决撤销行政主体具体行政行为 4 件,原告撤诉 2 件,在所有行政案件的审结中,审结

率达到100%。① 此外,针对行政机关在诉讼中败诉多的情况,县法院每年拿出部分资金在全县人口较为集中的乡镇采取开座谈会、发放资料、办专栏、贴标语、电视讲话等形式,大力宣传《行政诉讼法》和《国家赔偿法》。通过宣传,促进了行政机关依法行政,使行政诉讼案件呈下降趋势。

法院的行政审判和行政裁定,作为一种最具有直接监督作用的行政审判工作,有助于实现对同级或下一级政府机关活动和行政工作人员的合法性和和合理性监督,也是解决目前"民告官"问题的有效途径之一,在积极受理和审理各类行政争议案件中,法院依法对行政主体的具体行政行为的合法性进行审查,监督和支持行政主体具体行政行为,维护行政管理相对方的合法权益,通过对各种案件的审理判决,从而实现了对政府机关政策执行的监督作用。

2. 自治县检察院

我国《宪法》规定,"中华人民共和国人民检察院是国家的法律监督机关",代表国家独立行使检察权。有关法律规定人民检察院只限于司法监督,只对有关国家机关即法院、公安、司法行政机关的侦察、审判和监所活动实行监督,不对其他任何国家机关实行法律监督。在人民检察院的五项职权中的第一条规定,对于叛国案、分裂国家以及严重破坏国家的政策、法律、法令、政令统一实施的重大犯罪案件,行使检察权。其他均属司法监督。可以看出,县级人民检察院对政府政策执行过程实行监督,不对政策执行机关(公安、司法除外),而只是对政策执行者行使检察权,即通过对人的监督从而实现对政策执行的监督。

S自治县人民检察院是1978年初重新成立的,内设刑事检察科、经济检察科、法纪检察科、控告申诉科、渎职侵权检察科、政工科、法警室与办公室等机构。在1978年至1996年的18年间,S县检察院立案侦查贪污、贿赂等经济犯罪案件157件183人,给国家挽回经济损失100.30万元,粮食10367.5公斤,协助农业银行依法追回沉淀资金400多万元,协助有关单位

---

① S民族自治县人民法院院长在县十三届人大三次会议上对2004年度的总结报告。

追回经济损失 489.27 万元。坚持贪污从重从快严厉打击刑事犯罪活动,18 年来,共决定批准逮捕 2243 人;提起公诉 1854 人,免于起诉 119 人,不起诉 11 人,移送州人民检察院审查起诉 259 人;向人民法院提出抗诉案 13 件 35 人,中院改判 10 件 32 人,维持原判 3 件 3 人。① 随着经济大潮的冲击,使得近年来各种犯罪案件呈现上升趋势,这也给检察部门带来了较大的工作压力。我们以 2004 年为例来看 S 县检察院的工作和作用。

S 自治县检察院 2004 年共受理贪污、贿赂、挪用公款等经济类案件 17 件 17 人,经初查后立案 9 件 9 人,成案率 53%。所立案件中:贪污案 4 件,挪用公款 3 件,受贿案 2 件。所立案已侦查终结移送审查起诉的 8 件 8 人,未结 1 件 1 人,通过办案直接为国家挽回经济损失 70 余万元。本年中共受理群众控告申诉 50 件 64 人,其中来信 40 件 52 人,来访 10 件 12 人,收到群众来信举报的职务犯罪线索 23 件 24 人,经初查后转反贪局立案查处 2 件 2 人,转本院渎职侵权检察科立案查处 1 件 1 人。在新形势下,经济犯罪主体已发生了以社会不法分子为主到以国家干部为主的变化,这也更加显示出执行监督的必要性和其任务的艰巨性。在打击刑事犯罪方面,S 县检察院共受理公安机关提请批准和本院自侦部门移送审查决定逮捕的各类刑事案件 130 件 220 人,所有案件均在法定期限内审结,无一超期,审结率、准确率均为 100%,审查后批准或决定逮捕 112 件 190 人(含追捕 7 人),不批准逮捕 17 件 36 人,公安机关自行撤回 1 件 1 人。关于渎职、侵权案件,全年共受理 120 件 168 人,审结后,提起公诉 90 件 126 人,不起诉 9 件 12 人,退回补充侦查 14 件 16 人,移送上级检察机关 7 件 13 人,公安机关撤回案件 1 人,追漏诉、漏罪 5 次。② 与上年相比,受理数与立案数均有增加。

S 自治县检察院在努力实践"强化法律监督,维护公平正义"的检察主题和"加大办案力度,提高执法水平和办案质量"的总体要求下,切实履行职责,在反腐败反贪污贿赂、打击刑事犯罪、查办侵权渎职案件等方面,取得

---

① S 自治县县庆四十年县人民检察院的工作报告。
② S 自治县人民检察院院长在县十三届人大三次会议上对 2004 年度的工作报告。

了较好的成绩,为县政府决策的执行、政治社会的稳定以及经济的发展和促进党风廉政建设做出了积极的贡献。

第四节 社会的参与式监督

社会公共监督习惯上也称做社会利益表达方式,是指地方民众通过有组织的或非组织的表达政见、维护权益,进而对地方政府及其官员进行监督。社会监督是人民参与管理国家事务的重要途径,其监督的手段有:建议、批评、检举、控告、申诉等等。监督的主要形式包括社会团体监督、公民监督和舆论监督。

一、社会团体的监督

社团组织是按一定目标、某种共同利益或共同交往需要,依法登记、经批准成立的社会、群众组织。当前,社团在县级基层中的组织主要包括人民团体(如工会、共青团、妇女联合会)、群众自治组织(如城市居民委员会、农村村民委员会、工厂职工代表大会等)以及各种专业、行业组织(律师协会、记者协会保护消费者利益协会等等)。社会团体对政府决策的制定和决策的执行,都能施加一定程度的监督。就决策执行的监督而言,每个社团组织都可以为了各自所代表的那部分群众的特殊利益而出面纠正国家机关及其工作人员在决策执行中的错误行为。

近年来,在S自治县,工会、共青团和妇联等主要人民团体在强化社会各自的职能过程中,加强了一定的社会监督工作。它们的监督主要有两种情况:一是按照党的领导的渠道介入政治监督,通过向同级党委和上级系统领导反映问题和意见,达到参与和监督的目的;二是利用组织结构较活跃的优势,独立或与其他团体合作开展多种多样的有特色的监督活动,积极行使当家作主的权利。如S县工会在近年来,共审议职工提案555件,同意实施309件,评议生产考核办法和经营承包奖惩办法105条,行政领导的民主意识逐步增强。同时,运用法律武器,依法维护职工的合法权益,并开展劳动执法检查,加强劳动保护工作,在与有关部门配合下,对接触尘毒的 234 名职工进行了身体检查并建立了职工健康卡片。县妇联倡导妇女们积极参政,据统计,到 1996 年,S 县"行政企事业单位妇女干部 1291 人,企业女职工 1075 人,县委、县人大、县政府、县政协四大班子均有女领导;全县 21 个乡镇有 20 个乡镇有女领导;其中担任正职 2 人;县直机关单位任正局级的女领导 8 人,任副局级的女领导 24 人,主任科员 8 人,副主任科员 56 人;在270 个村中有 3 名女同志担任村党支部书记。各级人代会、党代会以及各种代表会的女代表、女委员的比例逐年增多,从而提高了妇女干部参政议政的比例,使一批德才兼备的妇女干部逐步走上各级领导岗位"。[1]

社会团体作为监督政府行政管理的重要力量,在 S 自治县政府行政监督中发挥了一定的制约作用。但是,这些组织所表达的自身利益是在"与党保持一致"的前提下进行的,由于其都有所挂靠的行政部门,实际上它们是地方政权组织的一个部分,不代表特殊集团的利益,也不批评地方党委和政府的施政行为。就当前我国县级层次的这些社会团体来看,"简而言之,这些社团并没有自己的独立品格,不能指望它们会萌生权利意识而主张自己的利益和要求"。[2]

二、县域公众的监督

县级政府的公共权力作为国家权力的重要组成部分,产生于人民直接或间接的授权,它是人民权利的一种特殊转化形式。因此,公共权力本质上是人民意志的执行形式和人民意愿的实现手段,因而,县级政府的管理形式、管理方法和运作程序,理应在人民群众的监督之下。可以说,"群众的监督是所有监督机制的基础和力量源泉,是一种最根本的、最直接的监督主体"。[3] 而我国《宪法》第 41 条也明确规定:"中华人民共和国公民对任何国

① S 民族自治县妇联在县庆 40 周年上的工作报告。
② 周庆智:《中国县级政府行政结构及其运行——对 W 县的社会学考察》,贵州人民出版社,2004 年版,第 217 页。
③ 彭国甫:《县级政府管理模式创新研究》,湖南人民出版社 2005 年版,第 247 页。

家机关和国家工作人员的违法失职行为,有向有关国家机关提出申诉、控告或者检举的权利。"它不仅包括公民可对侵犯其人身的行政侵权行为、自己不满意的行政决定提出申诉、控告或要求复议的权利,而且包括对自己确知的行政违纪、违法现象进行检举,对政府的工作提出意见、建议等权利。

公民对政府机关行政的监督,主要体现在四个方面:一是申诉、控告和检举的监督。这是公民维护权利和合法权益不受侵犯的有力工具,是监督国家行政机关及其公务员的有效方法和手段。二是社会协商对话的监督。这是各级政府正确处理人民内部矛盾,同人民群众沟通思想,加深理解,消除隔阂的有效途径。三是信访监督制度。目前信访工作已经成为县级行政机关一项经常性的重要政治工作,S 自治县人民政府也相应地建立了信访机构负责受理人民的申诉、指控,听取批评和建议,并转送有关部门处理。四是通过基层群众组织的监督,公民对政府机关的意见,通过村委会、居委会等基层组织来反映给政府,经实施监督。

从 S 自治县地方民众对政府行政的监督来看,从理论上讲,任何个人都可以就自己的问题与党政官员接触,地方媒体也相当公开地报道县委、政府联系群众的种种努力,但实际的情况执行起来并非如此。"由于受政治体制惯性的影响,县党政官员总是希求能把各种利益关系和生活领域置于它的监护之下。任何基于私人利益的在组织的压力和要求,一旦公开表达出来,就会被认为是对地方政治秩序的威胁,不管这些权益要求是否合理合法。"[①]在这方面尽管也有极个别监督成功的事例,如浙江省永嘉县农民状告县政府的"不作为"胜诉,但总的来说,在现阶段,自治县一级的公民监督还带有很大的局限性,人民群众很难对县政当局的行政执行产生较大的影响和压力。

三、新闻媒介的舆论监督

舆论监督实际上也是群众监督,它是以广播、电视、报纸、书刊和网络等

---

① 周庆智:《中国县级政府行政结构及其运行——对 W 县的社会学考察》,贵州人民出版社 2004 年版,第 219 页。

大众传媒为物质载体来展现监督内容和监督过程,它是社会监督的一个方面。在今天,媒介被冠为影响现代社会的"第四种权力",报纸、刊物、广播、电视等新闻媒介具有信息量大、传播速度快、覆盖面广和反映敏感等特点,具有广泛的社会影响和巨大的冲击力,是人民群众了解政情和表达观点的有效途径,能与其他机构的监督相配合、相补充,对国家行政机关及其工作人员形成广泛的监督和强大的威慑。

伴随着我国改革开放的进程,舆论监督作为社会监督的重要原则正在被逐步认同、被逐渐接受。但就目前而言,在 S 自治县的实践中还存在着操作上的障碍,还没有形成法律和制度上来保障的运行机制。其原因,一是由于我国的新闻舆论监督起步总体都较晚,特别在县一级,受新闻舆论监督与政治监督密切相关这一体制的制约,监督的主体不得不比较慎重,从而导致监督的力度不够,监督的范围也很有限。二是由于新闻舆论监督与政治监督的密切关系使得这一监督的对象十分惧怕这种监督形式,面对着新闻舆论监督被监督对象及其上级会共同受到社会压力,被监督对象更会受到社会和上级的双重压力,所以不便于监督的事情,就没有办法来监督。县委掌握着舆论宣传工具,该宣传什么、表达什么,都要经过党委及其宣传部门严格审查后才能公诸媒介。另一方面,当地民众对当地媒体的看法大多是消极的,往往把媒体当作是政府的化身,采取"敬而远之"的不信任态度,民众一般都并不理会也不谋求所表达权利的社会价值意义。"从某种意义上讲,县政权无所不在的舆论钳制与地方民众权利意识的缺失造成地方社会利益的表达总是处在极其不利的位置上。"①新闻舆论的监督作用还没有完全发挥出来。

---

① 周庆智:《中国县级政府行政结构及其运行——对 W 县的社会学考察》,贵州人民出版社 2004 年版,第 221 页。

第五节 创新自治县政府的监督机制

S 自治县的实践证明,行政监督机构对自治县政府的监督和制约,对于保证党的路线、方针、政策和国家的法律、法令、决议在 S 县的贯彻、执行,对于防止和杜绝县政府机关行政人员利用职权谋取私利、违法乱纪,对于克服政府内部的官僚主义,纠正不正之风,实现社会的安定团结,维护县域经济秩序、生产秩序和工作秩序,提高自治县政府的行政效率都起到了重大作用。

一、自治县政府监督机制的运行现状

S 自治县的行政监督实践表明,我国现行的监督机制在 S 自治县内部结构和运行过程中仍然存在着一些明显的障碍,这些不足和问题在一定程度上影响和制约着自治县监督机制的运行,造成自治县庞大的行政监督体系的能量不能全部释放出来。这些障碍主要有:

第一,监督主体地位不高,缺少主干的监督机构。监督机制运行的效果如何,主要取决于监督主体所拥有的地位的独立和足够的权威。但从目前 S 自治县政府监督主体的实际情况来看,他们大多处于附属地位而缺乏必要的独立性,制约权威和权力不够强大,监督缺乏力度。例如:在自治县级政府外部监督体系中,县人民代表大会及其常务委员会是权力机关,县政府行政机关由县人大产生,受它监督并向它负责。但目前,县人大是法律地位高但实际地位低,理论上应有的权力与现实中实际的权力有差距,人大监督还很不到位。如县人大质询监督就很少使用,执法检查存在着执法短缺、监督短缺、纠正违法不力等现象,制裁权力如罢免、撤职、免职、接受辞职、撤销违宪、违法的规范性文件等,还不完全具备,尚未真正体现人大作为权力机构对行政机关应有的监督权。还有,群众与社会舆论监督的作用没有充分发挥出来,各民主党派的监督由于不具有国家权力的性质,没有法律上的决定权,因而有时还流于形式。现行的行政监督体制是一个多元化的体制,在制约自治县政府的众多的行政监督机构和监督渠道中，没有一个起核心枢纽作用的机构和渠道，以至于在实际的执行中，形成多中心监督体制，缺乏协调、配合和制约，造成行政监督的实际软弱无能。

第二，监督体系运行不协调。当前的自治县级政府监督体系中，监督主体多，方式和渠道也较多，然而，从目前实际情况看，由于县级政府机关内外种种监督关系还没有理顺，种种监督主体都程度不同地存在监督权限、方式、程序、范围等不够明确具体等问题，彼此之间又缺乏联系和沟通，往往出现"各唱各的调，各吹各的号"的不协调局面，形不成合力，甚至对同一政府行为会出现多头监督和"空白"监督并存的情况。特别是对那些界限不清的疑难案件，有时是令出多门，难以协调和兑现，有时是各监督部门相互扯皮，相互推诿，致使监督有名无实，大大削弱了监督的整体功效，导致了监督力度的弱化。[①]

第三，作为权力机关的自治县人大监督难以到位。S自治县人大在宪法规定中具有至高无上的权力，它负有领导和全面监督的职能。但在实践中，由于体制、机构和习惯观念的原因，人大对政府机关的监督作用是很有限的。在S自治县，从县人大代表选举的原则（"党委领导，人大主办，各方配合"）、选举委员会的组成人员（由自治县人大常委会与相关部门协商后提出，经县委批准后，由人大常委会任命）以及选举经费来源（财政拨付、各级政府的补贴）上，在这样的分权结构设计上，自治县人大的权力活动几乎没有行动的动力和能力，其监督没有多少实质性的内容。县人大的最重要的功能是给地方政权提供了一个代表民意的"合法性"，至于实质上的监督，它只不过是处于"提意见"的层次而已。至于县政协，由于其大多数干部均是从党政机关过来，它的提案对县政府而言，可用的参考一些，认为无用的也就弃之不用了。同时，在行政机关内部监督体系中，行政监督权的专门机构如监察局、审计局，实行的是县政府和上级机关双重领导体制和赋予

① 彭国甫、颜佳华主编：《县级政府管理模式创新研究》，湖南人民出版社2005年版，第242页。

记大过以下的行政处分权,导致这些机构缺少独立性和应有的权威,难以起到有力的监督作用,特别是对县级政府领导班子及其"一把手"难以真正有效地履行监督职能。

第四,全程监督不完善。监督是一项经常性工作,应当贯穿于自治县政府机关及其工作人员行政行为的全过程。但长期以来,监督主体在行政权的行使之前,没有对之规范和控制,许多监督只做表面文章,读一读材料,没有深入到内部去,很少实施审批、核准、说明理由、公开、听证等措施使行政权得到有效监控。而是将监督工作的重点放在"查错纠偏"上,偏重于事后监督,等到造成了严重后果,才去查处和惩罚。应该说,这是一种追惩式的监督方式,由于缺乏事前防范和事中控制,很难有效地把滥用行政权力、以权谋私的行为防止于发生之前和纠正于发生之初,却很容易造成行政偏差和腐败现象出现过多,各监督机构经常忙于应付"查错纠偏",使监督工作陷入被动消极的不利局面,整个监督机制没形成封闭回路,造成虚监、弱监、失监现象严重。

第五,社会监督压力重重。在基层,党政官员总是能把地方各种利益关系和生活领域置于监护下,任何基于私人利益的有组织的压力和要求,一旦公开表达出来,就会被认为是对地方政治秩序的威胁,不管这些权益要求是否合法合理,县政府习惯于把这样的种种问题都看作是政治问题,表现在具体的行政活动中,就是把民众的各种要求和意见压制下来。如果发生"越级上访"的情况,将严厉追究行政负责人的政治责任。在这种压力型的政治环境下,地方民众的利益表达具有很大的局限性,社会公众的行政监督热情不高,监督权力只是空洞的理论说教,更谈不上对自治县政府行政行为进行制约。至于通过新闻舆论来对自治县级政府行政执行活动进行相关监督,则阻力更大。据笔者的调查,在 F 县,县委掌握着舆论宣传工具,凡是要宣传的内容,都必须经过党委及其宣传部门的严格审查,才可以公开。县党政主要领导对除本地之外的任何媒体采访和报道活动是很敏感而且心存戒虑,这主要是担心报道直接对县的政绩产生负面的影响。F 县政府的新闻宣传处则主要是用来负责控制一切负面报到带来的不利影响,在 F 县,凡涉及全县性重大问题及一些热点、焦点问题的采访,要提前请求有关领导,待批准后方可安排。成稿后,一般都要由宣传部门领导审阅。对县领导部门而言,对付新闻媒体,它能够比较从容做到的事情是:除了本地媒体的正面宣传之外,通过引导、讨好甚至以行贿等"接待"方式来与上级媒体沟通,从而使它们能够从正面来反映本县的政绩,进行大幅的宣传与包装。

二、自治县政府监督机制创新的方向

在调查的过程中,我们感到通过必要的体制改革和制度安排以建立协调统一、高效灵活的自治县政府监督机制的紧迫性和必要性。为有效解决上述监督机制中存在的问题与弊端,提高自治县政府行政监督的效能,我们认为,应从以下几个方面来健全和完善自治县政府的行政监督机制。

1. 强化自治县人大的监督机制

绝对权力产生绝对的腐败,缺少对行政执行权力的监督必然产生执行的腐败。民主监督的精髓就在于权力的分立与制约,一切有权力的人都容易滥用权力,这是万古不易的一条经验。有权力的人们使用权力一直遇到界限的地方才停止。党的十七大提出要完善制约和监督机制,保证人民赋予的权力始终用来为人民谋利益。"确保权力正确行使,必须让权力在阳光下运行。要坚持用制度管权、管事、管人,建立健全决策权、执行权、监督权既相互制约又相互协调的权力结构和运行机制。"要"重点加强对领导干部特别是主要领导干部、人财物管理使用、关键岗位的监督,健全质询、问责、经济责任审计、引咎辞职、罢免等制度。落实党内监督条例,加强民主监督,发挥好舆论监督作用,增强监督合力和实效"。

自治县政府也是这样的一种需要制约的组织,其在制定和执行政策时,容易造成对权力的滥用,而制约县级政府最有力、最有效的也只有权力,在权力之间,必须建立相互监督的制约机制。就当前民族自治县级政府监督的工作而言,除了加强中国共产党对县级政府的监督之外,强化人大的监督是制约行政权力、防止权力腐败的重要途径。理论上讲,自治县人大的监督是在本行政区域内代表国家和人民行使的最高形式的监督,以人民作为后盾,以国家强制力作为保证的国家权力监督。改进监督的方式是提高人大监督权的重要手段。从 S 和 F 自治县的实际情况看,自治县人大的监督应变被动监督为主动监督,人大及其常委会一般都有议事规则,定期召开会议,审议政府工作报告,履行自身监督职能,这是人大行使监督权的惯例做法。但是,在实际运行中,常委会成员对政府的行为往往只是例行公事,被动监督,这就要求人大代表和常委会成员主动监督,主动采取手段监督政府的工作。同时,县人大要变抽象监督为具体监督,一般监督为重点监督,人大的监督要真正落实到实处,不能流于形式,监督应突出重点,重点应放在对县国民经济和社会发展计划和财政预决算的监督,对基础设施、重大建设项目、经济调控部门及政府的人事部门进行重点的监督。此外,自治县人大也要不断创新监督的形式,除了听取和审议政府报告、审查和批准经济预决算、质询和调查、受理申诉控告等外,还可以采取代表评议、述职评议、法律监督书等形式对政府的行政进行多形式的监督与制约。

2. 将行政监督纳入法律的科学规范

应尽快制定和颁布规范行政监督活动的各项法律、法规和制度,使行政监督进一步制度化、法制化。要充分运用已有的法律监督形式,加强执法监督力度,具体从以下几个方面:一是建立"阳光操作"制度。即行政和司法部门要提高行政执法和司法的透明度,为监督者创造监督的知情条件。二是人大应建立专门的监督职能机构和具体的监督制度,对行政和司法要进行主动、有实效的监督。三是各执法部门在互相配合的时候要切实履行法定的相互监督的职能。同时,政协、民主党派、社会团体、新闻媒体和社会公示提出的民主监督意见要形成一股社会合力,改变目前分散无力的状况。不妨成立由法律专家组成的法律民主监督组织,社会各方面的民主监督意见通过这一组织提出,能够提高法律民主监督的准确性和成效性。四是建立监督处理公示制度,即执法部门至少对于国家机关和法律民主监督组织提出的监督意见必须作出认真处理并公之于众,不能置若罔闻,不了了之。

3. 增强政监察部门的监督职能

行政监察部门设在政府系统内部,实行双重领导,对本级政府和上一级检察机关负责并报告工作。在双重领导体制下,自治县行政监察部门的人、财、物权并非是由上级监察部门控制,而是受同级政府机关的领导,监察行为缺乏独立性,这使得行政监察中遇到的权力干扰现象较为严重,很难有效地对同级政府的违法违纪进行强有力的监督。为此,应改革现行的行政监察体制,提高行政监察部门的独立地位,变县级行政监察双重领导为垂直领导,包括在干部上的任免、选派,各项经费开支都由上级解决,在履行监控职能时,只向授权组织负责,不受县政府的领导和其他机关的干扰,从而增强监察部门的独立性和实效性。同时,应相应地扩大监察部门的部分职权,在现有检查权、调查权、建议权和处罚权的基础上,赋予自治县监察部门一定的行政处分权和经济处分权,可以给予行政违纪人员适当的警告、记过或者是记大过。对于一些有重大经济涉嫌的干部,监察部门应有权责令其申报财产,说明经济来源,无法说明的,则有权没收。此外,应建立全过程的行政监察机制,在行政监察的事前、事中和事后三个环节介入,不能舍此取彼,尤其要强化预防监督,从事前监督入手,确定监督目标,制定出科学的计划,使得监督科学化、规范化,保证政府行政的合法化、高效化。

4. 加强行政监督队伍的素质建设

高效、科学的行政监督要有一支高素质的监督队伍来保障。从我们对S自治县的调查来看,政府部门的行政行为受到的制约相对较小,其一方面与内在的制度机制有关,而另一方面,行政监督队伍普遍的执法意识不强、监督能力低下也是形成制约弱化的一个原因。监督者在执法时,趋向于走形式、秉领导意志办事的现象较多,往往造成有些无关紧要的事争着去做而难监督的事项却无人问津的局面,严重地影响了对政府部门的有效监督。就S县的情况来讲,结合民族地区的形势和经济发展的特点,采用多种形式来加强对行政纪检监督队伍的素质教育,是一个重要的环节。相关部门在选用人时要依法选人、依法用人、依法管人,按照有关要求,全面推行竞争机制,坚持公开、平等、竞争、择优的原则,实行能者上、平者让、庸者下、劣者出,强化目标管理,建立完善目标管理责任制,定岗、定职、定责,坚决防止和纠正用人上的不正之风,使优秀人才进得来、留得住、干得好,保持行政监督队伍的纯洁、生机和活力。

5. 扩大群众和社会舆论监督的力度

利用公民和社会舆论的方法,是现代社会实现社会监督的最广泛的监督形式。自治县级政府的公共权力作为国家权力的重要组成部分,产生于人民群众的直接或间接的授权,它是人民权利的一种特殊的转化形式。要不断扩大群众的知情权、参与权、选择权和监督权,坚持群众公认的原则,走群众路线,完善民主推荐、民意测评和民主评议机制,积极推行领导干部任前公示制,扩大公示范围。让群众参与选拔干部的工作,切实改变"由少数人选人,在少数人中选人"的现象,全面推行"公推公选"或"海选",并健全群众举报网络体系,建立保护举报人和严惩打击报复行为的规章制度。社会舆论监督作为一种软监督,它也是非权力监督,要保证它的有效性,必须使它与权力机制相结合,才能发挥其应有的效力。此外县人大权力机关和政府行政监察等权力部门在履行各自的监督职能时,也要充分重视舆论监督的作用,舆论监督只有与其他行政监督更好地结合起来,才能完整实现其监督的作用。

第九章 自治县的行政
法制与行政文化

第一节 自治县的行政法制

马克思主义经济学经典理论认为,经济基础决定上层建筑,法制、文化及其所包含的价值观归根结底是由经济基础决定的。社会是一个统一的有机整体,只有经济、政治、文化相互协调、相互促进,才能快速、健康、协调的发展。作为民族地区上层建筑重要组成部分的法制建设和文化建设,只有适应民族地区经济的发展,才能契合我国多民族团结、统一发展的趋势。经过建国后六十年的不断发展和完善,我国民族地区的经济取得了突飞猛进的进展,与此相适应,自治县的法制建设和文化建设都取得了一定的成绩,适时总结这些经验并不断改进建设提出新的举措,能够有助于自治县政府的长久发展。

一、自治县行政法制建设的体制背景

行政有着与国家,甚至与人类社会同样长远的历史。人类社会一旦形成共同生活的组织,行政就必然伴随而生。无论是中国还是其他文明古国,国家行政均有长远的发展史。但行政法制或者说行政法却没有这样长久的历史。行政法制或者行政法是伴随着"行政国"的出现而产生的。所谓"行政国",是指资本主义社会发展到一定阶段以后,由于科技进步和生产关系调整导致了社会经济迅猛发展,社会经济的发展,又同时导致了大量社会矛

盾和社会问题的产生,为了解决这些问题和矛盾,资本主义国家不得不增设大量的行政机构和行政人员,以便对国家经济生活和社会生活进行干预,公共行政管理者在当代政府运作过程中发挥重要的作用,他们处于政治的核心地位。与此相对应,政府行政职能也大为增加,过去,政府职能通常限于外交、国防、治安、税收等"纯"行政事务,现在则要介入到贸易、金融、交通、运输、环境、劳资关系以及工人失业保险、养老保险、工伤事故等领域。过去行政权力仅限于执行、管理,现在则不断侵入立法、司法的领域:政府自己制定法规和规章,行使"准立法"权,政府自己裁判自己在管理中发生的纠纷争议,行使"准司法"权。对于西方国家政府行政职能和行政权的这种大扩张、大膨胀的趋势,西方国家学者们称之为"行政国"现象。行政国的产生意味着行政职能的增大和行政权的扩大,历史经验反复证明,政府权力越大,其被滥用的可能性就越大,社会必须创立一种机制,在扩大行政职权的同时加强对行政权力行使的控制和制约,使之正当行使而不被滥用,这种控制和制约机制的重要环节就是行政法制。以美国为代表的现代西方国家有着较长的行政法制传统,可以追溯到三个源头。一是行政法,它主要指管制一般行政过程的一套法律和法规,行政法由法律、行政命令、中央行政机关如人事、预算、服务等机关的具有约束性的指令和宪法决定构成;二是公共行政司法化的发展,司法化趋势主要是将行政运作程序视为与司法程序一样,目的在于确保个人合法权益不受侵犯;第三个源头是宪法,这里涉及到的主要是公民相对于行政机关的一些基本权力,如程序性权利、隐私权、平等保护权等①。

　　我国不曾有过现代西方国家资产阶级性质的行政法和行政法制。直到新中国成立以后,我国政府才开始重视行政法制,制定各种行政组织法,为政府实施行政管理确定权限,规定责任;颁布各种行政法规,为政府实施行政管理确定准则、规范、标准、程序;同时设立行政法制监督机构,对政府机

---

　　① 〔美〕戴维·H.罗森布罗姆、罗伯特·S.克拉夫丘克:《公共行政学:管理、政治和法律的途径》,张成福等译,中国人民大学出版社2002年版,第34页。

关及其工作人员行使职权的行为进行监督,保证政府机关及其工作人员合法地、准确地和有效地行使职权。但由于当时对于行政法制的认识不深,以及党政体制上的问题,使得行政法制建设流于形式,没能起到真正的作用。直到二十世纪八十年代以后,我国才真正走上了行政法制建设的道路。1989 年至 1999 年十年间,随着中国社会经济的发展,中国行政法制为适应时代的需求,也取得了一定的成果,主要表现在以下几个方面:(1)立法机关在这一时期制订了治安、工商、税务、金融、教育、卫生、环保等部门行政法,使得部门行政法体系日渐完善;(2)行政机关的执法水平也有了较大程度的提高,基本上能做到文明执法、依法行政;(3)成功地制定、实施了一系列基本的行政法律,例如,1989 年出台的《行政诉讼法》,改变了传统行政法重视行政权、轻视公民权的不恰当作法,既有助于保护公民、法人与其他组织的合法权益,又有助于维护、监督行政机关依法行使职权,在中国行政法制建设中具有里程碑意义,并且在《行政诉讼法》的促动下,最近 10 多年相继制定了《行政复议条例》(1990 年)、《国家赔偿法》(1994 年)、《行政处罚法》(1996 年)、《行政复议法》(1999 年)、《立法法》(2000 年)等重要法律、法规,基本上保证了行政立法、行政执法、行政救济与司法审查的有法可依。这些行政法规的出台,为我政府行政的诸多方面提供了法律依据,也体现了我国政府行政观念由传统向现代的转变。

在计划经济时代,我国行政管理基本上采用"命令—服从"模式,政府的行政命令一旦出台,下面就只有无条件服从,下级政府是上级政府的执行机构,基本保持上行下效的行为模式,这显然与现代市场经济的要求难以适应,现代市场经济要求一个多元的、立体的、兼用强制性与非强制性行政行为的行政管理模式与之匹配,这种多元、立体、兼用强制性与非强制性行政行为的行政管理模式,必然导致行政权力的扩张和膨胀,虽然中国没有明显的经历过西方国家的"行政国"时期,但是中国的行政现状与西方"行政国"面临着许多相似的社会和经济问题,也正因为如此,行政法制建设正在成为现代中国政府管理发展的主要趋势之一。

行政法制在现代中国社会的兴起是由它的几个核心价值决定的,首先行政法制强调程序正义,它意味着基本的公平性,保护个人免遭政府恶意的、武断的、错误的或反复无常违宪剥夺生命、财产与自由权的必要程序;其次,它强调个人个人应该享有实际权力和法律的平等保护权;另外它还体现着平等的价值观。这些价值观完全符合现代行政发展的核心理念。而在我国有着重实体、轻程序行政法制传统之一。传统行政法理论认为,行政行为只有实体法的要求而无程序法要求,行政程序只是行政实体的附属品,甚至被视作行政机关的权力性规范和公民的义务性规范,否认行政程序的独立价值。这种倾向在地方政府行为中体现得尤为明显,尤其是县一级基层政府,与老百姓发生各种直接的社会经济关系,在行使行政权力的过程中更容易表现得急功近利,为了尽快解决问题,基本没有任何"程序"概念,由此不仅引发了诸多社会问题,而且使政府机关行政陷入了行为两难的境地。

在现代行政法制中,强制性性行为和非强制性行为是其两个基本行为方式。强制性行政的效率在形式过程中比较高,而且更符合我国的行政传统,行政机关在处理具体问题时习惯性的选择这种行为方式。但是,强制性行政行为如果没有具体的程序规定,就可能造成相对方有形或无形抵制从而更加影响行政效率。当然,行政机关并不总是运用强制性行政来强制实现行政管理目标,它也运用一些权力色彩较淡的非强制性行政管理方式,通过促成相对方的自愿参与来实现行政管理目标。这种非强制性行政有助于改善行政机关与相对方之间的关系,有助于公民参与行政管理,调动其遵守法律的积极性和主动性,因此,尽管非强制性行政方式会涉及到效率问题,这种行政行为在现代行政法制建设中扮演的角色越来越重要。当然,强调现代行政法制建设中非强制性行政方式的重要性,并非意味着强制性行政变得无足轻重,由于行政相对方在客观上具有滥用权利和自由的可能,行政主体仍要依法保留必要的强制性行政以维护行政法律秩序。本来这两种行为方式并不存在根本上的矛盾,但是由于我国行政法体制中缺乏相应的程序建制,不能体现出行政主体只能依法实施强制性行政——"法未规定不可为",也没有强制性行政应该遵循法定行政程序,不得违背正当法律程序原则传统,使得政府行政行为存在许多行为不当和缺失。

我国行政法的法源一般只限于成文法,由于我国是成文法国家,因此行政法也都是成文法。我国行政法的来源主要有五个:宪法与法律;行政法规、地方性法规与自治条例、单行条例;部门规章和地方政府规章;法律解释;条约与协定。而在地方行政法制的建设中,行政法规、地方性法规与自治条例、单行条例。其中,部门规章和地方政府规章的建设扮演着十分重要的角色,原因是,在我国国家机关的法律适用中,很少直接适用宪法,因此宪法在实际操作过程中的作用并未得到发挥,反而是具有地方特色的法规、规章、制度在地方政府运行过程中起着实际的作用,在自治县及政府的法制建设中,《民族区域自治法》以及具有民族特点的地方性行政法规,才是自治县政府行政行为的主要依据。

总体来说,不论是中央一级政府还是地方自治县级政府的行政法制,就我国目前的发展状况来说,还是处在一个相当不成熟的阶段,在这样一个大的法制背景下,具体关注自治县政府的法制建设情况。

二、自治县行政法制建设的现状

作为自治县级政府,其行政权的行使首先必须受到法律的制约,受到由法律所规定的各种权利主体的监督,也就是说其行政行为必须适合法律或行政法规的规定,即一切行政行为都不得与既定的法律或行政法规相抵触;其次,作为基层政府的自治县政府的各项行政行为不得抵触上级行政机关的决定;最后,作为一级政府,自治县政府具有一定的行政自由裁量权,这种行政裁量是自治县级政府行政权的核心所在。上文已经说过,我国目前的行政法制尚处在不成熟的阶段,相比于其他发达地区,尽管建国近 60 年来,特别是党的十一届三中全会以来,经过长期的探索与实践,党和政府在民族地区采取了特殊的法制制度和管理制度,我国已初步建立了以宪法关于民族问题的规定为根本,以《民族区域自治法》为主干,包括民族自治地方自治条例和单行条例以及有关民族问题法律法规等内容的民族法律法规体系,为解决我国的民族问题提供了良好的法制环境,民族地区的法制建设也取得了一定的成功。但是总体看,处于民族地区的自治县及政府的行政法制就显得较为单薄,其发展建设中存在的问题和所遇到的障碍都相对较多,自治县的法制建设远未达到预期的效果,诸如:民族法规体系尚未健全,一些急需的、重要的法律法规尚待制定;立法质量缺乏民族性特点,法规操作性差;民族法律意识淡薄,监督制约机制尚待完善等问题依然很严重。

我们首先考察 S 县行政法制建设发展的基本历程。根据依法治国方略和依法治县的决定、决议,S 自治县人大常委会为加快民族立法的步伐,将提高立法质量工作列入重要议事日程,把立法工作放在第一位狠抓落实,多年来,通过努力,民族立法工作取得了实质性的进展。迄今为止,已经制定出了自治条例和 2 个单行条例。1981 年开始起草《S 自治县自治条例》,经过广泛征求意见和多次修改,经过省人大常委会批准,于 1993 年 1 月 1 日颁布实施,2002 年 3 月又对其进行修改,2006 年 3 月 30 日,经省人大常委会批准实施。《自治条例》实施 10 多年来,对保障 S 自治县行驶自治权,巩固和发展平等、团结、互助的社会主义民族关系,促进改革开放、经济发展、社会进步发挥了重要作用。《S 自治县城镇管理条例》(2005 年 10 月 1 日施行)和《S 自治县乡村公路条例》(2006 年 1 月 1 日施行)。通过这些条例的实施,有效地促进了自治县经济、社会的发展,推进了依法治县的进程。①对于 S 自治县的法制部门来说,S 自治县人民法院成立于 1950 年 12 月,自治县公安局长兼任法院院长,下设审判员、书记员、调解员、法警等。1952年自治县人民法院增设法院副院长一名,主持法院工作,下设自治县法庭一个,区分庭四个。从 1950 年召开第一次人民代表大会以来,法院院长由人民代表大会选举和罢免,副院长、审判委员会成员、审判员、法庭庭长,于1980 年以后由县人民代表大会常务委员会任命。由此,S 自治县的法院建制基本成型。不难看出 S 自治县法院在建国初期还基本市政府的附属品,县长兼任法院院长可能是建国之初的现实条件所决定。随着时代的发展,S自治县的法院建制也逐步走向了正轨,人民代表大会这一立法机构在法院工作中的作用得到了一定程度的体现。1980 年以后法院工作基本独立于

---

① 《S 自治县概括》,民族出版社 2007 年版,第 69 页。

政府之外存在,具有了相对的司法独立权。S 自治县法院建立 37 年后,于 1987 年 3 月建立了行政审判庭,负责处理当事人不服行政机关的行政处罚决定或其他行政处理决定,按照有关经济、行政法规和民事诉讼法的规定,向人民法院起诉的行政纠纷案件。到此,行政审判庭才被正式纳入到 S 自治县的法院体系中去,行政法制才开始从组织上得到体现,这一改变还仅仅停留在形式上。应该说就自治县政府而言,对于行政法制的认识依然停留在强制管理的层面上,行政规章、条例更多针对的还是不服从行政命令的非政府机构或非政府人员,它是站在政府或官方的角度来看待和处理问题,很少从第三者的角度客观地对待行政行为的双方,更没有起到对政府行为的监督职能。事实上,作为司法一部分的行政法制对于政府行政行为的制约作用是在十几年以后才逐渐显现出来的。

中国的行政法制经历了近 20 年的建设,自治县政府的行政法制到底处于什么样的进程中呢? 下面是一份来自于 F 自治县法制办公室的统计材料。

材料 9 - 1

F 县法制办公室关于 F 自治县依法行政情况及思考的简明汇报

在行政诉讼方面:目前比较突出的是县政府对农村土地、森林确权后引起的行政诉讼。近年来,F 自治县由于农业综合开发及铁路建设等引起农村土地不断升值。计划经济年代遗留的土地矛盾不断凸现,自治县政府的山场土地调处案件不断上升:2004 年 4 件,2005 年 8 件,2006 年 1～6 月达 7 件。2005 年 10 月至 2006 年 6 月,自治县政府应诉这类行政诉讼案件 6 件,其中:一审两件胜诉、一件准备出庭、二审一件胜诉、一件准备出庭,自治区检察院抗诉案件一件已胜诉。

在行政复议方面:目前除自治县政府外,部门及乡镇政府几乎还没有行政复议案件受理。自治县政府受理的行政复议案件,2005 年 3 件,2006 年 1～6 月 7 件,呈明显上升趋势。原因是:1. 行政复议作为一种准司法行为,申请人不需交费,已开始为群众所了解;2.法律规范目前还没有在行政机关公职人员中被普遍信仰和遵循;3.律师及其他法律工作者接案后选择行政复议或按法律规定必须经过行政复议;4.法制办公室已经具有一定的办案能力。……上述7件行政复议案件中:一件因撤销县退耕般的一个处理决定遭自治县政府分管领导及部门领导反对而停止;两件撤销乡镇政府的涉及土地确权决定,一件因被申请人不明做出不予受理决定,一件维持了自治县人事劳动局的工伤认定决定,还有两件是自治县公安局作为被申请人,目前正在办理。这些行政复议案件的办理,没有专职人员,没有明确的工作经费,没有配备办案交通工具,因此一般只能进行案件的书面审理,并且有三间的办理时间超过了60天,已延期办理。

资料来源:F自治县法制办文件,2006年6月26日。

根据材料9-1的统计数字,我们可以看到,F自治县公民的维权意识正在增强,自治县法院和自治县政府的诉讼与复议部门的工作已经开始进入实质性的层面,尽管自治县法院和政府的诉讼和复议机关的行为能力还相当有限,但这仍然是一个具有积极意义的转变。

当前,行政诉讼和行政复议已经依法行政的重要制约手段,也是社会公众面对行政行为不恰当最有力的维权方式。行政诉讼,是指行政相对人与行政主体在行政法律关系领域发生纠纷后,依法向人民法院提起诉讼,人民法院依法定程序审查行政主体的行政行为的合法性,并判断相对人的主张是否妥当,以做出裁判的一种活动。法院是行使国家审判权的机关,在行政诉讼中拥有指挥权、审理权和裁判权,它的行为对于诉讼程序的发生、变更或消灭起着决定性作用①。行政复议,是指行政相对人认为行政主体的具体行为侵犯其合法权益,依法向行政复议机关提出复查核具体行政行为的申请,行政复议机关依照法定程序对被申请的具体行政行为进行合法、适当

---

① 姜明安:《行政法与行政诉讼法》,北京大学出版社、高等教育出版社1999年版,第301~302页。

性审查,并作出行政复议决定的一种法律制度。行政复议是具有一定司法性的行政行为,由行政复议权的行政机关借用法院审理案件的某些方式来审查行政争议,但行政复议机关做出的仍是行政行为①。按照《国务院关于加强市县政府依法行政的决定》(国发〔2008〕17 号)的规定,我国各级县市级政府都要加强行政复议和行政诉讼工作,市县政府及其部门要认真贯彻执行行政复议法及其实施条例,充分发挥行政复议在行政监督、解决行政争议、化解人民内部矛盾和维护社会稳定方面的重要作用。要畅通行政复议渠道,坚持便民利民原则,依法应当受理的行政复议案件必须受理。要改进行政复议审理方式,综合运用书面审查、实地调查、听证、和解、调解等手段办案。要依法公正做出行政复议决定,对违法或者不当的行政行为,该撤销的坚决予以撤销,该变更的坚决予以变更。要按照行政复议法实施条例的规定,健全市县政府行政复议机构,充实行政复议工作人员,行政复议机构审理行政复议案件,应当由 2 名以上行政复议人员参加;推行行政复议人员资格管理制度,切实提高行政复议能力。要认真做好行政应诉工作,鼓励、倡导行政机关负责人出庭应诉。行政机关要自觉履行人民法院做出的判决和裁定。

通过对 S、F 自治县的调查得知,自治县接受和处理行政诉讼和行政复议案件的部门分别是法院和自治县政府法制办公室。法院作为独立与政府的司法机构,是政府行政行为的主要外部监督,相对于政府法制办公室其监督的力度和作用更大。而作为自治县政府一级行政机构的法制办公室,则是政府行政行为的内部监督机构,这一内部监督机构受到"党管干部"的制约是不可能独立发挥作用的。事实上,自治县政府对与法制办公室重视程度也是相当有限的。就拿 F 自治县法制办公室来说,F 自治县法制办 2005年 8 月 10 日以前仅有两名在编人员,人、才、物均由政府办统一管理。两名在编人员中,一名被政府办批准长期在外搞农业综合开发,另一名负责法制

---

① 姜明安:《行政法与行政诉讼法》,北京大学出版社、高等教育出版社 1999 年版,第 279 ~281 页。

办向上和对外联系的日常工作外,长期被政府办当作行政后勤人员使用,负责政府及部门的会议标语和墙报布置。2005 年 8 月 10 日以来,由于上级市法制办负责人的重视,人员由原来的两人变为三人,分别是主任、副主任科员、科员各一名。其中,主任为正科级政府办副主任兼副科技法制办主任,具有法学本科学历,除主持法制办工作外,还负责联系一名副县长分管的工作;副主任科员为中文大专学历、法学本科函授在读,侧重行政复议案件办理、处理群众来访及法律咨询,参与文件审核,此外还负责一名副县长的秘书工作;科员为法律大专学历,负责法制办向上及对外联系的日常事务和行政执法人员培训、考试、办证,参与行政复议案件办理即文件审核,处理村中来访及法律咨询工作,还负责政府办临时交办的工作。① 从 F 自治县法制办组成三人的职务和职责来看,法制办与政府办有着十分密切的关系,甚至在工作方面有诸多的交叉性,这三人中没有一人专职法制办的工作,法制办主任市政府办的副主任,法制办副主任科员市副县长的秘书,科员还兼做一些政府工作,最重要的法制办在人、财、物上对自治县政府的依附性,使他们的业务定位和工作开展都受到了很大的限制。

在与 F 自治县法制办公室主任的访谈中,这位主任说,近年来"民告官"的案件不断增多,尤其是有关土地纠纷的案件,处理这类案件往往比较复杂,而老百姓对这种事情又是最为关心,随着老百姓维权意识的提升,他们一遇到这种问题就直接找到政府办公室或法制办公室(这两个办公室仅一层之差,就在我们调研的当天,还看到一起有 20 多名群众参加的上访事件),使法制办公室主任头痛的是,每天他不仅需要处理大量的案宗,上面提到的案件都需要他亲自出庭,而且要腾出大量时间接待上访、参加自治县里的大小会议,明知自己及下属的业务能力尚待完善,但根本没有空闲时间继续学习,而且在工作上还要看领导眼色,搞得他疲惫不堪,用他自己的话来说"要不是就要不是还有几年就退休了,为了那点退休工资,早就辞职不干了"。

---

① 资料来源:F 自治县法制办文件,2006 年 6 月 26 日。

在自治县政府行政法制建设中还普遍存在这样一个问题,就是各种内部规章制度的种类繁多,铺天盖地,几乎是无所不包,这些规章制度大多都头头是道,执行起来也并不复杂,但仔细研究起来就会发现,这些规章制度的意义仅仅停留在文字上,而缺乏具体的操作程序,使得规章制度成了无根之草。例如,F自治县委员会组织部2004年8月发布的内部管理规章制度,其中包括各股室工作职责、廉洁自律若干规定、党风廉政建设责任制、关于接受和参与宴请的规定、干部人事工作泄密责任追究制度、干部考察工作限时办结制度、关于党委、党组及领导班子向县委推荐干部的要求和规定、关于明确干部任免工作程序的规定、部领导与组织干部谈心谈话制度,组织干部联系工作单位制度、干部人事档案查阅、借阅规定、办文程序规定、学习制度、考勤制度、部务会议制度、保密制度、车辆管理制度、财务制度、督查工作制度等19条规章制度,总体来说,这些规章制度普遍流于形式,其中许多都忽视了程序性的规定,使这些规章制度显得空泛而难于把握。为了说明这些问题我们以F自治县《廉洁自律若干规定》为例进行说明:

材料9-2

F自治县《廉洁自律若干规定》

一、全体工作人员必须讲学习、讲政治、讲正气、坚定不移的贯彻执行党的路线、方针和政策,不断提高对反腐倡廉重要性的认识,自觉抵制拜金主义、享乐主义和极端个人主义思想的侵蚀,自重、自省、自警、自励,严格要求和约束自己。

二、坚决贯彻干部队伍"四化"方针和德才兼备原则,严格按照《条例》选拔任用干部。坚持任人唯贤和"五湖四海",不准以个人感情亲疏取人。

三、坚持民主集中制原则,任免干部由部务会集体讨论决定。不准个人决定干部任免,个人不能改变集体做出的干部任免决定;不准搞临时动议、封官许愿、封官受意和个人说了算。

四、要客观公正、认真仔细的考查干部,不准弄虚作假和敷衍应付考核工作；严格遵守组织人事工作纪律，不得跑风漏气，泄露人事机密和随意议论有关人事任免问题。

五、不准违反《条例》及有关规定为亲属和其他亲友转干、安排就业、提拔任用和调动工作。

六、禁止利用职权和职务上的影响谋取不正当利益；不准在执行公务活动中接受违反有关规定的宴请和赠送的礼物。

七、要自觉接受群众监督；不准压制持不同意见的人和事，更不许打击报复。

八、要尊重领导，团结同志，自觉搞好领导之间、干部之间的团结；不准互相拆台、搞"内耗"。

从这一规定中我们看到若干诸如"不该"、"不应"、"不准"之类的词汇，而没有提出具体的惩罚措施是什么，很显然要做到这些"不该"、"不应"、"不准"，仅仅依靠道德品质的自我约束是不可能达到的，这些规定具有明显的"口号"性质，空洞而不具操作性，偏偏这类行政规章制度在各级政府却大行其道。这些规章制度本身存在的若干问题，导致了看似有法可依，却根本没办法"依"的现状，甚至还谈不上执法必严的问题，原因是执法根本没有可以依据的程序和相关的规定，使得行政执法部门就像一个消防队，哪里有火就扑到哪里，而根本没有配套的预防和措施，因此自治县政府要想在法制正在不断健全的在现代社会谋得发展，就必须突破固有的行政法制框架，寻求新的、适应本地区的行政法制建设模式。

另外，从目前民族自治县调查的情况看，各自治县普遍存在着一种难以跨越的思想桎梏，即现代法律调控功能不强，民族习惯法依然占据主导地位。自治县大多位于少数民族地区，我国 55 个少数民族都由自己独特的民族文化风情，历史形成了已经习惯化了的乡规民约，基本上每个民族都有相对比较完善的本民族习惯法或称为社会控制体系。民族习惯法实际上是各少数民族千百年来的生产、生活经验的规范化和制度化的体现，具有特殊的约束力，其规定往往能够得到较好的遵守和执行。例如，我国壮族的民族习惯法主要表现在"都老制"上。"都老"壮语称为"都哈"(音译),是壮族群众对其部长或头人的尊称。据考证,壮族"都老制"早在唐宋时期即已存在。至解放前夕,在上思、龙胜等广大壮族地区还普遍流行。[①]"都老"一般由族中、村中年长、有威望、有能力、作风正派、办事公道的男性担任,由村民民主选举产生。其主要职责包括:领导村民制定和执行村规民约,维护社会秩序;掌管全族(或全村)公共财产;主持集体祭祀;出面处理涉外事务等。F自治县是瑶族自治县,瑶族的民族习惯法以大瑶山的"石牌律"最为著名和最具代表性。"石牌律"又称"料令",是以一个或几个村寨为单位,订立的需要共同遵守的规约,因其被刻于石碑上,故称"石牌律"。一个村子或几个村子,就算是一个"石牌",一个村子可以参加范围大小不同、规约内容重点不一的数个石牌。"石牌的成立,是通过'会石牌'(石牌会议)的方式,由几个头人预先订好'料令'(规条),然后由一人在会议上'料话'(讲话)时进行宣布,被大家以默认或欢呼的方法进行通过。通过的'石牌律'在瑶山内起着成文法的作用,是人们处理山内外关系,解决婚姻、田地、山林纠纷的准则;也是惩办违规石牌的最高依据。"[②]应该说,绝大部分的民族习惯法是符合我国宪法和法律规定的,但是也存在一部分习惯法与宪法背道而驰,如何调试民族习惯法和国家法的关系,发挥其积极功能,为宪法和民族区域自治法服务,这是当前民族法制建设的重要内容。

三、自治县行政法制建设的趋势

1.行政法权利(力)结构相对平衡

行政法制强调的是主体的独立性、程序的公平以及个人权利在政府行为过程中的体现。那么,如何调整公民权利与行政权力之间的关系,就成为行政法制建设的主要内容。在现代社会,从总体上看,行政法主体的法律地位应趋于平等,行政主体的行政权与相对方权利应该趋于平衡,双方的利益

---

① 李富强:《壮族的都老制及其蜕变》,《广西民族研究》1993年第3期。
② 胡起望、范宏贵:《盘村瑶族》,民族出版社出版1983年版,第107页。

应该均衡化。才能顺应现代民主政治与市场经济的客观需要,并且也符合宪法的要求,这是现代行政法制的重要发展趋势之一。

在自治县行政法制实践中,行政法权利(力)结构的失衡普遍存在,失衡大致可以分成两类:一类失衡是自治县政府行政权过于集中和强大,对私人事务、社会经济生活的各个领域控制得过多过细,自治县整体缺乏生机活力,并诱致行政权滥用和行政寻租,不利于保障公民权利;另一类失衡是自治县政府行政权过于分散或弱小,该管理的领域得不到有效管理,存在着权力空白或者权力不到位现象,从而出现权力滥用,导致社会无序甚至混乱,背离了行政法的秩序价值。这两种失衡导致的结果就是,该管事没管好,不该管的事瞎管,自治县政府自己被搞得疲惫不堪不说,老百姓还觉得你啥事都没干。

改革开放前,我国在城市通过单位体制、在农村通过人民公社体制对社会行使非常强大和集中的控制权,政府统揽一切,干预经济社会的各个领域,个人与社会则丧失了独立性和自主性。在立法上,一方面,当时众多的行政法规和规章将行政职权规定得非常广泛,法律规范模糊,留下很大的任意解释空间,容易导致行政机关随意扩大权力范围;另一方面,对公民权利或者不加规定,或者作简略规定,缺乏实现这些权利的程序规定和在这些权利受到侵犯时予以救济的规定,使得行政主体与相对方的地位呈现出明显的失衡状态。

改革开放后,尤其是随着社会主义市场经济目标模式的提出,与市场经济体制逐步建立和发展相适应,我国的政府职能发生了较大转变,权利(力)结构得到逐步调整,日益重视公民权利在行政法律规范体系中的地位。这主要表现在以下几个方面:第一,公民权利性规范在法律规范体系中逐步增加,正在改变重权力轻权利、重实体轻程序状况。第二,调整非强制性行政行为的行政法律规范越来越多,有权机关逐渐意识到非强制性行政管理手段对于实现行政管理目标的重要性。第三,作为行政机关义务性规范的行政程序规范大量增加,公民的程序性权利受到重视。第四,立法中增加了较多的公民福利性权利规范,减少了公民的义务性规范。第五,对行政管理权限作了比较明确的界定,将一部分行政权还给市场主体,将一部分行政权移交给中介组织与社区以及其他社会组织,同时提升这些社会组织的法律地位,强调他们的"治理"作用。第六,在绝大多数的立法中,增加了公民寻求行政或司法救济的法律规范。

尽管如此,由于行政体制的惯性以及立法的滞后性等原因,行政机关所拥有的行政权仍然过大,在政府行政过程中,突出地体现为行政审批权的过多过滥,对公民权利施加过多限制,不仅降低了市场机制配置社会资源的效率,还诱致了行政机构及其工作人员的寻租行为。作为基层的自治县政府,这些问题显得尤为突出,当地的政府行政人员的行政法制意识淡薄,"天高皇帝远"的观念普遍存在,所以行政行为时随意性较大,往往忽略了行政相对方的个人权利,对公民、对社会都造成了诸多不良影响。因此,随着自治县市场经济体制的进一步发展,公民社会的逐步成熟,就必然要及时地对行政法的权利(力)结构作进一步调整:一是调整行政职能,进一步放松经济性管制,明确政府的各项职能,在法律规定的范围内行使职权,避免不当的行政行为;二是应当尽快提升相对方的法律地位,扩充相对方权利,尤其要赋予相对方更多、更充分的参与行政管理的权利,营造实现这些权利的环境,以促成行政机关与相对方走向更广泛的合作,使得行政权力(利)结构趋于平衡。

2.行政程序价值日益得到重视

行政程序法律制度是有关行政程序的法律规范的总称,是行政程序的法律化。行政程序最大的特点在于,行政程序是行政机关作出行政行为的程序。行政法律关系是由行政机关和相对方的公民、法人或其他组织组成的,但行政程序仅指行政机关作出行政行为时应遵循的程序,而不是相对方应遵循的程序。随着政府职能不断扩大化的趋势,对于政府行为的约束研究越来越引起人们的重视,随之行政程序的价值及立法也日益为人们所重视。

世界各国行政程序立法态度,大致说来,经历了两次比较大的转变,表现为两个发展阶段。1946年之前可以视为第一阶段,它比较偏重于效率模式,主要旨在促进行政管理。对政程序立法的重视起始于 19 世纪末的欧洲大陆,1889 年西班牙制定了世界上第一部行政程序法典,1925 年奥地利制定了一般行政程序法,掀起了行政程序法典化的第一次高潮。但这一时期的行政程序法,主要还是出于方便政府对行政相对方进行管理的需要,用以提高政府的效率,而非出于保障相对方合法权益的目的,行政程序法与行政实体法的价值目标基本一致,此与现代行政法制所要求的民主、公开、公平和理性等价值取向存在着明显的距离。1946 至今可以视作第二阶段,这一阶段比较偏重公平模式,主要旨在制约行政权。英美法系国家具有重视程序公平的法律传统,英国普通法中的自然公正原则和美国宪法修正案第 5条与第 14 条规定的正当程序原则,都为法院要求行政机关遵守正当程序提供了法律依据。1946 年,在反法西斯战争胜利后的民主浪潮推动下,美国国会将法院判例和学术研究的成果加以成文化,制定了《联邦行政程序法》,它对行政程序的一般原则、行政立法和行政裁决的程序做了规定,体现了行政程序的公开、参与和公正等原则。① 美国《联邦行政程序法》对包括德国和瑞士在内的很多国家的行政程序立法,都产生过深刻影响,推动了行政程序法典化的高潮的出现。20 世纪 90 年代以来,以亚洲国家为中心,又掀起了制定行政程序法的高潮,日本、韩国、我国的澳门和台湾地区等都相继制定了专门的行政程序法典。第二阶段行政程序法典化浪潮都明显地重视行政程序制约行政权的功能,行政程序更多地成为行政相对方的一种权利,其透明度亦明显增强,有利于行政相对方广泛地参与行政。

我国经过近 20 多年的行政法制建设,行政法制有了较大的发展,对行政程序法价值的认识也越来越明确。但是,在行政程序法的构建中还存在一些突出的问题:(1)缺乏统一性。我国的目前行政程序立法采取的主要是分散规定行政程序规则的方式,在各个单行法中对相关的行政程序加以规定,缺乏统一性,没有制定专门的行政程序法,各个行业、各种类别的行政

---

① 此后,美国又制定了《信息自由法》(1966)、《联邦咨询委员会法》(1972)、《隐私权法》(1974)和《阳光中的政府法》(1976)等,进一步贯彻了行政公开的原则。

行为遵从着不同的程序规定,使得行政行为标准混乱且无章可寻;(2)行政程序相对于实体来说仍处于次要地位。目前我国许多行政程序法律规范混合规定在各个行政法规中,这些法律规范基本上以规定实体为主,仅仅是兼顾程序规范,仍然存在着重实体轻程序的问题;(3)偏重事后程序和过于笼统。多数行政法律、法规往往只是简单的规定相对人可以申请复议,提起诉讼,或者只是笼统、粗略的规定程序事项,对程序性问题相关规定缺乏细致的分析研究,在法律规范中缺乏具体明确的规定;(4)法律责任不明确。大多数法律法规虽然规定了程序规范,却没有规定行政机关违反法定程序应当承担的法律责任,导致法定程序得不到严格的执行①。

　　而从我们所看到的S和F自治县的现有法律、法规、规章制度中,几乎很难找出有关于具体程序的规定或法令,自治县政府行政行为的随意性、分散性、主观性随处可见,自治县政府行政法制建设中行政程序这一环节还相当薄弱,因此,要适应社会经济的发展,以及赶上国内国际行政法制建设的步伐,不断加强行政程序的建设是自治县政府行政法制发展的必然选择。

　　现代行政程序法必须体现公正、公开、公平、理性和参与等价值要求,而要贯彻、落实这些价值,应该具有一系列具体的行政程序制度,主要包括行政听证制度、说明理由制度、回避制度、不单方接触制度、告知制度等,在今后的行政程序法制建设中,把这些单一的法律规范统一起来建立一套完整的行政程序法典,是为各级政府行政行为提供明确、具体、可操作的行为规则的历史必然。

3. 制度体系中注重制约与激励机制

　　行政法的制度体系大致包括两大类,一类是旨在调整行政主体与相对方之间的行政关系的法律制度,另一类是旨在调整监督行政主体与行政机关之间监督行政关系的法律制度。行政法的制度体系中制约与激励机制并举,主要是针对行政主体与行政相对方这类关系的转变。

---

　　① 应松年:《行政程序法律制度与行政程序法试拟稿评介》,《宪法与行政法论文选萃》,中国法制出版社2004年12月第1版,第473页。

制约机制是行政法制中的一种常态机制,行政法要完成自己的使命,就离不开制约,行政法制约机制中最古老的部分是行政主体对相对方的制约,这一制约机制通过行政许可、行政处罚、行政强制、行政命令、行政征收、行政确认、行政裁决等一系列法律制度来加以体现,这里强调的是"管理法"和"控权法"的理念,它们都只强调对行政相对方进行片面控制,而缺失激励机制以激励行政主体与相对方。而现代行政法认为相对方是行政法律关系中的平等主体,是达致行政法目标的重要力量。因此,现代行政法强调充分调动和发挥相对方的积极性和主动性。现代行政法的激励机制,就是通过对行政法律关系各方的引导、扶植与奖励,以最大限度地调动各方潜能共同服务于行政法的目标①。

现代行政法机制的制约与激励并举,正成为现代行政法制建设的一个重要趋势,现代行政法只有具备融洽的行政法制约与激励机制,才有可能充满生机与活力。一方面,我们要看到行政机关与相对方之间存在对立性、行政权力和公民权利具有冲突性、公共利益与个人利益有不一致性,因此现代行政法制必须建立制约机制,通过限制行政权作用的范围和程序、建立监督体制来制约行政权;通过对相对方行政违法行为进行制裁来制约相对方对自己权利的滥用。另一方面,我们又要看到,行政机关与相对方之间存在着合作性、行政权与公民权利具有统一性、公共利益与个人利益具有一致性,因此要建立激励机制,鼓励行政机关工作人员发挥创造性,积极寻求最佳的管理方式以实现行政目的,在法定职权范围内积极行政、为社会提供最好的行政服务;鼓励市场主体竞争、合作、创造社会财富,并且充分发掘自身潜力,依照法定程序积极参与行政,影响行政决策,推定行政民主化进程。这两种机制应当相辅相成、协调运作。简而言之,行政法机制激励与制约相容的实质是,正确地处理国家、社会、个人之间的关系,通过以行政法制度体系作为载体的行政法机制的协调运作,以实现国家与社会之间的良性互动、促

---

① 查庆九:《可持续发展背景下的行政法机制》,《行政法论丛》第 8 卷,法律出版社 2005 年版,第 42～47 页。

进公共利益与个人利益的共同增值。

4. 权利救济方式趋向实效性

尽管行政机关在维护社会公共利益、保障个人合法权益方面扮演着不可替代的角色，但是由于各种原因，行政机关经常违法行使职权，侵犯行政相对方的合法权益。在自治县政府这种侵权行为最多是发生在土地的征用和补偿问题上，这些关系到老百姓切身利益的事情，一旦处理不当就非常容易引起群众普遍的不满情绪。在我们访谈过程中，F 自治县法制办公室的主任就提到，在基层单位对于现行行政法规有基本认识的人员是十分有限的，在对法律的相关条文的理解上也存在一些偏差，这些行政法规对于多数基层行政人员来说，仅仅是写在纸上的死东西，在具体行为时起不到实际的效用，经常造成补偿和救济行为的偏差。因此，如何为合法权益受到行政行为侵害的行政相对方提供完善的、具有实效的权利救济，就成为现代自治县行政法制建设的另一项重要任务。

我国自从 1989 年制定行政诉讼法以来，在权利救济制度的建设方面取得了较大进步。行政诉讼、行政复议、行政赔偿、信访等权利救济方式逐步完善，这为因合法权益受到违法或不当行政行为侵犯的行政相对方提供了比较充分的救济途径；与此同时，随着学术界对行政诉讼、行政复议、行政赔偿、行政补偿等救济方式各方面问题的持续研究，又为行政法制实践提供了诸如举报制度、新闻媒体监督制度、监督委员会制等新的救济方法和途径。这些方式方法大大促进了我国行政法制的发展。

另外在未来权利救济制度的发展，除了既有权利救济方式的功能将得到更进一步的发挥之外，一种新的权利救济方式——行政裁判制度——有可能在我国得以普遍建立。根据国外的经验，行政裁判机构一般是由国家在普通法院之外建立的具有较强独立性的、专门的化解纠纷机构，它的组成人员主要包括法律专家、技术专家和行政事务方面的专家，其功能在于对行政行为的合法性进行审查，有的裁判机构还同时裁决民事争议。由于行政裁判机构同时具有法律与行业两方面的专业知识，可以更加有效地发挥对行政权的监督和权利补救的功能，程序较为简便，效率较高，因此，在世界各国得到广泛重视,不仅那些主要由普通法院对行政行为的合法性进行审查的英美法系国家,越来越重视行政裁判所制度的发展,即使在设有独立的行政法院的德法等国,专门的行政裁判制度也受到特别重视,它们在一般行政法院之外,还设立了众多的特别行政机构(或行政委员会),主管各专业行政领域的行政争议。

目前我国也已经存在一些专业性行政复审委员会,例如专利复审委员会和商标评审委员会,由于多方面原因,他们的独立性较差,裁决的公正性也缺乏有力保障,但他们的出现仍然表明我国行政救济多样化的趋势在不断增强。我国行政法应当顺应现代行政法制在权利救济方面更趋多样化和实效性的趋势,借鉴外国先进的行政救济制度,发展本国本地区的行政法制,最近现代国家的建设。

最后,让我们来简单回顾一下中国行政法制建设已经取得的诸项成果:(1)公法与私法的分离为公民获取经济上的自主性提供了法律上的保障;(2)行政复议、行政诉讼以及立法监督机制的建立与完善,为公民抵抗和制约行政权的侵犯开辟了法定的救济途径;(3)行政性法律、法规和规章中行政程序正逐步完善,为公民直接参与和影响行政活动、在一定程度上实现政治上的自主提供了合法渠道;(4)各级政府组织法、《公务员条例》、《行政检察法》以及《信访条例》等法律法规建立了行政体系的内部监督机制,界定和落实行政机关及其公务员的责、权、利,厘清了行政体系内部的组织关系;(5)权力机关通过完善立法加强了对行政体系的监督作用[①]。行政法制建设正逐步实现和改变政府的行为方式及政府与公民的关系,改变"全能政府"治理模式下行政法律规范所体现的单方面的制约状况,并开始改变多年来政府主导的行为惯性,将国家——公民相互促动的宪制关系进一步法律化与制度化。

自治县政府处于这样一个大的发展背景下,其行政法制建设也得到一

---

① 董炯:《国家、公民与行政法——一个国家社会的视角》,北京大学出版社 2001 年版,第 240 页。

定建立和发展。回顾以往的成绩、经验和不足,展望未来新的机遇和挑战,自治县政府作为基层行政单位,必须意识到与其联系最紧密的公民的巨大潜能,公民与政府的联系随着公民意识的复苏,科学技术的发展越来越紧密,公民的要求通过各种渠道、各种方式最终传达到政机构中,不论公民素质高低与否,受过教育与否,公民已经不再是政府行为的附庸,他们具有了比以往任何时候都要强烈的参与需求和欲望,在一个政府积极作为的社会里,公民的民主参与不仅是政府得以合法产生的制度,也是政府得以合法延续、有效运行的机制。作为与公民接触最紧密的一级政府,应该学会积极的利用公民参与来完善自身的行政法制建设,不断加强对所辖区域内公民的普法教育,培养公民的行政法制意识,为自治县政府的行政法制建设创造一个良好的群众基础和监督环境。

第二节 自治县的行政文化

从行政文化的视角来研究和分析自治县政府政治体制的运行机制和特殊构成规律是近几年对政府组织研究的新角度。所谓行政文化是相对于社区文化、乡村文化、校园文化、企业文化而言的一种具有行政特点的文化形态,主要是指在一定的经济、政治和文化环境中形成的关于国家行政活动的行政精神、行政意识、行政价值和行政心理的总和,是行政机关及其工作人员应具备和遵守的理想信念、价值观念、道德标准、行为模式、生活方式及人际关系等各种生活准则与行为规范的总称。自治县行政文化的实质是自治县政府行政人员所遵循的有本民族、本政府机关特色的价值观念、行为规范和思维模式等。自治县行政文化的特定对象和特殊环境决定了它对于政府行政行为的重要作用。扬弃传统不适宜的行政文化,培育和塑造具有民族地区发展特色的地方政府文化是当前自治县政府行政发展的重要任务。

一、自治县行政组织文化的功能

行政组织文化是由组织文化演变而来的。"组织文化"一词最早出现于 20 世纪 60 年代,到 20 世纪 80 年代,"组织文化"一词已经得到相当广泛的运用,并迅速扩大到其他领域。对组织文化的概念有多种不同的说法,这里我们引用库珀对组织文化所下的定义,他把在社会化过程中逐渐形成的假定、信念、意识形态、价值观、真理与现实相互交织的混合物称为组织文化①。一般而言,组织文化具有如下功能:首先,它为组织成员提供了理解不确定性事件和符号的工具。它能够指导组织成员的行动,告诉他们怎样处理不同类型的情况和问题;其次,组织文化有助于界定是非对错,尤其是在问题不甚明了时;再次,组织文化能够降低组织对权威、规则和控制的依赖程度,因为它本身就是一个强大的指挥机制。组织文化理论的不断成熟,为行政组织文化的兴起提供了坚实的理论基础。作为行政文化的一种具体表现形态的行政组织文化是指,在一定历史条件下逐步形成的、持久影响行政组织主体的行政心理、行政行为和行政倾向的总和②。

自治县行政组织文化是自治县政府行政的灵魂,是自治县政府行政人员行为价值取向的主要依据,它决定或支配着行政人员行政的方向、强度、能效,影响着自治县政府行政绩效的高低。具体来说,主要通过以下几个方面表现出来:

良好的行政组织文化可以使自治县政府组织更具凝聚力和稳定性。自治县政府组织文化是在长期的行政实践中形成的共同价值信念和道德规范,它使自治县政府在精神层面表现为一个政体存在,这种整体性加速了自治县政府行政人员的向心性,规范了他们作为一个组织整体的价值观念和行为取向。在日常的行政行为中,这种文化力潜移默化中成为影响和制约行政系统凝聚力和稳定性的一个极为重要的因素,不同行政组织文化代表着不同的行政组织价值观、组织认同感和组织向心力,这些组织因素可以有效的引导和规范行政组织及其成员的各种行政活动,调整合理顺各种行政关系,明确组织成员的目标,培养行政组织成员的责任感、正义感和忠诚感。

---

① ［美］菲利普·J.库珀:《二十一世纪公共行政:挑战与改革》,中国人民大学出版社 2006 年版,第 251 页。

② 尹钢、梁丽芝:《行政组织学》,北京大学出版社 2005 年版,第 173 页。

尤其在组织面临政治危机或行政难关时，行政文化的力量往往超乎寻常的表现出来，能够整合机构公务员的整体精神，以强大的韧性战胜困难，这是其他行政力量难以超越的。

引导、支配并推动自治县政府体系的组织变革，不断适应时代发展的需求。行政组织的变革动力来自于环境、目标与价值、技术、结构、社会心理和管理等六个方面，其中组织文化因素占了相当的比重。首先，行政文化属于政府体系中精神性和心理性的构成内容，反映了政府工作人员的精神追求和心理价值取向，是政府及其行政人员采取这种行为而不采取其他行为的根本依据，是行政人员行为的示标。正因为有了政府组织文化的存在，才使得政府行为表现出与自身需求取向相一致的行动准则。当行政组织的主体——行政人员发现自己的价值标准与组织发生冲突时，就会集合起来推动组织的变革，实现新的价值追求，即我们所谓的政府机构改革，每一次政府机构的革新都是一定文化取向的表征，经济和社会的助推是一方面，文化的力量是潜移默化、不表露在外、却很强大的。从自治县政府历次的机构变革中我们就可以发现行政文化时刻在影响并指引着机构变革的走向。其次，行政人员的行政情感、行政态度的变化也会在不同时期推动组织变革的发生，这一现象在民族地区表现的较为突出。自治县往往是单一民族为主体或少数几个民族的聚居区，政府文化往往是与本民族的宗教、民族习俗紧密联系在一起的，行政人员的行政态度、行政情感与民族地区经济的发展是统一的，当适应社会经济发展时，行政文化就会表现出一定的稳定性。当不适应社会经济时，就会引导行政的变革。因此，行政组织文化的生命力取决于它与社会、政治、经济发展相适应的程度。

行政组织文化是评估自治县政府形象的重要指标，是提升自治县政府行政绩效的动力机制。对于社会公众而言，政府绩效的提高不仅仅是政府办事效率和公务员能力的改善，政府秉持的文化能否被公众认可也是政府现代化的重要标志。现代多国政府组织进行的政治改革不再是政府规模和结构的大调整，基本都是政府内部结构和人员的修修补补，已经将重点转移到文化软实力的调整与培育上，制定政府文化发展战略，在"知识经济高地"进行战略竞争的同时,更强调在"文化经济高地"的博弈。文化软实力是政府软实力建设的核心因素,十七大报告明确规定了"要坚持社会主义先进文化前进方向,兴起社会主义文化建设新高潮,激发全民族文化创造活力,提高国家文化软实力……",这就要求自治县级政府除了制定一系列适合于经济发展客观规律的法律与政策之外,更重要的是必须建构一种精神力量来推进政府和社会的现代化进程,用一种文化的方式来激励与整合自治县政府行政人员及社会公众对行业、对政府、对国家的集体认同,进而为自治县政府和国家的未来发展提供一种内在的文化精神动力。同时,由于自治县政府的文化建设能够整合、集合整个自治县社会文化,起到主导性作用,这种强势地位的价值观和道德规范会影响整个自治县县域社会公众的文化风气,起着对社会价值准则的示范和标准评判作用。

可以说,行政组织文化作为一种聚合的、隐形的、无形的力量,能够支配、引导、规范、调整和提升自治县各级行政组织系统中的各个方面问题,对于行政组织具有直接的作用。一个行政组织是否拥有良性的、核心的、健康的组织文化,将关系到行政组织的整体发展状况。

二、自治县行政组织文化的特性

自治县政府特殊的社会、历史、经济等行政环境的全方位影响,使得自治县政府组织文化呈现出独特的表征。

1. 民族性

作为上层建筑中精神活动的重要组成部分,行政文化受自治县社会经济基础和政治体制的直接作用,表现出强烈的民族性特征。从制度层面看,在新中国成立前,我国自治县多处于原始公社制、奴隶制、封建制等前资本主义诸社会形态,构成了封建王朝皇权统治下少数民族政权主导行政管理制度的多元模式,相应呈现出多元制度文化特征。如在政治体制上,一些民族地区的封建领主农奴制下的土司还具有至高无上的统治权,土司衙门内设有分管行政的机构和官员;另一些民族地区的奴隶制政权,实际上还带有血缘氏族的父系家长制度的痕迹;而那些处于原始社会末期的少数民族,则更谈不上专职的统治者和政权机构,他们维护社会正常秩序靠的是民族风俗习惯。① 建国后,随着我国社会主义民族事业的逐步完善发展,我国建立了适宜少数民族地区发展的民族区域自治制度,是专门针对我国民族地区的,本身就体现了较强的民族性,一些自治县都是单一民族占主导地位的,如河北省的大厂回族自治县、孟村回族自治县,云南省的峨山彝族自治县、石林彝族自治县,等等;一些自治县是两个民族或者以一个少数民族为主其他少数民族为辅的行政模式,如湖南省的靖州苗族侗族自治县就是苗族和侗族两个民族共同为主体的民族。这种多民族大杂居、小聚居的分布状况,融合了各个民族之间不同的历史文化、语言文字、心理结构等,既表现为相对独立,又表现为相互渗透,使各民族人际关系呈现出多维性,滋生了很多由民族文化冲突引起的民族矛盾,这都直接影响着自治县政府机关的行政行为。

2.宗教性

我国实行的是政教分离政策,即宗教与政治分离,一切宗教都不得干预国家的行政、司法,也不得干预婚姻、计划生育等国家政策,不得利用宗教干预学校教育和社会公共教育,妨碍义务教育的实施。但事实却相反,宗教作为一种文化现象长期存在少数民族的社会生活中,深深影响着少数民族群众的行为意识。我国自治县大多数位于西部边远地区,多处于边缘性文化群落,传统保守的文化始终占据主流。自治县的许多少数民族群众基本都是全部信教,像佛教、道教、伊斯兰教、基督教、天主教,还有一些民族信仰原始宗教,有的已经形成了固化的、系统的民族文化,像彝族的毕摩文化、纳西族的东巴文化、傣族的佛教贝叶文化、回族及维吾尔等族的伊斯兰文化,宗教活动已经世俗化,与民族传统习俗和社会规范融合在一起,成为了民族文化的重要组成部分。宗教教义对社会稳定和政府行为既有正面、积极的作用,又有负面的消极性。正面的因素会推进人们思维观念的进步,能够起到

---

① 段尔煜:《论重视民族自治地方行政管理研究的必要性》,《民族研究》1992年第3期,第2页。

积极的作用。消极的、负面的宗教教义则会阻碍政府行政行为的效率,甚至会引起社会动荡。比如,过去新疆南疆一些少数民族地区,人们不是通过提高劳动技能、科学种田来脱贫致富,而是把脱贫致富的希望寄托在"胡达"的身上,他们认为生产是共产党带着干的,收获却是"安拉"给的。这种虔诚的宗教意识就成了南疆部分维吾尔族农民消极意识和惰性行为产生的社会文化基础,也是落后生产方式、经营方式难以变革的深层心理障碍。① 自治县政府及行政人员在行政行为时必定会受到当地宗教教义的影响,如果处理不当,则会影响社会经济进步。只有树立正确的宗教观,才能在行政过程中正确处理民族宗教事务,维护各民族群众的合法权益,保障民族地区的长治久安和社会繁荣进步。

三、自治县行政组织文化的分类

行政组织文化是一个复合的,具有多层面、多功能的文化系统。从时间上看,它是由不同时期的行政组织文化混合而成的。从空间上看,它是由一系列层次不同、影响范围不一的文化要素构成的。

从空间上来划分,一般说来,行政组织文化主要包括以下四个层次:(1)社会总体性的行政组织文化。主要是指存在于全社会的各种行政活动中的基本的、具有全社会的普遍意义的价值体系、行政观念、行政道德、行政气质等因素组成的行政文化,也称为主行政组织文化。它往往影响到整个社会行政体系的特征和活动方式,成为一个团体或一个组织的最基本的文化背景。例如,中国传统行政文化中最为突出的伦理道德原则,它始终成为贯穿整个社会各级行政组织的基本行政原则。(2)区域性的行政组织文化。由于社会各地区之间政治、经济、文化存在巨大的差异,往往会形成与总体行政组织文化存在一定差异的区域性的行政组织文化。它既是在一定的社会总体和民族文化氛围中形成的,又带有本地区和本民族的特色,是一种特殊的组织文化,又称为亚行政组织文化。只要经济和文化发展存在不

---

① 尹素琴:《论西部民族地区的行政文化建设》,《喀什师范学院学报》2004 年第 4 期。

平衡,它的存在就是不可避免的,这会使该地区的行政工作更加符合本地区和本民族的特点和要求。同时,它也有利于促进不同行政地区之间的互相学习和交流。自治县的行政文化就是典型的区域性亚政府文化,既体现了与我国总体性的政府文化相类似的地方,也必然具有民族自治地方的民族性、封闭型、交融性、异质性等亚文化层面的表现。(3)机构性的行政组织文化。由于行政机关是构成行政体系的基本单位,因而机构性的行政组织文化在不同级别的机构和不同性质的机构中是不同的。它是一种为实现行政目标而制定的具有一定强制性的文化,又称"中介文化"。它直接对行政机构的各种行政活动发生作用,一方面影响机构的形式和活动方式,另一方面又影响行政机构组织之间的联系和交流。机构性的行政组织文化是不同级别乃至同一级别不同政府组织之间相互区别的重要标志,例如,权力崇拜、效能低下、官僚主义等等政府病变普遍存在于各级民族地区政府,但是在不同级别政府组织中的表现形式不一,有的更突出,有的则不明显。在自治县级政府比较突出的机构性文化即为宗教性、民族性,我国 120 个自治县较多为少数民族单一治理或几个民族联合治理,单一民族的文化传统、宗教习俗必定影响甚至决定着自治县政府的行政文化,长久的历史传统形成的宗教教义和民族行为观深深桎梏着自治县行政人员的行为标准,在不同的自治县表现的形式不同,但是或多或少我国自治县机构性的行政文化的表征都很突出。(4)主体性的行政组织文化。行政组织文化的主体是人,行政组织文化是由行政人员创建的、最终也由行政人员来体现的。因而,主体性的行政组织文化是社会、区域、机构行政组织文化的基础。主要是受行政主体自身不同的信念、价值观、道德观和知识水平等内在精神因素的影响。它是在行政管理中形成的一种意识形态和文化观念,是行政组织文化的心理部分,是深层的精神文化,可称为"心理文化",是行政文化中的核心内容和灵魂。根据《宪法》和《民族区域自治法》的规定,我国自治县政府的县长由实行区域自治的民族的公民担任,自治县人民政府的其他组成人员和自治县自治机关所属工作部门的干部中都应当合理配备实行区域自治的民族和其他少数民族的人员。少数民族干部出生在少数民族家庭,少数民族特有的民族信仰和宗教精神必定长久影响着这些干部的思维取向,在行政行为中必然会带有自身的民族习惯,可能会对社会性行政文化的某些方面产生冲突。以上四个层次构成了一个有机整体,它们相互制约、相互影响。同时,每个行政区域、行政机构都是一个组织实体,都具有行政组织文化。因此,对于任何行政组织和机构来说,不是有没有行政组织文化的问题,而是行政组织文化的整体水平能否适应行政管理工作的需要,行政主体是否能自觉认识到行政组织文化对行政管理的影响和整体发展的意义,并能始终从行政组织文化的总体需要出发,加强行政管理工作。

从时间上划分,可以把行政文化划分为传统的行政文化和现代的行政文化。传统的行政文化,是指从历史上继承下来的一些精神因素,这些精神因素有的是合理的、有益的,也有些是有害的。因此,创建社会主义行政文化要注意对传统文化辩证地扬弃,及时地把新的、科学的行政文化纳入社会主义行政文化体系之中。现代的行政文化,是指反映当前时代发展与要求的行政价值观、行政意识、行政心理、行政制度、行政原则等组成的文化体系。现在强调行政活动中的科学、民主、效率、公平、开放、竞争等原则,就是反映时代要求的行政文化的一部分内容。下面我们主要从时间划分上来讨论自治县政府行政文化的状况。

四、传统行政文化对自治县政府的影响

以"官本位"为核心价值的传统行政组织文化,对我国自治县政府行政有着深刻的影响。在中国二千多年的"官本位"政治传统的惯性下,做官成了计划经济时代唯一的社会价值评判尺度,它突出的特点是以官职大小和行政级别作为评价社会生活和人际关系的唯一尺度,这种极端的价值标准,使行政人员的一切行政行为都指向上级政府,而很少顾及到"民"的利益。主要表现在两方面,一是多数行政人员把追求更高的职位和更大的行政权力作为人生的根本目标,为了达成这一目标甚至不择手段。二是民众在看待政府工作人员时,也往往用行政级别来评价他们的社会地位和人生价值,从客观上淡化了行政人员的服务意识。"官本位"意识衍射到几乎所有的

社会领域,泛化为大众文化的重要内涵,连企事业单位和其他社会组织也要安排行政级别,如社会上"厅级和尚,处级庙宇"的怪现象就是"官本位"的鲜明体现,这种社会文化又强化了行政文化中"官本位"色彩。自治县政府的行政行为中,"官本位"的思想和作风普遍存在。在很多情况下,行政人员不能认清自身的责任和位置,造成官僚作风盛行,服务意识淡薄。在 S 和 F 自治县的调研中,就发现很多老百姓反映的到政府机关办事难、求人难,即便是符合规定只需要走一下程序的事情,也要求爷爷告奶奶,看人脸色,本来是行使服务职能的政府部门反而变成了"主子",办事效率低下、行政人员态度差等问题的出现也就不足为怪了。长期以来,我国传统行政组织文化中各种具有代表性的价值观,如强调依附和服从、忽视人的独立人格、自由和利益的臣民文化及长官意志"深入人心",以血亲为基础的宗法制、政权、族权、夫权、神权等都深刻的禁锢着人们的思想。此外,意识形态化的儒家思想使德治、人治、礼治文化成为传统组织文化的主流,自律机制以抽象的品德修养取代了具体的能力政绩,"礼"成为定社稷、统国家、度人民的道德规范,造成中国传统行政组织中极端缺乏他律的约束。这些落后的行政组织文化,在高度集中计划经济体制下的经济结构和社会结构中极易找到滋生的土壤。

在市场化过程中,当社会本身成为社会经济活动的主体力量时,"官本位"的组织文化基础必然会受到削弱,但受"官本位"这一传统行政组织文化影响的行政价值观、行政意识、行政道德等仍然不同程度的存在,使得自治县行政组织文化呈现出与现代行政不相符的因素:第一,人治性。突出表现为人格化的权威服从关系和人格化的人际交往关系。个人的人格权威往往高于其职务权威,下级对上级的尊重和服从常常与私人关系保持一致。中国著名社会学家费孝通先生将此种私人关系概括为"差序格局"。在"差序格局"中,社会关系是逐渐从一个人推出去的,是私人联系的增加,社会范围是由一根根私人联系构成的网络。第二,全能性。突出表现为政府公共权力渗透到社会的每一个角落,市民社会的空间非常狭小,公共领域和私人领域几乎合二为一。政府和社会之间、政府各部门之间的职责权限模糊,形成了政府无所不管、政府权力无限的管理格局,最后终因政府提取公共财力的调动资源能力的有限性与其所承担责任的无限性的内在矛盾而使政府处于"管不了"、"管不好"的艰难困境。第三,保守性。"表现为极度僵化的办事作风,机械地坚持原则,过分地注重形式和常规"①,首先,行政活动缺乏活力,行政组织内部缺乏创新动力,行政改革的社会心理承受能力差。其次,表现为行政体系的封闭性和行政活动的神秘性。再次,政府的行政管理活动只是按照计划、指标按部就班地进行。这些都严重影响了适应市场经济要求的行政文化的形成,阻碍着行政组织文化变革。

自治县政府与其他县级政府相比具有一定的特殊性,自治县内的居民以少数民族为主,这些少数民族群众长期聚居在一起,形成了独具风格的少数民族文化和气质,在与外界交流和接受新观念等方面都带有较强的保守性,族内忠诚的封闭观念在政府运行过程中盛行,主要表现在少数民族人民对外来的汉族或少数民族干部的领导或治理缺乏认同观念和顺从意识,他们的日常经济、文化、政治、宗教活动主要是通过家族或氏族来实现的,长久以来形成的强调父子孝道和祖先崇拜的价值观念,并形成了族长、族内头等人领导的天然性权威,靠这些族内领导人维持着日常的社会秩序,当政府行政领导和族长等天然领导权威产生冲突或抗击时,少数民族人民会天然的、义无反顾的支持本民族的天然性权威,严重排斥、抵制外来的领导。例如,实行"卡些卡列"(卡些是指族内头人,卡列是指卡些的副手)制度的拉祜族,某姓的卡些只能在本族中产生,不得由外姓担任,即便群众推选,也只能在本姓中选择。人们认为如果异性人继任卡些则将产生天下大乱,异姓卡些也会死亡。② 即使在民国时期,在拉祜族地区推行区乡保甲制度,拉祜族人也只认同卡些卡列,因此,民国政府不得不将保甲制度与卡些卡列制度相结合,保持卡些卡列的传统地位和职能。③ 可以说,族内忠诚导致了一种看似理性的集体主义,忠诚、团结,但是这种排外的带有弊端的集体主义限制

---

① 张国庆:《行政管理学概论》,北京大学出版社1990年版,第316页。

② 张晓松:《云南民族地方行政制度的发展与变迁》,云南人民出版社2005年版,第90页。

③ 周平、方盛举、夏维勇:《中国民族自治地方政府》,人民出版社2007年版,第201页。

了少数民族族群整体的发展机会和进步动力。自治县政府行政人员中也天然的存在这一现象,大部分行政人员是本民族或本地区土生土长的,民族情感和亲族关系与传统行政组织文化价值观的渗透更造成了自治县行政组织文化的滞固,他们以民族为划分界限分为了不同的派系,派系之间扩大化为民族之间的竞争,派系内部只服从本族领导的意见,在行政行为中片面化的将行为结果导向有利于本族人民发展的方向,排斥族外的领导,不管是上级还是同级,加大了政府机构的内耗,容易引发政府信任危机和行政混乱,也不利于自治县政府机构实现民族团结、民族共同进步发展的战略。此外,自治县宿命论的行政观念较为严重,缺乏创新自主发展意识,等、靠、要作风普遍存在。大多数自治县都属于国家级或省市级贫困县,经济发展动力不足,地理位置和交通状况决定了缺乏支柱性的产业,长期依靠国家的财政补贴和对口支援城市的经济救济,财政支出长期高于财政收入,经济上的入不敷出直接影响了政府行政文化的发展,很多政府自力更生、艰苦创业、主动进取的精神明显不足,行政潜意识中只想依赖国家和上级政府,这都严重制约着新型创新文化的培育。

当一个社会的经济、政治和文化等生态环境发生重大改变时,行政组织文化必然发生相应的变革。随着经济市场化、政治民主化和文化多元化进程的加速推进,整个社会的法治观念、效率观念、服务意识和民主参与意识日益增强,人民的素质也在不断的提升,自治县的社会生态环境已发生比较大的变化,以权力为中心、以政府为中心的"官本位"文化已经不能满足组织内外成员的需要,在行政组织内外成员谋求自身权利的同时,行政组织的变革也就随之发生了。

五、现代社会观念对自治县行政文化的冲击

20世纪80年代以前,中国实行的是计划经济体制,这种高度集权的计划经济体制对外来文化有一种内在的排斥性,加之高度集权的政治体制和意识形态的一体化,使得计划经济体制下的行政文化呈现一元化的显著特征。改革开放以来,与中国的社会转型相伴而生的是信仰自由和文化多元,

伴随着商品经济而来的国际性、商业性文化的冲击,把当今世界最流行的价值观念和文化元素带进中国,加上市场经济对计划经济的逐步取代,使区域主义、地方主义和集团群体主义势力增强,使原有计划经济体制下的一元文化也相应发生裂变,日趋变成多元文化。文化环境这一变化,一方面为行政组织文化的变革提供了一个有利的外在文化环境,使行政文化打破了封闭自守、自我维持的传统发展模式,呈现出对社会变革的适应性和容纳不同性质文化的开放性;另一方面,行政文化多元化也造成了行政组织主体的内在困惑和迷惘,在引起一部分行政成员对行政组织变革进行抵触的同时,也激发了一部分行政人员重构行政组织文化的原动力。在这种外在压力和内在驱动力的共同作用下,自治县行政组织文化的变革正在进行。

改革开放后,我国各级政府的社会、政治、经济生活发生了巨大的变化,社会逐步由封闭走向开放,政治生活逐渐走向国际化和法制化,经济体制改革取得了很大的成就,传统的各项体制逐步让位于新的体制。自治县的社会环境和政治环境也发生了巨大的变化,它已经不再是与世隔绝、小国寡民的社会状态了,主要体现在以下几个方面:首先,自治县的开放程度不断提高。1988 年 S 自治县人民政府成立了外事办公室和经济协作办公室,专司外事接待和对外经济协作工作。1997 年设置了"项目管理办公室"。2004年,S 县政府为了强化招商引资工作,单独设置招商引资局。政府机构的变化直接体现了现代文化的影响和冲击。F 和 S 自治县都加大了对外宣传力度,纷纷建立政府网站,通过报刊、电视、网络、广告等多种途径招商引资,开发自身的潜在优势产业,像 S 自治县开通的招商引资工作信息网站(www.qnsdzs. com)、S 自治县 S 族网(www.39sd.com)。S 和 F 自治县都制定了一系列的招商引资优惠政策,像 S 县先后出台了《S 自治县招商引资若干政策的规定(试行)》、《S 自治县关于投资环境综合实施方案》、《外商投资协商会议制度》等,并有 18 个直接与招商引资有关联的单位和部门制定了政务服务承诺机制,宽泛了招商引资的政策环境。其次,自治县社会公众的素质普遍提高。F 自治县是广西 49 个贫困县之一,它的义务教育普及程度,已达到小学学龄儿童入学率为 99.8%,普通初中毛入学率为 97.7%;小学辍学率为 0.6%，普通初中辍学率为 1.3%；小学生的升学率为 100%，初中毕业生的升学率为 35%。也就是说 F 自治县已经基本普及了九年义务教育，不计人新观念、新思想的影响，仅从客观上说，人们的素质正在不断提升；再次，法制观念不断深入人心，党的十四大明确提出了建立社会主义市场经济体制的改革目标，党的十五大郑重宣布把"依法治国"作为我国的治国方略，这不仅使得我国政治经济生活发生根本性变革，而且使得法制观念不断的深入到老百姓的观念中来。现代发达的网络、电视、报纸、广播等媒体工具，使得自治县人民可以方便的接触到各种信息，法制观念、维权意识、自主权利等现代观念也正在逐渐深入人心；最后，自治县行政人员结构正在向着专业化发展。由于我国公务员制度的逐步健全，自治县政府在招收的政府人员时，也采用公务员考试的方式进行，从这一途径进入自治县政府的工作人员尽管尚属少数，但这些新鲜血液的注入，在一定程度上改变了自治县政府的人员构成，提升了其专业化水平。

政治、经济、社会生活的巨大变革，为新型行政组织文化的孕育提供了肥沃的土壤，马克思曾说过，物质生活的生产方式制约着整个社会生活、政治生活和精神生活的过程。市场经济取代计划经济具有深远的文化意义，它打破了高度集权的计划经济体制的文化氛围和精神氛围，其建立和完善需要确立个人的主体性意识和具有自决权和"自由"的"新人"，需要一种民主、平等、创新、竞争的精神气质和价值观念。因此，市场经济的确立是社会文化更新的社会经济动力，而与社会文化有着共时性的行政组织文化也在发生质的转变。市场经济的法治性和民主政治的时代潮流，要求政府依法行政，告别权力人格化的时代，走向权力法治化时代。要应对这些现代社会观念的冲击，并在未来社会站在一个更高层次上管理社会事务，自治县政府必须从两方面加强自身的队伍建设。

在公务员队伍中努力培养先进的行政理念。所谓先进的行政理念，就是要体现共产党执政的先进性要求，与人民群众的根本利益相一致，与社会发展规律相吻合。具体来说，就是坚持以人为本、全心全意为人民服务，坚持科学执政、民主执政和依法执政，其核心是执政为民。要不定期对公务员进行思想教育,使全体国家公务员树立正确的世界观、人生观和价值观,树立顾全大局、忠于职守、诚实守信、公道正派、无私奉献的行政道德观,心为民所想、情为民所系、权为民所用、利为民所谋的行政权力观,相信群众、依靠群众、关心群众、服务群众的行政群众观,求真务实、开拓创新、雷厉风行、讲求实效的行政效率观。同时,丰富公务员的精神文化生活,营造和谐的人际关系和工作环境。适时开展行政机关文化体育活动,使公务员在轻松愉快中缓解紧张情绪,培养团队精神,密切同志友情,激发公务员爱国主义、集体主义和爱岗敬业的精神。努力在行政机关形成团结紧张,严肃活泼,既有纪律又有自由,既有集中又有民主,既有统一意志又有个人心情舒畅的生动活泼的局面。通过行政组织文化建设的有益实践,引领和带动社区文化、乡村文化、校园文化和企业文化的健康发展。

建立一整套行政组织行为规则,确保各种行政行为依法依规、有序透明、高效运行。建立行政组织行为规则,要以现行的有关法律法规和《国家公务员法》为基本依据,以公正透明、运转协调、务实高效为目标,力求体现创造性、针对性和可操作性。目前,应在以下几个规范上加强工作,即:(1)规范决策程序,对涉及自治县经济、社会发展全局的重大事项,广纳意见,充分进行协商和协调,对专业性、技术性较强的事项,要认真进行专家论证、技术咨询和决策评估,对同群众利益密切相关的事项,实行公示、听证等制度,并建立决策失误追究制度,把决策建立在科学民主的基础之上;(2)规范办事流程,理顺自治县各部门之间的关系,杜绝相互推诿扯皮,提高行政行为效率;(3)规范行政质量标准,按照部门职责和一岗一责的要求,确定质量标准,并建立与之相配套的评议评价和奖优罚劣机制,在公务员队伍中营造争先进、创一流的良好氛围;(4)规范政务公开,在保证国家信息安全的前提下,进一步扩大政务公开的范围,提高行政行为的透明度,以便更广泛地接受群众监督、社会监督和舆论监督;规范公务员用语,制定公务员文明用语规范,提倡讲普通话,提高语言表达能力,改善语言交流方式,展现公务员良好素质。

六、自治县行政文化重塑的基本价值取向

行政组织文化主要是指公共行政组织文化,它是主流文化的重要组成部分。一般认为,决定或影响政府及其工作人员和其他参与者行为的要素有相关的行为规范及其制度、心理和道德现象、工作作风和行政环境等,这些要素构成了行政组织文化的主要内容。事实上,不论公共行政目前处于怎样的境况下,新的行政组织文化都必然会出现,未来的行政者必须适应以复杂性、重视法律、强调弹性等为特征的行政环境。他们必须是绩效导向的,具有良好的公共服务道德,并能有效地规避冲突和化解矛盾。改善行政组织文化、提升公共行政质量,就是促进人类文明。因此,研究和重视培育自治县新型行政文化具有重要的现实意义和深远的历史意义。

培育行政组织文化,是坚持以人为本,落实科学发展观,全面构建社会主义和谐社会的现实需要。行政组织文化深刻影响政府部门和公务员的观念和行为。新型行政组织文化所体现的价值取向和理论观念,对自治县政治文明建设具有举足轻重的作用。以邓小平理论和“三个代表”重要思想为指导,坚持社会主义方向和价值观,培育以为人民服务为根本目标的现代行政组织文化,是坚持以人为本,落实科学发展观,构建社会主义和谐社会的现实需要,是中国共产党立党为公、执政为民理念在公共治理过程中的具体体现。

培育行政组织文化,是推进政府文明建设,打造公共服务型政府的迫切需要。政府文明是政治文明的核心内容,体现在国家管理的全过程。要建设政府文明,不仅要以完善的法律制度和行政管理机制作为基础,同时也离不开正确的组织文化的导向和支撑。富有活力的、积极向上行政组织文化,能够丰富政府文明的内容,提高政府的公信力和执行力;反之,落后的行政组织文化则阻碍政府文明的实现。在社会主义市场经济条件下,政府自身建设的一个重要方面就是建设富有时代精神的行政组织文化。要建设“民主法治、有限责任、公开透明、服务健全”的现代公共服务型政府,不仅需要完善制度文明,还要构建与其相适应的政府文化,坚持以人为本,依法行政,

高效便民。

培育行政组织文化,是建设具有坚定政治信念、德才兼备的公务员队伍的需要。法制固然可以通过监督制约机制规范和约束公务员的行为,而文化却可以丰富法制的内涵,可以在法律缺位的情况下引导公务员行为和处事方式。如同其他文化形态一样,行政组织文化有着极强的渗透力、传承力和凝聚力,它通过潜移默化影响规范公务员的行为,影响政府和行政人员行为的价值取向。为此,要提高公共治理的能力与水平,就需要有一支具备较高行政伦理素质、掌握行政管理知识和法律知识、能够科学决策并熟练执行行政任务的公务员队伍。

基于以上认识,我们认为应从以下几方面加强自治县政府的行政文化建设。

第一,树立"以人为本"的行政价值观,培育公众参与意识。培育新型行政组织文化,不是政府和官员关起门来能够实现的,也需要自治县全体公民的普遍参与,需要充分调动和发挥少数民族人民群众的积极性与创造性,尤其是在由开放的公共管理与广泛的公众参与整合而成的公共治理模式下,培育新型行政组织文化,就更是不仅要依靠行政机关和政府官员,还要依靠公民、法人和其他组织的普遍参与,才有可能在最大的范围内形成对培育新型行政文化的共识,并理解和支持行政管理体制改革、政府职能转变和依法行政。一方面,要树立政府公务人员积极的行政参与意识。首先,让自治县的行政人员积极参与行政决策管理活动,以增强他们对行政体系、行政活动的认知程度,培养他们对行政体系、行政活动的深厚感情,从而提高他们对行政体系、行政活动的责任感和认同感。其次,培养依法行政意识。培养行政人员廉洁奉公、依法行政的行政意识,从而促使自治县的行政组织和行政活动遵循法治的原则。再次,树立行政服务意识。我国的行政管理体制改革的核心精神就在于树立强烈的行政服务意识。在当前政府职能转变的过程中,一个关键性的转变就是能不能从体制上真正彻底的转变为服务型政府。另一方面,还应在广大人民群众中做好宣传工作,增强人民群众的参政议政的意识,广开言路,为人民群众参政议政提供健全的软硬件条件,以此增强普通群众对行政组织文化的认同,并提高他们建设自治县的积极性。文化是软实力,文化是凝聚力,文化是生产力。当前,我国自治县级政府要实现经济调节、市场监管、社会管理与公共服务的目标,就必须在继续推进行政法制建设的同时,大力培育政府文化,利用文化的力量提升行政管理能力,提高依法行政水平,形成有利于法治政府建设的文化氛围。

第二,建立自治县现代行政制度,为新型行政组织文化提供环境基础。行政制度是沟通行政思想和行政心理的中介,是行政组织文化的环境基础。任何一种行政制度都是在一定的行政思组织想的指导下制定出来的,它是行政组织思想的对象化,没有一定的行政组织思想,行政制度只能是没有灵魂的躯壳。同时,行政制度要被社会所接受,要得到贯彻执行,还必须与一定的行政组织文化相适应,没有一定的文化基础,行政制度不仅得不到实施,而且还会引起人们的不满,产生对立情绪,影响工作积极性。因此,行政制度应在科学的行政组织思想的指导下进行相应的变革,使行政组织思想制度化,从而实现行政组织文化的可持续发展。首先,制定行政制度是一个主客观条件相统一的过程,即应根据应用理论、上级要求、具体情况和外部环境的有机结合来制定现代行政制度。其次,行政制度是由一系列原则构成,应通过行政原则的变化来推动行政制度的变革。社会主义市场经济的发展和政治体制改革的深入进行,必要求一系列行政原则与之相适应,如民主原则、分权原则、参与原则、公开原则、效率原则等,这些原则的制定和实施是自治县政府重新审视自身的过程,在这些原则的指导和约束下,才可能建立更为完善的自治县行政制度。再次,规范行政礼仪。行政礼仪作为一种制度性的行政组织文化,是指行政主体在行政管理过程中所体现出来的礼节和仪式,是行政主体形象和素质的外在表现,行政人员的礼仪规范直接代表着自治县政府的整体形象。行政礼仪具有相对的传承性和稳定性,但也随时代的发展而不断发展、变化,具有鲜明的时代性。行政礼仪不仅能反映行政人员的素质,而且能体现政府形象、调节人际关系。因此,行政人员必须施用规范的行政礼仪,做到真诚相待,为自治县政府创造和谐的行政环境。

第三,培育具有中国特色的新型自治县行政组织文化。文化作为人类社会特有现象,是一定社会历史条件的产物,不同时代的社会实践决定着文化的性质和时代特点。我国改革开放和社会主义现代化建设的伟大实践,必然会对文化发展产生深刻的影响。自治县行政文化也需要与时俱进,不断创新和发展。应当立足自治县的现实情况,回应经济社会发展的现实需要,大力培育与社会主义民主政治建设、与社会主义市场经济体制的建立和完善、与中国特色社会主义事业发展相适应的新型行政文化。(1)要继承弘扬中华优秀传统文化。作为一种观念形态,文化是历史积淀的产物。我国传统行政文化的内容十分复杂和丰富,既有仍然符合现代政治、行政发展需要的"民本"、"仁政"、"贵和"等优秀文化传统,又有阻碍市场经济进程和社会进步的"官本位"、"宗法"、"特权"、"等级"、"人治"等落后的思想观念,还有良莠混杂、瑕瑜互现的"无为"观念等。在培育新型行政组织文化的过程中,不可能割断历史,只能批判继承传统文化,吸收其精华,剔除其糟粕。比如,对注重道德教化,提倡"以史为师"、"以身作则"这样一些传统文化的精华,我们要传承,以保证行政文化的民族性和凝聚力;而对一人得道、鸡犬升天,以权谋私、权钱交易,以言代法、独断专行等腐朽文化的糟粕,则必须坚决予以清除。(2)要积极推动行政组织文化创新。创新是文化的生命之源。一部人类文化发展的历史,就是文化不断地从创新中汲取力量、开拓进取的历史。行政组织文化只有不断地创新,才能及时而有效地赋予行政主体新的内容和新的时代精神,才能不断地焕发出新的光彩与活力。在新形势下,自治县政府应坚持行政组织文化创新和管理体制创新,努力消除"命令"、"控制"等计划经济管理模式的影响,构建有中国特色的服务行政模式,促进本地区、本民族的政体发展。(3)要大胆借鉴外国先进文化。面对经济全球化、信息化和全球范围内的政府管理创新浪潮,特别是我国加入世贸组织以后,自治县政府对外开放程度不断增加,与世界各国的政治、经济、文化和社会交流也更加密切,在许多方面必须按照国际惯例办事。自治县政府的行政管理要回应这种现实需要,就必须走出封闭和孤立的状态,研究西方国家行政管理的共性特征与内在发展演变规律,大胆借鉴国外的成功经验与做法,批判的吸收各国行政组织文化建设的有益成果,坚持以我为主、为我所用的方针,培植并发展既有本地区文化特色又兼具时代性的行政组织文化。

第十章 自治县的政府改革与行政发展

行政改革和政府发展是当代各国政府普遍关注的问题,也是我国民族自治县实现经济跨越式进程和社会全面协调可持续发展的必然选择。改革是发展的原动力,没有改革的政府难以实现政府职能与社会经济的有效契合,没有发展的政府难以巩固平等、团结、互助、和谐的多民族关系。不具备改革进取心的政府不能适应与时俱进的国内外形式需求,不能具有充足的生命力主导国家的前进方向,但盲目的改革也必将使自治县面临困惑甚至危险的处境。因此,自治县政府的改革必须建立在符合县域经济发展规律的基础上,有计划、有步骤、因地制宜的实施,以此推动社会公共事务和公共产品的有效提供。

第一节 自治县政府改革的动力

一、国内外社会经济环境的转变

1.国内经济结构的驱动

改革开放30年以来,中国社会经历了巨大的进步和深刻的变化,正经历着一场史无前例的经济结构转变和全方位的社会变迁,社会经济运行方式从计划经济体制向市场经济体制的转变已趋于稳定。在公有制为主体、多种经济成分共同发展的方针指导下,社会主义市场经济体制形成了全国统一开放的市场体系,实现了城乡市场紧密结合,国内市场和国际市场相互衔接,促进了资源的优化配置。我国政府管理经济的职能开始发生转变,建立了以间接手段为主的完善的宏观调控体系,保证国民经济的健康运行,以按劳分配为主体、多种分配方式并存,效率优先、兼顾公平的收入分配制度,鼓励一部分地区一部分人先富起来,最终实现全体人民的共同富裕。社会保障制度得到了进一步的完善,建立了多层次的社会保障制度,为城乡居民提供与我国国情相适应的社会保障,促进经济发展和社会稳定。围绕这些转变,还建立了并在逐步完善相应的法律体系,以保证市场在国家宏观调控下对资源配置发挥基础性作用。

在这一经济环境下,我国自治县的社会主义市场经济体制也已初步建立,个体、私营等非公有制经济得到了初步发展,市场体系建设已经全面展开,自治县政府的外部社会经济生活已经发生了广泛而深刻的变化,与此相对应自治县政府作用的方向、范围、方式和愿望,在各个层面也将随之改变,转型时期中的社会、经济、政治不是独立的,而是相互联系的,每一方面发生的变革都会引起其他方面的连锁反应。社会经济结构的转型使自治县原有的、简单的社会结构复杂化了,也使得原有的同质社会不断异质化,体现在区域分化、利益分化、阶层分化和组织分化等方面。

这些分化在不同程度上制约自治县的行政发展。首先最为突出的是“三农”问题。“三农”问题是由我国长期存在的城乡分割体制和城乡二元经济结构造成的,农村、农民、农业问题这几年一直是我国政府关注的热点问题,突出表现在城乡差距扩大、农民负担重、农民收入增长缓慢、农村消费能力下降、农村劳动力转移困难以及农村社会事业落后等若干方面。据国家统计局等 11 个部委的抽样调查,我国平均每个乡镇党政内设机构为 16 个,其人员平均 158 人,超过正常编制的 2 ~ 3 倍;平均每个乡镇下属单位为 19 个,其人员 290 余人,严重超编的人员给农民带来了极大的压力,一部分政府机关背上了沉重的债务,入不敷出,使这种压力长期变相的转嫁在农民身上。自治县大多地处边远地区,社会经济相对滞后,上述问题尤为严重。其次,自治县政府面临着越来越大的就业压力,行政、事业单位人员的超编现象已经是司空见惯的事情,越开越多的适龄青年找不到工作,要缓解这些问题,就要求自治县政府大力发展非公有制经济,提供更多的就业机会,而要发展非公有制经济,就必须建立保护私有财产权的法律制度,改变所有制歧视,实现公平竞争,这些制度的建立对于基本市场规则还未健全的自治县政府来说,存在较大的困难。再次,摆在自治县政府面前的问题,还有如何协调经济发展同社会进步与人的全面发展的关系,政府不仅只需要追求财政的增长,而且要更加重视社会管理和公共服务,发展社会事业包括文化、教育、卫生等。政府职能的转换还包括减少审批、提高政府审批和其他活动的透明度,健全社会保障体系,帮助困难群体,缩小经济差距包括地区经济发展差距和居民收入差距,以及探索建立能促进人与自然相互和谐的机制等。

1993年党的十四届三中全会的《关于建立社会主义市场经济体制若干问题的决定》,提出了社会主义市场经济体制基本框架的五个方面:转换国有企业经营机制,建立现代企业制度;培育和发展市场体系;转变政府职能,建立健全宏观经济调控体系;建立合理的个人收入分配和社会保障制度;深化农村经济体制改革。事实上,自治县政府在这五个方面都存在一定程度的问题:自治县国企改革和国有资产管理体制改革远未到位,现代企业制度建设任务艰巨。自治县域内非公有制经济发展仍然存在许多体制性障碍;自治县市场因受行政垄断和地区封锁还不统一,秩序有待健全;自治县居民收入差距过大,分配秩序混乱,税收调节作用不显著;自治县社会保障体系仍不健全,欠账严重,农村社保体系刚刚开始探索,医疗保障和养老保障仍然是农村居民面临的主要问题;自治县政府职能转换远未到位,政府、企业、市场三者关系尚未理顺,法治不健全,腐败现象持续蔓延。总之,要形成能落实全面发展、协调发展、可持续发展的新发展观,自治县政府正面临着前所未有的挑战。

2.经济全球化的挑战

从国际环境来看,随着经济全球化进程的加速,对外开放的扩大和我国加入WTO,要求我国的经济体制不断创新使之与上述客观形势变化相适应。这包括:尽快清理和废止与市场经济一般规则相抵触的法律法规,提高政府行为的透明度。加快金融体制改革,以应对金融等服务业开放后带来的挑战。加快内外贸易一体化进程,确保各类企业在对外经济贸易活动中的自主权和平等地位。实施"走出去"战略,完善对外投资服务体系。

面对着市场经济体制的建立,以及经济模式转变中出现的问题,在原有的计划经济条件下形成的旧的自治县政府职能配置模式和组织机构体系已经与现有的经济基础相脱离,原有的中央政府计划机关集中编制计划,确定宏观经济的发展目标,然后按行政隶属关系,层层分解下达,连同资源一起安排到企业,并采取行政命令的方法来保证宏观经济计划目标的时代已经一去不复返,现代市场经济给了自治县政府更多的自主权利的同时,也让自治县政府承担了更大的责任,自治县政府必须开始学会靠自身现有资源的生存之道,否则就面临着被社会淘汰、被群众斥责的命运。

在技术革命和现代化的进程中,全球化成为现代生产力发展的必然结果和客观要求,是不以人的意志为转移的客观趋势,人们不能拒绝参与全球化。按照国际货币基金组织的定义,全球化是跨国商品与服务交易及国际资本流动规模和形式的增加,是技术广泛迅速的传播和世界各国经济相互依赖性的增加①。对于发展中国家来说,如果拒绝了全球化,就可能更为严重的边缘化。由于经济全球化进程的推进,新的世界性经济运行机制启动,跨国公司、全球金融机构、世界性经济组织成为主要角色先后登场,使各国经济的相互依存性加强,形成了在全球范围内组织国际联合、控制资源流向、影响经济生活、引导文化潮流、操纵信息媒体,对主权国家的经济、政治、文化、社会生活诸多方面产生影响,对主权国家尤其是传统权力的运作带来了挑战。同时,全球化为政府提供了更为广阔的发展空间,在全球背景之下主权国家以及各地区之间的相互依赖越来越大,其积极作用越来越凸显,一方面用规则贸易取代强权贸易,给予了发展中国家和地区一个自我保护的手段,这是它的突出贡献。另一方面为国际经济的发展提供了新的机会。全球化反映了生产力发展的内在要求,技术进步与经济发展水平的提高,客

---

① 彭国甫等:《县级政府管理模式创新研究》,湖南人民出版社2005年版,第55页。

观上要求分工的深化与市场规模的扩张,这一要求推动着生产从国内区域间分工向国际分工发展,销售从国内市场向国际市场扩张。跨国公司在追逐规模效益与分工效益的过程中,通过投资活动,形成了在全球配置资源、跨国协调其生产与经营活动的格局,推动产业内贸易、公司内贸易的高速发展,为国际资本流动带来了机会。大量的国际资本流动到哪个地区,就会加速哪个地区的发展。同时,全球化也为各国及各地区的经济发展提供了平等的机会,各国都在力争创造良好的环境,加速自身发展,因此,全球化无疑拓宽了政府活动的空间和领域。

全球化对我国自治县政府管理体制的影响是明显的。中国是发展中国家,也是典型的后发型国家,而自治县又是中国的后发型地区。要成功地实施跨越式发展战略,要适应全球化的激烈竞争,关键是要建立一个高效务实、具有强烈责任感的政府。众所周知,我国加入WTO后,企业固然会受到强大的外国企业的挑战,但相比之下,各级政府面对的挑战尤为严峻。WTO对我国政府提出的不是产品质量和价格的挑战,而是一种体制的挑战,它要用WTO的法律框架体系来约束政府的行政职能和行政程序。而面对全球化,我国自治县政府管理体制还存在很大的差距,首先,政策的可预见性和法规的透明度不高,依法行政的理念艰难植入。从依法行政的理念载入宪法,到有法必依成为行政主体的自觉行动,中国的历程十分漫长,严峻的事实是,在理论宣传上,我们虽然强调依法行政,任何人都不能超越法律行事,不能违反法律恣意妄为。但在实际工作中,有法不依、无法可依甚至知法犯法的情况依然大量存在。凭经验办事,按领导的指示办事,看上级的脸色办事,搞"暗箱行政",这种情况在自治县级的基层政府屡见不鲜,内部法规大于国家法律,造成垄断经济,即"权力经济",长官意志,一言九鼎,行业垄断,为所欲为,法规体系薄弱,程序性法规匮乏,这些表现都是与全球化所不相容的。另外,自治县政府的实际运作方式还不够规范。在市场机制的培育上,我国自治县政府的依法治理还很不完善,对经济的干预依然过宽过细,缺乏现代的公共服务观念。在管理队伍上,我们还亟待建立一支懂得并能驾驭现代市场经济条件下宏观调控的政府运作的人才队伍。

面对全球化的冲击,自治县政府既遭遇到强大的挑战,也面临着前所未有的机遇。作为中国相对偏远的民族地区,自治县有着许多独特的自然、文化、旅游、特产资源,这些资源也强烈的吸引着世界各地的投资者,要把握好这些机会发展本地区本民族的经济、文化,增强政府的竞争力,自治县政府就必须进行政府管理模式的改革和创新。

二、自治县政府各种利益结构的博弈

国家机关的特殊利益存在着不同的层次。作为整体的国家,相对于社会有其特殊的利益。这里我们所说的是自治县政府中存在着既独立于社会,又独立于国家整体利益的那些特殊利益。这种特殊利益有如下几种表现:

第一是作为一个具体单位的特殊利益。作为一个具体的自治县机关,它的任务就是贯彻中央、上级政府以及自治县本级政府的政策、决定、规划等,因此它应该只有一种身份、一种角色,就是国家利益的代表者。只要行政系统还能保持正常的运转,就说明自治县政府机关主要是充当着国家利益代表者的角色。由于改革开放以后我国利益结构的重大变化,使得每一个政府机关除了作为国家利益代表者之外,同时也以其他的角色出现。其中,首先就是作为单位利益代表者的角色。这种角色所代表的已经不是国家或本级政府的利益,而是小团体的狭隘利益了。这种小团体的利益又可以分为不同的层次。从大的方面表现为一个条条(即一个部门)的利益或一个块块(即一个地区)的利益,小的方面则包括每一个具体单位的利益。这种政府内部利益主体的分化,使得上级政令在被执行过程中发生扭曲,形成上有政策、下有对策的状况。利益格局的整合以及由此而引发的矛盾冲突,是产生这些施政问题的直接诱因,在体制转轨中地方各层级政府独立利益的确认,为其提供了政策支持,也导致了地方各层级政府在施政过程中考虑自身利益,导致忽视全局和公民利益的现象发生。在行政改革中,自治县政府机关之所以缺乏动力,主要也是因为国家行政改革的政策和各单位、各部门、各地区这些机关的小团体利益发生了矛盾,使它们丧失了某些权力和利益的缘故。

第二,作为自治县一个单位的主要领导人的个人利益(可以是一个人,也可以是几个人)。在一个单位中,领导层或领导人的个人利益的存在也是一个不争的事实,它是与国家、政府利益相关的特殊利益。作为一个单位的领导人,他们不仅充当着政府利益代表者的角色和小团体利益代表者的角色,而且充当他们个人利益代表者的角色。领导人的个人利益和小团体利益有相一致的一方面,也有与之相矛盾的一方面。由于自治县政府权力机构的主体地位,大多是通过政府领导的个体行为体现出来的,这就使得自治县政府领导成为实际上的区域性制度供给的决策者。这样自治县政府领导既是上级政策的执行者,又是本级政府规则的制定者,这种双重身份极易导致其个体权威与地方政府权威的错位,因而导致其行政行为倾向于追求短期目标,我们平时所看到的"形象工程"、"穷庙富方丈"现象就是这一问题的表征。

自治县政府机构领导人身上集中了三种角色,即作为自治县政府领导人的角色、作为小团体代表者的角色和个人角色。这三种角色之间是相互既统一又冲突的。如果一个单位固守着旧的体制下的旧政策,必然是因为这种旧体制和旧政策更能体现他们的利益。在这种情况下就必然会同改革发生冲突。特别是当他们所代表的旧体制、执行的旧政策和小团体利益以及领导人的个人利益结合起来的时候,或者换句话说,小团体利益和个人利益在旧体制、旧政策下能更好地实现的时候,则作为国家、政府代表者的角色更会与改革的政策相冲突。这个力量产生和生长的过程就是每个国家机关自身的特殊利益产生和发展的过程。各个单位有了自己的特殊利益,就必然产生维护这个特殊利益的动机并在一定条件下转变为相应的行为。这些行为不仅转化为了抵制变革的主要力量,而且成为制约自治县整体发展的阻碍力量。为了提高自治县政府的行政效率,必然要求转变职能、精简机构和裁撤编制,而这些都会对现有的权力和利益构成极大的威胁。因此在原有的权力框架之下,要想使它们真正转变职能,是不可能的,它们必然要采取各种办法来抵制改革。而其中很重要的一种手段即是在改革大潮到来之后,表面上顺从和接受,把需要改掉的东西暂时隐藏起来,等到潮头过去之后,再偷偷地、改头换面地将它们恢复起来。而在恢复的过程中,趁着复辟的势头,使那些应该被改掉的东西变本加厉地回来。它们采取横征暴敛的方式来对市场进行报复,进行反攻倒算,来补偿它们在被市场压制年代所遭受的损失,弄得农民叫苦连天。

中央每出台一项改革措施,目的都是对市场的发展起一种支持鼓励的作用,以期提高人民的生活水平。而农村却很少能得到中央的直接支持,就自治县而言,农村社会面对的主要是自治县政府,"县官不如现管",在基层县级政府中各个方面都体现得极为明显。因为即使中央的直接使农村居民受益的政策,也很难超越基层行政权力的控制而不被大打折扣。之所以产生这种状况,主要是各种地方利益实体的互相制约、互相妥协的结果,而在各种利益的博弈过程中,被牺牲的往往是国家、政府和普通农民的利益,体制和制度的规范作用在这里微乎其微,"人治"的色彩在大多数情况下都看不到有任何的减弱,而这些利益主体为了得到更多的利益,仍然不断地进行各种寻租活动,有时候,中央政府出于好的动机所出让的权力和利益,可能在实际上却养肥了一群硕鼠,即一些暴发户、新权贵、黑社会势力等等。而农民以及其他应受益的组织则仍然处于被束缚的状态。值得注意的,是这时它们已不是受自治县政府机关的束缚,而是受非规范势力的束缚,而这种束缚比原来的束缚更难以忍受,使农民更少的从中得到好处。

因此,自治县政府要想使这种现状得到根本改变,就必须对这些利益主体的行为进行规范,从制度层面上强调公民和法人的权利,体现公民和法人的利益诉求,进一步明确自治县政府领导及各部门的职权,以此来调整政府内部各个层次利益主体的行政行为。在这里,改革的动力不仅来自于外部环境,还来自于内部行为主体的意愿。一方面是自治县的广大人民群众要求。这是一股强大的自下而上的推动力量,随着社会的发展,今天的农民已经不再是几十年前甚至十几年前"面朝黄土背朝天"心只有自己的"一亩三分地"的群体,他们也开始通过各种方式寻求自身的利益,F自治县关于土地问题的行政诉讼案件的增多就很好地说明了这一点,农村稳定是国家稳定的基础,近几年由于基层政府行政行为不当而引发的农民群体性突发事件屡见不鲜,自治县政府面对的多是少数民族群众,行政改革的进行显得更为紧迫。同时,行政改革的意愿也来自于一批比较理性的政府行政人员,这些人也将成为自治县行政改革的生力军,他们是有益的内部推动力量。

三、自治县政府自身困境的驱动

当前,自治县政府面临的诸多困境是自治县政府行政改革的内在动因。面对新经济时代以及我国经济政治体制转型所带来的内外环境变化,自治县政府自身存在的问题越来越突出,其主要表现在财政供给和基层权力缺失两个方面。

1. 财政供给困难

据估算,我国有 2200 多个县级行政区域,如果按每个县财政供养人口为 1000 人,每人每年财政支出 10000 元计算,所需财政支出就达 2200 亿元左右,与县级地方政府总收入持平,县级财政基本上成了"吃饭财政",有的地方甚至连"吃饭财政"都保证不了。① 相对于其他县级政府来说,自治县一般地处少数民族偏远地区,经济状况天生就比其他地区薄弱,《国家八七扶贫攻坚计划》中的 592 个国定贫困县,有 258 个是少数民族县,这 258 个少数民族县中有 224 个分布在西部地区,占民族贫困县的 86.8%,我们调研的对象 F 自治县地处广西壮族自治区,广西壮族自治区在国家扶贫开发工作中有 28 个县被划为国家重点扶植贫困县,这 28 个贫困县包括了 10 个自治县,而 F 自治县虽不是国家级贫困单位,却也是地市级贫困县之一。此外,我们调研的另一对象 S 自治县也处于类似的景况,据统计,S 自治县1987 年的财政收入是 1950 年的 10 倍,但其 1987 年的财政支出总额却是1950 年的 453 倍②,1987 年 S 自治县的财政状况明显入不敷出。总体看,自治县政府的财政状况普遍是低于全国县级财政的平均水平,也就是说,许多

---

① 马海涛、李霄:《县级财政的现状与创新》,《河北经贸大学学报》2004 年第 3 期。
② 《S 自治县志》,贵州人民出版社 1992 年版,第 582~585 页。

自治县政府甚至还没有达到"吃饭财政"的水平。事实上,我国大多数自治县政府都不同程度的遭遇着财政困难。

自治县财税资源的不断萎缩。财税资源是政府行政资源中的重要构成要件,它在很大程度上决定了政府整体规划能力的大小。一旦政府支出要求继续扩大而收入状况却无力改善,政府要保持甚至还要提高其公共服务能,它就必须进行改革①。事实上,我国现阶段自治县政府的财政资源不仅仅能维持现行的公共服务能力,甚至还有下降趋势,财税资源呈现不断萎缩的趋向。

自治县的财政基础薄弱,财税结构单一。我国大多数自治县以农牧业生产为主,而财政要从农牧业中取得收入的潜力十分有限。多数自治县地处高山湿寒地带,农业生产的产量有限,有些则地处西北、东北地区,以农牧业为其主要收入来源,依赖自然环境条件,财政收入具有较大的不稳定性。由于这种单一经济生产方式的限制,自治县财政收入更多是依靠国家财政政策扶植,财税收入的灵活性极其有限。状况如下表:

表 10 - 1　2002 年 S 自治县的财政收入

（单位:万元）

科目	数量	科目	数量
一、中央补助收入	10315	14.屠宰税	22
二、上年结余收入	3285	15.筵席税	
三、地方财政收入合计	1770	16.农业税	339
1.增值税	78	17.农业特产税	84
2.营业税	412	18.牧业税	
3.企业所得税	23	19.耕地占用税	11
4.企业所得税退税		20.契税	5
5.个人所得税	96	21.国有资产经营收益	252
6.资源税	1	22.国有企业计划亏损补贴	

---

①　彭国甫:《县级政府管理模式创新研究》,湖南人民出版社 2005 年版,第 63 页。

7. 固定资产方向调节税		23. 行政性收费收入	94
8. 城市维护建设税	33	24. 罚没收入	134
9. 房产税	41	25. 土地和海域有偿使用收入	
10. 印花税	2	26. 专业收入	27
11. 城镇土地使用税	13	27. 其他收入	100
12. 土地增值税			
13. 车船使用和牌照税	3	总计	15370

资料来源:《S 自治 2002 年统计年鉴》。

从表 10－1 中不难看出自治县政府财政的主要来源还是靠中央补助的款项,当年财政收入总共仅有 1770 万元,其中农业税、农业特产税以及营业税是当年税收的主要来源,而工业、企业的缴税能力相对较弱,基本上 S 自治县就是靠国家财政吃饭,如果没有国家财政的大力支援,S 自治县自身财政很难养活自己。而这种状况普遍存在于中国的大多数自治县中。

自治县财政职能弱化,财力分散。我国许多自治县虽然财力有限,预算内的资金使用紧张,但各部门单位却拥有着大量属于财政预算外的资金,财政收入长期游离于预算之外,就导致了财政支出上的部门所有制,使得财政很难根据不同时期的政策特点,有计划、有重点地统筹安排。而且在自治县财政的预算内资金还存在资金使用不当的问题。表 10－2 是 S 自治县 2002 年的财政支出情况,其全年总支出是 14533 万元,其中支出最多的是教育事业费 4235 万元,其次就是行政管理费总额达到 3155 万元,并且我们从这一支出统计表中很难了解到 3155 万元的行政管理费,具体都花在哪里了。而在亟待发展完善的科技、卫生、社会保障等方面的资金都仅在百位甚至个位数,而上缴中央的仅有 25 万元,与财政收入中国家补助的 10315 万元相比,这一项上缴中央的费用显得微不足道。从中可以看出,S 自治县在其财政收入状况比较困难的状况下,还存在着财政支出不合理以及在某些项目的支出中还存在着浪费的问题。

表 10-2　2002 年 S 自治县的财政支出

（单位：万元）

科目	数量	科目	数量
一、财政支出合计	14533	18. 社会保障补助支出	233
1. 基本建设支出		19. 国防支出	18
2. 企业挖潜改造资金	253	20. 行政管理费	3155
3. 地质勘探费		21. 外交外事支出	
4. 科技三项费用	5	22. 武装警察部队支出	16
5. 流动资金		23. 公检法司支出	616
6. 支援农村生产支出	349	24. 城市维护指出	322
7. 农业综合开发支出		25. 政策性补贴支出	
8. 农林水利气象等部门的事业费	806	26. 支援不发达地区支出	1866
9. 工业交通等部门的事业费	88	27. 海域开发建设和场地使用费支出	
10. 流通部门事业费		28. 专项支出	46
11. 文体广播事业费	650	29. 其他支出	380
12. 教育事业费	4235		
13. 科学事业费		二、上解中央支出	25
14. 卫生经费	704	三、年终结余	812
15. 其他部门事业费	396	减：结转下年支出	70
16. 抚恤和社会福利救济费	390	静结余	742
17. 行政单位离退休经费	5	总计	15370

资料来源：《S 自治 2002 年统计年鉴》。

　　尽管 2002 年 S 自治县的收支状况基本持平，但这并不能掩饰其中的问题，这些问题迫切需要政府行为法制化和规范化。

　　自治县政府面临着财政负担不断加重的困境。自治县一般都属于经济不发达县，就业渠道窄就业压力大，许多人都削尖了头朝行政、事业单位挤，造成了行政、事业单位编制不断增加，政府所供养的人员正在不断地膨胀，使得吃财政饭的人越来越多。另一方面,自治县的财政收入在近几年还有下降的趋势,我国农村税费改革 2000 年开始进行,改革的主要内容是"三个取消,两个调整,一项改革",即取消乡统筹费、农村教育集资、行政事业性和政府性基金、集资,取消屠宰税,取消统一规定的劳动积累和义务工;调整农业税和农业特产税政策;改革村提留征收使用办法。这一政策的实施将使自治县的农业税费大幅减少,而与此相对应工业、企业、第三产业的经济税收由于历史和现实的原因还没有进一步的涨幅,必然会导致自治县财政负担的进一步加重。

2. 基层权力缺失

自治县政府的权威是确保自治县政府正常运行和政府体系稳定的前提条件,是自治县政府获得合法性基础的重要资源。一旦政府的权威受到大多数人的质疑,这个政府就存在合法性危机,而造成这种合法性危机的主要原因就是政府权力的缺失,这里我们所讲的主要是作为自治县这一基层政府,普遍存在着权力缺失。自治县政府权力缺失主要表现为两个方面。

公共行政能力不足。公共行政能力指的是,政府管理主体制定政策、执行政策、特别是维持公共秩序和维护和发行等的能力[1]。自治县政府的公共行政能力取决于自治县政府管理主体进行的一系列互相关联的行政行为。首先是在政策的制定和执行阶段的理性选择,作为基层政府的自治县政府执行上级政府政策多于自己制定政策,而恰恰是在执行的过程中发生扭曲政策本来面目的问题,"三农"、"三乱"等问题多产生在这一环节,造成社会治安问题、农业资源短缺、基础设施建设不足和自然资源不断枯竭等问题。其次,中国两千年来的政府统治传统,更多的是把基层政府塑造成为全能的家长式管理,老百姓对于最基层的自治县政府抱有无限的期望,而这种期望又往往集中于领导干部一身,体制和制度在这里反而显得无足轻重,一旦这种期望与现实状况不成比例,在群众的心理上就会造成极大的反差,对于政府和官员的不信任感就会成倍增长,造成的结果不是对政府的极度冷

---

① 彭国甫:《县级政府管理模式创新研究》,湖南人民出版社 2005 年版,第 68 页

漠就是以激进的行为表示反抗,自治县政府公信力的下降,从而造成了自治县政府的公共行政权威进一步缺失。

侵权和腐败行为造成的政府权力缺失。随着政治权力对市场的渗透、社会分配不公、经济犯罪、地方保护主义,官员腐败等行为不断发生,使得基层政府形象在老百姓心中不断恶化。自治县级政府也同样存在这样的问题。长期以来,自治县政府权力不受约束,自治县政府行为在某种程度上可以影响到所有资源和要素的空间流动,为了追求政绩,互相攀比,追求增长速度,随意举债,地方政府债务问题已经发展成为一个严重的财政甚至政治问题。以非法大卖农田为例,政府用手中之权,盗用国家规划法,破规划、变规划,有划无规,想怎么划就怎么划,县、区都建大型工业园区、村村都有项目基地,凡被圈进开发园区内的农田耕地,庄稼被毁、房屋被拆,都不需要依法报批,甚至不给农民补偿安置。诸如此类的政府行为在自治县政府并不少见,这些行为均不同程度的损害了广大人民群众的利益,并且在很大程度阻碍了依法行政的推行,原有的旧体制正在渐渐失去其约束力,而新的制度和体制尚未形成,这种制度的真空也造成了自治县政府权力的真空,从而滋生出各种违规、违法行为。

在自治县政府发展的过程中,伴随着民主化和法治化的推进,要提高政府的施政水平和运行质量,避免政府权力的缺失,行政改革势在必行。

第二节　自治县行政发展的目标选择

自治县政府的行政改革是政府自身管理规则与程序完善的过程,是政府自觉的运用适合中国实际情况的现代行政理论,以适应政府内外环境的变化,不断克服自身弊端,实现新旧模式转换的进程。自治县行政发展主要指自治县政府以何种方式、选择怎样的途径对自身存在的问题进行改进以及根据自身的特点进行创新。

一、可资借鉴的西方经典政府治理理论

从 20 世纪 70 年代开始,世界各国、各地区都在探索改革本国政府行政结构和模式的道路,力图通过政府行政创新适应全球化和信息化的潮流,从借鉴和应用的角度来看,西方国家政府行政改革的实践和理论中有值得民族自治县级政府行政改革吸收、借鉴和应用的内容。那么,让我们首先简单回顾近十几年来对中国行政改革发生重要影响的西方经典理论。

1. 公共选择理论

公共选择理论是产生于 20 世纪 40 年代末,于 60 年代末 70 年代初形成的一种学术思潮。公共选择学派在政治家的动机、政府干预、财政政策、民主制度等方面得出了一系列不同于西方主流经济学的结论。英国北威尔士大学的经济学教授邓肯·布莱克(Duncan Black,1908~1991 年)于 1948 年发表的《论集体决策原理》一文为公共选择理论奠定了基础。经济学奖获得者詹姆斯·M. 布坎南等人创立的一种新公共经济理论,其宗旨是要把市场制度中的人类行为与政治制度中的政府行为纳入同一分析的轨道,即经济人模式,从而修正传统经济学把政治制度置于经济分析之外的理论缺陷。公共选择理论主要从经济学的角度来分析政府的管理活动,强调个人自由和市场作用,打破政府垄断,建立公私机构之间的竞争机制,从而使公众获得自由选择的机会,并认为这是解决政府困境的根本出路。政策选择包括:(1)增加服务主体,让私人企业、非赢利公共组织等,与政府机构一道来参与公共产品的生产与提供;(2)创造市场机制和形成竞争格局,用公私组织之间和公共组织之间的竞争服务来为公众提供"用脚投票"的机会;(3)破除垄断,允许不同组织之间在职能和管辖范围上重叠交叉。

以布坎南为代表的公共选择理论学派认为,当代西方国家所面临的社会问题的根源不在于市场的缺陷,而在于政治制度的缺陷。作为当代自治县政府行政改革的理论选择之一,其主旨在于依据一定的价值观来建构政府的基本结构和运行机制,要求在政府运行的一切主要方面和主要环节,都必须遵循有效性要求,形成以效益为主导的政府过程。

2. 新公共管理理论

新公共管理是 20 世纪 80 年代以来兴盛于英、美等西方国家的一种新的公共行政理论和管理模式，也是近年来西方规模空前的行政改革的主体指导思想之一。它以现代经济学作为理论基础，主张在政府等公共部门广泛采用私营部门成功的管理方法和竞争机制，重视公共服务的产出，强调文官对社会公众的响应力和政治敏感性，倡导在人员录用、任期、工资及其他人事行政环节上实行更加灵活、富有成效的管理。新公共管理理论是当代国外行政改革的主要理论基础，影响深远。一般认为，新公共管理与传统行政管理有所不同，一些行政学家将其要点归纳为以下几条：（1）政府服务应以社会和公众的需求为导向；（2）更加重视政府的产出、结果、效率和质量；（3）主张放松行政规制，实行绩效目标管理，强调对绩效目标完成情况的测量和评估；（4）政府应广泛采用企业中成本——效益分析、全面质量管理、目标管理等管理方式；（5）取消公共服务供给的垄断，对某些公营部门实行民营化，让更多的私营部门参与公共服务的供给；（6）重视人力资源管理，提高人事管理的灵活性等。综合起来可以归入三个范畴，一是非官僚化，改革传统的政府结构，降低政府成本，提高政策透明度；二是私有化，将公营失业转为私有或引进市场竞争机制；三是经理人主义，通过放松、松绑、激励等手段，发挥政府工作人员的积极性和主动性。

3. 企业型政府理论

自 20 世纪 80 年代特别是 90 年代以来，西方各主要国家以重塑政府理论为指导，倡导"企业型政府"，开始了大规模的政府再造运动。重塑政府理论的核心理念是用企业家精神来改革政府，建立"企业型政府"。所谓企业型政府，并不是要把政府作为企业来运作，因为二者毕竟存在很大的差别，而是指用企业家在经营中所追求的讲效率、重质量、善待消费者和力求完美服务的精神，以及企业中广泛运用的科学管理方法，改革和创新政府管理方式，使政府更有效率和活力，随后成为 90 年代一些西方国家，特别是美国政府改革的主导理论。这一理论的领军人物美国学者戴维·奥斯本和特德·盖布勒在《改革政府》一书中提出了以企业家精神改革政府的基本原则,并认为新的政府治理模式终将会代替传统的官僚主义模式。

4.治理理论

治理和善治的理念反映了全球化发展阶段政府管理的发展方向。治理理论是人类在寻求解决社会一致有效性问题上做出的一次深刻的认识,政治学知识体系正在悄悄地脱离"统治"这一核心而转向"治理"这一主题。它的兴起拓展了国家与社会关系的分析架构,它超越了自由主义与国家主义的传统对立,成了一种新型的国家与社会关系范式。虽然治理理论还很不成熟,它的基本概念还十分模糊,但它以反思的理性为基础,"打破了社会科学中长期存在的两分法传统思维方式,即市场与计划、公共部门与私人部门,政治国家与公民社会、民族国家与国际社会,把有效的管理看作是两者合作的过程"[①],它力图发展起一套管理公共事务的全新技术,强调管理就是合作,治理理论的核心观点是主张通过合作、协商、伙伴关系,确定共同的目标等途径,实现对公共事务的管理,从而使它具有更为广泛的适用性。其理论观点是:(1)治理意味着管理主体的变化,政府不再是国家唯一的权力中心,各种公共和私人机构也可成为一定层面上的权力中心;(2)公共产品的供应可以由私人部门和第三部门承担,与政府部门相互依赖,互通资源,分担政府的责任;(3)治理的目的是达到善治,实现管理者与被管理者的协调与合作。

尽管各国国情不同,经济、政治和社会发展阶段存在差异,但西方国家政府治理理论的一些基本价值取向为许多国家所借鉴,这些理论的某些观念也在深刻影响着我国各级政府行政体制改革。

二、法治政府:加强自治县政府的法制建设

没有制约的权力必然导致腐败。我国包括自治县在内的基层政府中普遍存在着行政权力滥用、行政决策跟风、行政执行无原则以及行政审批混乱等问题,这些问题存在多年而没有明显改善症结就是行政法制薄弱,没有一

---

① 俞可平:《治理与善治》,社会科学文献出版社 2000 年版,第 14 页。

套系统完整的法律对行政行为进行约束,就使得各项行政行为成为无根之草。自治县政府的主要职责是执行中央政府的各项方针、政策、命令。因此,自治县政府的行政人员在管理的过程中,往往首先考虑领导的态度和反映,最后才会考虑群众的利益和想法,法律、法规起到的仅仅是参考作用,这些现象的发生与我国基层政在制规范政府行为、约束公务人员管理行为,以及对领导责任的追究行为等方面的法律法规不健全有直接的关系。就自治县而言,尽管一些行政领域已经有了相应的行政法律法规,但存在着各行政法律与法规之间相互抵触,行政条例与上级政府的行政法规和条例相矛盾,政府部门制定的部门规章之间相互排斥等问题,导致了政府的行政职权在审批、罚款、检查等权限上经常纠缠不清。

中国经历了漫长的封建专制统治,各层级政府"人治"统治的传统是根深蒂固的,在我国各级政府行政中不论是个人还是整个部门都明显的带有这种意识。所谓人治就是指个人的意志高于法律,国家的一切大事是由个人或少数人按照自己的主观意志来决定的,因而法律带有很大的随意性①。由于我国长期处于人治色彩较浓的行政环境下,"法治"精神多年来并没有成为政府行政的主流意识形态。直到1978年,中央政府在十一届三中全会的会议公报中指出"为了保障人民民主,必须加强社会主义法制,使民主制度化、法制化,使这种制度和法律具有稳定性、连续性和极大的权威,做到有法可依、有法必依、执法必严、违法必究",依法治国的方针才被第一次提出。改革开放的30年中,依法行政的重要性不断凸现,国务院于1999年作出了《全面推进依法行政的决定》,广泛推行了行政执法责任制,进行了综合执法改革试点工作,公布了行政诉讼法、行政复议法、国家赔偿法、信访条例等项保障公民权利的基本法律,政府行政立法、行政执法和行政执法监督成为了法制建设中的重点。为了全面落实依法治国基本方略,加快建设法治政府,国务院于2008年5月作出了《国务院关于加强市县政府依法行政的决定》,从加强市县政府依法行政的重要性和紧迫性,提高市县行政机关

---

① 《法治与人治问题讨论集》,群众出版社1981年版,第25页。

工作人员依法行政的意识和能力,完善市县政府行政决策机制,建立健全规范性文件监督管理制度,严格行政执法,强化对行政行为的监督,增强社会自治功能,加强领导、明确责任等八个方面提出了县市级政府全面、扎实推进政府依法行政的措施。

建设法制政府的核心是依法行政,而依法行政的本质是规范和制约行政权力,防止权力的滥用。现代行政管理的理念认为,政府是公共管理和公共服务的提供者,其权力来源于人民,并受人民的监督,公民权利是国家权力之本,是行政权力之源。随着社会经济的发展,我国公共需求呈现出增长迅速、主体多元化、结构复杂化、需求多样化的特点。城乡居民在教育、医疗社会保障等方面公共需求的比重大幅上升,公共需求结构正逐步从消费型向发展型升级。公民的素质和法律意识也在不断地增强,无视法律的行政传统在现代社会已经没有生存的余地。因此,确立依法行政的基本方略,加强自治县的法制建设,自治县政府可以从三方面逐步加强。

首先,完善自治县的法律、法规体系。实行依法行政首要的前提就是完善法制。在"有法可依、有法必依、执法必严、违法必究"四个原则的关系中,有法可依是前提的前提,基础的基础。因此,完善的法律法规体系、完备的法制是依法行政的前提和基础。针对目前我国基层政府存在"依法打架"的现象和"法规部门化、部门利益化"的倾向,基层政府必须明确"善法与恶法"之间的界限问题,努力做到"恶法不能成为法"的约束标准。自治县及其上级政府在设立相关法律法规时,应尽量地采取各种措施提高立法质量。建立法律法规,应该通过完善的民主程序,代表最大范围的民主意愿,而不能成为一部分人或者部门的谋利工具,更不能成为剥夺社会公民、法人合法权利和社会法制进步的障碍。

自治县政府要做到依法行政,就意味着县政府机关的行为必须有明确的法律依据,必须严格依照法定的程序进行。从行政组织到政府行为都应当有完备而严格的法律、法规来规范。在我国,约有80%的法律和法规是由行政机关执行的,行政执法在法律实施过程中处于举足轻重的地位。要实现依法治国、依法治县,维护宪法和法律的权威,就要求政府机关必须严格执法。自治县政府机关不仅要严格执法,而且更要严格遵守法律、法规,才能保证自治县政府的管理行为体现广大人民的意志,代表人民群众的利益,维护社会主义法制的统一性、连续性、稳定性和权威性。由于我国自治县级政府的行政法制体系建设相对滞后,其在行政执法环节发生的问题尤为复杂,针对自治县目前行政执法中存在的有法不依、执法不严、违法不究的现象如不及时纠正,将会严重影响法律的权威和政府的形象。因此,自治县在进行法制建设的时候,应该规范法律法规的各个环节,改变行政执法权设置过细、过多、过乱的状况,建立相关的监督、惩罚机制,通过设立各种内部和外部的监督制约制度,实行行政法治的平衡功能,真正提高行政执法效率。

其次,加强行政程序正义建设。程序正义本来是指司法机关及其工作人员在活动中应严格按照法律规定的程序和步骤进行,赋予正当程序内在的价值。因为程序决定了法治与肆意人治之间的基本区别。程序正义也被运用于政府管理的实践中,指政府权力必须依据法定的程序进行,换句话说,政府的行政人员在行使其政府权力时必须要遵守一定的程序规范。在自治县这样的基层政府中,政府行政人员行政行为的随意性很大,基本没有程序意识,滥用职权、不照章办事的情况屡屡发生。这主要是由主客观两个方面造成的,主观方面是由于基层政府行政人员的各方面素质不高而形成的程序意识淡薄甚至是根本没有,客观方面主要是自治县政府在规范行政行为程序的制定环节还相当薄弱。

改善这种状况,自治县政府必须从以下几个方面入手,一是进一步完善自治县行政执行的程序法制建设,建立正确合理切实可行的行政程序,通过法律、法规规范公务员的行政行为,为实现依法治县奠定基础;二是要加大对政府法制干部的培养、教育、使用和交流力度,充分调动政府法制干部的积极性、主动性和创造性。要按照中办、国办有关文件的要求,把政治思想好、业务能力强、有较高法律素质的干部充实到基层行政机关领导岗位。政府法制机构及其工作人员要切实增强做好新形势下政府法制工作的责任感和使命感,不断提高自身的政治素质、业务素质和工作能力,努力当好市县政府及其部门领导在依法行政方面的参谋、助手和顾问,在推进本地区依法行政中充分发挥统筹规划、综合协调、督促指导、政策研究和情况交流等作用。三是保证当地司法的独立性与公平优先性。避免司法行政化、司法地方化等问题的出现。我国现行的司法制度在领导体制、行政体制、机构设置和工作程序等方面还存在一些问题,司法机关与同级党委、权力机关、行政机关之间的关系并没有完全理顺。在这一司法环境下,自治县政府要想真正做到程序正义,就必须尊重和支持司法机关独立行使职权的权力,贯彻落实宪法和法律规定的司法机关独立行使职权的原则合理配置司法权,从制度上保证司法机关依法独立行使审判权和检察权,使司法部门对自治县政府行政行为的监督落到实处,促进程序正义的实现。

最后,建设自治县的法制文化,培养自治县公民的民主、法制意识。法治文化建设是实现依法治国的必经之途。法治的精义中所包含的法律至上原则,就是不允许任何人有超越法律的特权,依法治国不仅是国家治理社会的一种方略,更是关系到每一位公民现实生活、反映人民思想意识的一项系统工程。有学者对我国法治国家的基本价值作了如下阐述,"法律至上、立法民主、法治完备、司法公正、制约权力、保障权利"等基本价值的许多方面都在文化层面和社会生活方面有所体现。这些法律价值能够得以体现不仅要求法律制度的健全,更需要全体人民拥有明确的法律意识。因此,要在拥有 13 亿人口的中国实现依法治国,就必须建设全民的法治文化,而自治县作为一级基层政府,其面对的正是最普通的群众,培养广大群众的法治意识是基层政府法制文化建设的重要组成部分。

建设自治县的法治文化,首先要培养自治县人民的民主意识、法制意识、公民意识、服务意识和平等意识。我国公民的民主意识在两千多年封建统治的余波影响下,可以说还没有完全建立起来,对于采取法律手段维护权利的方式,还比较陌生,尤其是生活在边远地区的少数民族群众,由于语言文化等方面的差异,使他们这方面知识更为欠缺,因此自治县政府建设法治文化的第一步就是要培养公民的平等意识,杜绝对特权的盲从,在政府行政人员中树立正确的工作态度,使权力所有者(公民)和使用者(政府)都能正确地认识自身的地位和权利,找到共同一致的利益基点,以便更好地实现依法治县的目标。其次,要通过各种宣传和教育工作使群众最大范围的知晓法律法规知识,有力地促进法律法规地实施和执行,让每一项法律行为规范都变为民众的日常行动和意识,使法治意识内化为群众自我维权的动力,从而更好的表达公民利益,为政府依法行政建立一个健康的外部约束力量,促进政府内的法制建设。加强自治县的法制文化建设、培养公民法治意识,既是自治县实现依法行政法治的基本步骤,也是自治县政府行为自我约束的重要途径,更是自治县社会主义文明建设的主要方面。

三、服务型政府:推行政务公开,促进民主参与

党的十六届六中全会明确了建设服务型政府的目标要求,并就服务型政府的宗旨、职能配置、管理方式、行为模式等方面作出原则性规定。这对完善我国自治县的市场经济体制,促进其经济社会协调发展,深化其行政管理体制改革,具有重要的指导意义。按照规定,首先,完善社会主义市场经济体制要求建设服务型政府。新的形势要求政府经济职能要从直接干预微观经济活动和直接投资管理项目向为市场主体服务和创造良好发展环境转变。把不该管且管不好的事情交给市场、企业、社会组织,更大程度地发挥市场在资源配置中的基础性作用,增强企业和整个社会的活力与效率。同时,应该由政府办的事情,政府必须切实负起责任,不折不扣地办好。其次,促进经济社会协调发展要求建设服务型政府。长期以来,我国经济社会发展"一条腿长、一条腿短",教育、科技、文化、医疗卫生、社会保障、环境保护等公共事业的发展严重滞后于经济发展,社会结构如人口结构、就业结构、地区结构、城乡结构、阶层结构的调整落后于经济结构的调整,社会发展与经济发展很不协调。逐步扭转城乡、区域发展差距扩大的趋势,建立基本覆盖城乡居民的社会保障体系,建立以基础教育、基本医疗、群众文化、公共基础设施为主要内容的基本公共服务体系等等,都要求政府转变管理方式,加快政府管理创新,都要求政府逐步从竞争性行业撤出资金,在履行好经济监管、市场调节职能的同时,更加注重履行社会管理和公共服务职能,将公共

资源注入公共产品和公共事业发展,为社会提供系统性、制度性、公平性、可持续性的公共服务。再次,深化行政管理体制改革要求建设服务型政府。改革开放以来,我国行政管理体制改革取得了许多进展,积累了不少经验,但总的看来,行政管理体制中还存在不少矛盾和问题,继续深化行政管理体制改革仍然是一项重大而紧迫的任务。建设服务型政府能够很好解决政府管理中为谁服务、谁来服务、服务什么、怎样服务等问题,因而是深化行政管理体制改革的关键环节。最后,全面提高对外开放水平,要求建设服务型政府。建设服务型政府,有利于促进各级政府和有关部门自觉按照国际通行规则办事,提高我们社会制度的竞争力,增强政府的公信力;有利于在扩大开放的过程中不断提高增强防范各种外部冲击和风险的能力,切实维护国家经济安全①。

可以说,建立服务型政府是近年来理论界和各级政府在行政改革不断深化的过程中提出的另一个目标选择。服务型政府实质上是指社会本位、民本位,政府管什么不管什么,全看社会和公民是否需要,并以此来定位政府职能的管理理念,它与传统的以官本位、权力本位为特征的管制型政府相比较,是两种不同的管理方式。在实践中,已有越来越多的地方政府认识到建立服务型政府的必要性,并着手改革以往"重管理、轻服务"的政府管理方式。

政府职能定位的依据来自于社会和公民的需要。在我国的政治体制中,中央和省级政府肩负着更多的决策和宏观调控功能,在管理上具有宏观性、调控性和间接性的特点;与此相对应,省级以下的基层政府直接面对社会、企事业单位和公众,是直接为社会提供公共服务的管理部门,其在提供公共服务方面的工作态度和效率直接影响到民众对于政府的评价。因此,不同层级政府的职能定位是不同的,中央和省级政府可以作为以宏观管理为主的"决策——服务型政府",省以下的基层政府则是以建立公共服务为主的"服务型政府"为其努力的方向。当前,我国各级地方纷纷建立并逐步

---

① 《光明日报》,2006.12.26。

完善服务型政府的建设,各级政府开始推行重大事项和政府官员任免的社会公示制度、重大事项的听证制度、专家和社会参与政府决策的咨询论证制度、对政府工作由所在地居民公开评议等制度,并且大力倡导政务公开,要求各政府部门尽可能地公布各种政务信息,包括法律政策公开、办事程序规则公开,并通过互联网向社会发布政务信息,增强政府管理的透明度,使社会公众在第一时间了解政府信息,建立信息反馈渠道,及时了解群众的各种要求,及时快速的为社会和公众提供公共服务。

自治县政府公共服务的职能包括政府承担的发展各项社会事业,实施公共政策,扩大社会就业,提供社会保障,建设公共基础设施,健全政务、办事和信息等方面的职能,健全这一列职能的基础就是建立体制健全的服务型政府。由此可见,建设服务型政府是社会整体发展的客观需要,已经成为自治县政府行政改革的内在需求。近几年来,自治县级政府也在积极地进行建设服务型政府的尝试,并不断借鉴发达地区建设服务型政府的成功经验,最为突出的就是建立电子政务。电子政务作为国家信息化建设的重点,可以及时的公开政务,通过网络与群众做到互通有无,以开放的姿态服务社会和人民。当然,仅仅一个电子政务对于建设服务型政府是远远不够的,电子政府、政务公开、社会咨询等方式和制度仍然停留在硬件设施上,建设服务型政府的关键是政府行政人员在理念和行为上真正做到服务社会、服务群众,真正的转变行政意识,把自己放在服务者而不是"权力者"的正确位置上,这对于在自治县全面实现服务型政府是尤为重要的。

四、责任政府:提升自治县政府的施政能力

责任政府是法治理念对政府的必然诉求,已成为民主政体的重要标志和基本原则。行政责任的基本价值可以归纳为回应、弹性、能力、正当程序、责任和诚实等,这里强调的是政府及其公务人员因公权地位和公职身份而对授权者和法律以及行政法规所承担的责任。行政责任具有广泛的政治、社会、道德内涵,政治责任、法律责任和道德责任是行政责任的基本组成部分。具体而言,责任政府意味着宪法和法律是政府及其官员施政的准绳,公

民的权利与义务受政府切实的保障,公民的正当诉求得到政府积极有效的回应,政府的渎职、失职与违法行为必须承担法律责任。

政府的施政能力是国家能力的基本组成部分。从公共行政的角度说,政府能力主要指现代国家政府及国家行政机关,在既定的国家宪政体制内,通过自定和执行品质优良、积极而有效的公共政策,最大可能的动员、利用、组合、发掘、配置资源,为社会和公众提供广泛而良好的公共物品和公共服务,理性的确立社会普遍遵从的正式规则,维护社会公正和秩序,形成有效调节社会关系和社会行为的制度及其机制,进而促进国家快速、均衡、持续、健康的发展的能力。① 自治县政府的施政能力是政府依据自己的权力和权威,通过制定政策和组织动员,实施自己承担的法定职责,贯彻自己的内在意志,实现自己管理目标的能力。在当前自治县政府行政改革的过程中,要提升政府的施政能力,确定本级政府的职权体系,理顺职权关系,就必须建立责任政府。

自治县政府负有对自治县地方社会生活的全面、系统管理的责任。作为基层政府的自治县级政府,由于行政环境的相对落后和长期以来形成的行政习惯,使得自治县政府的责任意识相对较弱,没有完全明确政府的角色和职能,从而形成了自治县政府在行政责任及施政方面的以下缺失。(1)眉毛胡子一把抓,执行能力弱。政府工作没有重点,上级政府各种指令成为自治县政府工作的主要动力,同时本级政府的政策、决定乃至法律法规的推行需要层层下发文件,电传指示,逐级召开会议,并由领导亲自督查方能开展工作,但收效甚微。而且,执行中偏离政策制定者既定的目标或屡禁不止的情况经常发生。(2)管理方式有偏差,造成阻力重重。自治县政府在面对各项工作时,往往是重管理而轻服务,以居高临下的态度、相对生硬的方式对待群众,使得社会矛盾纠纷日益增多,不尊重政府,甚者与政府较劲、对抗,冲击党政机关、政法机关现象时有发生,围攻政府工作人员、政法干警现象时有发生。(3)自治县政府引导能力低。在社会公益事业、农村产业建

---

① 张国庆:《行政管理学概论》,北京大学出版社 2000 年版,第 562 页。

设和基础设施建设中,政府的引导和号召显得苍白无力,"请求"、"纠缠"成为"引导"群众支持政府号召的经常性方法。(4)服务能力尚未发挥。群众迫切追求的经济发展、舒适的人居环境、大量的基础设施建设,政府没有能力作出任何承诺,只能任其自由发展,使得政府的公信力不断的下降。

(5)基层干部队伍因自身不足造成的行政能力脆弱问题。基层干部不思进取,工作漂浮,能力不强,素质不高的现象普遍存在。部分干部长期在艰苦环境中工作,对基层工作倍感厌倦;部分干部由于乡镇的主要工作内容和条件限制,没有机会发挥业务特长,丧失信心与县机关部门比较,乡镇工作任务太重,福利太差;畏惧基层艰难的工作任务。因此,基层政府在开展工作中困难重重,事倍功半,体现出低劣的工作水平和脆弱的施政能力。

在现代社会发展进程中,基层政府责任意识和施政能力直接影响到一个地区的发展状况。根据西方国家和中国部分发达地区政府行政能力建设的经验,自治县政府要提高自身的施政能力,建立责任政府,就必须做好四方面工作。

第一,坚持科学行政。加强政府行政能力建设必须坚持科学行政,始终以科学的思想、科学的制度、科学的方法推进政府管理上作。以科学发展观为指导,按照市场经济规律和行政规律办事,积极地开展实地调研工作,建立各项与本地区实际情况相适应的行政机制,坚持做到有重点的管理和有对象的服务,使科学行政真正落到实处。

第二,坚持民主行政。加强自治县政府行政能力建设必须坚持民主行政,真正做到权为民所用、利为民所谋,支持和保证人民当家做主。坚持权为民所用,就是要牢固树立为人民行政、靠人民行政的意识。要坚持以人为本,牢记群众利益无小事;充分发挥人民群众在政府工作中的作用。做到问政于民、议政从民、实政益民。在提出具体的目标任务和工作部署时,应统筹规划、精心组织、妥善安排,使地区建设的方案周密稳妥,促进社会和谐的各项工作扎实推进。在制定各项政策和出台改革措施时,应注意反映和兼顾各方面群众的利益,妥善处理各种矛盾和问题,依法保障不同群体的合法权益。特别是在处理一些与群众利益密切相关的重大事项时,要广泛听取人民群众的意见,使政府的各项工作更加符合人民群众的要求。积极推进政务公开,要重点在政务公开的制度化、规范化方面下工夫。要重点抓住那些群众最关心、社会矛盾最突出、利益牵扯最复杂的问题,作为深化政务公开制度的切入点,进一步提高政府工作的透明度,保障人民群众对政府上作的知情权、参与权和监督权。

第三,坚持依法行政。加强政府施政能力建立责任政府,必须坚持依法行政,各级政府和公务员要带头守法,严格执法,不断推进国家政治、经济、文化、社会生活的法制化、规范化。充分发挥基层政府在构建和谐社会中的作用,需要政府各部门加强协调配合,形成齐抓共建的合力。为此,政府各部门必须努力提高依法行政的能力。在推动各项工作的落实时,应不断创新工作方式方法,善于运用说服教育、示范引导和提供服务等方法,把工作做深、做细、做实,做到以发展增和谐、以改革促和谐、以公平求和谐、以稳定保和谐。

第四,加强自治县基层基础性的工作。对于自治县来说,乡镇是其基本的社会单元,搞好乡镇的基础性工作是自治县政府的根本任务。在乡镇建设中,自治县政府应加强统筹协调,发挥引领和推动作用。比如,积极探索改善乡镇居民生活质量的具体途径和办法,及时总结和学习乡镇工作的好经验、好做法,由点带面,推动本地区乡镇的全面发展;尽量加大财政投入,完善管理机制,推进基层民主,搞好宣传引导,为乡镇居民和农村居民解决实际困难、创造条件、提供各种社会保障,改善医疗条件;加强社会治安综合治理,开展和谐创建活动,不断增强广大居民对自治县的认同感、归属感。巩固政府机构改革成果,及时解决出现的新问题。加快推进乡镇机构改革,重新合理界定乡镇机构职能,精简机构和减少财政供养人员,减轻农民负担,把乡镇的各项工作落到实处。

第三节　自治县行政体制改革的创新方式

一、创新自治县政府绩效管理制度

政府绩效是指政府管理系统中的成绩和效果,政府绩效管理就是用科学的方法、标准和程序,对政府部门的行政行为、成就和实际工作做出合乎实际的评价,并在此基础上对政府绩效进行改进和提高。绩效管理是20世纪六七十年代以来西方国家政府改革过程中产生并得到广泛应用的新型管理工具之一。目前,世界上先后有50多个国家正在进行着绩效管理改革的实践,我国也有一些地区正在进行这方面的尝试,如福建省的机关效能建设,从最初的绩效申诉开始,历经绩效信息和绩效控制等阶段,发展成为现在的绩效评估,这一以绩效为目标的行政改革,为我国自治县政府行政改革提供了新的选择。

绩效管理理论主要由公共资源稀缺、财政效率、顾客取向这三个核心理念构成。所谓公共资源稀缺是指绩效管理认为公共资源是稀缺产品,因而政府在实施各项目标时必须要讲求效率;所谓财政效率是指公共支出必须增进社会福利,财政具有公共性和可测定性,政府效率即应包括行政效率也应包括财政效率。所谓顾客取向是把顾客满意作为衡量政府绩效的核心指标,它更关注政府与社会、公民的关系,要以社会、公民的满意评价作为政府努力的最终标准。与这些核心理念相对应,绩效管理形成了一套系统的体系,这一体系由五个基本环节构成。(1)明确政府绩效目标。政府绩效目标是政府目标的一个组成部分,是政府及其工作人员履行职能和承担责任应该达到的具体标准,绩效管理的其他环节和程序都是围绕着它展开的,政府绩效目标的确立是绩效管理的基础和前提。政府制定合理的目标和对目标进行创新性的管理,是政府决策的基础所在。(2)政府绩效信息与绩效评估。信息对政府管理具有重要的意义,主要表现为两个方面,一是政府只有掌握了充分详实的信息,才能作出准确的目标定位,二是政府绩效管理的重要环节是对政府的各项决策和行为进行绩效评估,没有大量的信息反馈,绩效评估也就成了纸上谈兵。绩效评估对于提高政府管理绩效有着直接的促进功能,在整个绩效管理体系中,起着承上启下的作用。绩效评估可以调适新的目标导向,凸现绩效管理的价值取向,是推动绩效管理的约束机制。(3)绩效预算。绩效预算是指政府预算以"后果"为导向,注重预算制定前的预期效果分析、预算执行中的过程分析以及预算结束后的实效对比,通过严密的绩效指标评估体系和定量分析方法来衡量预算的实际效果。绩效预算的核心和主要议题在于绩效评估,而绩效预算的难点在于预算中绩效评价体系的建构,这项工作涉及到产出和后果的界定、指标体系的构建、投入与效果之间的因果关系分析、评估结果分析及应用等方面。(4)绩效审计。政府绩效审计是政府经济职能扩张的产物,是监督约束政府的有力工具,政府审计的目的在于,通过有效审计和评估体系,对相关部门履行职责时利用资源的经济性、效率性和效果性进行评价,针对其中存在的问题,提出改进的建议,帮助政府加强责任,改进管理,提高效率,以期更好的实现既定目标,改善公共服务质量。(5)绩效申诉。绩效申诉的核心功能是维护和促进社会公平,该核心功能的有效发挥依赖于绩效申诉机构职权的合理设置。一般来说,绩效申诉部门包括审查权、调查权与建议权。绩效申诉体系的建立是政府绩效管理的内部监督方式,对于促进行政公平起着重要的作用①。

由以上几个基本环节构成的政府绩效管理,与传统的政府行政方式相比有着明显的优点。首先,与传统行政管理以"效率"为核心的管理理念相比,政府绩效管理转为以"绩效"为中心,更加关注管理过程中的环境因素和心理因素,更重视激发管理者的责任感和使命感,能够促进测评的公证性和客观性,能够获得更多的社会支持;其次,就政府在公共服务中应当扮演的角色问题上,与传统行政管理强调的政府是公共服务提供的单一服务主体相比,绩效管理政府在公共服务中的组织作用更为突出,政府应该尽可能把技术性和具体性的社会服务回归社会,培养多元化的服务主体,这样更有

---

① 卓越:《政府绩效管理导论》,清华大学出版社 2006 年版,第 323 页。

助于提高公共服务质量;再次,在管理方法与技术层面,传统行政管理看重的是行政手段、法律手段、经济手段和思想教育手段,而绩效管理更注重倡导全面质量管理和人才测评等管理方法,并形成一套完整的绩效管理体系,更有力于提高政府绩效;最后,政府绩效管理与传统行政管理相比更强调应用性和回应性,强调管理方式的实际效能,并强调对公共服务对象——公民的回应,更加注重公民服务导向的管理理念和机制的建立。

政府绩效管理作为一种新型的政府治理工具,旨在克服传统命令——控制式管制的缺陷,适应日益变化的外部经济环境的需要。从各国政府绩效管理的实践来看,政府绩效管理并不是一个单一的行为过程,而是由阐明评估的要求与任务、确定评估目的和可量化的目标、建立各种评估标准、根据评估标准进行绩效估、比较绩效结果与目标、分析与报告绩效结果、运用绩效评估结果改善政府管理等所组成的行为系统,是一个由许多环节所组成的综合过程。目前我国各地方政府绩效管理基本上还处于探索阶段,缺乏统一的做法和标准,实践的力度和效果也很不平衡。

在我国自治县政府改革过程中,提升自治县政府的行政效率和公共服务效率是根本性的问题,自治县这两方面的问题也尤为突出。主要是由两方面原因造成的:一是自治县政府公共服务本身具有排它性的特征,政府在提供公共服务上居于中心地位,起主导作用,在提供公共服务过程中,往往一力承担,导致效率低下的同时,也压制了私人部门在提供公共服务中的作用和积极性,进而使得自治县政府陷入行政效率和公共服务效率双重低下的困境。二是在传统行政模式下,自治县政府不需要对其本身行为进行评估,也不用担心绩效问题,政府传统上以直接管理和提供服务的方式来完成其管理和服务功能,这种直接管理和提供服务方式的缺陷十分明显:首先,普遍存在着重投入轻效益的倾向。开展管理工作和公共服务时,往往不计成本,不大考虑是否能以较小的投入,获得最大的产出,是否能以同样的资源办更多的事,对成本效益很少进行绩效评估,造成了大量的资源和金钱浪费;其次,工作目标不切实际,同时做几件事情,盲目投资、扩建,不计后果和政府的财政能力,往往看不到成本收益;最后,政府职能和服务的膨胀使财政支出和财政赤字也随之增长,政府感到不堪重负。所有这些问题的产生都促使自治县政府必须转变行政职能,建立绩效管理机制,提升政府的行政效率和服务效率。具体来说,自治县建立绩效政府可以从几个方面着手:

建立绩效标准体系,也称为绩效目标。政府绩效评估就是对政府管理活动的绩效进行评价和划分等级,区分和明确各个不同绩效等级上的具体绩效要求就是绩效目标。除了对不同的绩效等级规定明确具体的绩效要求之外,绩效目标还规定了明确、严格的产出和结果评估措施,每一个绩效等级需要达到什么样的绩效要求都是事先给定的,这样具体的绩效标准十分有力于提升政府的行政效率,自治县政府应该尽快的建立科学的绩效标准体系,将政府行政和服务绩效进一步量化,形成有效的约束机制。

健全绩效评估体系。绩效评估过程就是根据绩效目标来对实际的管理和服务结果划分等级的过程。因此,可以说,政府绩效评估的程序开始于管理结果与绩效目标之间的比较。绩效评估本身是一个复杂的有机系统,主要包括维度、指标、指标要素和技术指标四个方面的内容[①],这四个方面的内容还将依赖于良好的内部行政环境和外部社会环境的支撑,因此自治县政府在进行这一体系的建构过程中,不仅要完善技术手段,而且还要改善自己的内外部环境。

有效使用评估结果。政府绩效管理的目标是削减政府成本、提高服务质量、改善外部环境和追求管理创新。评估结果是对一系列绩效管理活动的客观评价,并为计划或目标的科学制定、资源分配、人员晋升和调整、薪酬奖励和惩罚提供了新的依据和基础。绩效评估的结果还可以用来监督和控制项目执行的情况;向公众和媒体公布绩效评估的结果,可以使公众了解他所在地区的以及其他地区地方政府的绩效状况,并能够进行比较,进而作出选择,即"公共部门里的用脚投票"。有效的运用绩效评估结果是自治县政府建立绩效政府进程中的重要环节,有了比较具体标准,才会给各项政府行为造成促进其良性发展的压力。

---

① 卓越:《政府绩效管理导论》,清华大学出版社 2006 年版,第 354 页。

改变自治县政府行政、管理、服务无绩效的唯一方法就是对组织进行行政改革与重塑。在工业化和信息化的潮流中，自治县政府已经难以维持传统的行政模式，必须注入各种管理理念对其进行改革，政府绩效管理就是一剂良方。

二、创新自治县政府"一站式"服务

建设地方服务型政府是我国行政改革中的一个重要目标。目前，中国各级地方政府纷纷采用"一站式"服务方式作为制度创新，来探索建设服务型政府的路径。"一站式"服务方式作为我国地方政府行为方式的创新，最先是在 2001 年国务院进行行政审批制度改革后建立的[①]。此后全国县市级政府纷纷开始了这方面的尝试，据不完全统计，全国县以上政府成立的"一站式"行政服务机构已有近 2000 家[②]。

具体来讲，"一站式"服务模式就是将政府分为前台和后台两部分，前台直接面向顾客（公民）承接服务请求和返回服务结果，后台则是任务的实际执行部门。这种设计反映了政府服务理念的转变，即从传统的以自我职责为中心转向现代的以"顾客"为中心。一站式政务服务大厅（一厅式服务）及一表式数据填写则是实体化的过渡形式。

一站式服务框架的具体实现涉及多个角度的研究。国外对"一站式"服务的提供框架研究较多。一种是考虑私有部门参与电子化公共服务提供的混合经济模式。这是"多前台"的组织安排，政府或者将某服务项目整体外包给私营部门（这是一种公私分工模式），或者允许私营部门作为服务代理同时向公众提供该项服务（这是一种竞争模式）。不论哪种情况，多前台中的每一个前台与相应后台都构成一个电子服务的基本模式，在各前台之间则建立一个公共服务的竞争性市场。

另一种视角的实现框架研究则考虑不同服务渠道的集成管理，即混合

---

① 沈荣华：《中国地方政府学》，社会科学文献出版社 2006 年版，第 373 页。

② 郭济：《加强行政审批服务机构建设深化行政审批改革》，《中国行政管理》2005 年第 2 期。

架道模式。这实质上是一个"多渠道、单前台"的组织安排,这时除了 Internet 方式,还考虑了电话服务和呼叫中心等其他传统与电子化的途径,这时存在一个"虚拟总前台",通过信息的集中存取保证信息的唯一性、准确性和及时性。此外,为实现一站式服务还需要信息共享的建立。信息框架赋予前台较强的信息共享能力,包括前台顾客数据的收集、整理和定位存储,后台政府数据和已存储顾客数据的索引、定位等。①

20 世纪 80 年代开始,各国政府都在推动旨在完善内部机制的改革。在机制改革的推动过程中,不能仅仅完善了内部管理机制而忘记民众的需要,还要建立更有代表性、回报性、责任感的政府,实现管理型政府向服务型政府的转变。目前我国电子政务正值发展的关键时期,建设公共服务型政府是新时期我国政府职能转变的基本目标。

从政府提供公共服务的组织形式来看,经历了从早期的独立分散式到集中式,再到集中分散式的变化。早期政府部门在各自办公场所为公众提供不同的服务,办不同的事情,办事者往往要跑多个不同的地方,属于独立的分散式;而大多数市民会把政府视作单一的整体,对政府的整体印象会因某一范畴的服务失误而大打折扣,只要有一项服务欠佳,该部门以至所有其他部门的所有其他服务均会蒙上污点。

为了解决办公地点分散、企业和群众办事不便的矛盾,各级政府把与企业和群众密切相关的各职能部门的办事窗口集中设置在一个大厅提供服务,所谓的"一站式"办公应运而生。北京市怀柔区于 2004 年 9 月 28 日最早创建一站式服务大厅,其全称为"北京市怀柔区综合行政服务中心",中心进驻单位 35 个,按办理事项将这 35 个进厅单位分别设置在法人登记服务大厅、基建项目服务厅、农业发展服务厅、社会发展服务厅、社保法律援助服务厅五个相对集中的大厅分区。截止到 2008 年底,综合行政服务中心共接待办事群众 436706 人次,办理事项 465945 件,比较彻底地改变了以往进机关办事"门难进、脸难看、事难办"的情况。

---

① 李靖华:《政府一站式服务研究综述》,《科技进步与对策》2005 年 9 月。

现在我国许多地区都开始了这种"一站式"的政府服务改革,集中办公减少了以往在各部门之间的奔波与耗时,并从很多方面提升了政府服务的质量。有学者认为:"行政服务中心创造的效率,分为三个方面。一是通过透明度的提高,减少了原来在部门内部的'暗箱操作',相应降低了'运作成本',提高了这一部分的工作效率;二是通过进入中心的管理提升,确立规范化服务和工作流程的改造,提高了在中心办公单位的行政文化品位,有助于行政效率的提高;三是'空间距离'的缩短,通过办事者办事效率的提高而间接提高了行政效率。"①

但是,由于我国目前各地区进行的一站式行政服务中心的建设并没有达到国际上的一站式服务标准,也没有完全采用国际研究中为一站式服务所提供的框架,加之现行体制上的弊端,使得我国现行的"一站式服务"还仅仅停留在"一厅式"的层面。一站式指的是公众到大厅办事,复杂事项只需接触一个窗口,该窗口受理后,按照既定流程,分发工作,协同办公,最后反馈结果给公众。办事者无需和各个职能部门或窗口都打交道,受理窗口可以对办理事项负责到底。而我国目前的行政服务中心大都存在,办事的程序基本没有简化,需要填的表格也没有减少,大厅与各个部门间相对独立,致使一站式大厅只能办理简单业务,没有一个政府部门或途径能够提供全面的公众服务等问题。

这种实际上的"一厅式"业务模式对于转变政府职能、建立和完善服务型政府具有促进作用,但由于存在诸多缺陷和问题,亟须改进。尤其是市民不会关心事件由哪个部门负责,只想打个电话或进入大厅,会有政府工作人员向他们保证,说:"事情就交给我吧,我会帮您办妥的。"对来大厅办事者的调查显示,不少受访者建议政府能优先考虑跨越部门界限,通力合作,进一步改善公共服务。但是,从目前情况看,我国的一站式行政服务有三种基本关系尚未理顺,即原服务部门与派出人员之间的关系、联合办公机构与各窗口服务人员之间的关系、联合办公机构与原服务部门之间的关系,这三大

---

① 《"行政服务中心"试点喜忧参半》,《中国经济周刊》2005年第38、39期。

关系的处理直接影响着一站式服务以后在我国的发展态势。此外,目前一站式服务中的公共服务与审批行为的条件、环节等的统一性、规范性程度还很不够,各部门派出人员的素质也参差不齐,联合办公机构和服务窗口设置随意性相对大,所有这些都需要在一站式行政服务改革中逐步完善和改进。

处于不发达地区的民族自治县,政府基本还是继承着传统行政部门的服务方式,这的确给广大群众带来了许多不必要的麻烦,同时也使得政府的权威性、公信力不断下降,有部分地方甚至频频发生群体性突发事件,造成政府的信任危机。"一站式政府服务大厅"尽管还存在着诸多问题,但根据其他地区的实践经验来看,它在很大程度上方便了群众,得到了普通百姓的认可,并在一定程度上缓解了政府的信任危机。因此,可以说"一站式政府服务大厅"在自治县政府的逐步建立是一个大的发展趋势,只是在建立和改革的过程中,自治县政府应该充分结合本地区、本民族的实际情况对各方面的关系进行合理调整,避免其他地区已经出现或正在出现的问题,为自治县政府创造一个良好的内部环境和外部形象。

参考文献

1. 谢庆奎、杨凤春、燕继荣:《中国大陆政府与政治》,五南图书出版股份有限公司 2005 年版。
2. 谢庆奎:《县政府管理》,《万宁县调查》,中国广播电视出版社 1994 年版。
3. 谢庆奎:《中国地方政府体制概论》,中国广播电视出版社 1998 年版。
4. 谢庆奎:《市政府管理》,中国广播电视出版社 1998 年版。
5. 杨光斌:《中国政府与政治导论》,中国人民大学出版社 2003 年版。
6. 王圣诵:《县级政府管理模式创新探讨》,人民出版社 2006 年版。
7. 王圣诵:《中国自治法研究》,中国法制出版社 2003 年版。
8. 彭国甫:《县级政府管理模式创新研究》,湖南人民出版社 2005 年版。
9. 周庆智:《中国县级行政结构及其运行:对 W 县的社会学考察》,贵州人民出版社 2004 年版。
10. 吴希宁:《县级政府与县市域经济》,湖北人民出版社 2004 年版。
11. 王圣诵:《中国自治法研究》,中国法制出版社 2003 年版。
12. 叶维钧、潘小娟:《中国县级政府机构改革》,社会科学文献出版社 1996 年版。
13. 张文寿:《小政府大服务:县级政府机构改革的方向》,山西人民出版社 1992 年版。
14. 沈荣华:《中国地方政府学》,社会科学文献出版社 2006 年版。
15. 张紧跟:《当代中国地方政府间横向关系协调研究》,中国社会科学出版社 2006 年版。
16. 俞可平:《中国地方政府创新案例研究报告》,北京大学出版社 2006 年版。

17. 俞可平：《政府创新的理论与实践》，浙江人民出版社2005年版。

18. 俞可平：《中国政治体制》，风云论坛出版社2001年版。

19. 朱光磊：《当代中国政府过程》，天津人民出版社2002年版。

20. 俞可平：《治理与善治》，社会科学文献出版社2000年版。

21. 郭剑鸣：《地方公共政策研究：一种政治学的范式》，中国社会科学出版社2006年版。

22. [美]菲利普·J. 库珀等：《二十一世纪公共行政：挑战与改革》，王巧铃，李文钊译，中国人民大学出版2006年版。

23. 魏红英：《宪政架构下的地方政府模式研究》，中国社会科学出版社2004年版。

24. 卓越：《政府绩效管理导论》，清华大学出版社2006年版。

25. 王林生：《中国地方政府决策研究》，华南理工大学出版社2005年版。

26. 彭国甫：《地方政府绩效评估研究》，湖南人民出版社2005年版。

27. [瑞典]埃里克·阿姆纳（Erik Amna），（瑞典）斯蒂格·蒙丁（Stig Montin）：《趋向地方自治的新理念：比较视角下的新近地方政府立法》，北京大学出版社2005年版。

28. 徐勇、高秉雄：《地方政府学》，高等教育出版社2005年版。

29. 金太军、赵晖：《中央与地方政府关系建构与调谐》，广东人民出版社2005年版。

30. 朱景鹏：《地方政府治理能力评估模式建构之研究》，台湾行政院研究发展考核委员会编，《台湾行政院研究发展考核委员会》，2004年。

31. 王宇飞：《中西视野中的地方政府》，新华出版社2004年版。

32. 张国庆：《行政管理学概论》，北京大学出版社2000年版。

33. 夏书章：《行政管理学》第三版，高等教育出版社2000年版。

34. [美]文森特·奥斯特罗姆（Vincent Ostrom）：《美国地方政府》，井敏、陈幽泓译，北京大学出版社2004年版。

35. [美]戴维·H. 罗森布罗姆、罗伯特·S. 克拉夫丘克：《公共行政学：管理、政治和法律的途径》,张成福等译,中国人民大学出版社2002年版。

36. 乔治·弗雷德里克森:《公共行政的精神》,中国人民大学出版社2003年版。

37. 赛缪尔·P.亨廷顿:《变化社会中的政治秩序》,生活·读书·新知三联书店1989年版。

38. 詹姆斯·N.罗西瑙:《没有政府的治理——世界政治中的秩序与变革》,江西人民出版社2001年版。

39. 迈克尔·罗斯金(Michael Roskin):《政治学》,林震等译,华夏出版社2002年版。

40. 詹姆士·R.汤森和布兰特利·沃马克:《中国政治》,顾速、董方译,江苏人民出版社2005年版。

41. 叶劲松、詹建芬:《转型期的地方政府职能与管理方式》,国家行政学院出版社2002年版。

42. 俞可平:《中国地方政府创新2002》,社会科学文献出版社2002年版。

43. 张志坚、唐铁汉:《中国:地方政府机构改革研究》,国家行政学院出版社1999年版。

44. 张志坚、唐铁汉:《建设高素质的国家公务员队伍》,国家行政学院出版社1999年版。

45. 苏廷林:《当代国家公务员制度的发展趋势》,中国人事出版社1993年版。

46. 段尔煜:《民族自治地方政府机构改革的实践与探索》,云南民族出版社1999年版。

47. 沈荣华、周传铭:《中国地方政府规章研究》,上海三联书店1999年版。

48. 何国强:《当代中国地方政府》,广东高等教育出版社1994年版。

49. 薄贵利:《近现代地方政府比较》,光明日报出版社1988年版。

50. 齐宝和、董文良:《中国民族年鉴.2006》(总第十二期),中国民族年鉴出版社2006年版。

51. 葛忠兴、郑京平:《中国民族统计年鉴.2005》,民族出版社2006年版。

52. 国家民委民族问题研究中心:《中国民族自治地方发展评估报告》,民族出版社 2006 年版。

53. 李春林、郭宝亮:《中国民族自治地方行政管理》,内蒙古人民出版社 2004 年版。

54. 戴小明:《中央与地方关系:民族自治地方财政自治研究》,中国民主法制出版社 1999 年版。

55. 张瑞才、晓根:《中国民族自治地方行政学》,云南大学出版社 1994 年版。

56. 段尔煜、刘宝明:《中国民族自治地方行政管理学》,中央民族学院出版社 1994 年版。

57. 童吉渝:《云南民族自治地方政府行政管理研究》,云南教育出版社 1997 年版。

58. 朱光磊:《当代中国政府过程》,天津人民出版社 2004 年版。

59. 王沪宁、竺乾威:《行政学导论》上海三联书店 1998 年版。

60. 齐明山:《行政学导论》,大众文艺出版社 2001 年版。

61. 陈云生:《中国民族区域自治制度》,经济管理出版社 2001 年版。

62. 林尚立:《国内政府间关系》,浙江人民出版社 1998 年版。

63. 应松年、薛刚凌:《行政组织法研究》,法律出版社 2002 年版。

64. 荣仕星:《实用行政管理学》,人民出版社 2004 年版。

65. 朱光磊:《当代中国政府过程》,天津人民出版社 2004 年版。

66. 周平:《中国少数民族政治分析》,云南大学出版社 2001 年版。

67. 张国庆:《现代公共政策导论》,中国经济出版社 1997 年版。

68. 陈庆云:《公共政策分析》,中国经济出版社 1997 年版。

69. 段尔煜:《云南民族自治地方行政法制建设研究》,云南民族出版社 1997 年版。

70. 蔡立辉:《政府法制论》,中国社会科学出版社 2002 年版。

71. 彭国甫、颜佳华:《县级政府管理模式创新研究》,湖南人民出版社 2005 年版。

72. 胡秀梅:《权力监督论》,中国民主法制出版社1996年版。

72. 朱光磊:《当代中国政府过程》(修订本),天津人民出版社2004年版。

73. 陈奇星:《行政监督论》,上海人民出版社2001年版。

74. 杨荫凯:《中国县域经济发展论——县域经济发展的思路与出路》,中国财政经济出版社2005年版。

75. 于国安:《县级财政管理》,经济科学出版社2004年版。

76. 张瑞才、晓根:《中国民族自治地方行政学》,云南大学出版社1994年版。

76. 王朝才、李学军:《民族地区财政收入问题研究》,经济科学出版社2005年版。

77. 张世超:《地方公共财政管理》,中国财政经济出版社2007年版。

78. 郑长德、钟大能:《中国少数民族地区发展财政研究》,四川人民出版社2005年版。

79. 钟晓敏:《地方财政学》(第二版),中国人民大学出版社2006年版。

80. 周平、方盛举、夏维勇:《中国民族自治地方政府》,人民出版社2007年版。

81. 孙开:《地方财政学》,经济科学出版社2002年版。

82. 张冬梅、陈颖:《少数民族经济发展中的财政政策》,中央民族大学出版社2002年版。

83. 段尔煜:《云南民族自治地方行政法制建设研究》,云南民族出版社1997年版。

84. 傅大友、袁勇志、芮国强:《行政改革 制度创新》,上海三联书店,2004年版。

85. 袁文平:《西部大开发中地方政府职能研究》,西南财经大学出版社2004年版。

86. 俞可平:《地方政府创新与善治:案例研究》,社会科学文献出版社2003年版。

87. 浦兴祖:《地方政府创新与善治:案例研究》,社会科学文献出版社2003

年版。

88. 曾伟、罗辉:《地方政府管理学》,北京大学出版社 2006 年版。

89. 陈云生:《中国民族区域自治制度》,经济管理出版社 2001 年版。

90. 金炳镐:《中国民族自治州的民族关系》,中央民族大学出版社 2001 年版。

91. 戴小明:《中央与地方关系:民族自治地方财政自治研究》,中央民主法制出版社 1999 年版。

92. 葛忠兴:《中国少数民族地区发展报告(2004)》,民族出版社 2005 年版。

93. 方盛举:《中国民族自治地方政府发展论纲》,人民出版社 2007 年版。

94. 袁继成:《中华民国政治制度史》,湖北人民出版社 1991 年版。

95. 周平:《中国少数民族政治分析》,云南大学出版社 2007 年版。

96. 曾宪义:《民族地区现代化进程中的民主法制建设》,民族出版社 2002 年版。

97. 周平:《当代中国地方政府》,人民出版社 2007 年版。

98. 周勇:《民族、自治与发展:中国民族区域自治制度研究》,法律出版社 2008 年版。

99. 胡月星、柴克俭:《民族地区基层干部队伍整体素质发展调查研究》,民族出版社 2004 年版。

100. 张友、庄万禄:《西部民族地区经济发展研究》,民族出版社 2007 年版。

101. 刘永佶:《中国民族地区经济社会发展与公共管理调查报告》,中央民族大学出版社 2007 年版。

102. 冯贵欣:《西部市县政府与区域经济发展研究》,四川大学出版社 2002 年版。

103. 焦雪岱、买买提·祖农:《少数民族地区文化建设研究》,宁夏人民出版社 1999 年版。

104. 匡自明:《少数民族地区农村基层政权建设研究》,云南大学出版社 2002 年版。

105. 戴维新:《民族地区新世纪领导人才队伍建设研究》,宁夏人民出版社

2004 年版。

106. 聂华林、李莹华:《中国西部农村文化建设概论》,中国社会科学出版社 2007 年版。

107. 陈天祥:《中国地方政府制度创新研究》,高等教育出版社 2002 年版。

108. 毛寿龙、李梅:《有限政府的经济分析》,上海三联书店 2000 年版。

109. 方盛举、何军:《少数民族地区基层政权的环境分析》,《思想战线》2000 年 3 月版。

110. 胥道全、徐仁璋、肖方仁:《试论提高现代政府的行政决策能力》,《广西社会科学》2006 年 1 月版。

111. 荣仕星:《论我国行政决策民主化和科学化的制度建设》,《中央民族大学学报》(哲学社会科学版)2006 年 1 月版。

112. 张建新:《试论民族区域自治地方行政环境》,《前沿》2006 年 11 月版。

113. 周仁标:《我国行政决策民主化和科学化的思考》,《武汉大学学报》(哲学社会科学版)2006 年 4 月版。

114. 贺煜:《我国行政决策体制中存在的问题及改进途径》,《陕西省行政学院 陕西省经济管理干部学院学报》2004 年 2 月版。

115. 林兴发:《关于完善我国行政监督机制的思考》,《行政与法》2005 年 4 月版。

116. 宋才发:《民族自治地方财政管理自治权再探讨》,《学术论坛》2005 年 1 月版。

117. 赵军湘:《谈天祝藏族自治县财源建设问题》,《财会研究》2001 年 11 月版。

118. 朱翠林:《浅谈民族地区构建公共财政基本框架的对策》,《广西财政高等专科学校学报》2001 年 12 月版。

119. 戴红兵、袁淑文:《WTO 法制文化对云南少数民族地区法制建设的影响》,《云南师范大学学报》2003 年 5 月版。

120. 龙春松:《调适民族习惯法,为民族地区经济建设服务》,《广西民族研究》2002 年 2 月版。

121. 毛公宁:《关于当前我国民族法制建设若干问题的思考》,《民族论坛》2004 年 9 月版。

122. 田华:《论少数民族地区行政文化建设与公共行政改革》,《云南民族学院学报》(哲学社会科学版)2002 年 3 月版。

123. 那金华:《民族自治地方现行行政体制改革的思考》,《云南民族学院学报》(哲学社会科学版)1999 年 4 月版。

124. 晓根:《论民族自治地方的行政环境》,《云南行政学院学报》2003 年 2 月版。

125. 罗豪才、宋功德:《行政法的失衡与平衡》,《中国法学》2001 年 2 月版。

126. 姜明安:《行政的现代化与行政程序制度》,《中外法学》1998 年 1 月版。

127. 黄淑娉:《民族识别及其理论意义》,《中国社会科学》1989 年 1 月版。

128. 段尔煜:《民族自治地方政府在行使自治权中的地位》,《云南日报》2004 年 3 月 1 日年版。